**Schwerpunkte** Hönn · Klausurenkurs im Wettbewerbs- und Kartellrecht

# Klausurenkurs im Wettbewerbs- und Kartellrecht

Ein Fallbuch zur Wiederholung und Vertiefung

von

Dr. Günther Hönn

Universitätsprofessor Saarbrücken

6., neu bearbeitete Auflage

C.F. Müller

Bibliografische Informationen der Deutschen Nationalbibliothek
Die Deutsche Nationalbibliothek verzeichnet diese Publikation in der Deutschen Nationalbibliografie; detaillierte bibliografische Daten sind im Internet über <http://dnb.d-nb.de> abrufbar.

Bei der Herstellung des Werkes haben wir uns zukunftsbewusst für umweltverträgliche und wiederverwertbare Materialien entschieden. Der Inhalt ist auf elementar chlorfreies Papier gedruckt.

ISBN 978-3-8114-9321-6



E-Mail: kundenservice@hjr-verlag.de
Telefon: +49 6221/489-555
Telefax: +49 6221/489-410


Heidelberg, München, Landsberg, Frechen, Hamburg

www.cfmueller.de
www.hjr-verlag.de



Satz: Gottemeyer, Rot
Druck: Kessler Druck + Medien, Bobingen

# Vorwort

Nachdem die am 30.6.2013 in Kraft getretene **8. GWB-Novelle** (BGBl. I 2013, 1738, 1750) im Bereich der Vorschriften über Marktbeherrschung und Missbrauch von Marktmacht grundlegende redaktionelle Veränderungen, überdies eine weitere materiell-rechtliche Anpassung an das europäische Recht beim Verbotstatbestand der Fusionskontrolle gebracht hat, mussten die Ausführungen des vorliegenden Klausurenkurses insoweit dem jetzt geltenden Recht angepasst werden. Es versteht sich von selbst, dass dabei zugleich versucht wurde, vorhandene Schwachstellen zu beseitigen. Die Fälle als solche sind nicht von wesentlichen Veränderungen betroffen. Da die Literatur zunehmend generell nach Randziffern zitiert wird, erschien es verantwortbar, auf eine Umstellung bisheriger Zitate auf die jeweiligen Neuauflagen zu verzichten. Die wichtigsten neuere Bücher sind aber natürlich unter den „Arbeitsmitteln" aufgeführt.

Neu aufgenommen in den Klausurenkurs ist ein **Fall zum Kartell-Vergaberecht**. Sowohl aus systematischen Gründen als auch wegen der ganz besonderen Bedeutung des Vergaberechts für die Praxis erschien es sinnvoll, den Studierenden insoweit im Klausurenkurs im Wettbewerbs- und Kartellrecht einen fallbezogenen Einblick in diese Rechtsmaterie zu bieten, die das Kartellrecht ergänzt.

Unverändert geblieben ist die Zwecksetzung des Klausurenkurses: für Studierende und Referendare soll ein Buch bereitgestellt werden, das ihnen mit vertretbarem Aufwand einen nicht lediglich theoretisch-dogmatisch dargestellten, sondern einen praktisch erarbeiteten Einblick in die Welt des in Deutschland geltenden Wettbewerbs- und Kartellrechts bietet. – Gegenüber dem vom Verfasser inzwischen in 2. Auflage 2009 vorgelegten Examens-Repetitorium Wettbewerbs- und Kartellrecht (Reihe UNIREP JURA), das einen knappen Überblick über die komplexe Rechtsmaterie unter Herausarbeitung ihrer Gesamtzusammenhänge, Wertungsgrundlagen und Strukturen bietet, will der Klausurenkurs die Verfestigung und Vertiefung von Wissen und Verständnis durch ein Sich-Erarbeiten der Rechtsmaterie ermöglichen. Insofern bilden beide Bücher eine Einheit für die Ausbildung. Vollständigkeit ist von keinem der Bücher angestrebt. Und insoweit bezwecken die in der Regel nur knappen Belegstellen auch lediglich Hinweise auf weiterführende Rechtsprechung bzw. Literatur.

Für Anregungen und Kritik ist der Verfasser dankbar: g.hoenn@mx.uni-saarland.de.

Viel Erfolg bei der Arbeit!

Saarbrücken, im Juli 2013 *Günther Hönn*

# Inhaltsverzeichnis

## D. Falllösungen

# A. Arbeitsmittel

## I. Verzeichnis neuerer Bücher zum Wettbewerbs- und Kartellrecht allgemein (deutschsprachiger Bereich)

| | |
|---|---|
| *Ahrens* | Der Wettbewerbsprozess, 7. Aufl. 2013 |
| *Bartels* | Kohärente Rechtsanwendung im europäischen Kartellverfahren, 2006 (220 S.) |
| *Beater* | Unlauterer Wettbewerb, Neubearbeitung 2011 |
| *Bechtold* | Kartellgesetz, 7. Aufl. 2013 |
| *Bechtold/Bosch/Brinker/ Hirsbrunner* | EG-Kartellrecht, 2. Aufl. 2009 |
| *Berlit* | Wettbewerbsrecht, 7. Aufl. 2009 (270 S.) |
| *Boesche* | Wettbewerbsrecht, 4. Aufl. 2011 |
| *de Bronett* | Europäisches Kartellverfahrensrecht, Kommentar zur VO 1/2003, 2. Aufl. 2012 |
| *Commichau* | Kartellrecht in der anwaltlichen Praxis, 3. Aufl. 2007 |
| *Dalheimer/Feddersen/Miersch* | EU-Kartellverfahrensverordnung, 2005 (343 S.) |
| *Ekey u.a.* | Heidelberger Kommentar zum Wettbewerbs-Recht, 2. Aufl. 2005 (1366 S.) |
| *Emmerich* | Unlauterer Wettbewerb, 8. Aufl. 2009 (zit.: WettbR) |
| *Emmerich* | Kartellrecht, 12. Aufl. 2012 (zit.: KartellR) |
| *Emmerich* | Fälle zum Wettbewerbsrecht, 4. Aufl. 2000 |
| *Fezer* | UWG (2 Bd.), 2. Aufl. 2010 |
| *Frankfurter Kommentar* | zum Gesetz gegen Wettbewerbsbeschränkungen, 3. Aufl. Stand Oktober 1998, ab Lieferung 45 (2000) Frankfurter Kommentar zum Kartellrecht |
| *Frenz* | Handbuch Europarecht Bd. 2: Europäisches Kartellrecht, 2006 (871 S.) |
| *Fritsche* | Wettbewerbs- und Kartellrecht, 2012 |
| *GemK* | Gemeinschaftskommentar, Gesetz gegen Wettbewerbsbeschränkungen und europäisches Kartellrecht, 4. Aufl. 1980 ff. und 5. Aufl. 1999 ff. |
| *Glöckner* | Kartellrecht – Recht gegen Wettbewerbsbeschränkungen, 2012 |
| *Götting* | Wettbewerbsrecht, 2005 (374 S.) |
| *v.d. Groeben/Schwarze* | Kommentar zum EU-/EG-Vertrag, 6. Aufl. 2003/2004 |
| *Haberstumpf* | Wettbewerbs- und Kartellrecht, gewerblicher Rechtsschutz, 5. Aufl. 2012 (131 S., speziell für Referendare) |
| *Harte-Bavendamm/Henning-Bodewig* | Gesetz gegen den unlauteren Wettbewerb, 3. Aufl. 2013 |
| *Hassenfelder/Töllner/Ost* | Kartellrechtpraxis und Kartellrechtsprechung 2004/2005, 2005 |
| *Himmelsbach* | Das Mandat im Wettbewerbsrecht, 2. Aufl. 2005 (296 S.) |
| *Hönn* | Examens-Repetitorium Wettbewerbs- und Kartellrecht, 2. Aufl. 2009 |
| *Immenga/Mestmäcker* | Wettbewerbsrecht, GWB und EU. Kommentar (5 Bücher), 5. Aufl. 2012/2013 |
| *jurisPK-UWG* | Juris/Bearbeiter, 3. Aufl. 2013 |
| *jurisPK-VergR* | Juris/Bearbeiter, Kommentar zum Vergaberecht, 4. Aufl. 2013 |

| | |
|---|---|
| *Kapp* | Kartellrecht in der Unternehmenspraxis. Was Unternehmer und Manager wissen müssen, 2005 (283 S.). 2. Aufl. 2014 (angek.) |
| *Karenfort/Weitbrecht* | Entscheidungen zum Europäischen Kartellrecht, 2010 |
| *Kilian* | Europäisches Wirtschaftsrecht, 4. Aufl. 2010 |
| *Klees* | Europäisches Kartellverfahrensrecht mit Fusionskontrollverfahren, 2005 |
| *Kling* | Kartellrecht, 2. Aufl. 2014 (angek.) |
| *Köhler/Alexander* | Fälle zum Wettbewerbsrecht, 2. Aufl. 2012 |
| *Köhler/Bornkamm* | Wettbewerbsrecht, 31. Aufl. 2013 |
| *Koenig/Schreiber* | Europäisches Wettbewerbsrecht (mit Vergaberecht), 2010 |
| *Lampert u.a.* | EG-Kartell-VO, Praxiskommentar zur Verordnung (EG) Nr. 1/2003, 2004 (403 S.) |
| *Lange (Hrsg.)* | Handbuch zum deutschen und europäischen Kartellrecht, 2. Aufl. 2006 (733 S.) |
| *Lange* | Europäisches und deutsches Kartellrecht, 2005 (UTB) (150 S.) |
| *Langen/Bunte* | Kommentar zum deutschen und europäischen Kartellrecht, 2 Bde., 10. Aufl. 2006 |
| *Lehr* | Wettbewerbsrecht, 3. Aufl. 2007 |
| *Lettl* | Wettbewerbsrecht, 2013 |
| *Lettl* | Kartellrecht, 3. Aufl. 2013 (angek.) |
| *Löffler* | Kommentar zur europäischen Fusionskontroll-VO, 2001 |
| *Löwenheim (Hrsg.)* | Kartellrecht, 2009 |
| *Loschelder* | Handbuch des Wettbewerbsrechts, 4. Aufl. 2010 |
| *Mäger* | Europäisches Kartellrecht, 2. Aufl. 2011 |
| *Mestmäcker/Schweitzer* | Europäisches Wettbewerbsrecht, 2. Aufl. 2004 |
| *Micklitz/Kessler* | UWG-Kommentar, 2006 |
| *Müller-Wrede* | GWB-Vergaberecht. Kommentar, 2009, 2. Aufl. 2013 (angek.) |
| *Münchener Kommentar* | zum Europäischen und Deutschen Kartellrecht, hrsg. von *Hirsch/Montag/Säcker*, 2007/2008 |
| *Münchener Kommentar* | Lauterkeitsrecht, hrsg. von *Heermann/Hirsch*, 2 Bd. 2006 (zus. 4000 S.), 2. Aufl. 2013 angek. |
| *Neef* | Kartellrecht, 2008 |
| *Nordemann* | Wettbewerbsrecht, Markenrecht, 11. Aufl. 2012 |
| *Piper/Köhler* | Gesetz gegen den unlauteren Wettbewerb (UWG), 5. Aufl. 2010 |
| *Rittner-Kulka* | Wettbewerbs- und Kartellrecht, 7. Aufl. 2008 |
| *Säcker/Wolf* | Kartellrecht in Fällen, 2010 |
| *Schmidt, Ingo* | Wettbewerbspolitik und Kartellrecht, 9. Aufl. 2012 (UTB) (350 S.) |
| *Schröter/Jakob/Mederer* | Kommentar zum europäischen Wettbewerbsrecht, 2003; 2. Aufl. 2013 |
| *Schütte* | Vergabe öffentlicher Aufträge, 2. Aufl. 2011 (3. Aufl. 2013 angek.) |
| *Schulte* | Handbuch Fusionskontrolle, 2. Aufl. 2010 |
| *Schwarze/Weitbrecht* | Grundzüge des europäischen Kartellverfahrensrechts. Die Verordnung (EG) Nr. 1/2003, 2004 |
| *Schwintowski* | Wettbewerbs- und Kartellrecht (PdW), 5. Aufl. 2012 |
| *Sosnitza* | Fälle zum Wettbewerbs- und Kartellrecht, 6. Aufl. 2011 |
| *Teplitzky* | Wettbewerbsrechtliche Ansprüche und Verfahren, 10. Aufl. 2011 |
| *von Wallenberg* | Kartellrecht, 3. Aufl. 2007 |
| *Wiedemann* | Handbuch des Kartellrechts, 2. Aufl. 2008 |

## II. Verzeichnis wichtiger europäischer Texte

### A. Verträge, Ratsverordnungen und Richtlinien

| | |
|---|---|
| Vertrag von Lissabon | Vertrag zur Änderung des Vertrags über die Europäische Union und des Vertrags zur Gründung der Europäischen Gemeinschaft vom 13.12.2007, ABl. Nr. C 306 S. 1 vom 17.12.2007; in Kraft seit dem 1.12.2009. |
| EUV | Vertrag über die Europäische Union (konsolidierte Fassung), ABl. Nr. C 115 vom 9.5.2008, in Kraft seit dem 1.12.2009. |
| AEUV | Vertrag über die Arbeitsweise der Europäischen Union (konsolidierte Fassung), ABl. Nr. C 115 vom 9.5.2008, in Kraft seit dem 1.12.2009. |
| EGV | Vertrag zur Gründung der Europäischen Gemeinschaft vom 25.3. 1957 in seiner durch den Vertrag von Nizza geänderten Fassung, ABl. Nr. C 325 vom 24.12.2002; *seit dem 1.12.2009 nicht mehr in Kraft.* |
| EG-KartVerfVO Nr. 1/2003 | Verordnung (EG) Nr. 1/2003 des Rates vom 16.12.2002 zur Durchführung der in den Art. 81 und 82 EGV niedergelegten Wettbewerbsregeln, ABl. Nr. L 1 vom 4.1.2003, S. 1. |
| VO Nr. 19/65/EWG des Rates | vom 2.3.1965 über die Anwendung von Artikel 85 Abs. 3 des Vertrages auf Gruppen von Vereinbarungen und aufeinander abgestimmte Verhaltensweisen, ABl. 36 vom 6.3.1965, S. 533. |
| VO (EWG) Nr. 2821/71 des Rates | vom 20.12.1971 über die Anwendung von Artikel 85 Abs. 3 des Vertrages auf Gruppen von Vereinbarungen, Beschlüsse und aufeinander abgestimmte Verhaltensweisen, ABl. L 285/46 vom 29.12. 1971. |
| VO (EWG) Nr. 17/62 des Rates | vom 6.2.1962, Erste Durchführungsverordnung zu den Art. 85 und 86 EWG-Vertrag, ABl. 13 vom 21.2.1962, S. 204 – *seit dem 1.5.2004 nicht mehr in Kraft.* |
| EG-FKVO Nr. 139/2004 | Verordnung (EG) Nr. 139/2004 des Rates vom 20.1.2004 über die Kontrolle von Unternehmenszusammenschlüssen, ABl. Nr. L 24 vom 29.1.2004, S. 1. |
| RL 2005/29/EG | Richtlinie des Europäischen Parlaments und des Rates vom 11.5. 2005 über unlautere Geschäftspraktiken im binnenmarktinternen Geschäftsverkehr zwischen Unternehmen und Verbrauchern, ABl. Nr. L 149 vom 11.6.2005, S. 22. |

### B. Gruppenfreistellungsverordnungen und Bekanntmachungen der Kommission

### Nicht sektorspezifische Regeln

### 1. Bekanntmachungen aller Art

| | |
|---|---|
| Bekanntmachung 1997 zum relevanten Markt | Bekanntmachung der Kommission über die Definition des relevanten Marktes im Sinne des Wettbewerbsrechts der Gemeinschaft, ABl. C 372 vom 9.12.1997, S. 5. |
| de minimis-Bekanntmachung 2001 | Bekanntmachung der Kommission über Vereinbarungen von geringer Bedeutung, die den Wettbewerb gemäß Artikel 81 Abs. 1 des Vertrags zur Gründung der Europäischen Gemeinschaft nicht spürbar beschränken (de minimis), ABl. C 368 vom 22.12.2001, S. 13. |

| | |
|---|---|
| Leitlinien 2004 über den zwischenstaatlichen Handel | Leitlinien über den Begriff der Beeinträchtigung des zwischenstaatlichen Handels in den Artikeln 81, 82 EGV, ABl. C 101 vom 27.4. 2004, S. 81. |
| Leitlinien 2004 zu Art. 81 III EGV | Leitlinien zur Anwendung von Artikel 81 Abs. 3 EG-Vertrag, ABl. C 101 vom 27.4.2004, S. 97. |
| Mitteilungen 2009 zu Prioritäten bei Art. 82 EGV | Mitteilung der Kommission – Erläuterungen zu den Prioritäten der Kommission bei der Anwendung von Art. 82 des EG-Vertrages auf Fälle von Behinderungsmissbrauch durch marktherrschende Unternehmen, ABl. C 45 vom 24.2.2009, S. 7. |

## 2. Vertikale Vereinbarungen

| | |
|---|---|
| GFVO-Vertikalvereinbarungen Nr. 330/2010 *(früher Nr. 2790/99)* | VO (EU) Nr. 330/10 v. 20.4.2010 über die Anwendung von Artikel 101. Abs. 3 AEUV auf Gruppen von vertikalen Vereinbarungen und abgestimmten Verhaltensweisen, ABl. L 102 vom 23.4.2010, S. 1. |
| Leitlinien 2010 für vertikale Beschränkungen | Leitlinien für vertikale Beschränkungen, ABl. C 130 v. 19.5.2010, S. 1. |

## 3. Horizontale Kooperationsvereinbarungen

| | |
|---|---|
| GFVO-Spezialisierungsvereinbarungen Nr. 1218/2010 *(früher Nr. 2658/00)* | Verordnung (EU) Nr. 1218/2010 vom 14.12.2010 über die Anwedung von Artikel 101 Abs. 3 AEUV auf Gruppen von Spezialisierungsvereinbarungen, ABl. L 335 vom 18.2.2010, S. 43. |
| GFVO-FuE Nr. 1217/2010 *(früher Nr. 2659/00)* | Verordnung (EU) Nr. 1217/2010 vom 14.12.2010 über die Anwendung von Artikel 101 Abs. 3 AEUV auf Forschung und Entwicklung, ABl. L 335 vom 18.12.2010, S. 36. |
| Leitlinien 2011 über horizontale Zusammenarbeit *(früher von 2001)* | Leitlinien zur Anwendung von Artikel 101 AEUV auf Vereinbarungen über horizontale Zusammenarbeit, ABl. C 11 vom 14.1.2011, S. 1. |

## 4. Lizenzvereinbarungen über Technologietransfer

| | |
|---|---|
| GFVO Technologietransfer Nr. 772/04 | Verordnung Nr. 772/2004 vom 27.4 2004 zur Anwendung von Artikel 81 Abs. 3 des Vertrags auf Gruppen von Technologietransfer-Vereinbarungen, ABl. L 123, vom 27.4.2004, S. 11 (befristet bis 30.4.2014). |
| Leitlinien Technologietransfer 2004 | Leitlinien zur Anwendung von Artikel 81 EG-Vertrag auf Technologietransfer-Vereinbarungen, ABl. C 101 vom 27.4.2004, S. 2. |

# Sektorspezifische Regeln

## 1. Versicherungssektor

| | |
|---|---|
| GFVO-Versicherungssektor Nr. 267/2010 *(früher Nr. 358/2003)* | Verordnung (EU) Nr. 267/2010 vom 24.3.2010 über die Anwendung von Artikel 101 Abs. 3 AEUV auf Gruppen von Vereinbarungen, Beschlüssen und aufeinander abgestimmten Verhaltensweisen im Versicherungssektor, ABl. L 83 vom 30.3.2010, S. 1. |

### 2. Kraftfahrzeugsektor

| | |
|---|---|
| GFVO-Kfz-Sektor Nr. 461/2010 *(früher Nr. 1400/02)* | Verordnung (EU) Nr. 461/2010 vom 27.5.2010 über die Anwendung von Artikel 101 Abs. 3 AEUV auf Gruppen von vertikalen Vereinbarungen und aufeinander abgestimmte Verhaltensweisen im Kraftfahrzeugsektor, ABl. L 129 vom 28.5.2010, S. 52. |

## III. Wichtige Materialien zum deutschen Recht

| | |
|---|---|
| BT-Drucks. 15/1487 v. 22.8.2003 | RegE eines Gesetzes gegen den unlauteren Wettbewerb (UWG) |
| BR-Drucks. 441/04 v. 28.5.2004 sowie BT-Drucks. 15/3640 v. 12.8.2004 | RegE eines Siebenten Gesetzes zur Änderung des Gesetzes gegen Wettbewerbsbeschränkungen |
| BT-Drucks. 16/10145 v. 20.8.2008 | RegE eines Gesetzes zur Änderung des UWG, zit.: RegE 1. UWG-Novelle |
| BT-Drucks. 17/9852 v. 31.5.2012 und 17/11053 v. 17.10.2012 | RegE und Ausschussbericht 8. GWB-Novelle |

## IV. Fundstellen im Netz

| | |
|---|---|
| Bundesgesetze: | http://bundesrecht.juris.de/aktuell.html |
| BGH-Rspr. (ab 2000): | http://www.bundesgerichtshof.de/entscheidungen/entscheidungen.php |
| EU-Rechtstexte: | EURLex: *http://europa.eu.int/eur-lex/de/index.html* |
| EuGH/EuG-Rspr.: | *http://curia.europa.eu/de/content/juris/index.htm* |
| BKartA: | *http://www.bundeskartellamt.de* |
| EU-Kommission, GD-Wettbewerb: | *http://ec.europa.eu/competition/index_eu.html* |

# B. Allgemeiner Teil

## I. Zum Konzept des Buches

### 1. Wirtschaftsrecht als Beruf und die universitäre Ausbildung

1 a) Wirtschaftsrecht und insbesondere das Wettbewerbs- und Kartellrecht spielen im heutigen Wirtschaftsleben eine eminent wichtige Rolle, und diesbezügliche Kenntnisse, ggf. dokumentiert durch eine einschlägige Dissertation, verbessern die beruflichen Chancen für qualifizierte Juristen ganz beträchtlich.

2 b) Wettbewerbs- und Kartellrecht als universitäre Lehrveranstaltung, insbesondere in den einschlägigen Schwerpunktbereichen können insoweit natürlich nur einen ersten Einstieg in die Rechtsmaterie bieten. Und dieser Einstieg ist angesichts der Vielschichtigkeit der Materie nicht ganz einfach. Die verschiedenen Materien bzw. Ebenen von Recht gegen unlauteren Wettbewerb einerseits und Kartellrecht andererseits sowie die nationale und die internationale und insbesondere europäische Regelungs- und Verwaltungsebene stellen erhebliche Anforderungen, wenn es gilt, mit vertretbarem Zeitaufwand in universitären Lehrveranstaltungen Verständnis für die Rechtsmaterie zu entwickeln. Die vorhandene Ausbildungs- und Kommentarliteratur hat häufig beträchtlichen Umfang, und eine Vielzahl grundlegender Änderungen gerade in jüngerer Zeit machen deutlich, dass es primär darum gehen muss, Überblickwissen und Orientierung zu gewährleisten, während Spezialwissen angesichts einer häufig kurzen Verfallzeit an Bedeutung einbüßt. In diesem Sinne will das vorliegende Buch anwendungsbezogen die Rechtsmaterie verdeutlichen. Der Autor erwartet vom Leser dabei zweierlei: Interesse am Wirtschaftsrecht, das sinnvollerweise von der Lektüre des Wirtschaftsteils von Zeitungen begleitet wird, einerseits und zumindest in einer Einführungsveranstaltung erworbene Grundkenntnisse des Wettbewerbs- und Kartellrechts, andererseits. Beim Erwerb bzw. der Wiederholung solcher Grundkenntnisse will das vom *Verfasser* inzwischen in 2. Aufl. 2009 vorgelegte Examensrepetitorium helfen. Der vorliegende Klausurenkurs dient dem gegenüber zur Festigung und Vertiefung der Grundkenntnisse im Wege der Arbeit am konkreten Rechtsfall, bzw. der Vertiefung der historischen, politischen und wirtschaftlichen Grundlagen des Rechtsgebiets.

### 2. Orientierung als Aufgabe

3 a) Es geht um Orientierung im Bereich des Wettbewerbs- und Kartellrechts anhand von Fällen, nicht hingegen um die Vertiefung spezieller rechtlicher Probleme anhand bekannter Fälle. Zur Verdeutlichung der Gesamtzusammenhänge werden praktische Fälle gutachtlich durchgesprochen, und zwar vom tatsächlichen Begehren der Beteiligten her, das über die Anspruchsgrundlage im weitesten Sinne die gutachtliche Lösung des Falles strukturiert. Die Vertiefung spezifischer Rechtsprobleme steht dabei nicht im Vordergrund. Insoweit ersetzt dieses Buch weder Seminare noch sonstige Vertiefungsveranstaltungen. Und auch die Darstellung der rechtlichen Probleme in ihrer ganzen Breite wird hier nicht versucht. Dem entsprechen die meist nur knappen Belege, die Hinweise zur Vertiefung geben sollen.

b) Durch die Erörterung anhand von Fällen sollen einmal die unterschiedlichen Akteure (Europäische Kommission, Kartellbehörden, private Unternehmen) dem Leser deutlich in Erscheinung treten und zwar auch und gerade im Hinblick auf die jeweiligen Sanktionsmöglichkeiten. Und entsprechendes gilt für die unterschiedlichen Verfahren (insbesondere Verwaltungsverfahren, Zivilprozess und dabei die einstweilige Verfügung). Die Zweispurigkeit von Recht gegen unlauteren Wettbewerb und Kartellrecht und die diesbezüglichen Überschneidungen sollen nicht nur theoretisch, sondern anhand der Erörterung von praktischen Fällen erfahrbar werden. Ganz entsprechendes gilt für die Zweispurigkeit zwischen dem nationalen und europäischen Kartellrecht mit dem weitgehenden Vorrang des letztgenannten. Dabei zeigt sich der gutachtliche Aufbau in der Argumentation mit der Herausstellung der jeweiligen Anspruchsgrundlagen letztlich als eine Art Ariadnefaden, der zum Durchdenken des Falles bis zum Lösungsvorschlag führt und dessen bewusste Nutzung zugleich eine gute Übung für die Examensklausur darstellt. Die bei den Fällen zuweilen ergänzend gestellten Fragen sollen anhand des jeweiligen konkreten Sachverhalts die Bedeutung des Verfahrens und die Perspektive der jeweiligen Akteure über die gutachtliche Fragestellung hinaus zusätzlich verdeutlichen. **4**

c) Es gilt freilich, die Erwartungen auf einer realistischen Ebene zu halten. Typische Fallkonstellationen und Argumentationsstränge sowie gängige Rechtsprobleme sollen natürlich behandelt werden, lassen sich aber innerhalb des gegebenen Rahmens nur jeweils in mäßigem Umfang vertiefen, und dies gilt auch für die entsprechenden Belege zu Rechtsprechung und Literatur. Auf viele Rechtsprobleme wird notgedrungen gar nicht eingegangen. Das europäische Kartellrecht steht nicht im Vordergrund; natürlich ist es aber in seinen Grundzügen angesprochen, vor allem hinsichtlich seiner Auswirkungen auf das nationale Kartellrecht und auf seine Wechselwirkungen mit diesem. **5**

Die meisten Fälle sind der Judikatur entnommen, aber zum Teil nicht unbeträchtlich modifiziert worden. Angesichts der erst in jüngster Zeit erfolgten vielfältigen Änderungen des nationalen und europäischen Wettbewerbs- und Kartellrechts galt es, die sich insoweit neu stellenden rechtlichen Argumentationsstränge und Probleme zu verdeutlichen, andererseits aber praktisch relevante Fallgestaltungen zugrunde zu legen. Unveränderte Sachverhalte von Originalentscheidungen kamen dazu nur in begrenztem Umfang in Betracht.

### 3. Zu den Themenklausuren

a) Im Bereich der heutigen Wahlfachgruppen und der zukünftigen wirtschaftsrechtlichen Schwerpunktbereiche muss man im Examen zumindest in manchen Ländern bzw. an manchen Universitäten mit Themenklausuren rechnen, nicht zuletzt deshalb, weil Fallklausuren im Wettbewerbs- und Kartellrecht kaum flächendeckend für den ganzen diesbezüglichen Rechtsbereich möglich sind (vgl. *Hönn*, JuS 2004, 760). Hier wollen die abgedruckten Themenklausuren Hilfestellung leisten. Dargestellt sind insoweit drei Themenbereiche, die insgesamt wohl das wichtigste einschlägige Überblickwissen, das auch im mündlichen Examen hilfreich sein dürfte, in Erinnerung rufen sollen. **6**

b) Soweit in diesem Zusammenhang auf wirtschaftliche Grundlagen und Begriffe eingegangen wird, ist die Darstellung bewusst einfach gehalten. Es geht nicht um die Skiz- **7** zierung des Standes der ökonomischen Forschung. Sondern es geht darum, ein Mindestmaß an Verständnis der empirischen Grundlagen und Zusammenhänge hinsichtlich der im Wettbewerbs- und Kartellrecht geregelten Problembereiche zu gewährleisten.

8 c) Im Übrigen stellen die Themenklausuren ein konzentriertes Repetitorium dar, das vielleicht auch für die mündliche Prüfung insofern von Nutzen ist, als es manche Selbstverständlichkeiten im Gedächtnis reaktiviert.

### 4. Zur Arbeit mit dem Klausurenbuch

9 a) Die Fälle haben unterschiedliche Schwierigkeitsgrade, die beim Sachverhalt jeweils vermerkt sind. Dabei betrifft die Zeitabschätzung die komplette Lösung bis zur Ausformulierung, die vom Leser freilich nicht in der dem Lösungsvorschlag entsprechenden Ausführlichkeit erwartet werden kann. Dem Leser wird empfohlen, nach der Lektüre des Sachverhalts die Gliederung abzudecken und sich zunächst eigenständig eine Lösungsskizze anzufertigen, diese zumindest ansatzweise auszuführen und erst danach die vorgeschlagene Gliederung und die vorgeschlagene Lösung durchzuarbeiten. Entsprechendes gilt für die Themenklausuren. Vielleicht sollte zunächst auch die jeweils vorausgestellte Gliederung zunächst abgedeckt bleiben. Nur eigenständiges Arbeiten erschließt die Problematik für den Leser wirklich. Nur nach eigenständiger Arbeit ist eine Vertiefung mit (angegebener) Rechtsprechung und Literatur fruchtbar. Und nur bei entsprechender Vorarbeit sind die nachgestellten Leitsätze, die die im Fall behandelten Rechtsfragen nochmals zusammenfassen, für den Leser von Nutzen. Dass der Leser nicht stets und ohne weiteres zu den hier abgedruckten Lösungsvorschlägen kommt, sollte ihn nicht entmutigen. Einmal gibt es natürlich häufig verschiedene diskutable Lösungsvorschläge. Zwischen diesen abzuwägen, setzt häufig Spezialwissen voraus, um das es hier weniger geht. Spezialwissen zu einzelnen Rechtsfragen kann man jeweils in einschlägigen Lehrbüchern und Kommentaren und zunehmend aktualitätsbezogen über das Internet, finden. Für die Klausur ist es, abgesehen von einigen Standardproblemen, von geringerer Bedeutung. In jedem Fall aber ist für die wettbewerbs- und kartellrechtliche Beurteilung eines Sachverhalts dessen am Gesetzeswortlaut orientierte gedankliche Bewältigung der entscheidende Ausgangspunkt, was übrigens auch für die Lösung von Spezialproblemen gilt. Und hierzu will dieses Buch Hilfestellung leisten. Insofern ist der Weg das Ziel.

10 b) Nach Durcharbeit des Buches ist der Leser gewiss noch kein Spezialist im Wettbewerbs- und Kartellrecht. Er sollte aber sein Überblickswissen hinsichtlich der Zusammenhänge der gesetzlichen Vorschriften und Regelungsebenen vertieft haben, das ihm ein weiteres Eindringen in die Rechtsmaterie in Wissenschaft und Praxis ganz erheblich erleichtert.

## II. Zur Arbeit im Einzelnen

### 1. Aufgabenstellung

11 1. Wie bei jeder Aufgabenstellung kommt auch bei wettbewerbs- und kartellrechtlichen Arbeiten der **Aufgabenstellung** zentrale Bedeutung zu. Falsche Weichenstellungen zu Beginn können die gesamte Arbeit obsolet machen.

a) Das gilt zunächst für die konkrete Aufgaben- bzw. Fragestellung: Ist etwa direkt nach bestimmten materiell-rechtlichen (nicht notwendig wettbewerbs- oder kartellrechtlichen) Ansprüchen gefragt? Läuft bereits ein Verfahren, so dass es zusätzlich auf dessen Zulässigkeit ankommt? Wird nach den Aussichten einer Klage gefragt, was ebenfalls Zulässigkeitsfragen einschließt. Geht es darum, ob eine bestimmte Behörde einschreiten darf oder gar muss, was wiederum Zulässigkeitsfragen impliziert? Etc. Oder geht es schlicht um die „Rechtslage", was bedeutet, dass der Bearbeiter die praktisch sinnvollen Fragestellung selbst aus dem Sachverhalt zu entwickeln hat? In all diesen Fällen gelten letztlich die allgemeinen Regeln zum rechtswissenschaftlichen Gutachten (wenn nicht ausnahmsweise Entscheidungsgründe gefragt sein sollten, deren Formulierung aber wiederum ein Gutachten voraussetzen würde).

Selbstverständlich werden Ausführungen insbesondere zu Zulässigkeitsfragen nur insoweit erwartet, als es nicht um völlig unproblematische Selbstverständlichkeiten geht. Im Zweifelsfall kann man einen entsprechenden Punkt mit einem Satz ansprechen und damit sozusagen abhaken.

### 2. Auswertung des Sachverhalts

Der Auswertung des Sachverhalts muss der Bewerber soviel Zeit und Aufmerksamkeit 12
widmen, dass er sich gewissermaßen darin bewegen kann. Erst dann wird er verstehen, worum es geht, wie die Interessenlage ist und welche Argumente für die rechtliche Bewertung eine Rolle spielen.

a) Bei einer Mehrzahl von Beteiligten empfehlen sich grafische **Skizzen**, bei zeitlich 13
gestalten Vorgängen evtl. auch deren Skizzierung und/oder ein chronologisches stichwortartiges Festhalten mit Zeitangabe (evtl. hängen ja Fristen davon ab o.ä.). Wichtig erscheinende Informationen aus dem Sachverhalt sollte man in besonderer Weise kennzeichnen bzw. festhalten. Und entsprechendes gilt für rechtliche Gesichtspunkte, die einem bei der Lektüre spontan einfallen (vielleicht vergisst man sie später; freilich ist Vorsicht geboten: Bekannte Probleme ohne Notwendigkeit sozusagen einzubauen, ist ein schwerer Fehler).

b) Besondere Beachtung verdienen **Hinweise im Sachverhalt**, die für die Auslegung 14
wettbewerbs- oder kartellrechtlicher Normen relevant sind. Manchmal sind sie klar ausformuliert (z.B. bestimmte Marktanteile, Umsätze, Tätigkeit im In- und/oder Ausland, auf dem europäischen Markt, Sitz des Unternehmens, Auswirkung auf den Inlandsmarkt o.ä.), manchmal auch versteckt, indem sich etwa aus dem Sitz des Unternehmens und der Art seiner Produkte der regionale Markt bestimmen lässt, indem sich aus einem bestimmten Verhalten von Abnehmern überhöhte Preise folgern lassen, indem sich aus dem Absatz bestimmter Waren ein internationaler Markt ergibt o.ä.

c) **Argumente** eines Beteiligten, denen nicht widersprochen wird, sind in tatsächlicher 15
Hinsicht, soweit sich nichts anderes aus dem Sachverhalt ergibt, als unstreitig zu behandeln; für die rechtliche Bewertung bzw. für rechtliche Argumente gilt die aber nicht ohne weiteres.

### 3. Skizze zum Gutachten

16 Eine erste Skizze zum Gutachten sollte alle sinnvollerweise zu prüfenden Rechtsgrundlagen (etwa für die Zulässigkeit einer Klage oder für das Einschreiten der Kartellbehörden) bzw. **Anspruchsgrundlagen** enthalten, damit nicht im Zuge der Ausformulierung ein Teil derselben vergessen wird (vgl. Anhang; speziell zum Lauterkeitsrecht enthält das Buch von *Boesche* eingehende Prüfungsschemata). Schwerpunktbildung ist freilich notwendig!

### 4. Wichtige Untergruppen bei der Aufgabenstellung

17 Hinsichtlich der Art der Aufgabenstellung kann man vielleicht folgende wichtige Untergruppen unterscheiden:

a) **Wettbewerbssachen** wegen Verstoßes gegen UWG

Klage auf Schadenersatz,
auf Unterlassung,
auf Feststellung einer entsprechenden Verpflichtung,
Antrag auf einstweilige Verfügung auf Unterlassung.

Im Übrigen spielen hier Besonderheiten wie Abmahnung und Strafversprechen eine Rolle. Insbesondere bei Behinderung und Diskriminierung kann auch das GWB ins Spiel kommen.

18 b) **Kartellrecht** (ohne Zusammenschusskontrolle)

aa) **Zivilrechtliche Streitigkeiten**, bei denen die Anspruchsgrundlage zuweilen außerhalb des GWB liegt:

Klage auf Erfüllung eines Vertrages,
auf Schadenersatz wegen Vertragsverletzung,
auf Rückgabe aus Bereicherungsrecht,
wobei die Wirksamkeit eines Vertrages aus kartellrechtlichen Gründen zweifelhaft sein kann (insbesondere nach § 134 BGB i.V. mit Verbotsvorschriften des Kartellrechts).

Klage auf Unterlassung und/oder Schadenersatz
nach § 33 GWB wegen Verstoßes gegen Kartellrecht.

**Wichtig!**

- Verbotsvorschriften des **europäischen** Kartellrechts (Art. 101, 102 AEUV = *Art. 81, 82 EGV*) können stets unmittelbar **angewandt** werden, soweit sie eingreifen (Zwischenstaatlichkeitsklausel).
- Verbotsvorschriften des **GWB** können **zusätzlich** angewandt werden, wobei aber zugleich das europäische Verbot angewandt werden muss (§ 33 GWB als solcher ist keine Verbotsvorschrift).
- Soweit der **zwischenstaatliche Handel** betroffen ist und das **europäische** Kartellverbot **nicht** eingreift (insbes. Ausnahme nach Art. 101 III AEUV = *Art. 81 III EGV*), darf ein Verbot aus dem **GWB nicht** angewandt werden (Rückausnahme insbes. § 20 GWB).

- Soweit der zwischenstaatliche Handel **nicht** betroffen ist, also bei rein regionalen Wettbewerbsbeschränkungen, kann ein Verbot aus dem **GWB angewandt** werden.

bb) **Verwaltungsangelegenheiten**

Insbes. Einschreiten der Europäischen Kommission und einer nationalen Kartellbehörde mit Rechtsgrundlage Art. 101 f. AEUV *(Art. 81 f. EGV)* und/oder GWB.

Die Europäische Kommission kann nur EG-Kartellrecht anwenden.

**Wichtig:**

- Die Kartellbehörden (eines EU-Mitgliedsstaats) sind auch zuständig zur Anwendung des EU-Kartellrechts (Art. 5 EG-KartVerfVO Nr. 1/2003; § 50 GWB), das nach Maßgabe der Zwischenstaatlichkeitsklausel eingreift.
- Für die Anwendung der Verbotsvorschriften des GWB gilt nach Maßgabe von Art. 3 EG-KartVerfVO das zu zivilrechtlichen Streitigkeiten oben Gesagte (§ 22 GWB), also Vorrang des europäischen Rechts (mit Rückausnahme).

c) **Zusammenschlusskontrolle**

Es ist entweder europäisches Recht der Zusammenschlusskontrolle durch die europäi- **19**
sche Kommission oder nationales Recht der Zusammenschlusskontrolle durch das BKartA (in Deutschland nur durch dieses) anzuwenden. Die Abgrenzung erfolgt nach Maßgabe von Art. 1 EG-FKVO Nr. 139/2004, wonach es für das Eingreifen europäischen Rechts grundsätzlich auf weltweite Gesamtumsätze von mehr als 5 Mrd. € **und** gemeinschaftsweite Gesamtumsätze von mindestens zwei Unternehmen von mehr als 250 Mio. € ankommt.

Das Eingreifen des **Verbots** richtet sich insoweit aber grundsätzlich nach dem Vorliegen bzw. Verstärken einer marktbeherrschenden Stellung. Die Maßstäbe der FKVO und des GWB sind insoweit inzwischen identisch.

Wegen der Komplexität des Begriffs der Marktbeherrschung wird man bei einer eventuellen Klausur aus dem Bereich der Zusammenschlusskontrolle davon ausgehen können, dass der Sachverhalt insoweit klare Vorgaben zu diesem Punkt enthält oder dass nur eine – letztlich ergebnisoffene – Darstellung der Gesichtspunkte erwartet wird.

## III. Besonderheiten des europäischen Kartellrechts der Art. 101 ff. AEUV *(Art. 81 ff. EGV)*

1. Für die Anwendung der Art. 101 f. AEUV wie auch des GWB spielt, wie gesagt, die **20**
Zwischenstaatlichkeitsklausel eine Rolle. Für deren Auslegung ist letztlich die **Judikatur des EuGH** entscheidend.

**Leitlinien** der EU-Kommission über den Begriff der Beeinträchtigung des zwischenstaatlichen Handels von 2004 sind insoweit eine Art amtlicher Kommentar (ohne eigenständige rechtliche Verbindlichkeit für Zivilgerichte, wobei aber eine gewisse Bindungswirkung für die Kommission selbst besteht).

Entsprechendes gilt für die **de minimis-Bekanntmachung** 2001.

Einfacher **Zugang** zu den Texten im Netz bei der Kommission, die auch Leitlinien und Bekanntmachungen unter der Rubrik „Rechtsvorschriften“(!) aufführt.

**21** 2. Die **EG-KartVerfVO Nr. 1/2003** des Rates (u.a. abgedruckt bei Beck dtv) enthält Vorschriften über die Anwendung des europäischen Kartellrechts durch die EU-Kommission sowie über die Anwendung des europäischen und nationalen Kartellrechts durch nationale Gerichte und Kartellbehörden sowie Regelungen über das Verfahren und insbesondere über die diesbezügliche Zusammenarbeit. Auch materiellrechtliche Vorschriften über Geldbußen und Zwangsgelder sind hier zu finden. Diese Verordnung gilt grundsätzlich nicht für Unternehmenszusammenschlüsse.

**22** 3. Liegt der Tatbestand des Art. 101 I AEUV vor, so kommt generell eine Verbotsausnahme nach **Art. 101 III AEUV** im **Einzelfall** in Betracht.

Eine solche **Verbotsausnahme** liegt für bestimmte Fallgruppen in den Gruppenfreistellungsverordnungen **(GFVOen)**, insbesondere bei Marktanteilen unter 30 %, generell vor. Aufgrund der Ermächtigung durch VOen des **Rates** (vgl. insoweit Art. 101 III, 103 II lit. b und c AEUV) spielen insoweit GFVOen der **Kommission** eine besondere Rolle, derzeit insbesondere
- die GFVO-Vertikalvereinbarungen Nr. 330/2010
- die GFVO-Spezialisierungsvereinbarungen Nr. 1218/2010
- die GFVO-FuE Nr. 1217/2010
- die GFVO-Technologietransfer Nr. 772/04
- die GFVO-Kfz-Sektor Nr. 461/2010.

Die GFVOen zählen sog. **Kernbeschränkungen** auf, die stets zum Verbot nicht nur der jeweiligen Klausel, sondern der gesamten Wettbewerbsbeschränkung führen (soweit Art. 101 I AEUV eingreift). Die europäische Kommission kann im Übrigen den **Rechtsvorteil** der Freistellung in **Einzelfällen** entziehen, wenn eine Wettbewerbsbeschränkung im Einzelfall Wirkungen hat, die mit Art. 101 III AEUV unvereinbar sind; bei einem gesonderten räumlich engen Markt ist sogar eine nationale Kartellbehörde hierzu befugt (Art. 29 EG-KartVerfVO Nr. 1/2003).

Einschlägige **Leitlinien** der EG-Kommission sind eine Art amtlicher Kommentar, insbesondere die
- Leitlinien 2010 für vertikale Beschränkungen
- Leitlinien 2011 über horizontale Zusammenarbeit.

Die Leitlinien kommentieren dabei den jeweiligen Verbotsbereich insgesamt, also nicht nur Art. 101 III AEUV.

In einer Klausur kann ein Eingehen auf die o.a. Texte selbstverständlich nur erwartet werden, wenn diese in den jeweiligen Textsammlungen enthalten sind bzw. direkt zur Verfügung gestellt werden.

**23** 4. Die GFVOen des europäischen Kartellrechts sind über **§ 2 GWB** auch bei der Anwendung des § 1 GWB (nationales Kartellverbot) **zu beachten**. Obwohl *§ 23 E GWB*, der den Grundsatz **europafreundlicher Anwendung** des GWB legifizieren wollte, nicht Gesetz wurde, dürften auch die Praxis der EU-Kommission und einschlägige Leitlinien bzw. Bekanntmachungen der EU-Kommission für die Anwendung des GWB bedeutsam sein; eine Ausnahme bildet die kartellrechtliche Bewertung einseitigen missbräuchlichen Verhaltens von Unternehmen nach nationalem Recht.

5. Soweit primäres oder sekundäres Gemeinschaftsrechts relevant ist, ist die Regelung **24**
über die **Vorabentscheidung** des EuGH (Art. 267 AEUV = *Art. 234 EGV*) im Auge zu behalten.

## IV. Richtlinien und UWG

Durch die 1. UWG-Novelle vom 22.12.2008 ist das UWG praktisch vollständig an die **24a**
Richtlinie 2005/29/EG über unlautere Geschäftspraktiken angepasst worden. Gleichwohl kann sich insbesondere für Seminar- und Hausarbeiten das Problem einer richtlinienkonformen Auslegung des UWG ergeben.

# C. Themenklausuren

## Thema 1

**Erläutern Sie die Begriffe Marktwirtschaft, Markt und Wettbewerb sowie dessen Beschränkung als Grundlage des Kartell- und Wettbewerbsrechts.** 25

## Gliederung

**I. Das Regelungsproblem der Wirtschaft** 26
1. Zentralverwaltungswirtschaft
2. Marktwirtschaft

**II. Markt**
1. Der Markt
2. Die Märkte für einzelne Güter und Leistungen
3. Markt- und Preismechanismus als kybernetisches Modell
   a) Preis steuert Nachfrage und Angebot
   b) Angebot und Nachfrage werden zum Ausgleich gebracht
   c) Kybernetisches Modell
4. Voraussetzungen und Grenzen des Systems
   a) Elastizität der Nachfrage
   b) Selbst- und Grenzkosten
   c) Grenzen des Systems
   d) Störung des Systems
   e) Rahmenbedingungen

**III. Wettbewerb**
1. Rivalität mehrerer Anbieter und Marktformenlehre
2. Wettbewerbsfunktionen
3. Bestimmung des relevanten Marktes sowie Substitutions- und potentieller Wettbewerb
4. Wettbewerb als Entdeckungsverfahren
5. Angebots- und Nachfragewettbewerb

**IV. Wettbewerbsbeschränkung**
1. Reduktion der wettbewerblichen Rivalität
2. Problem der Monopolrente
3. Wettbewerbsbeschränkung und Monopolisierungsstrategien
4. Unterschiedliche rechtliche Regelungen

**V. Unlauterer Wettbewerb**

**Hinweise zur Vertiefung**

# Lösungsvorschlag

## I. Das Regelungsproblem der Wirtschaft

27 Der Leiter jeder wirtschaftlichen Einheit, sei er nun Leiter eines Unternehmens oder eines privaten Haushaltes, ja sogar der siebenjährige Taschengeldempfänger, handelt wegen der Knappheit der Güter aufgrund eines Wirtschaftsplanes. Insofern gibt es in einer modernen Volkswirtschaft eine praktisch kaum überschaubare Vielzahl von Entscheidungszentren. Sie bedürfen der Koordinierung, damit kein Chaos entsteht, damit also beispielsweise die gewünschten Waren am gewünschten Ort zur gewünschten Zeit zu akzeptablem Preis zur Verfügung stehen, was wiederum Fragen nach Vertrieb, Produktion, Investitionsgütern, Einkommensverteilung etc. aufwirft. Diese Koordinationsaufgabe kann im Grundsatz auf zweifache Weise gelöst werden, nämlich entweder durch eine zentralgeleitete Wirtschaft oder durch eine Marktwirtschaft – man spricht auch von Wettbewerbsoder Verkehrswirtschaft[1]. Die Begriffe sind im Sinne pointierend-hervorhebender Abstraktion idealtypisch i.S. von Max Weber gemeint, d.h. sie dienen dem Verständnis der Wirklichkeit, indem sie deren Elemente und Mechanismen beschreiben. In der Realität gibt es hingegen weder eine reine zentralgeleitete Wirtschaft noch eine reine Marktwirtschaft in diesem Sinne. Allerdings entsprechen die meisten realen Wirtschaftssysteme heute tendenziell der Marktwirtschaft, während die Wirtschaftssysteme des früheren Ostblocks zumindest vor den Gorbatschow'schen Reformen eher zentralgeleitet, d.h. eher Zentralwirtschaften waren; andere Beispiele sind der frühere Jesuitenstaat in Paraguay oder das Inkareich[2].

### 1. Zentralverwaltungswirtschaft

28 In der **Zentralverwaltungswirtschaft** wird von der Zentrale bzw. vom Staat ein Wirtschaftsplan aufgestellt, was für außerordentliche Situationen, etwa Katastrophen, sinnvoll sein mag. Die Planvorgaben werden bis hin zu den Unternehmen und Haushalten mit staatlichem Zwang durchgesetzt. Nach aller Erfahrung stößt sowohl eine diesbezügliche Planung als auch die Gewährleistung ihrer Befolgung in der Praxis auf stärkste Schwierigkeiten. Reibungsverluste sind auch bei Einsatz modernster Kommunikations- und Informationstechnik hoch. Die Versorgung mit Konsumgütern ist eher unbefriedigend. Der staatliche Zwang hat ein hohes Ausmaß. Privateigentum an den Produktionsmitteln und umfassende Vertragsfreiheit sind nicht gewährleistet.

### 2. Marktwirtschaft

29 In einer **Marktwirtschaft** (Verkehrswirtschaft) erfolgt die Koordination der Einzelpläne nicht zentral, sondern dezentral. Daraus ergibt sich zunächst ein hohes Maß an Flexibilität: Ein Unternehmen plant etwa die Produktion bestimmter Waren und kauft dazu Rohstoffe ein. Es ist ihm freigestellt, wie viele Waren welcher Art es herstellen und von wem es die Rohstoffe erwerben will. Die gesamtwirtschaftlich relevante Koordination geschieht mit dem Vertragsschluss der einzelnen Wirtschaftssubjekte „am Markt“,

1 *Walter Eucken*, Die Grundlagen der Nationalökonomie, 1939/1965[8], S. 78 ff.
2 *Eucken*, aaO. S. 80.

wobei die Preise als Rechnungsskala dienen. Der Staat muss zu diesem Zweck für die planenden Einzelnen Freiheit gewährleisten, also Privateigentum auch an den Produktionsmitteln zulassen und Vertragsfreiheit einräumen. Im Übrigen kann er sich auf die Setzung einer Rahmenordnung beschränken: öffentliche Sicherheit, Privatrechts- und Gerichtssystem, Währungssystem, Infrastruktur, Besteuerung. Der sog. *Marktmechanismus* bewirkt dann entsprechend der Grundannahme des Wettbewerbsliberalismus, dass durch den nutzenmaximierenden Einzelnen zugleich die bestmögliche Versorgung der Verbraucher und das allgemeine Wohl gefördert werden. *Adam Smith*, der Wegbereiter des Wirtschaftsliberalismus, sprach in diesem Zusammenhang von der „unsichtbaren Hand“[3]. Umstritten ist, ob und inwieweit man sich allein auf den Markt und die geschilderte Rahmenordnung verlassen kann. Bei der Finanz- und Wirtschaftskrise seit 2008 hat sich insbesondere gezeigt, dass Handlungsfreiheit mit **Verantwortung** für die Handlungsfolgen verknüpft sein muss. Die Finanzmärkte bedürfen offensichtlich stärkerer Regulierung.

## II. Markt

### 1. Der Markt

Der in ökonomischen Fragen nicht weiter Kundige denkt bei dem Begriff Markt zunächst an den Wochenmarkt, auf dem man etwa besonders frisches Obst und Gemüse kaufen kann. Es treffen dort Anbieter und Nachfrager zusammen, die ein Interesse daran haben, zu Vertragsschlüssen zu kommen, d.h. etwas zu verkaufen bzw. zu kaufen. Allgemein formuliert verstehen wir unter Markt den **ökonomischen Ort des Tausches**[4], das Zusammentreffen von Angebot und Nachfrage, freilich nicht im Sinne eines Markt*platzes*; auch wenn beim Erbauen eines Wolkenkratzers vom Bauherrn in Frankfurt ein Architekt in New York engagiert wird, treffen Angebot und Nachfrage (hier nach einer bestimmten Art von Architektenleistungen) „am Markt“ zusammen. **30**

### 2. Die Märkte für einzelne Güter und Leistungen

Da am Markt viele Güter und Leistungen angeboten werden, muss man insoweit einzelne **sachlich** bestimmte (bzw. **„relevante“**) Märkte (etwa für Klein-Pkw, für Lastwagen etc.) unterscheiden. Und hinsichtlich einer eventuellen regionalen Beschränkung (etwa bei teurer zu transportierenden Zementplatten), differenziert man weiter nach **örtlich** bestimmten („relevanten“) Märkten (etwa 100 km um H oder als Extrem: Weltmarkt). Eine **zeitliche** Bestimmung des Marktes (etwa Bierverkauf auf einem bestimmten Fest) spielt meist eine geringere Rolle. Bei Erzeugung und Vertrieb eines Gutes können mehrere Märkte nacheinander betroffen sein (etwa Erdölförderung, Verarbeitung, Großhandel, Endvertrieb an Verbraucher). **31**

3 Vgl. *Adam Smith*, An Inquiry into the Nature and Causes of the Wealth of Nations, 1776/1789[5], übersetzt von *Recktenwald*, 1983[3]; vgl. auch *Recktenwald*, aaO. S. XXXV ff.

4 Vgl. *Ott*, in: HdWW Bd. 5, 1980, Marktformen.

### 3. Markt- und Preismechanismus als kybernetisches Modell

32 Am Markt wird der Wirtschaftsablauf durch Angebot und Nachfrage über den Preis gesteuert. Man spricht insoweit vom **Markt- bzw. Preismechanismus**[5], der dazu führt, dass eine Selbststeuerung in der Gesamtwirtschaft eintritt.

#### a) Preis steuert Nachfrage und Angebot

33 Uns allen ist die **Abhängigkeit** der Güter**nachfrage vom Preis** geläufig: Als während der Ölkrise 1972 die Benzinpreise stiegen, fuhren die Autofahrer weniger und langsamer, d.h. bei steigendem Preis sank die Nachfrage. Umgekehrt gilt auch, dass bei sinkendem Preis die Nachfrage steigt: Nachdem der Preis für PC sich reduziert hatte, ist die Nachfrage nach diesen Geräten beträchtlich gewachsen.

In entsprechender Weise hängt das **Angebot** von Gütern und Leistungen vom Preis ab. Bei einem hohen Preis, beispielsweise für Benzin, wurde es rentabel, das relativ teure Nordseeöl zu erschließen, und dadurch steigerte sich das Benzinangebot. Umgekehrt reduziert sich das Angebot, wenn der Preis relativ niedrig liegt. Kosten etwa Kirschen nur 3,– €/kg, so lohnt das Pflücken nicht mehr, und viele Früchte bleiben auf dem Baum.

#### b) Angebot und Nachfrage werden zum Ausgleich gebracht

34 Das jeweilige **Verhältnis** zwischen Angebot und **Nachfrage** wirkt sich über den Marktmechanismus **auf den Preis** aus (relativ hohes Angebot = niedriger Preis; relativ hohe Nachfrage = hoher Preis), wodurch wiederum Angebot und Nachfrage aufeinander abgestimmt werden. Ist das Angebot relativ überhöht, z.B. beim Angebot von verderblichem Obst am Ende eines Markttages, so werden die Anbieter die Preise senken, um noch möglichst viel zu verkaufen; steigt doch bei sinkendem Preis die Nachfrage. Bei relativ überhöhter Nachfrage hingegen steigen die Preise, wie jeder Leidgeprüfte weiß, der in Ballungsgebieten eine Wohnung mieten möchte; der Anbieter kann sich den Teil der Nachfrager heraussuchen, der den erhöhten Preis zu zahlen bereit ist.

Sind Angebot und Nachfrage nicht ausgeglichen, so wird über den Preis nicht nur die **Nachfrage** an das Angebot **angepasst**. Es gilt im Sinne einer optimalen Güterversorgung auch das Umgekehrte, die **Anpassung des Angebots** an die Nachfrage: Bei relativ überhöhtem Angebot führt ein sinkender Preis dazu, das sich auch das Angebot reduziert, wie im obigen Kirschenbeispiel. Und eine relativ überhöhte Nachfrage hat über den erhöhten Preis auch zur Folge, dass das Angebot steigt, also etwa das Nordseeöl erschlossen wurde oder weitere Wohnungen gebaut werden. Damit werden zugleich die **Produktionsfaktoren** in die jeweils benötigte Richtung **gelenkt**. Eine Verschwendung von Gütern wird verhindert. Für sonstige Leistungen (etwa private Kindergärten) gilt jeweils Entsprechendes.

---

5 Vgl. hierzu schon *A. Smith*, aaO. S. 48 ff.; *Eucken*, aaO. S. 87 ff., *Bartling/Luzius*, Grundzüge der Volkswirtschaftslehre, 2002[14], S. 53 ff.

### c) Kybernetisches Modell

Alles in allem liegt ein Selbstregulierungsmechanismus vor. Der Markt- bzw. Preismechanismus entspricht einem **kybernetischen Modell**, welches Angebot und Nachfrage bei Gütern und Leistungen jeweils aufeinander abstimmt und damit letztlich auch die Gesamtwirtschaft über die Preise lenkt. 35

## 4. Voraussetzungen und Grenzen des Systems

Bestimmte **Voraussetzungen und Grenzen** gilt es allerdings im Blick zu behalten. Zunächst stellt sich die Frage nach dem Bezugspunkt für den Marktmechanismus. Insoweit hatte man zunächst auf die abstrakte Figur des **homo oeconomicus** abgestellt; heute beachtet man dabei verstärkt den Einfluss des institutionellen Rahmens auf das Individualverhalten und die durch die Nutzung von Institutionen (z.B. Unternehmen, Verträge), entstehenden Kosten, die sog. Transaktionskosten **(„Institutionenökonomik“)**[6]. Auch wird erforscht, inwieweit reales Verhalten vom Modell des homo oeconomicus abweicht, indem etwa Aspekte der Solidarität oder eines Herdentriebes eine Rolle spielen. Im Übrigen gilt Folgendes: 36

### a) Elastizität der Nachfrage

Die Abhängigkeit der Nachfrage vom Preis kann bei den einzelnen Gütern und Leistungen recht unterschiedlich sein. So wird sich die Nachfrage von Streichhölzern mit steigendem oder sinkendem Preis kaum verändern; man spricht insoweit von einer **unelastischen Nachfrage**[7], die etwa dort vorliegt, wo die Nachfrager auf bestimmte Güter oder Leistungen nicht verzichten können oder wollen. Angebotsmonopole sind auf einem solchen Markt besonders gefährlich, weil bei überhöhten Preisen die Nachfrage sich nicht hinreichend reduziert. Bei einer Divergenz von Angebot und Nachfrage im Übrigen erfolgt auch hier ein Ausgleich, da ein überhöhtes Angebot nicht verkäuflich wäre und eine nicht befriedigte Nachfrage dem Anbieter Gewinne verspricht. 37

Umgekehrt hat sich die Nachfrage nach Juwelen sehr abhängig vom Preis gezeigt[8], und Entsprechendes dürfte etwa für die moderne Elektronik gelten. Insoweit handelt es sich um eine **elastische Nachfrage**, die auf den Preismechanismus stark anspricht.

### b) Selbst- und Grenzkosten

Das **Angebot** von Gütern und Leistungen erfolgt grundsätzlich nur, soweit zumindest die **Selbstkosten** pro Stück (Gesamtkosten, geteilt durch Stückzahl der Güter) des Anbieters gedeckt sind. Sinkt der Preis, zu dem die Nachfrager das Angebot annehmen würden, unter die Selbstkosten, so werden die Anbieter prinzipiell vom Vertragsschluss absehen bzw. eine Produktion unterlassen. Hieraus erklärt sich, dass Mietwohnungen nicht gebaut werden, wenn der Vermieter den für ihn kostendeckenden Mietzins zunächst nicht erzielt (sofern Steuersubventionierung unterbleibt). Genau genommen muss man allerdings von **Grenzkosten** (Kosten der Produktion eines *weiteren* Stücks; sie lie- 38

6 Vgl. etwa *R. Richter/Furubotn*, Neue Institutionenökonomik, 2003[3], S. 515 f. und passim.
7 Beispiel aus *Bartling/Luzius*, aaO. S. 66.
8 Untersuchung aus den USA aufgeführt bei *Bartling/Luzius*, aaO.

gen meist unter den Selbstkosten) sprechen. Der Anbieter wird nur überlegen, ob die **zusätzlich** anzubietenden Einheiten ihm noch Gewinn oder schon Verlust einbringen, und insoweit kommt es auf seine bereits angefallenen Gemeinkosten nicht an[9]. Bereits gepflückte Kirschen, die vom Verderb bedroht sind, dürften also auch dann noch angeboten werden, wenn der Preis die Kosten für das Pflücken nicht mehr abdeckt.

### c) Grenzen des Systems

39 Aktuelle Versorgungsdefizite, etwa bei **Katastrophen**, führen zwar nach dem Preismechanismus meist nicht dazu, dass das benötigte Gut nicht verfügbar ist; sie können aber sozial unerträgliche hohe Preise zur Folge haben. Diese hohen Preise würden zwar ihrerseits die angebotene Menge wachsen lassen. Doch kann die **Zeitdauer** bis zum Ausgleich durch das erhöhte Angebot so lang sein, dass für die Zwischenzeit der erhöhte Preis aus sozialen Gründen nicht akzeptiert werden kann. Vor allem für krasse Ausnahmesituationen, wie sie insbesondere der Wohnungsmangel nach dem Zweiten Weltkrieg darstellte, kann es daher notwendig werden, den Preismechanismus außer Kraft zu setzen (Zwangsbewirtschaftung; im dann entstehenden Schwarzmarkt setzt sich wieder der Preismechanismus durch). Steuerliche Subventionen oder Importverbote verfälschen den Preismechanismus.

### d) Störung des Systems

40 Die **Außerkraftsetzung** oder **Verfälschung** des Preismechanismus bleibt für das Güterangebot nicht folgenlos. Sind etwa Preise vom Staat festgesetzt, so führt dies bei zu niedrigen Preisen zu Defiziten im Angebot (z.B. können bei Mietpreisbindung Versorgungsengpässe die Folge sein, die dann wiederum staatliche Zuteilungsregelungen notwendig machen), und bei zu hohen Preisen zu Überangeboten (frühere EG-Butter- und Fleischberge).

### e) Rahmenbedingungen

41 Natürlich ist der Markt- und Preismechanismus kein Zauberinstrument. Die Setzung wichtiger zusätzlicher **Rahmenbedingungen** kann er nicht überflüssig machen. Dies gilt insbesondere für die Bereiche Steuer-, Währungs-, Sozial- und Beschäftigungspolitik. Inwieweit diese Politikbereiche zur Lenkung der Wirtschaft eingesetzt werden können und sollen, ist insbesondere vor dem Hintergrund international verflochtener Märkte eine der schwierigsten Fragen überhaupt. In der **Praxis** finden sich vielfältige Regelungen zur Beeinflussung des Markt- oder Preismechanismus, insbesondere in der Form von Subventionen zur zeitlichen Streckung von Anpassungen an veränderte Marktverhältnisse.

Für die (vor allem internationalen) Finanzmärkte gelten vielfältige Besonderheiten. Hier fehlen bislang offensichtlich angemessene internationale Rahmenbedingungen, die das Handeln der Akteure mit entsprechender Verantwortung für die Folgen rückkoppelt, damit nicht letztlich der Steuerzahler gravierende Folgen für die Gesamtwirtschaft auffangen muss.

---

9 Vgl. *Bartling/Luzius*, S. 90.

## III. Wettbewerb

### 1. Rivalität mehrerer Anbieter und Marktformenlehre

Bei der Darstellung des Markt- und Preismechanismus (oben II.) war die **Zahl** und Größe **der Anbieter** nicht weiter erörtert worden, so dass die Frage der Anpassung des Angebots an die Preise die alleinige Entscheidung des Anbieters zu sein schien. In der Wirtschaftswirklichkeit findet sich auf den jeweiligen Märkten regelmäßig eine Mehrzahl von Anbietern. Die **Rivalität** unter ihnen macht sie zu Wettbewerbern und wird als Kern des Wettbewerbsprozesses angesehen. Je nach der Zahl der Anbieter auf einem bestimmten Markt spricht man von Monopol bzw. Teilmonopol (nur ein bzw. ein wesentlicher Anbieter), vom (Teil-)Oligopol (wenige Anbieter) oder Polypol (viele Anbieter). Wettbewerb als Rivalität soll es bei all diesen sog. **Marktformen** geben können, selbst beim Monopol herrscht eine Art Rest-Wettbewerb, solange der Marktzutritt möglich ist. 42

### 2. Wettbewerbsfunktionen

Eine unbestrittene normative Definition des (anzustrebenden) Wettbewerbs gibt es nicht. Insofern kann schutzwürdiger Wettbewerb in allen oben geschilderten Konstellationen auftreten. Entscheidend ist stets das Vorhandensein einer Reaktionsverbundenheit bzw. Rivalität der Anbieter im Hinblick auf einen gemeinsamen Abnehmerkreis. Es geht also um Angebote auf einem bestimmten Markt. – Hinsichtlich der sich aus dem Wettbewerb insoweit ergebenden (gewünschten) Folgen spricht man von **Wettbewerbsfunktionen**, die freilich nicht unerheblich idealisiert erscheinen: 43

Bei einer Vielzahl von Wettbewerbern wird jeder von ihnen versuchen, dadurch seinen Verkaufsanteil zu steigern, dass er zu etwas niedrigeren Preisen als seine Konkurrenten anbietet. Das führt dazu, dass bei Wettbewerb die Preise in der Tendenz zu den Selbst- bzw. **Grenzkosten tendieren**[10]. Zugleich lenkt der Wettbewerb insoweit den Einsatz der Produktionsfaktoren, weil derjenige Wettbewerber, der erfolgreich anbieten kann, in diesen Bereich investiert bzw. die diesbezüglichen Produktionsfaktoren nicht abzieht **(Faktorallokation)**. Es erfolgt eine laufende **Anpassung** des Marktgeschehens entsprechend den sich ändernden Verhältnissen, wobei Ausgangspunkt die Zusammensetzung des Güter- und Leistungsangebots nach **Käuferpräferenzen** ist. Von einer **Einkommensverteilungsfunktion** spricht man insoweit, als das Unternehmen, das den Signalen des Marktes am besten folgt, die höchsten Erträge erwirtschaften kann. Und in gesellschaftspolitischer Hinsicht sichert der Wettbewerb den Privatrechtssubjekten das Vorhandensein von Alternativen und schützt sie damit vor dem Diktat wirtschaftlich Mächtiger; man spricht von einer **machtneutralisierenden Wirkung** des Wettbewerbs. Gegenüber den Nachfragern eines Kfz etwa ist das Mammutunternehmen Daimler deshalb nicht in der Stellung eines Übermächtigen, weil der Nachfrager mit dem Kfz anderer Fabrikanten bzw. Händler eine Alternative hat. Nur deshalb kann man auch den privatautonomen Vertragsschluss akzeptieren[11]. In neuerer Zeit betont man besonders die 44

10 Vgl. *Bartling/Luzius*, aaO. S. 95 ff.

11 Zum Verhältnis von Wettbewerb und Privatautonomie *Rittner/Kulka*, § 5 Rz. 31 ff.; *Hönn*, Kompensation gestörter Vertragsparität, 1982, S. 109 ff.

**dynamischen Wettbewerbsfunktionen**, namentlich die Förderung des technischen Fortschritts, die man besonders im weiten Oligopol erwartet oder man stellt verstärkt auf die **Effizienz** des Wirtschaftsgeschehens ab.

### 3. Bestimmung des relevanten Marktes sowie Substitutions- und potentieller Wettbewerb

45 Will man konkrete Auswirkungen bestimmter Vorgänge auf die Marktverhältnisse beurteilen (etwa im Hinblick auf eventuelle Verbote), muss man den Markt bestimmen, auf dem sich die Wettbewerber begegnen. Man spricht vom „relevanten“ Markt, dessen Beschaffenheit in gegenständlicher, räumlicher (und gelegentlich zeitlicher) Hinsicht zu klären ist. Der gegenständlich relevante Markt wird nach dem **Bedarfsmarktkonzept** bestimmt: Für welchen Bedarf der Nachfrage sind die Anbieter Rivalen? Für deren Positionen spielen Substitutionsgüter eine Rolle (wenn die Mittelklassewagen zu teuer sind, kauft man eventuell einen Kleinwagen); auch potentieller Wettbewerb kann relevant und schützenswert sein (wenn sich Kleinwagen gut absetzen lassen, werden zusätzliche Hersteller in diesen Markt gehen). Wie bereits hier erkennbar wird, ist die Offenhaltung der Märkte entscheidend wichtig. – Jeweils Entsprechendes gilt für den örtlich relevanten Markt.

### 4. Wettbewerb als Entdeckungsverfahren

46 Es hat viele Versuche gegeben, „den“ Wettbewerb zu definieren[12]. Die heute h.M. lehnt solche Versuche ab, weil damit Aussagen über eine gewünschte Marktstruktur (Zahl, Markanteile und Größe der Wettbewerber), über ein gewünschtes Marktverhalten (Form des rivalisierenden Verhaltens) und über gewünschte Marktergebnisse getroffen würden. Derartige Aussagen seien mangels Klärung der Interdependenzen mit wissenschaftlichem Anspruch aber nicht möglich[13]. Nach dieser Auffassung liegt Wettbewerb vor, solange es an Wettbewerbsbeschränkungen fehlt, insbesondere der Marktzugang für Anbieter offen ist. Der Wettbewerb ist hiernach ein **Entdeckungsverfahren**[14]**, ein komplexes System** im Sinne der Systemtheorie, von dem man aber sagen kann, dass es in der Regel wirtschaftliches Wachstum und technischen Fortschritt fördert. Im Einzelnen wird hierauf noch zurückzukommen sein.

### 5. Angebots- und Nachfragewettbewerb

47 Vor einer näheren Befassung mit den Wettbewerbsbeschränkungen bedarf es noch eines Blickes auf die unterschiedlichen **Ebenen**, auf denen sich Wettbewerb abspielt. In vertikaler Richtung lassen sich bei vereinfachter Betrachtung Hersteller, Händler und Verbraucher unterscheiden.

---

12 *Sandrock*, Grundbegriffe des GWB, 1968, S. 102 ff.; *Knöpfle*, Der Rechtsbegriff Wettbewerb und die Realität des Wirtschaftslebens, 1966; *Schmidtbauer*, Allokation, technischer Fortschritt und Wettbewerbspolitik, Saarbrücken 1972, jeweils m.w.N.; vgl. auch *Rinck/Schwark*, Wirtschaftsrecht 1986[6], Rz. 204; *Emmerich*, KartR, § 1 Rz. 2.

13 Vgl. *Emmerich*, aaO. § 1 Rz. 28, zum Konzept der workable competition.

14 *v. Hayek*, Der Wettbewerb als Entdeckungsverfahren, in: *v. Hayek*, Freiburger Studien, 1969, S. 249.

Mehrere Hersteller sind Wettbewerber, soweit ihre Produkte auf demselben Markt angeboten werden. Ihre Vertragspartner sind zwar die Händler; doch wird der **Angebotswettbewerb** zwischen den **Herstellern** weitgehend durch die Verbraucher strukturiert. Ihr Bedarf konstituiert den gegenständlich relevanten Markt, und die Herstellerwerbung ist primär an sie gerichtet. Letztlich entscheiden die Verbraucher über den Erfolg eines Produktes. Gleichwohl konkurrieren die Hersteller aber auch gegenüber den Händlern. Die zwischen Hersteller und Verbraucher stehenden Händler konkurrieren einmal im Nachfragewettbewerb im Verhältnis zu den Herstellern. Das spielt eine praktische bedeutsame Rolle angesichts des Vorhandenseins großer Handelsunternehmen wie etwa Aldi, die bei den Herstellern weitaus bessere Konditionen erreichen können als kleinere Händler. Die hiermit verbundene Problematik der Konzentration im Handel hat sich als rechtspolitisch brisant erwiesen[15].

Gleichzeitig stehen die **Händler** im **Angebotswettbewerb** gegenüber den Verbrauchern. 48
Vorteile, die sie im Nachfragewettbewerb erzielt haben, können sie hier als Wettbewerbsparameter einsetzen, also z.B. ihren Kunden günstige Preise bieten. Die Produkte der jeweiligen Hersteller stehen auf dieser Ebene untereinander im Angebotswettbewerb der Händler. Ein CD-Player eines bestimmten Fabrikats und Typs kann daher bei Händler A billiger sein als bei Händler B oder C, gleichgültig, ob es der Hersteller an die Händler zum gleichen Preis verkauft hat; doch ist die Wahrscheinlichkeit dafür größer, wenn der Hersteller einem großen Händler einen besonders hohen Rabatt eingeräumt hatte. Der diesbezügliche Preiswettbewerb auf Händlerebene für ein und dasselbe Produkt (man spricht neudeutsch von intra-brand-competition) würde durch die sog. vertikale Preisbindung ausgeschlossen. Vereinbarungen zwischen Hersteller und Händler über die Endpreise gegenüber den Verbrauchern sind deshalb verboten. Vor allem im Buchhandel ist aus kulturpolitischen Gründen die Preisbindung aber durch besonderes Gesetz zugelassen.

## IV. Wettbewerbsbeschränkungen

### 1. Reduktion der wettbewerblichen Rivalität

Wenn die marktbezogene Rivalität zwischen den Wettbewerbern den Kern des Wettbe- 49
werbsprozesses ausmacht, dann muss man unter einer Wettbewerbsbeschränkung eine Beschränkung dieser marktbezogenen Rivalität verstehen. Dabei ist davon auszugehen, dass in einer Marktwirtschaft kein Unternehmen gezwungen wird, Wettbewerb zu treiben und sich am Markt um Verträge mit Marktpartnern zu bemühen. Der Unternehmer mag, wenn er will, aufgrund autonomer und jederzeit revidierbarer Entscheidung unverkäufliche Skurrilitäten produzieren oder als Aussteiger in die Südsee aufbrechen und sein Unternehmen zu Hause vor sich hin wursteln lassen; mutmaßlich wird dann freilich nach absehbarer Zeit der Insolvenzverwalter agieren.

Nur **heteronome**, d.h. fremdgesteuerte **Beschränkungen der wettbewerblichen Riva-** 50
**lität** hinsichtlich des **freien Gebrauchs der sog. Wettbewerbsparameter** (Art und

15 Das Stichwort „Nachfragemacht“ kennzeichnet eine ganze Reihe wichtiger Regelungsbereiche des Wettbewerbsrechts.

Umfang der Produkte bzw. des Angebots, Preise sonstige Konditionen etc.) sind Wettbewerbsbeschränkungen. Dabei kann eine Verhaltensabstimmung durch Vertrag vorliegen (z.B. Preiskartell, vertikale Preisbindung) oder in sonstiger Weise erfolgen (z.B. sog. Frühstückskartell). Aber auch sachwidrige Behinderungen durch marktstarke Unternehmen sind als Wettbewerbsbeschränkungen verboten (z.B. Nichtbelieferung eines leistungsstarken Händlers, weil dieser preisgünstig an Verbraucher verkauft). Nichts anderes gilt für Unternehmenszusammenschlüsse (z.B. Ankauf des einzigen Konkurrenten durch einen großen Hersteller).

51 Die damit jeweils verbundene Reduzierung der wettbewerblichen Rivalität **beeinträchtigt** die wirtschafts- und gesellschaftspolitischen **Funktionen** des Wettbewerbs: die Orientierung der Preise an den Grenzkosten, die optimale Faktorallokation, die gerechte Einkommensverteilung, die Ausrichtung des Güter- und Leistungsangebots an den Käuferpräferenzen, die wirtschaftliche Fortentwicklung und schließlich die machtneutralisierende Wirkung des Wettbewerbs: Wenn etwa die Organisation erdölexportierender Länder, die OPEC, beschließt, dass die ihr angehörigen Förderländer die Ölförderung reduzieren, dann sinkt das Ölangebot, und die Öl- und Benzinpreise steigen, ohne dass dies letztlich seinen Grund in höheren Kosten hätte. Wettbewerbsbeschränkungen auf der folgenden Marktstufe (etwa durch Mineralölgesellschaften) können natürlich zum selben Ergebnis führen.

52 Man könnte allerdings die Frage stellen, ob Wettbewerbsbeschränkungen nicht schon deshalb unwahrscheinlich und deshalb von geringer Bedeutung sind, weil sie ihre Verursacher selbst schädigen: Hat die OPEC durch ihren Beschluss nicht zugleich ihre eigenen Erträge beeinträchtigt? Die Frage soll hier offen bleiben, weil der Ölmarkt durch die OPEC nicht wirklich geschlossen ist. Es wird aber nachfolgend zu zeigen sein, dass sich Wettbewerbsbeschränkungen für die Beteiligten in egoistischer Sicht lohnen und sie in die Lage versetzen können, ihre Marktpartner auszubeuten. Und dass dabei zugleich das allgemeine Wohl geschädigt wird.

### 2. Problem der Monopolrente

53 Der **Monopolist**, der konkurrenzlose Alleinanbieter auf einem Markt, kann allein darüber bestimmen, welche Menge er verkauft. Der dabei erzielbare Preis ergibt sich aus der Abhängigkeit des Preises von der angebotenen Menge. Entsprechend der **Elastizität der Nachfrage** steigt bzw. fällt der Preis mit einer kleineren oder größeren Angebotsmenge. Während nun bei Wettbewerb grundsätzlich alle vorhandenen bzw. über Grenzkosten produzierbaren Waren angeboten würden, kann sich der Monopolist die Preis-/Mengen-Relation heraussuchen, bei der er den höchsten Gesamtertrag hat. Man spricht insoweit von einer Monopolrente[16].

### 3. Wettbewerbsbeschränkung und Monopolisierungsstrategien

54 **Wettbewerbsbeschränkungen** eröffnen typischerweise im vorgenannten Sinne **Monopolisierungsstrategien**, und eben deshalb sind sie verboten oder zumindest Gegenstand

16 Graphische Darstellungen bei *Wöhe*, Einführung in die allgemeine Betriebswirtschaftslehre, 2008[13], S. 451 ff.

besonderer Kontrolle. Das gilt einmal für § 1 GWB und ist hier etwa bei Gebietsaufteilungen evident. Es leuchtet bei Absprachen über einheitliche Preise bzw. über kollektive Mengenbegrenzungen (OPEC) gleichermaßen unmittelbar ein. Aber auch der gemeinsame Vertrieb oder eine Aufteilung der Produktion zum Zwecke der Spezialisierung ermöglichen derartige Strategien. Schon hier wie in den Folgebeispielen zeigt sich, dass häufig gegenüber nützlichen Auswirkungen abzuwägen ist: Allein-Vertriebsverträge (z.B. Import eines Produkts durch einen Allein-Importeur vom Hersteller im Ausland) und sonstige Ausschließlichkeitsbedingungen (z.B. selektiver Vertrieb bei Rolex-Uhren, Bindung einer Gaststätte an eine bestimmte Brauerei) können durchaus sinnvoll sein, reduzieren aber gleichfalls die Zahl der Anbieter auf einem bestimmten Markt und beinhalten damit ein monopolisierendes Element. Durch die vertikale Preisbindung würde auf Handelsebene der Preis für jeweils ein bestimmtes Produkt eines Herstellers für alle Anbieter einheitlich festgesetzt. – Der Sinn der Zusammenschlusskontrolle liegt in der Kontrolle heteronomer marktstruktureller Veränderungen, durch die ebenfalls die wettbewerbliche Rivalität reduziert und eine Monopolisierungsstrategie möglich wird.

### 4. Unterschiedliche rechtliche Regelungen

Das Essentiale einer Wettbewerbsbeschränkung liegt mithin in der heteronomen (inter- 55
nes Wachstum ist stets zulässig!) **Reduzierung** wettbewerblicher **Rivalität**, dem Sich-Entziehen der Kontrolle des Wettbewerbs, in der Monopolisierungsstrategie, die es dem Betreffenden ermöglicht, in irgendeiner Form eine ihm in einer Wettbewerbsordnung nicht zustehende Monopolrente zu erlangen. Das Ausmaß der Beschränkung des Wettbewerbs und die Begleitumstände der Wettbewerbsbeschränkung können freilich in der Realität höchst unterschiedlich liegen. Insoweit erlaubt etwa ein Preiskartell fast stets ein klar negatives Urteil, während etwa Alleinvertriebsverträge und Ausschließlichkeitsbindungen im Hinblick auf die Öffnung neuer Märkte bzw. die Ermöglichung von besonderem Service häufig positiv zu beurteilen sind. Unternehmenszusammenschlüsse wiederum bedürfen in ihrer Komplexität einer höchst differenzierten Beurteilung. Daher sind Wettbewerbsbeschränkungen nicht stets gleichermaßen verboten, sondern unterliegen im Einzelnen **unterschiedlichen rechtlichen Regelungen**. Natürlich gilt dies nur, soweit es derartige Regelungen gibt: so haben wir Weltmärkte, aber kein Weltkartellrecht, immerhin aber Institutionen, die sich um den freien Welthandel bemühen (World Trade Organisation – WTO).

## V. Unlauterer Wettbewerb

Während das Kartellrecht bzw. das Recht gegen Wettbewerbsbeschränkungen den Wett- 56
bewerb vor einer **Reduzierung** der **wettbewerblichen Rivalität** schützen will, geht es beim Recht gegen unlauteren Wettbewerb (= Lauterkeitsrecht) um den **Schutz des Wettbewerbs vor Auswüchsen**[17]. In diesem Sinne sollen unlautere oder sonst unerlaubte Wettbewerbshandlungen unterbunden werden. Das Lauterkeitsrecht wird dem Gebiet

17 *Baumbach/Hefermehl*, Wettbewerbsrecht, 1999[21], Allg. Rz. 77, 79; in neueren Darstellungen wird eher das Gemeinsame beider Rechtsgebiete betont, so etwa von *Köhler*, in: *Hefermehl/Köhler/Bornkamm*, Einl. UWG Rz. 6.11 - 6.13.

des gewerblichen Rechtsschutzes zugerechnet. Wenngleich hier der Schutz der Marktbeteiligten vor einzelnen Wettbewerbshandlungen ihrer Konkurrenten und der Schutz der Verbraucher vor derartigen Wettbewerbshandlungen im Vordergrund steht[18], ist das Lauterkeitsrecht daneben zugleich funktional auf die Steuerung des Wirtschaftsgeschehens durch den Wettbewerb am Markt ausgerichtet. Dies ist bei einem Blick auf eine Reihe typischer Unlauterkeitstatbestände unschwer zu sehen: Irreführende Werbung verfälscht die Steuerung nach Verbraucherpräferenzen; eine sonstige Beeinträchtigung der Entschließungsfreiheit der Kunden unterläuft gleichermaßen eine adäquate Erfüllung der Wettbewerbsfunktionen. Im Einzelnen gibt es freilich nicht nur **Überschneidungen und Ergänzungen** zum Schutz des Wettbewerbs nach dem Kartellrecht (z.B. beim Verbot der Behinderung von Wettbewerbern)[19]. Auch **Wertungskonflikte** sind denkbar, etwa wenn das Recht gegen unlauteren Wettbewerb Handlungsweisen verbietet, die als aggressive Wettbewerbshandlungen nach dem Kartellrecht bzw. dem Recht gegen Wettbewerbsbeschränkungen erlaubt sein sollten.

## Hinweise zur Vertiefung

57 *Bartling/Luzius*, Grundzüge der Volkswirtschaftlehre, 2008[16] (gut lesbar).
*Beater*, Unlauterer Wettbewerb, 2002, speziell S. 37– 43.
*Emmerich*, KartR, § 1.
*Fezer*, UWG I, Einl. Rz. 39– 87.
*Graf*, Grundlagen der Volkswirtschaftslehre, 2002[2].
*Köhler*, in: *Hefermehl/Köhler/Bornkamm*, inbes. Einl. UWG Rz. 1.1–1.10, 1.17–1.34, 6.11– 6.13.
*Neef*, Kartellrecht § 1.
*I. Schmidt*, Wettbewerbspolitik und Kartellrecht, 2005[8], S. 1– 4.
*Woll*, Volkswirtschaftslehre, 2007[15].

18 *Baumbach/Hefermehl*, 1999[21], Rz. 88.
19 *Köhler*, in: *Hefermehl/Köhler/Bornkamm*, Einl. UWG Rz. 6.12.

# Thema 2

**Schildern Sie die Grundzüge des nationalen und europäischen Wettbewerbs- und Kartellrechts nach Rechtsquellen, Regelungsebenen, Zuständigkeiten, Systematik und Wertungen.** 58

# Gliederung

**I. Regelungsbedarf** 59

**II. Rechtsquellen**

1. Lauterkeitsrecht
2. Kartellrecht
   a) Europäisches Recht
   b) GWB

**III. Regelungsebenen: nationales und europäisches Recht**

**IV. Zuständigkeiten**

1. Akteure
   a) Private
   b) Kartellbehörden und Private
2. Gerichtsbarkeit

**V. Systematik**

1. Lauterkeitsrecht
2. Kartellrecht
   a) Wettbewerbsbeschränkende Vereinbarungen, Beschlüsse und abgestimmte Verhaltensweisen
   b) Missbrauch marktbeherrschender Stellung und einseitige Maßnahmen
   c) Kontrolle von Unternehmenszusammenschlüssen

**VI. Wertungen**

**Hinweise zur Vertiefung**

# Lösungsvorschlag

## I. Regelungsbedarf

60 Wettbewerbs- und Kartellrecht beruht auf dem Gedanken, dass es bestimmter rechtlicher Regelungen bedarf, damit weder das Verhalten der Wirtschaftssubjekte im Wettbewerb unlautere Formen annimmt noch etwa durch Absprachen die Rivalität der Wettbewerber zum Schaden der Steuerungswirkung des Wettbewerbs beseitigt wird. In erstgenannter Hinsicht geht es um das Recht gegen unlauteren Wettbewerb, das Lauterkeitsrecht (häufig auch als Wettbewerbsrecht oder Wettbewerbsrecht i.e.S. bezeichnet), in letztgenannter Hinsicht um das Recht gegen Wettbewerbsbeschränkungen, das Kartellrecht. Dabei sind insbesondere die nationalen und die europäischen Regelungsebenen zu unterscheiden. Die im so genannten europäischen Wirtschaftsraum geltende Regelung (weitgehend parallel zum Recht der EU) sowie ausländische nationale Regelungen und weiterreichende internationale Koordinierungsbemühungen bleiben nachfolgend außer Betracht.

## II. Rechtsquellen

### 1. Lauterkeitsrecht

61 Das **Lauterkeitsrecht** war in Deutschland bis zum 7.7.2004 im Gesetz gegen unlauteren Wettbewerb von 1909 **(UWG)** geregelt. Nach dessen Generalklausel *(§ 1 UWG a.F.)* konnte auf Unterlassung und Schadenersatz in Anspruch genommen werden, wer im geschäftlichen Verkehr zu Zwecken des Wettbewerbs Handlungen vornahm, die gegen die „guten Sitten" verstießen. Die *ZugabeVO* von 1932 und das *RabattG* von 1933 wurden 2001 aufgehoben. Mit Wirkung vom 8.7.2004 ist das UWG neu gefasst worden. Zentraler Begriff ist nicht mehr der Verstoß gegen die guten Sitten, sondern die Unzulässigkeit **„unlauteren"** Wettbewerbs, worin weniger eine sachliche Änderung als eine Anpassung an den international üblichen Sprachgebrauch zu sehen ist. Im Übrigen hat das Gesetz die bisherige Judikatur in Form von Beispielskatalogen unlauteren Wettbewerbs legifiziert. Der Zweck des Gesetzes richtet sich nunmehr ausdrücklich auf den Schutz der Mitbewerber, der Verbraucher, der sonstigen Marktteilnehmer und auf den Schutz der Interessen der Allgemeinheit. Europäische Richtlinien, insbesondere die Richtlinie 84/450/EWG des Rates zur Angleichung der Rechts- und Verwaltungsvorschriften der Mitgliedstaaten (Irreführungsrichtlinie) vom 10.9.1984[1] i.d.F. der Richtlinie 97/55/EG des Europäischen Parlaments und des Rates zur Änderungen der Richtlinie 84/450/EWG zwecks Einbeziehung der vergleichende Werbung (Richtlinie über vergleichende Werbung) vom 6.10.1997[2] und die Richtlinie 2005/29/EG des Europäischen Parlaments und des Rates über unlautere Geschäftspraktiken im binnenmarktinternen Geschäftsverkehr zwischen Unternehmen und Verbrauchern (Richtlinie über unlautere Geschäftspraktiken) vom 11.5.2005[3] sorgen für ein europäisch inhaltlich ab-

1 ABl. Nr. L 250/17 v. 19.9.1984.
2 ABl. Nr. L 290/18 v. 23.10.1997.
3 ABl. Nr. L 149/22 v. 11.6.2005; die RL hat zugleich die o.a. RLen sowie RLen über Fernabsatz, Unterlassungsklagen und Finanzdienstleistungen geändert.

gestimmtes Lauterkeitsrecht. Die letztgenannte Richtlinie bezweckt für ihren Anwendungsbereich eine Vollharmonisierung. Durch die **1. UWG-Novelle** von 2008 wurde das UWG ihr angepasst mit der Folge, dass es nunmehr auf den weiteren Begriff der (unlauteren) **geschäftlichen Handlungen** ankommt. Europäisches Primärrecht, insbesondere das in den Art. 34 ff. AEUV *(Art. 28 ff. EGV)* zum Schutze des freien Warenverkehrs niedergelegte Verbot von „Maßnahmen gleicher Wirkung" wurden vom EuGH i.S. europarechtlicher Grenzen des Lauterkeitsrechts gegenüber dem Verbot auch staatlicher Wettbewerbsbeschränkungen (durch Lauterkeitsrecht!) interpretiert[4]. Dem Verbraucherbild, d.h. der Frage, in welchem Umfang der Verbraucher schutzbedürftig erscheint, kommt insoweit eine große Bedeutung zu.

### 2. Kartellrecht

Während das Lauterkeitsrecht nach wie vor weitgehend – für den Verbraucherbereich vereinheitlichtes – nationales Recht darstellt, finden wir im **Kartellrecht** neben dem nationalen Recht europäisches Recht, dem künftig nicht nur in rechtlicher, sondern auch in quantitativer Hinsicht klar vorrangige Bedeutung zukommt. 62

#### a) Europäisches Recht

Abgrenzungskriterium ist zunächst die Beeinträchtigung des Handels zwischen Mitgliedsstaaten der EU; insoweit verbietet Art. 101 AEUV *(Art. 81 EGV)* wettbewerbsbeschränkende Vereinbarungen und Art. 102 AEUV *(Art. 82 EGV)* den Missbrauch einer marktbeherrschenden Stellung (vor dem Vertrag von Amsterdam vom 1997 *Art. 85, 86 EGV a.F.*). Die Fusionskontrolle europäischen Rechts richtet sich seit dem 1.5.2004 nach der Verordnung (EG) Nr. 139/2004 des Rates vom 20.1.2004 über die Kontrolle von Unternehmenszusammenschlüssen[5] (EG-FKVO Nr. 139/2004); insoweit ist Abgrenzungskriterium zum nationalen Recht die „gemeinschaftsweite" Bedeutung des Zusammenschlusses, die nach Umsatzgrößenzahlen ermittelt wird. 63

Für Freistellungen vom Verbot des *Art. 81 EGV* war zunächst allein die EWG- bzw. EG Kommission zuständig; Gruppenfreistellungsverordnungen als Verordnungen europäischen Rechts machten diese Regelung praktikabel. Im Übrigen galt bis zum 30.4.2004 ergänzend zu den *Art. 81, 82 EGV* die Kartell*VO Nr. 17/62 des Rates vom 6.2.1962*, die neben der Alleinzuständigkeit der EG-Kommission für die Genehmigung von Ausnahmen vom Kartellverbot eine Mitwirkung nationaler Kartellbehörden vorsah. Seit dem 1.5.2004 gilt die Verordnung (EG) Nr. 1/2003 des Rates vom 16.12.2002 zur Durchführung der in den *Art. 81/82 EGV* niedergelegten Wettbewerbsregeln[6] (EG-KartVerfVO Nr. 1/2003). Nach dieser dürfen auch nationale Kartellbehörden und -gerichte vom europäischen Kartellverbot freistellen. Mit dem Erlass der EG-KartVerfVO Nr. 1/2003 er- 64

4 EuGH, Slg. 1974, S. 837 = GRUR Int. 1974, 467 – Dassonville; Slg. 1979, S. 649 = GRUR Int. 1979, 468 – Cassis de Dijon; Slg. 1993, S. I-6097 = NJW 1994, 121 – Keck; Slg. 1994, S. I-317 = NJW 1994, 1207 = GRUR 1994, 303 – Clinique; Slg. 1994, S, I-2355 = NJW 1994, 2141 – Hünermund; vgl. auch *Köhler*, in: *Hefermehl/Köhler/Bornkamm*, Einl. UWG Rz. 3.17 ff.; vgl. zuletzt EuGH v. 30.4.2009, WvW/E EU-R 1585, wonach das österr. Gesetz über die Buchpreisbindung z.T. unwirksam ist.

5 ABl. Nr. L 24/1 vom 29.1.2004; frühere *VO (EWG) Nr. 4064/89* ist aufgehoben.

6 ABl. Nr. L 1/1 v. 4.1.2003.

folgte zugleich ein Übergang von der Genehmigungsmöglichkeit der Kommission zur ipso iure geltenden Verbotsausnahme. Durch den **Lissabon-Vertrag** wurden am 1.12. 2009 die *Art. 81, 82 EGV* zu den Art. 101, 102 AEUV.

#### b) GWB

65 Während das GWB bis zur 6. GWB-Novelle eine weitgehend eigenständige nationale Kartellrechtsregelung zum Inhalt hatte, ist das GWB in der Fassung der 7. GWB-Novelle[7] seit Juli 2005 inhaltlich in beträchtlichem Umfang der europäischen Regelungsstruktur angepasst. Die 8. GWB-Novelle brachte keine grundsätzlichen Änderungen.

## III. Die Regelungsebenen

66 Zum einen steht **nationales** Recht neben **europäischem** Recht, und zwar namentlich im Kartellrecht. Soweit europäisches Recht eingreift, ist von dessen Vorrang auszugehen[8]. Nur soweit wettbewerbsbeschränkende Vereinbarungen und Verhaltensweisen bzw. der Missbrauch einer marktbeherrschenden Stellung nicht den zwischenstaatlichen Handel beeinflussen bzw. ein Unternehmenszusammenschluss sich unterhalb der jeweiligen Umsatzkriterien befindet, bleibt Regelungsspielraum für nationales Recht[9]. Allerdings sind die Mitgliedsstaaten generell befugt, in ihrem Hoheitsgebiet strengere innerstaatliche Vorschriften zur Unterbindung oder Ahndung **einseitiger** Handlungen von Unternehmen zu erlassen oder anzuordnen (Art. 3 II 2 EG-KartVerfVO Nr. 1/2003); diese sog. deutsche Klausel erlaubt die Fortführung der bisherigen deutschen Regelung über das Diskriminierungs- bzw. Behinderungsverbot nur markt**starker** (nicht marktbeherrschender) Unternehmen mit nur „relativer oder überlegener Marktmacht" (§ 20 GWB). Inwieweit diese Privilegierung auch dann gilt, wenn Vereinbarungen und einseitige Handlungen zugleich eine Rolle spielen (etwa selektiver Vertrieb), ist str.

## IV. Zuständigkeiten

### 1. Akteure

#### a) Private

67 Hinsichtlich der **Akteure** setzt Lauterkeitsrecht auf die Initiative **Privater**: von Wettbewerbern oder Verbänden. Lauterkeitsrecht ist Privatrecht.

#### b) Kartellbehörden und Private

68 Dem gegenüber stellt sich das Kartellrecht als teils privatrechtlich und teils öffentlichrechtlich dar. **Kartellbehörden** werden ggf. aktiv, seien es nationale Kartellbehörden,

7 BGBl. 2005 I S. 1954, 2114; vgl. dazu *Kahlenberg/Haellmigk*, BB 2005, 1509; RegE einer 7. GWB-Novelle, BR-Drucks. 441/01; Beschlussempfehlung und Bericht des Ausschusses für Wirtschaft und Arbeit, BTDrucks. 15/5049 v. 9.3.2005; weitere Änderungen erfolgt.

8 Vgl. EuGH, Slg. 1969, 1 = NJW 1969, 1000 – Walt Wilhelm; Art. 3 II 1 EG-KartVerfVO Nr. 1/2003; zum Systemwettbewerb zwischen den nationalen Wettbewerbs und Kartellrechtsordnungen s. *Hönn*, FS Ress, 2005, S. 505.

9 Vgl. freilich zur Möglichkeit der Verweisung von der Kommission an die nationale Kartellbehörde Art. 9 EG-FKVO Nr. 139/2004.

also insbesondere das BKartA, sei es die EU-Kommission, die als europäische Kartellbehörde tätig wird. Insoweit geht es um Erlaubnisse, Verbote sowie ggf. Zwangs- und Bußgeld. Freilich ist Kartellrecht zum Teil auch Privatrecht, soweit es nämlich zur Unwirksamkeit von Verträgen oder zu Unterlassungs- oder Schadenersatzansprüchen auf Grund der Klagen **Privater** führen kann. Und im Streit um diese Rechtsfolgen sind vorbehaltlich der Kompetenz des EuGH gemäß Art. 267 AEUV *(Art. 234 EGV)* die nationalen Zivilgerichte zuständig. Die Europäische Kommission befürwortet derzeit einen verstärkten Einsatz privatrechtlicher Mechanismen zur Durchsetzung des Kartellrechts.

### 2. Gerichtsbarkeit

Will man auch die **Gerichtsbarkeit** i.S. von Zuständigkeiten verstehen, so ist für den 69
nationalen Bereich die ausdrückliche Zuständigkeit der **Zivilgerichte** auch für die Überprüfung der Tätigkeit der Kartellbehörden – also für Verwaltungshandeln – festzuhalten. Die Kompetenz des **EuGH** zur Vorabentscheidung nach Art. 267 AEUV **koordiniert** die Anwendung des europäischen Kartellrechts durch die nationalen Zivilgerichte hinsichtlich ihrer Zuständigkeit für privatrechtliche oder auch öffentlich-rechtliche (Anfechtung von Entscheidungen der Kartellbehörden) Rechtsstreitigkeiten. Und da das (europäische) Gericht erster Instanz – EuG – (Art. 256 AEUV = *Art. 225 EGV*) und der EuGH zugleich für die Überprüfung der Rechtmäßigkeit des Verhaltens der Kommission als europäische Kartellbehörde zuständig sind (Art. 263, 265 AEUV = *Art. 230, 232 EGV*), finden wir eine quasi gemeinsame letztinstanzliche Zuständigkeit für das europäische Kartellrecht.

## V. Systematik

### 1. Lauterkeitsrecht

Die jedenfalls im deutschen Recht übliche systematische Unterteilung von **Lauterkeits-** 70
**recht** einerseits und **Kartellrecht** andererseits darf die Überschneidungen und den inneren Zusammenhang beider Rechtsgebiete nicht vergessen lassen. Wenn Lauterkeitsrecht den Wettbewerb vor Verfälschungen schützen will (§ 1 UWG), so schützt es nicht nur die Wettbewerber und Verbraucher, sondern auch die Allgemeinheit und die Existenz von Wettbewerb auf den Märkten, also das Schutzgut des Kartellrechts. Und wenn das Kartellrecht Maßnahmen verbietet, die eine Verhinderung, Einschränkung oder Verfälschung des Wettbewerbs bezwecken oder bewirken (§§ 1, 19–21 GWB; Art. 101, 102 AEUV), so knüpft es partiell an unlautere Handlungen an; demgemäß unterfallen etwa Boykott und Diskriminierung häufig den Verboten beider Rechtsgebiete. Und nicht nur das Lauterkeitsrecht, sondern partiell auch das Kartellrecht haben individualschützenden Charakter. Gleichwohl ist die Zweispurigkeit zumindest für das deutsche Rechtssystem kennzeichnend, wobei das Lauterkeitsrecht rein privatrechtlich, das deutsche und EU-Kartellrecht teils privat- und teils öffentlich-rechtlich geprägt sind.

### 2. Kartellrecht

Im Bereich des **Kartellrechts** sind Wettbewerbsbeschränkungen durch Absprachen und 71
Verhaltensabstimmungen zu unterscheiden von der Beeinträchtigung der Wettbewerbs-

kontrolle des Marktes durch einseitige Maßnahmen, insbesondere seitens marktmächtiger Unternehmen. Hinzu kommt die i.S. eines Marktstrukturschutzes vorgesehene Kontrolle bestimmter Unternehmenszusammenschlüsse.

### a) Wettbewerbsbeschränkende Vereinbarungen, Beschlüsse und abgestimmte Verhaltensweisen

72 Hinsichtlich wettbewerbsbeschränkender Vereinbarungen, Beschlüsse und abgestimmter Verhaltensweisen waren europäisches und deutsches nationales Kartellrecht zunächst **getrennte Wege** gegangen. Während *Art. 81 EGV* – vor Inkrafttreten der EG-KartVerfVO Nr. 1/2003 mit Erlaubnisvorbehalt qua EU-Kommission – derartige Maßnahmen bei Beeinträchtigung des zwischenstaatlichen Handels durch Generalklausel mit Beispielskatalog generell verbot, sah das *GWB a.F.* zunächst eine Mehrzahl von Einzelregelungen vor, die teils dem Verbotsprinzip mit Erlaubnisvorbehalt und teils dem Missbrauchsprinzip folgten *(§§ 1 ff., 14 ff. GWB a.F.)*. Vor allem hatte das GWB bislang zwischen Kartellvereinbarungen, Kartellbeschlüssen und abgestimmtem Verhalten einerseits und Vertikalvereinbarungen andererseits differenziert *(§§ 1 ff., 14 ff. GWB a.F.)*. Im europäischen Kartellrecht kehrt diese Differenzierung auf der Ebene der Gruppenfreistellungsverordnungen wieder, so dass der Gegensatz zwischen früherer deutscher und europäischer Regelung zumindest partiell nur formaler Natur war. Mit der 7. GWB-Novelle hat sich der deutsche Gesetzgeber nunmehr der europäischen Systematik angepasst. Das derzeit geltende GWB unterscheidet **nicht mehr** zwischen horizontalen und vertikalen Wettbewerbsbeschränkungen sowie zwischen Verbots- und Missbrauchsprinzip für je spezifische Maßnahmen. Vielmehr enthält § 1 GWB nunmehr ein generelles Verbot und § 2 GWB eine Freistellung kraft Gesetzes unter ergänzender dynamischer Inbezugnahme europäischer Gruppenfreistellungsverordnungen. Im Ergebnis gilt daher insoweit im nationalen Recht eine Regelung, die Art. 101 AEUV in Verbindung mit den einschlägigen Gruppenfreistellungsverordnungen entspricht. Die rechtspolitische Beurteilung dieser Anpassung kann nicht nur positiv gesehen werden. Doch war diese Anpassung unvermeidlich im Hinblick auf Erfordernisse der Rechtssicherheit, weil das Abgrenzungsmerkmal der Zwischenstaatlichkeitsklausel schwer zu handhaben ist[10]. Dem schon zum europäischen Recht kritisierten Übergang von der grundsätzlichen Einzelfreistellung zur generellen Legalausnahme bei wettbewerbsbeschränkenden Maßnahmen[11] ist der deutsche Gesetzgeber ebenfalls gefolgt. Die zunächst europarechtlich umstrittene Buchpreisbindung ist inzwischen durch spezielles deutsches Gesetz geregelt[12].

### b) Missbrauch marktbeherrschender Stellung und einseitige Maßnahmen

73 Art. 102 AEUV verbietet die missbräuchliche Ausnutzung einer **marktbeherrschenden Stellung** auf dem gemeinsamen Markt oder einem wesentlichen Teil desselben, soweit dies zur Beeinträchtigung des Handels zwischen Mitgliedsstaaten führen kann. Das nationale Kartellrecht enthält mit § 19 I GWB eine entsprechende Regelung. Daneben

10 Der RegE zur 7. GWB-Novelle, BR-Drucks. 441/04, S. 37, spricht von fehlender begrifflicher Schärfe.

11 Vgl. etwa *Möschel*, in: Tübinger rechtswissenschaftliche Abhandlungen, Bd. 95, 2003, S. 85, 94 f.; umfassende Nachweise bei *Schwarze/Weitbrecht*, S. 30.

12 Gesetz zur Regelung der Preisbindung der Verlagserzeugnisse v. 2.9.2002, BGBl. I S. 3448.

gibt es ein bereits unterhalb der Marktbeherrschung bei sog. relativer oder überlegener Marktmacht eingreifendes Behinderungs- und Diskriminierungsverbot (§ 20 I GWB). Diese Regelungen, bei denen das deutsche Recht strenger ist als EU-Recht, gelten auch dann, wenn der zwischenstaatliche Handel betroffen ist und an sich europäisches Recht anwendbar wäre (Art. 3 II 2 EGKartVerfVO 1/2003; § 22 III 3 GWB). Auf dem Energie- und Lebensmittelsektor hat man das Missbrauchsverbot des GWB in jüngster Zeit verschärft[13].

### c) Kontrolle von Unternehmenszusammenschlüssen

74 Für die Kontrolle von **Unternehmenszusammenschlüssen** gilt auf nationaler Ebene das GWB (§§ 35 ff.) Auf europäischer Ebene galt nach anfänglichen Unsicherheiten[14] 1989 zunächst die Fusionkontroll*VO Nr. 4064/89*[15] erlassen worden. Im Rahmen ihrer Kompetenzen (s.o. III.) konnte die EU-Kommission Zusammenschlüsse, die eine **beherrschende Stellung** begründen oder verstärken, durch die wirksamer Wettbewerb im Gemeinsamen Markt oder auf einem wesentlichen Teil desselben erheblich behindert würde, für unvereinbar mit dem Gemeinsamen Markt erklären.

75 Seit dem 1.5.2004 ist an die Stelle der bisherigen Verordnung die Verordnung Nr. 139/2004 des Rates vom 20.1.2004 über die Kontrolle von Unternehmenszusammenschlüssen getreten[16] (EG-FKVO Nr. 139/2004). Der **Anwendungsbereich** ist nach wie vor durch eine gemeinschaftsweite Bedeutung des Zusammenschlusses gekennzeichnet, die durch Umsatzziffern definiert wird (im Kern: weltweiter Umsatz über 5 Mrd. € **und** gemeinschaftsweiter Umsatz von mindestens 2 Unternehmen von 250 Mio. €; so Art. 1 EG-FKVO Nr. 139/2004). Materiell-rechtliches Kriterium für das **Verbot** ist nach wie vor die (markt-)beherrschende Stellung, wobei der gesetzliche Tatbestand mit der Erwähnung des zusätzlichen Kriteriums der erheblichen Behinderung wirksamen Wettbewerbs auf dem gemeinsamen Markt oder einem wesentlichen Teil desselben (Art. 2 II und III) noch ungeklärte Fragen aufwirft. Möglicherweise versteckt sich dahinter eine verstärkte Effizienzbetrachtung[17]. Die Europäische Kommission besitzt die ausschließliche Zuständigkeit für die Anwendung der Fusionskontrolle nach europäischem Recht; doch kommen Verweisungen an die nationalen Kartellbehörden oder von diesen an die Kommission in Betracht (Art. 9, 22 EG-FKVO). Jedenfalls gilt das sog. One Stop Shop-Prinzip: Zuständigkeit einer einzigen Behörde für den gesamten Zusammenschluss. Unterhalb der oben genannten Umsatzziffern greift die Fusionskontrolle nach den §§ 35 ff. GWB. Mit der **8. GWB-Novelle** wird das materiell-rechtliche Kriterium des Verbots (§ 36 I GWB) dem europäischen Recht angepasst.

---

13 §§ 29, 20 IV, GWB i.d.F. v. 15.12.2008, BGBl. I S. 2426; durch die 8. GWB-Novelle um 5 Jahre verlängert.

14 Vgl. die Versuche des EuGH, eine Fusionskontrolle auf die Verbote der heutigen Art. 101, 102 AEUV zu stützen; Slg. 1973, S. 215 – Continental Can; Slg. 1987, S. 4487 – Morris; zur Rechtsgrundlage der früheren *VO Nr. 4064/89* s. *Hacker/Kleemann*, in: *Schröter/Jakob/Mederer*, FKVO Einl. Rz. 1, 3.

15 VO (EWG) 4064/89 des Rates über die Kontrolle von Unternehmenszusammenschlüssen vom 21.12.1989 (ABl. 1989 Nr. L 395/1; 1990 Nr. L 257/13).

16 ABl. Nr. L 24/1 v. 29.1.2004.

17 Vorbild waren insoweit die amerikanischen Horizontal Merger Guidelines des US-Department of Justice und der Federal Trade Commission i. d. F. vom 8.4.1997; vgl. zur Problematik *Böge*, WuW 2004, 138, 143; *Mestmäcker*, WuW 2004, 135; *Tilmann*, WuW 2003, 3.

### VI. Wertungen

76 Das Recht gegen unlauteren Wettbewerb schützt nach § 1 UWG heute ausdrücklich Mitbewerber, Verbraucher und sonstige Marktteilnehmer. Nach der amtl. Begr.[18] soll das UWG entsprechend der bisherigen Rechtslage, wonach eine Schutzgesetzeigenschaft von *§ 3 UWG a.F.* zugunsten der Verbraucher ausschied[19], nach wie vor kein Schutzgesetz gemäß § 823 II BGB sein[20]. Vielmehr soll der Verbraucherschutz wohl vor allem durch den Gewinnabschöpfungsanspruch der Verbände (§ 10 UWG), der außerordentlichen umstritten ist, realisiert werden. Historisch ist das UWG als Schutzgesetz zugunsten der Wettbewerber entstanden. Im Sinne eines Institutionenschutzes dient es zugleich den Interessen der Allgemeinheit (vgl. § 1 UWG) und überschneidet sich insoweit mit dem GWB. Aus europäischer Perspektive steht der Verbraucherschutz beim Recht gegen unlauteren Wettbewerb im Vordergrund. Das Kartellrecht bzw. das GWB dient primär den öffentlichen Interessen an der Erhaltung wirksamen Wettbewerbs. Soweit damit zugleich Individualinteressen von Unternehmen geschützt werden, kann das Kartellrecht Grundlage entsprechender privatrechtlicher Unterlassungs- und Schadenersatzansprüche sein. Auf europäischer Ebene spielt im Kartellrecht zunehmend der „more economic approach“ eine Rolle in dem Sinne, dass der Effizienzgedanke gegenüber dem (längerfristig besonders wichtigen) Institutionenschutz des Wettbewerbs an Bedeutung gewonnen hat. Das Lauterkeitsrecht wird im Übrigen in neuerer Zeit zunehmend geprägt von verbraucherschützenden Wertungen des europäischen Rechts einerseits und von verfassungsrechtlichen Vorgaben andererseits[21]. Dabei spielt die Liberalisierung eine wichtige Rolle (*Merke:* bei einer Falllösung ist die Bejahung eines Wettbewerbsverstoßes nicht stets die richtige Lösung!).

## Hinweise zur Vertiefung

77 *Boesche*, § 1 Rn. 1–25c zum Lauterkeitsrecht und zur 1. UWG-Novelle.
*Kahn*, Einführung in: Beck-Texte, EUV, 2008[6], S. XX ff., zum Lissabon-Vertrag.
*Köhler*, Einführung in: Beck-Texte, Wettbewerbsrecht. Kartellrecht. 2013[33].
*ders.*, in: *Hefermehl/Köhler/Bornkamm*, Einl. UWG Rz. 2.10 –2.22
*Immenga/Mestmäcker*, GWB, Einl.

18 BT-Drucks. 15/1487 S. 22.
19 BGH NJW 1975, 1503 – Prüfzeichen.
20 Kritisch *Sack*, GRUR 2004, 625; *ders.* schon NJW 1975, 1303; vor allem *Säcker*, WRP 2004, 1199, 1219; zust. aber *Köhler*, in: *Hefermehl/Köhler/Bornkamm*, UWG § 1 Rz. 34.
21 Vgl. insoweit namentlich BVerfG NJW 2003, 1303 – Benetton II; BGHZ 149, 247 – HIV Positiv; zur Gesamtproblematik statt vieler *Ahrens*, JZ 2004, 763.

# Thema 3

**Was wissen Sie über die Geschichte des Wettbewerbs- und Kartellrechts und über Wettbewerbstheorien und -leitbilder sowie über deren Einfluss auf das in Deutschland geltende Recht?** 78

## Gliederung

**I. Geschichte des Wettbewerbsrechts** 79

**II. Geschichte des Kartellrechts**

1. Zeit der Kartelle
2. Das amerikanische Antitrust-Recht
3. Das GWB von 1957
4. Die Entwicklung des EG/EU-Kartellrechts
5. Neubekanntmachung des GWB 2005

**III. Wettbewerbstheorien und Wettbewerbsleitbilder**

1. Klassik
2. Vollkommener Wettbewerb
3. Dynamische Wettbewerbstheorie und empirische Analysen
4. Ordo- und Neoliberalismus
5. Chicago-School
6. Gegenmachtprinzip
7. Deregulierung und Regulierung
8. More economic approach

**IV. Einfluss auf die Kartellrechtsentwicklung**

**Hinweise zur Vertiefung**

# Lösungsvorschlag

## I. Geschichte des Wettbewerbsrechts

80 Seit auf der Welt Handel und Gewerbe betrieben werden, stellt sich das Problem des Schutzes der Kunden vor falschen Anpreisungen und der Gewerbetreibenden vor Nachahmung von Waren und Leistungen[1]. Mit der im 19. Jahrhundert erfolgten Proklamierung der Gewerbefreiheit[2], durch die das mittelalterliche Zunftwesen endgültig überwunden wurde, begann ein stürmisches Wirtschaftswachstum, und damit verbundene Missstände machten die Aufrichtung gesetzlicher Schranken notwendig.

81 In Frankreich konnte man sich insoweit mit dem Verbot der „concurrence déloyale“ (vorsätzlich) bzw. „concurrence illicite“ (fahrlässig) auf Art. 1382, 1383 Code Civil von 1804 stützen. Im englisch/amerikanischen Rechtskreis entwickelte sich auf der Grundlage des Equity-Rechts die „passing-off“-Klage bzw. das Verbot der „unfair competition“[3], das in den USA später mit dem Sherman-Act von 1890 auf Kartelltatbestände erstreckt wurde.

82 In Deutschland erließ man **1874 ein Markenschutzgesetz**, das aber unlauteren Wettbewerb als solchen nicht verbot[4]. Erst die *§§ 15, 16* des **Gesetzes zum Schutz von Warenbezeichnungen von 1894** enthielten einzelne Unlauterkeitstatbestände (Nachahmung, falsche Herkunftsangaben). Zu ihrer Ergänzung folgte **1896 ein erstes Gesetz gegen den unlauteren Wettbewerb**, das aber ebenfalls **nur Spezialtatbestände** und keine Generalklausel enthielt. Dieses Defizit war der eigentliche Grund für eine heute (wegen des Vorhandenseins der Generalklausel) überholte literarische Diskussion zur Frage eines (für § 823 I BGB relevanten) Schutzobjekts des UWG[5]. Das RG behalf sich angesichts des unzulänglichen Schutzes zunächst mit § 826 BGB[6] und entwickelte für krasse Fälle einer Betriebsstörung das Recht am eingerichteten und ausgeübten Gewerbebetrieb[7]. Doch konnte all dies eine wettbewerbliche Generalklausel nicht ersetzen[8].

83 Mit dem bis 2004 fortgeltenden **UWG von 1909** wurde die **Generalklausel** des *§ 1 UWG 1909* eingeführt, die durch umfangreiche Judikatur ein flexibles und praktisch

1 Vgl. hierzu allg. *Hubmann/Götting*, Gewerblicher Rechtsschutz, 2002[7], § 2; einen farbigen Überblick über zweifelhafte Praktiken zu Beginn des 18. Jahrhunderts gibt *G. P. Hönn*, Betrugslexikon, 1724, „Betrügereyen in allen Ständen“.

2 In Deutschland durch die Gewerbeordnung für den Norddeutschen Bund von 1869; übernommen als Gewerbeordnung des Deutschen Reiches.

3 Vgl. näher zur Rechtslage im Ausland und deren Entwicklung *Köhler*, in: *Hefermehl/Köhler/Bornkamm*, Einl. UWG Rz. 4.1 ff.; *Harte-Bavendamm/Henning-Bodewig*, Einl. E; *Emmerich*, WettbR, § 2; *I. Schmidt*, Kartellrecht und Kartellpolitik (UTB), 2005[8].

4 RGZ 3, 67 Apollinarisbrunnen; hierzu *Rittner/Kulka* § 1 Rz. 5.

5 Hierzu eingehende Nachweise bei *Emmerich*, WettbR, § 3 Rn. 5 ff.; *Rittner/Kulka* a.a.O.

6 RGZ 38, 118, 119 f. betr. den Boykott einer Speditionsfirma im Segelschiff-Frachtverkehr.

7 RGZ 58, 22, 29 f. betr. Gebrauchsmuster-Anmaßung und Strafanzeige gegen die Produktion von Juteplüsch-Fabrikaten.

8 Beachte: Eine Verletzung des zwischenzeitlich fortentwickelten Rechts am eingerichteten und ausgeübten Gewerbebetrieb i.S. des § 823 I BGB scheidet bei Anwendbarkeit des inzwischen um eine Generalklausel ergänzten UWG wegen Subsidiarität aus; so RGZ 132, 311, 316; BGHZ 36, 252, 256 f. – Gründerbildnis.

brauchbares Instrument zur Unterbindung unlauteren Wettbewerbs geworden war. Diese **(große)** Generalklausel wurde durch ein generalklauselartiges Irreführungsverbot (§ 3 *UWG 1909*; sog. **kleine Generalklausel**) und **Spezialtatbestände** ergänzt. Geschützt wurden zunächst ausschließlich die Wettbewerber, die Unterlassungs- und Schadenersatzansprüche geltend machen konnten. Sonderregelungen erfolgten insbesondere 1932 mit der *ZugabeVO* und 1933 mit dem *RabattG*; beide Gesetze sind 2001 aufgehoben worden. Das Klagerecht der Gewerbeverbände, das bereits im UWG von 1909 enthalten war und die Annahme eines bezweckten Schutzes auch der Allgemeinheit ermöglichte, wurde 1965 auf Verbraucherverbände ausgedehnt. Dies war der Anlass dafür, dass als Schutzsubjekte des UWG zunehmend neben den Wettbewerbern und der Allgemeinheit auch die Verbraucherschaft angesehen wurde.

Im Zuge der Europäisierung, der Globalisierung und der Verbraucherschutzbewegung **84** wurden in der Folgezeit in allen EG-Mitgliedsstaaten zunehmend einschlägige spezielle Vorschriften erlassen. Das EG-Recht wirkte dabei einerseits i.S. einer Rechtsvereinheitlichung mit, insbesondere durch die Richtlinien über irreführende Werbung sowie über vergleichende Werbung und zuletzt über die Richtlinie betreffend unlautere Geschäftspraktiken gegenüber Verbrauchern (sog. UGP-Richtlinie). Andererseits ergab sich aus EG-Recht die Tendenz, ein insbesondere in Deutschland sehr hohes Verbraucherschutzniveau abzusenken, zumal die Judikatur des EuGH zu Recht darauf hinwies, dass überzogener Schutz durch staatliche Wettbewerbsvorschriften den Wettbewerb sogar beeinträchtigen und den Handel zwischen Mitgliedsstaaten beschränken kann (heute Art. 34 ff. AEUV; vgl. hierzu 2. Themenklausur).

Vor dem Hintergrund weiterreichender Bestrebungen zur Rechtsvereinheitlichung wur- **85** de in Deutschland das **UWG vom 3.7.2004** erlassen[9], das am 8.7.2004 in Kraft trat. Es ist gekennzeichnet durch umfassende Beispielskataloge unlauteren Wettbewerbs und durch eine Generalklausel, die hinsichtlich des Verbots nicht mehr auf den Verstoß gegen die guten Sitten abstellt, sondern auf unlautere Wettbewerbshandlungen, die geeignet sind, den Wettbewerb zum Nachteil von Mitbewerbern, Verbrauchern oder sonstigen Marktteilnehmern nicht unerheblich zu verfälschen (§ 3 UWG); vgl. näher 2. Themenklausur.

Mit der **1. UWG-Novelle vom 22.12.2008**[10] hat der deutsche Gesetzgeber entsprechend **85a** dem auf Vollharmonisierung gerichteten Geltungsanspruch der Richtline vom 11.5.2005 über unlautere Geschäftspraktiken im binnenmarktinternen Geschäftsverkehr zwischen Unternehmen und Verbrauchern[11] das UWG dieser Richtline angepasst; das UWG gilt aber weiterhin auch im Verhältnis zwischen Unternehmen. Verletzungstatbestand ist nunmehr die unlautere **geschäftliche Handlung**, die bei Vornahme gegenüber **Verbrauchern strenger** beurteilt wird, u.a. durch eine sog. **Schwarze Liste**.

9 BGBl. I, S. 1414; der Vorschlag zur jetzigen Richtlinie über unlautere Geschäftspraktiken wurde vom Gesetzgeber schon berücksichtigt.
10 BGBl. I S. 2949.
11 ABl. Nr. L 149 vom 11.6.2005, S. 22.

## II. Geschichte des Kartellrechts

86 Auch das Problem von **Preisabsprachen** von Gewerbetreibenden ist nicht neu[12]. Schon bei den **Römern** gab es daher ansatzweise ein Kartellrecht[13]. Natürlich aktualisierte sich die Problematik mit der Einführung der **Gewerbefreiheit** im Deutschland des Norddeutschen Bundes im Jahre 1869 und dann im Deutschen Reich, durch die man staatliche und zunftmäßige Beschränkungen abschaffte.

### 1. Zeit der Kartelle

87 Der zur Herrschaft gelangte **Liberalismus** sah zunächst nichts Illegitimes darin, dass Unternehmen Kartellabsprachen trafen, die denn auch seit der Gründerzeit in Deutschland eine große Rolle spielten[14]. In zwei berühmt gewordenen Entscheidungen hielt das RG derartige Absprachen für zulässig, sofern nicht hinsichtlich der Auswirkungen ein Monopolmissbrauch vorlag:

RGZ 28, 238, 243 f. befasste sich 1890 mit einem Rabattkartell des **Börsenvereins der Deutschen Buchhändler** und akzeptierte „genossenschaftliche Selbsthilfe" gegenüber „Ausschreitungen, die für schädlich erachtet werden".

RGZ 38, 155 aus dem Jahre 1897 betraf ein Verkaufssyndikat (einen gemeinsamen Verkauf zu vereinheitlichten Preisen) des **Sächsischen Holzstoff-Fabrikanten-Verbandes**. Sein Zweck war ausdrücklich, „in Zukunft einen verderblichen Wettbewerb der Fabrikanten untereinander zu verhindern". Insoweit stellte das RG fest, dass sich aus der GewO kein Verbot derartiger Absprachen ergebe (RGZ 38, 155, 161).

88 Im Zuge der **Schaffung des BGB** vor 1900 wurde ausführlich diskutiert, ob nicht Verträge, die die Gewerbefreiheit Dritter beschränken, nichtig sein sollten; auch hier setzte sich aber die Meinung durch, dass solche Beschränkungen gültig sein müssten, sofern sie nicht wegen ihres Ausmaßes sittenwidrig seien[15].

89 Vor dem Hintergrund dieser „Persilscheine" muss man die große **Zeit der Kartelle** in Deutschland sehen, die letztlich **bis 1945** dauerte, und in der der Staat vor allem im Zuge der Kriegswirtschaften des 1. und 2. Weltkriegs die **Kartelle zur Wirtschaftslenkung** selbst intensiv nutzte[16]. In einer wirtschaftlichen Krisensituation[17] wurde zwar die Verordnung gegen Missbrauch wirtschaftlicher Machtstellungen vom 2.11.1923 *(KartellVO)*[18] geschaffen, die aber kein allgemeines Verbot von Kartellen aufwies, sondern grundsätzlich nur bei einer Gefährdung von Gesamtwirtschaft oder Gemeinwohl eingreifen sollte (daneben gab es gewisse Formvorschriften und Organisationsregeln). Ihre Auswirkungen blieben unbedeutend. Unter Kartellrecht verstand man deshalb da-

12 Einen umfassenden Überblick über die Entwicklung gibt *Möschel*, Recht der Wettbewerbsbeschränkungen, 1983, § 2.
13 *v. Brunn*, FS Hedemann, 1958, S. 37.
14 Vgl. *Isay*, Die Geschichte der Kartellgesetzgebungen, 1955, S. 31 f.
15 Dazu *Ramm*, Einführung in das Privatrecht/AT Bd. II, dtv o. J., S. 592 f. m.N.
16 Vgl. näher *Rittner/Kulka*, § 5 Rn. 7 ff.; daselbst auch zum ZwangskartellG von 1933.
17 Auf der Grundlage des ErmächtigungsG vom 13.10.1923 (RGBl. I S. 943).
18 RGBl. I S. 1067.

mals, anders als heute, nicht ein Recht gegen Wettbewerbsbeschränkungen, sondern ein **Organisationsrecht der Kartelle**[19]. Die auf den **Monopolmissbrauch** als Grenze festgelegte Rspr. vermochte den Kartellen praktisch ebenfalls nichts entgegenzusetzen. Nur in geradezu drastischen Fällen kam sie auf der Grundlage des *§ 1 UWG* oder der §§ 823, 826 BGB zu Restriktionen:

So hatte das RG im berühmt gewordenen **Benrather Tankstellen-Fall**[20] bei Kampfpreisen einen Verstoß gegen *§ 1 UWG a.F.* angenommen: Ein übermächtiges Kartell von 5 Mineralölfirmen unterbot eine freie Tankstelle jeweils mit ihren dieser nahe gelegenen Tankstellen, um die freie Tankstelle zur Anhebung ihrer Preise auf das höhere Kartellniveau zu zwingen. 90

## 2. Das Amerikanische Antitrust-Recht

Nach dem 2. Weltkrieg gab für Deutschland das **amerikanische Antitrust-Recht**[21] bedeutende Impulse. Dessen wichtigste Rechtsgrundlagen sind der **Sherman-Act von 1890**, der **Clayton-Act von 1914** und der **Federal Trade Commission (FTC)-Act** ebenfalls von **1914**. Der Sherman-Act verbietet in Section (sec.) 1 Kartelle einschließlich aufeinander abgestimmter Verhaltensweisen („... restraint of trade"), in sec. 2 vor allem monopolisierende Unternehmenszusammenschlüsse („monopolising")[22]. Sec. 3 Clayton-Act untersagt bestimmte Ausschließlichkeitsbindungen. Ausnahmen vom Verbot werden durch eine **„rule of reason"** bewältigt, während bestimmte typischerweise besonders gefährliche Absprachen **„per se"** verboten sind. Gesetzesverstöße können zu privatrechtlichen Unterlassungs- und Schadenersatzansprüchen führen (nach sec. 4 Clayton-Act dreifacher Schadenersatz, „triple damage"). Daneben erfolgt die Durchsetzung sowohl durch das Justizministerium (**„Antitrust-Division"**) als auch durch eine besondere Behörde, die **„Federal Trade Commission"**, beide in Washington DC. Antitrust war in den Anfangsjahren von amerikanischem Freiheitspathos getragen; der Fürstenherrschaft in Europa entronnen, wollte man nicht erneut in Abhängigkeit geraten, nunmehr von Unternehmen. Dementsprechend ist der Sherman-Act als **Strafgesetz** konzipiert. (Im Laufe der Zeit, namentlich in der **Reagan-Ära der 80er Jahre**, erfolgten naturgemäß viele Ergänzungen und Modifikationen, und auch die Antitrust-Philosophie ist davon nicht unverändert geblieben[23].) 91

Das Antitrust-Recht wurde eine ganz wichtige Wurzel für das GWB von 1957 und hat auch dessen Fortentwicklung und die deutsche Kartellrechtswissenschaft und -praxis beeinflusst und befruchtet. Man hat gesagt, dass das deutsche Kartellrecht der amerika- 92

19 Vgl. *Liefmann*, Kartelle und Trusts, 1905; *Eger*, Das Recht der deutschen Kartelle, 1932; *v. Brunn*, Grundzüge des Kartellrechts, 1938.

20 RGZ 134, 342; *Nipperdey*, Wettbewerb und Existenzvernichtung, 1930, hatte zu Recht auf das Kriterium des Leistungswettbewerbs abgestellt und dabei Wettbewerb über den Preis stets als Leistungswettbewerb eingeordnet; das RG folgte *Nipperdey* hinsichtlich der Relevanz des Leistungswettbewerbs, sah aber in der Kampfpreisunterbietung unzulässigen Nichtleistungswettbewerb.

21 Näher dazu *Toepke*, WuW 1990, 563.

22 Vgl. US v. Standard Oil, 221 US 1 (1911) betr. das damalige Rockefeller-Imperium.

23 S. näher zum amerikanischen Antitrust-Recht aus der deutschen Lit. *I. Schmidt*, Wettbewerbspolitik und Kartellrecht, 2005[8], S. 353 ff.; *Hay*, Einführung in das amerikanische Recht, 1987[2], S. 182 ff.; *Blechman*, in: Frankfurter Kommentar, Auslandsrechte, 1992; *Möschel*, 1983, § 2 Rz. 46 ff.

nischen Entwicklung mit einem Abstand von 5–8 Jahren folgt[24]. Die europäische Entwicklung wird offenbar eher noch stärker beeinflusst[25].

### 3. Das GWB von 1957

93 Die zweite Wurzel des Gesetzes gegen Wettbewerbsbeschränkungen (GWB) ist verbunden mit dem Namen des Juristen **Franz Böhm**[26] und dem Ökonomen **Walter Eucken**[27]. Diese **„Freiburger Schule"** der Neoliberalen („Neo" in Abkehr zum Laisser faire bei Betonung der Freiheits- und Wohlstandssicherung auf liberaler Grundlage) forderte die staatliche Sicherung des Wettbewerbs gegen privatautonome Beschränkungen. Teilweise sah sie überdies die **Konkurrenz einer Vielzahl** von Wettbewerbern als die **optimale Marktform** und den Wettbewerb mithin als eine **staatliche Veranstaltung** an; soweit Wettbewerb in diesem Sinne nicht zu verwirklichen sei, solle staatliche Kontrolle treten[28]. Insoweit sah man eine solche Ordnung als dem Wesen des Menschen und der Wirtschaft entsprechend an und bezeichnete sie in Anknüpfung an mittelalterlich-philosophische Gedankengänge als **„Ordo"**[29].Doch fanden Gedanken des Ordo-Liberalismus letztlich nur sehr beschränkt Eingang ins GWB[30].

94 Das GWB vom 27.7.1957 (BGBl. I S. 1081) trat am 1.1.1958 in Kraft, und gleichzeitig nahm das **BKartA in Berlin (heute Bonn)** seine Tätigkeit auf. Nach mehreren **Kartellrechtsnovellen** in der Folgezeit[31] wurde das GWB mit gravierenden inhaltlichen Änderungen zwecks Anpassung an das europäische Kartellrecht am **15.7.2005 neu bekannt gemacht**[32]. Seither sind nur kleinere Änderungen erfolgt (wie §§ 20, 29, 35, 64 GWB). Die Einfügung des Kartellvergaberechts durch die §§ 97 ff. GWB erfolgte bereits 1998.

### 4. Die Entwicklung des EG/EU-Kartellrechts

95 Der gleichzeitig mit dem GWB in Kraft getretene Vertrag zur Gründung der Europäischen Wirtschaftsgemeinschaft *(EWGV)* von 1957 brachte mit seinen *Art. 85, 86* erstmals kartellrechtliche Regelungen auf europäischer Ebene. *Art. 85 EWGV* verbot gleichermaßen horizontale und vertikale Wettbewerbsbeschränkungen, „welche den Handel zwischen Mitgliedstaaten zu beeinträchtigen geeignet sind". Ausnahmen konnte zunächst allein die EWG-Kommission zulassen (*Art. 85 Abs. 3 EWGV i.V. mit Art. 9 VO Nr. 17/62* des Rates), die sich dabei zunehmend der sog. Gruppenfreistellungen durch EWG-Verordnungen bediente. Der Missbrauch einer beherrschenden Stellung auf dem gemeinsamen Markt oder einem wesentlichen Teil desselben war gleichermaßen bei der

24 Vgl. *Harms*, in: GemK, 1985[4], § 24 Rz. 57.
25 Man spricht von einem more economic approach, der sich zuletzt bei der Neufassung der EG-FKVO Nr. 139/2004 zeigte, die offenbar stark von den amerikanischen Horizontal Merger Guidelines des US Department of Justice und der Federal Trade Commission i.d.F. v. 8.4.1997 beeinflusst wurde; krit. hierzu etwa *Böge*, WuW 2004, 147; vgl. hingegen *Maahs*, WuW 2005, 49 und *Schmidtchen*, Effizienz als Leitbild der Wettbewerbspolitik, Saarbrücken 2004.
26 Wettbewerb und Monopolkampf, 1933.
27 Die Grundlagen der Nationalökonomie, 1939.
28 Vgl. *Eucken*, Die Grundsätze der Wirtschaftspolitik, 1952, S. 291 ff.
29 *Eucken*, Die Grundlagen der Nationalökonomie, 1949[6], S. 239; näher hierzu unten III. 4.
30 Näheres hierzu in der Vorauflage Rn. 93 Fn. 29.
31 Näheres hierzu in der 4. Aufl. Rn. 94; vom erneuten Abdruck wurde abgesehen.
32 BGBl. I S. 2114.

Beeinträchtigung des Handels zwischen Mitgliedsstaaten verboten *(Art. 86 EWGV)*[33]. Für das Verhältnis zwischen EWG-Kartellrecht (d.h. bei Beeinträchtigung des zwischenstaatlichen Handels) und dem GWB galt zunehmend der Vorrang des EWG-Kartellrechts[34], wobei neben der EG-Kommission die deutschen Kartellbehörden, abgesehen von der Erteilung einer Ausnahmegenehmigung nach *Art. 85 Abs. 3 EWGV*, zur Anwendung des europäischen Kartellrechts in Deutschland befugt waren.

1989 erließ der Rat der EWG die *VO Nr. 4064/89* über die Kontrolle von Unternehmenszu- **96**
sammenschlüssen, die ergänzend zur Fusionskontrolle des GWB eingriff und für Unternehmenszusammenschlüsse von gemeinschaftsweiter Bedeutung Vorrang beanspruchte.

Die *VO Nr. 4064/89* gilt heute nicht mehr.

Der EWG-Vertrag ist seit 1992 im Vertrag über die Gründung der europäischen Gemein- **97**
schaft (*EGV*) aufgegangen und hat 1997 eine Umnummerierung erfahren; die früheren *Art. 85, 86 EWGV* und dann *EGV* wurden dabei ohne inhaltliche Änderungen zu den *Art. 81, 82 EGV* (wichtig für die Lektüre älterer Entscheidungen und Literatur!). Durch den **Lissabon-Vertrag** wurden daraus seit dem 1.12.2009 die **Art. 101, 102 AEUV (Vertrag über die Arbeitsweise der Europäischen Union)**. Die frühere EG-Kommission heißt jetzt **EU-Kommission**.

Durch die neue **EG-KartVerfVO Nr. 1/2003** des Rates der EG vom 16.12.2002 wurde **98**
mit Wirkung vom 1.5.2004 die bisherige *EWG-VO Nr. 17/62* abgelöst. Kern der Neuregelung ist (neben der weiterhin durch Gruppenfreistellungsverordnungen erfolgenden Bewältigung des Massenproblems) die Übertragung der Kompetenz der Anwendung des *Art. 81 III EGV* auch an einzelstaatliche Behörden und Gerichte unter Verzicht auf eine vorherige Anmeldung durch die Unternehmen. Praktisch erfolgte damit ein Übergang vom Genehmigungsvorbehalt, der im Wortlaut des *Art. 81 III EGV* Ausdruck findet, zur reinen Legalausnahme. Die Legitimität dieses Übergangs ist im Hinblick auf den Wortlaut des *Art. 81 III EGV* umstritten[35]. Zugleich erfolgt eine Dezentralisierung der Kartellrechtsanwendung und die Verstärkung des Vorrangs des *Art. 81 EGV* gegenüber nationalem Kartellrecht.

Durch VO Nr. 139/2004 des Rates der EG vom 20.1.2004 über die Kontrolle von Unter- **99**
nehmenszusammenschlüssen **(EG-FKVO Nr. 139/2004)**[36] wurde ebenfalls mit Wirkung vom 1.5.2004 die bisherige EG-Fusionskontroll-VO (*VO Nr. 4064/89* des Rates der EG) abgelöst. Die Änderung bringt eine Straffung des Verfahrens, Verbesserung der Abstimmung mit den nationalen Kartellbehörden und eine gewisse Annäherung an das amerikanische System der Kontrolle von Unternehmenszusammenschlüssen. Das Kriterium der wesentlichen Behinderung wirksamen Wettbewerbs hat sein Vorbild beim „substantial lessening of competition" der amerikanischen Horizontal Merger Guidelines und impliziert verstärkte Effizienzorientierung bei der Fusionskontrolle[37].

---

33 Der *EGKS-Vertrag*, der ebenfalls kartellrechtliche Vorschriften enthielt, gilt inzwischen nicht mehr.
34 Vgl. EuGH Slg. 1969, 1 – Walt Wilhelm = NJW 1969, 1000.
35 Vgl. schon Themenklausur 2.
36 ABl Nr. L 24/1 vom 29.1.2004.
37 Vgl. *Mäger*, in: *Mäger*, Europäisches Kartellrecht, S. 200 f., 232 ff.; *I. Schmidt*, Wettbewerbspolitik und Kartellrecht, 2005[8], S. 240 f. und schon oben II. 2. sowie die 2. Themenklausur.

### 5. Neubekanntmachung des GWB 2005

100 Zeitgleich mit dem Inkrafttreten der neuen EG-KartVerfVO Nr. 1/2003, zum 1.5.2004, wollte der deutsche Gesetzgeber durch eine 7. GWB-Novelle das GWB anpassen; diesen Zeitplan hat er aber nicht eingehalten. Durch die im Juli 2005 erfolgte **Neubekanntmachung** (s. oben 3.) wurde das **GWB** inhaltlich weitgehend dem **europäischen Kartellrecht angepasst** und insbesondere die bisherige Differenzierung des GWB zwischen horizontalen und vertikalen Wettbewerbsbeschränkungen zu Gunsten der Einheitskonzeption des *Art. 81 EGV* (heute Art. 101 AEUV) aufgegeben. An die Stelle der bisherigen spezifischen Verbote und Einzelfreistellungen ist eine Generalklausel getreten, die unter Inbezugnahme der EG-Gruppenfreistellungsverordnungen zur Legalausnahme führt[38]. Mit der 8. GWB-Novelle von 2013 ist eine weitere Annäherung an das europäische Recht erfolgt

## III. Wettbewerbstheorien und Wettbewerbsleitbilder

101 Die kartellrechtliche Entwicklung hinsichtlich **Gesetzgebung, Wissenschaft und Praxis** ist ohne einen Blick auf die Entwicklung und den weitgehend **kontroversen Stand der Wettbewerbstheorien** und die damit verbundenen umstrittenen **Leitbilder der Wettbewerbspolitik** unverständlich. Es geht dabei um die einem Recht gegen Wettbewerbsbeschränkungen vorrangige Frage, was Wettbewerb ist, **welche Vor- und Nachteile** mit ihm verbunden sind, **ob bestimmte Markt- bzw. Unternehmensstrukturen anzustreben** oder zu verbieten sind und welche Verbote ein Recht gegen Wettbewerbsbeschränkungen mithin aufweisen soll bzw. darf[39].

### 1. Klassik

102 Die neuere Entwicklung beginnt mit den Klassikern des Wirtschaftsliberalismus, namentlich *Adam Smith*, An Inquiry into the Nature and Causes of the Wealth of Nations, 1776[40] und *David Ricardo*, Principles of Political Economy and Taxation, 1817[41]. Vor allem *Adam Smith* wendet sich gegen den Merkantilismus mit seinen staatlichen Restriktionen von Handel und Gewerbe. Er beschreibt die Chancen einer herrschaftsfreien Kooperation Privater in der Wirtschaft. Die Steuerung durch die **„invisible hand"** des Marktes werde **Freiheit und Wohlstand für alle** verbürgen. – Diese liberal-optimistische Sicht **sah** die Problematik privatautonom gebildeter **Kartelle und privater Monopole kaum**; jedenfalls unterschätzte sie diese. Ihr einziger **Gegner** war der **Staat**. Moralisches Verhalten der Privaten war ein außerrechtliches Postulat, für das *Adam Smith* im Übrigen engagiert eintrat[42].

---

38 Dazu vgl. im Übrigen den Text des Gesetzes und die amtl. Begr., BR-Drucks. 441/04.

39 Vgl. zum Folgenden namentlich *Bartling*, Leitbilder der Wettbewerbspolitik, 1980; *Ingo Schmidt*, Wettbewerbspolitik und Kartellrecht, 2005[8]; *Herdzina*, Wettbewerbspolitik, 1999[5]; *Ahrns/Feser*, Wirtschaftspolitik, 1997[7]; *Bartling/Luzius*, Grundzüge der Volkswirtschaftslehre, 200816; *Schmidtbauer*, Allokation, technischer Fortschritt und Wettbewerbspolitik, Diss. Saarbrücken 1972, S. 18 ff.

40 S. schon Themenklausur 1.

41 In Deutsch hrsg. von *Waenting* 1923 und *v. Neumark* 1972.

42 Vgl. *Adam Smith*, The Theorie of Moral Sentiments, 1759, wo *Smith* auf utilitaristischer Grundlage die Wichtigkeit moralischen Verhaltens betont.

## 2. Vollkommener Wettbewerb

In der Folgezeit bemächtigte sich die **„Mathematik“** des Wettbewerbs. Im Anschluss an den Nationalökonomen *Augustin Cournot*[43], den „Vater der mathematischen Wirtschaftstheorie“[44], verengte sich die wettbewerbliche Fragestellung auf eine rein **statische Preistheorie** über das Verhältnis von Gütern und Preisen bei den (irrealen) Modellbedingungen des sog. **vollkommenen Wettbewerbs**[45]: Viele Anbieter und Nachfrager, Homogenität der Güter bzw. Leistungen, Markttransparenz, unbegrenzte Mobilität der Produktionsfaktoren, unendliche Reaktionsgeschwindigkeit, Offenheit der Märkte, rationales Verhalten des „homo oeconomicus“. Ein **Verdienst** dieser Theorie ist die **Erkenntnis der Nachfrageelastizität** und der **Monopolrente**[46]. Abgesehen davon ist sie heute überwunden. Der vollkommene Wettbewerb wäre, gäbe es ihn, eine durchaus nicht erwünschte „Schlafmützenkonkurrenz“[47]. Die **realen Marktverhältnisse** waren aus der Sicht der Preistheorie nur noch als Monopole zu begreifen. Und in diesem Sinne werden sie in den 30er Jahren des 20. Jahrhunderts dann auch als **monopolistische Konkurrenz** interpretiert, namentlich von *E.H. Chamberlin*[48] und *Joan Robinson*[49]. 103

## 3. Dynamische Wettbewerbstheorie und empirische Analysen

Die weitere Entwicklung brachte den Übergang zur einer dynamischen Wettbewerbstheorie, die den in der Realität vorhandenen Wettbewerb unter dem Blickwinkel seiner **„Funktionsfähigkeit“** im Sinne einer normativen Theorie[50] analysierte; man spricht im Anschluss an Arbeiten von *John Maurice Clark* von **workable competition**[51]. Da eine Beseitigung der **sog. Unvollkommenheiten** des Marktes nicht möglich sei, müsse man mit dem **„second best“** zufrieden sein, zumal monopolistische und oligopolistische Marktformen ohnehin zu größerer Dynamik neigten[52]. Notfalls müsse man durch andere Marktunvollkommenheiten zu einem guten Marktergebnis kommen – sog. Gegengifttheorie[53]. 104

In diesem Zusammenhang wurde der **Produktzyklus** im dynamischen Wettbewerbsprozess, bestehend aus Vorstößen innovativer und Imitation anderer Unternehmen näher 105

43 Untersuchungen über die mathematischen Grundlagen der Theorie des Reichtums, 1836, auf Deutsch hrsg. von *Waffenschmidt*, 1924.
44 *Waffenschmidt*, aaO., S. XIV.
45 Näher hierzu *Bartling*, Leitbilder der Wettbewerbspolitik, 1980, S. 12 f.
46 Vgl. Themenklausur 1.
47 *Lutz*, Ordo 8 (1956), S. 19, 32.
48 The Theorie of Monopolitic Competition, 1933, 1950[6] Cambridge/Mass, USA.
49 The Economics of Imperfect Competition, 1933, 1969[2] London.
50 *Emmerich*, KartR, § 1 Rz. 23; *Bartling* aaO. S. 20 f.
51 *John Maurice Clark*, Towards a concept of Workable Competition, in: The American Economic Review, Vol. 30 (1940), S. 241.
52 Vgl. *Clark*, Competition as an Dynamic Process, Washington 1961.
53 Vgl. hierzu *Emmerich*, KartR, § 1 Rz. 20; *Bartling*, aaO. S. 14 f.; ein berühmtes Beispiel dafür sind Marktinformationsverfahren: Beim Vorhandensein nur weniger Wettbewerber (sog. Oligopol) führt nur die Marktintransparenz (= Unvollkommenheit) zu Wettbewerb; demgegenüber hat die an sich erwünschte Markttransparenz den Ausschluss des hier besonders wichtigen Geheimwettbewerbs zur Folge, und daher sind Verträge über ein Marktinformationsverfahren dann verbotene Kartelle; vgl. WuW/E BKartA 1369, 1370 Aluminium-Halbzeug.

beschrieben[54]. Im Übrigen wurde, zunächst namentlich in den USA seitens der sog. Harvard-School, das Verhältnis zwischen Marktstruktur (market structure), Marktverhalten (market conduct) und Marktergebnis (performance) im Hinblick auf Kausalbeziehungen erforscht. Ziel war die Erkenntnis hinsichtlich der Erreichbarkeit bestimmter wettbewerbspolitisch gewünschter Marktverhältnisse und Ergebnisse[55].

**106** In Deutschland knüpfte der Ökonom *Katzenbach*[56] an die (zunächst vor allem angloamerikanische) Lehre an. Er sah einen besonders wünschenswerten dynamischen und fortschrittsfördernden Wettbewerb dann als gewährleistet an, wenn ein weites Oligopol mit beschränkter Produktdifferenzierung gegeben sei („optimale Wettbewerbsintensität")[57]. Diese Lehre führte letztlich zur 2. Kartellnovelle 1973, u.a. mit Fusionskontrolle und zu gewissen Ausnahmen von Kartellverbot – sog. Kooperationserleichterungen[58].

### 4. Ordo- und Neoliberalismus[59]; „freier Wettbewerb"

**107** Die Entwicklung in Deutschland verlief zunächst hinsichtlich der theoretischen Ausgangsposition anders als im angloamerikanischen Raum, wo man meist den Effizienzaspekt des Wettbewerbs im Vordergrund sah. Bedeutsam wurde insoweit die österreichische (Wiener) Schule der Nationalökonomie, die aus **liberal-individualistischem** Blickwinkel das Handeln der einzelnen Marktteilnehmer in den Vordergrund rückte. In dieser Tradition hatte der bereits erwähnte Ordo-Liberalismus (Freiburger Schule; *Walter Eucken, Franz Böhm*) postuliert, der Wettbewerb müsse eine staatliche Veranstaltung sein und der Preis müsse dabei für die Wettbewerber ein nicht zu beeinflussendes **„Datum"** sein[60]. Die damit verbundene Forderung nach weitgehend polypolistischen Marktstrukturen war praktisch unerfüllbar, und deshalb gewann der Ordo-Liberalismus nie wirklichen Einfluss. Gleichwohl fand er Eingang in die amtliche Begründung des GWB von 1957[61].

**108** Eine eher **konservative Richtung** der neoliberalen Lehre trat in den Vordergrund, die vor allem mit dem Namen des Ökonomen *Hoppmann*[62] und mit dem Juristen *Mestmäcker*[63] verbunden ist. Auf der Grundlage der These *v. Hayeks* vom **Wettbewerb als Entdeckungsverfahren**[64] wurde der Behauptung der Vertreter des Konzepts vom „funktionsfähigen Wettbewerb", man könne im Hinblick auf gewünschte Marktergebnisse die Marktstrukturen sinnvoll manipulieren, scharf widersprochen. Da Marktergebnisse nicht vorhersagbar seien, müsse man sich mit dem Erfahrungssatz begnügen, dass Wettbewerb als komplexes System prinzipiell vorteilhaft ist. Voraussetzung sei freilich die

54 *Ernst Heuss*, Allgemeine Markttheorie, 1964; *Bartling*, aaO. S. 26 ff.
55 Vgl. *Bartling*, aaO., S. 20 ff.
56 Die Funktionsfähigkeit des Wettbewerbs, 1966.
57 Vgl. Schaubild bei *Bartling*, aaO., S. 33.
58 Vgl. hierzu *Kartte*, Ein neues Leitbild für die Wettbewerbspolitik, 1969; man könnte dieses Leitbild – mit einigen Vorbehalten – als **sozialliberales Wettbewerbsleitbild** bezeichnen.
59 Der Begriff wird heute – anders als hier – häufig polemisch im Sinne eines ungezügelten Manchester-Liberalismus verwandt.
60 *Eucken*, Die Grundlagen der Nationalökonomie, 1965$^{8}$, S. 94 ff.
61 Vgl. BT-Drucks. II/1158, S. 22.
62 U.a. in: Wettbewerb als Aufgabe, 1968, S. 61 ff.; Marktmacht und Wettbewerb, 1977.
63 U.a. Recht und ökonomisches Gesetz, 1982$^{2}$; *ders.*, Die sichtbare Hand des Rechts, 1978.
64 In: *v. Hayek*, Freiburger Studien, 1969, S. 249.

**Freiheit des Wettbewerbs im Sinne der Abwesenheit von Zwang gegenüber den Wettbewerbern** und die Offenheit der Märkte für sog. Newcomer; und allein hierin sah die Lehre vom „freien Wettbewerb" (z. T. auch neoklassische Lehre genannt) die Aufgabe der Wettbewerbspolitik[65].

109 Ein häufig erhobener **Einwand** richtet sich gegen die **These dieser Lehre von der prinzipiellen Vorteilhaftigkeit der Wettbewerbsergebnisse**. Diese These ist praktisch unüberprüfbar; und gegen den Einwand, es könne Zielkonflikte geben, weil im Einzelfall durch Beschränkung des Wettbewerbs bessere Ergebnisse erreichbar seien, ist sie immunisiert[66]. Letztlich geht es insoweit um ein normatives wettbewerbspolitisches Postulat, nicht hingegen um wettbewerbstheoretische (also wissenschaftliche) Erkenntnisse. Die **Hauptstoßrichtung** der Lehre vom freien Wettbewerb richtet sich **gegen den Staat**[67]. Die Lehre vereinigt sich insoweit mit **allgemein-politisch begründeten Deregulierungspostulaten**.

### 5. Chicago-School

110 Die heute wohl zunehmend auch in Europa und zuletzt in Deutschland ebenfalls maßgebende Auffassung kommt aus den USA der Reagan-Zeit unter dem Stichwort **Economic Analysis of Law** bzw. Chicago-Schule[68]. Sie hat durch die weltweite Öffnung der Märkte an Stoßkraft gewonnen und wird zuweilen ebenfalls als Neoliberalismus bezeichnet. Man könnte sie kritisch als **Renaissance des Manchester-Liberalismus** für den Markt (bei Bejahung staatlicher Verantwortung für den – engen – Sozialbereich) bezeichnen.

111 Von der Lehre vom freien Wettbewerb, die die **Freiheit** der Marktbeteiligten betont (oben 4.), unterscheidet sich diese Auffassung in der auf das **ökonomische Optimum (Effizienz)** abstellenden Zielsetzung; im Ergebnis stimmt sie teilweise mit ihr überein, wobei dem **Kartellrecht aber ein geringerer Spielraum** gelassen wird. Unternehmenskonzentration mit der Folge der Marktbeherrschung erscheint zumindest bei höherer Effizienz gerechtfertigt[69]. Tendenziell müssen nur Preiskartelle und künstliche Marktzutrittsschranken bekämpft werden; eine Zusammenschlusskontrolle findet nur in engen Grenzen statt. Langfristig werden die Marktgesetze, so die These, stets einen Ausgleich herbeiführen. Die Lehre hat zur Einschränkung des Antitrust-Rechts und zur Verkleinerung der Antitrust-Behörden geführt[70].

---

65 Einen knappen Überblick gibt *Emmerich*, KartR, § 1 Rz. 20

66 Vgl. zum Streit *Tolksdorf*, JbNSt Bd. 183 (1969/70), S. 61 ff., *Hoppmann*, JbNSt Bd. 187 (1973), S. 161 ff., *Bartling*, Leitbilder aaO., S. 49 ff.; *Schmidtbauer*, o. Fn. 37, S. 62 ff.; differenzierend *Möschel*, Das Recht der Wettbewerbsbeschränkungen, 1983, Rz. 114.

67 Deutlich *Emmerich*, KartR, § 1 Rz. 13.

68 Hierzu *Ingo Schmidt*, Wettbewerbspolitik und Kartellrecht, 2005[8], S. 19–24; *Ingo Schmidt/J. Rittaler*, Die Chicago-School of Antitrust Analysis, 1986; *Kallfass*, WuW 1980, 596; *Stigler*, The Organisation of Industry, Homewell/I11. 1968; *R.A. Posner*, Economic Analysis of Law, Bosten/Toronto 19772; *ders.*, Antitrust Law, Chicago etc. 1976; zur Praxis *Hölzler/Mc Grath*, WuW 1984, 875; in Deutschland namentlich *Schmidtchen*, Wettbewerbspolitik als Aufgabe, 1978; *ders.*, Property Rights, Freiheit und Wettbewerbspolitik 1982.

69 Vgl. die Horizontal Merger Guidelines des US Department of Justice und der Federal Trade Commission in der revidierten Fassung vom 8. 4. 1997, Nr. 4; insoweit sieht Art. 2 II der EG-FKVO Nr. 139/2004 die erhebliche Behinderung wirksamen Wettbewerbs einerseits und die Marktbeherrschung andererseits als Fusionshindernisse, wobei das Verhältnis der beiden Merkmale unklar ist; vgl. schon oben II. 2 sowie unten 8.

70 Vgl. *Holzler*, WuW 1983, 875; *Toepke*, in: Schwerpunkte des Kartellrechts 1988/89, FIW-Heft 135, 1990, S. 93; *ders.*, WuW 1990, 563; *Buxbaum*, WuW 1989, 566.

Ansätze zur Kritik bietet diese Lehre u.a. deshalb, weil sie die **Verteilung** des ökonomischen Gesamtoptimums nicht problematisiert, das gesellschaftliche Problem der **wirtschaftlichen Macht** negiert und allzu optimistisch auf langfristige Selbstheilungskräfte des Marktes vertraut.

### 6. Gegenmachtprinzip

112 Nur vorübergehende Bedeutung erlangte im Kartellrecht das von *Galbraith* empfohlene Gegenmachtprinzip[71]. Praktisch spielt es aber eine gewisse Rolle.

### 7. Deregulierung und Regulierung

113 Unter dem Stichwort **Deregulierung** findet seit den 80er Jahren des letzten Jahrhunderts (auch) in Europa eine Entwicklung statt, die primär auf den Abbau von Rechtsvorschriften zielt, die das Marktgeschehen behindern. Zugleich erfolgt dabei für die Fälle des Marktversagens in bestimmten Wirtschaftsbereichen (z.B. leitungsgebundene Energieversorgung) – über das Wettbewerbs- und Kartellrecht hinausgehend – eine staatliche **Regulierung** in Verbindung mit der Aufrechterhaltung bzw. Schaffung von Raum für wirksamen Wettbewerb; es geht dabei vor allem um die Bereiche Beförderung, Energie, Telekommunikation sowie Banken und Versicherungen[72].

### 8. More economic approach

114 Nach der Jahrtausendwende hat im europäischen Kartellrecht der sog. more economic approach an Gewicht gewonnen. Die begrifflich-juristische Anwendung des Kartellrechts verliert an Gewicht zugunsten ökonomischer und ökonometrischer Kriterien. Gesichtspunkte kurzfristiger Effizienz sollen Beeinträchtigungen der langfristig wichtigen Sicherung der Wettbewerbsstruktur rechtfertigen können. Diese Sichtweise ist höchst umstritten[73].

## IV. Wettbewerbstheorien, Wettbewerbsleitbilder und Kartellrechtsentwicklung

115 Wettbewerbs**theorien** helfen dem Anwender von Kartellrechtsnormen beim Verständnis des der Rechtsanwendung zugrunde liegenden empirischen Geschehens (etwa hinsichtlich der Bedeutung des relevanten Marktes oder von Nachfrageelastizitäten für die Bestimmung von Marktmacht). Wettbewerbs**leitbilder** hingegen enthalten zumindest inzident Handlungsempfehlungen an den Kartellgesetzgeber und können insofern nicht unbesehen zur Leitschnur für die Interpretation geltenden Rechts gemacht werden; sie sind es nur, soweit der Gesetzgeber ihnen gefolgt ist, was man teilweise an den Kartellrechtsnovellen beobachten kann. Doch spielen die Wettbewerbsleitbilder nicht nur in der kartellrechtspolitischen, sondern auch in der kartellrechtsdogmatischen Diskussion eine große Rolle (beispielsweise hinsichtlich der Reichweite bestimmter Rechtsvor-

71 *Galbraith*, American Capitalisation. The Concept of Countervailing Power, 1956².

72 Vgl. hierzu den lesenswerten Beitrag von *Basedow*, FS Immenga, 2004, S. 3 sowie *Schebstadt*, WuW 2005, 6.

73 Vgl. einerseits die Mitteilung 2009 der Kommission zu Prioritäten bei Art. 82 EGV; andererseits *Immenga*, WuW 2006, 463; *Hönn*, FS Kreutz 2009, S. 673.

schriften, etwa des zu Lasten marktstarker Unternehmen bestehenden Diskriminierungsverbots). Und insofern ist ihre Kenntnis für die Einschätzung kartellrechtsdogmatischer Meinungsäußerungen unerlässlich. Grundsätzlich ist die Auslegung geltender kartellrechtlicher Bestimmung aber von volitiv-wettbewerbspolitischen Faktoren frei zu halten[74].

## Hinweise zur Vertiefung

*Bunte*, in: *Langen/Bunte,* Bd. 1 Einführung Rz. 1–26. 116
*Emmerich*, WettbR, §§ 1–3 zum UWG.
*Emmerich*, KartR, § 2.
*Fezer*, Bd. 1, Einl. E Rz. 68–87.
*Keller*, in: *Harte-Bavendamm/Henning-Bodewig*, UWG, Einl. A Rz. 1–11.
*Köhler*, in: *Hefermehl/Köhler/Bornkamm*, Einl. UWG Rz. 1.11–1.17; 1.35–1.51; 2.1–2.9.
*Möschel*, Recht der Wettbewerbsbeschränkungen, 1983, § 2 Rz. 10–60 und § 3 Rz. 61–82.
*Neef*, Rn. 1–15.
*Rittner/Kulka*, Wettbewerbs- und Kartellrecht, Einleitung sowie §§ 1, 5.
*I. Schmidt*, Wettbewerbspolitik und Kartellrecht, S. 1–27, 168–172.

Zu Einzelfragen:
*Basedow*, Wirtschaftsregulierung zwischen Beschränkung und Förderung des Wettbewerbs, FS Immenga, 2004, S. 3–19.

74 *Immenga/Mestmäcker*, GWB Einl. Rz. 73 ff.; *Rinck/Schwark*, Wirtschaftsrecht, 1986[6], Rz. 204; *Rittner/Kulka*, § 5 Rn. 73 f. allgemein zur Auslegung von Kartelltatbeständen.

# D. Falllösungen

Fall 1

## Der grundrechtsbewusste Headhunter

*Klausur 5 Std.*

Die Firma A beliefert gewerbliche Abnehmer mit Computer-Software und Computer-Hardware und beschäftigt zu diesem Zwecke hochqualifizierte Mitarbeiter, die sie laufend weiter schult. B betreibt als selbstständiger Unternehmer die Suche und Vermittlung von Führungskräften. Aufgrund eines Auftrags des Unternehmens U war B auf der Suche nach entsprechenden Fach- und Führungskräften. Zu diesem Zweck nahm er zu der Projektleiterin P durch Telefonanruf an ihrem Arbeitsplatz in der Firma A Kontakt auf. In dem wenige Minuten dauernden Telefongespräch stellte sich B kurz als Personalberater vor, informierte über den ihm erteilten Auftrag zur Suche einer Führungskraft für das mit der A im Wettbewerb stehende Unternehmen U, umschrieb knapp die zur Debatte stehende Position und bat die P im Falle ihres Interesses um ein Gespräch außerhalb der Firma A und ggf. auch um die Benennung in Frage kommender Kollegen. Als die P ihr Desinteresse an weiteren Kontakten äußerte, entschuldigte sich B für die Störung und beendete das Gespräch. P informierte ihren Arbeitgeber über das Gespräch, weil sie das Verhalten des B bei längerem Nachdenken als doch etwas seltsam empfand. 117

Die Firma A wandte sich durch ihren Rechtsanwalt an B und verlangte eine durch Strafversprechen abgesicherte Unterlassungsverpflichtung hinsichtlich jeder auch kurzfristigen telefonischen Ansprache ihrer Mitarbeiter an deren Arbeitsplatz zum Zwecke der Abwerbung und insbesondere jede Art der telefonischen Ausforschung ihrer Mitarbeiter am Arbeitsplatz. B gab daraufhin die gewünschte Unterlassungsverpflichtung betreffs Ausforschung ab, erklärte aber seine Vorgehensweise im Übrigen für gerechtfertigt. Daraufhin erhob die Firma A beim zuständigen Gericht Klage mit dem Antrag auf Unterlassung jeder auch kurzfristigen telefonischen Ansprache ihrer Mitarbeiter an ihrem Arbeitsplatz zwecks Abwerbung. A meint, die Vorgehensweise von B sei eine unzulässige Behinderung und Belästigung.

B hält die Klage für unzulässig, weil viel zu vage, und für unbegründet und meint, die telefonische Ansprache von Arbeitnehmern am Arbeitsplatz sei eine legitime Form von Wettbewerb, entspreche im Zweifel dem Willen der Angerufenen und sei von der Firma A hinzunehmen. Im Übrigen weist B ausdrücklich auf Art. 12 GG hin.

**Fragen:**

1. Ist die Klage zulässig und begründet?
2. Kann die Firma A, der für die Abmahnung Kosten in Höhe der Rechtsanwaltsgebühren entstanden sind, diese Kosten von B ersetzt verlangen, soweit diese Kosten die Frage der Ausforschung ihrer Mitarbeiter betreffen?

# Gliederung

118 **Aufgabe 1: Klage zulässig und begründet?**

**I. Zulässigkeit: Bestimmtheit des Antrags?**

**II. Begründetheit: §§ 3, 7, 8 UWG**

1. Verstoß gegen § 3 UWG, noch abgesehen von Unlauterkeit
2. Unlauterkeit: Behinderung nach § 4 UWG?
   a) Eingriff in fremde Betriebssphäre
   b) Verbreitete Praxis
   c) Bedeutung der Grundrechte
      aa) Personalberater und Art. 12 GG
      bb) Mitarbeiter und Art. 12 GG
      cc) Arbeitgeber und Art. 2, 12 GG
      dd) Abwägung
   d) Zwischenergebnis: keine unlautere Behinderung
3. Belästigung nach § 7 UWG?
4. Ergebnis: kein Unterlassungsanspruch

**Aufgabe 2: Abmahnungskosten**

1. Kosten der Abmahnung als Kosten des Verfahrens
   a) Berechtigung der Abmahnung
   b) Erforderlichkeit der Einschaltung eines Rechtsanwalts
2. Ergebnis: Anspruch wohl begründet

# Lösungsvorschlag

## Aufgabe 1

### I. Zulässigkeit: Bestimmtheit des Antrags?

Die hier erfolgte Abmahnung ist keine Voraussetzung der Zulässigkeit der Klage, obwohl sie gemäß § 12 I 1 UWG der Geltendmachung eines Unterlassungsanspruchs vorausgehen soll[1]. 119

Nicht sicher ist freilich, ob der gestellte Unterlassungsantrag der „auch kurzfristigen" telefonischen Ansprache i.S. des § 253 II Nr. 2 ZPO ein **bestimmter Antrag** ist. Es besteht das Bedenken, dass die Zeitangabe „kurzfristig" so undeutlich ist, dass Streitgegenstand und Umfang von Prüfung und Entscheidung des Gerichts nicht mehr klar umrissen sind, dass sich daher der Beklagte nicht angemessen verteidigen kann und letztlich erst das Vollstreckungsgericht über den Umfang des Unterlassungsanspruchs entscheiden müsste[2]. Freilich ist angesichts der Pflicht zur Gewährung wirksamen Rechtsschutzes[3] zu überlegen, inwieweit eine präzise Fassung entsprechend den Sachgegebenheiten überhaupt möglich ist. Unterstellt man, dass eine denkbare Grenze zwischen zulässiger und unzulässiger telefonischer Abwerbung zumindest auch in der Dauer eines Telefonats liegen kann und dass diese Grenze wiederum nur nach den jeweiligen Umständen, nicht aber nach einer bestimmten Anzahl von Minuten bestimmt werden kann, so muss auch eine entsprechende Formulierung des Antrags möglich sein[4].

Die Klage ist daher zulässig.

### II. Begründetheit: §§ 3, 7, 8 UWG

Insoweit kommt es darauf an, ob die Firma A von B verlangen kann, jede, und zwar auch jede kurzfristige telefonische Ansprache ihrer Mitarbeiter an ihrem Arbeitsplatz zwecks Abwerbung zu unterlassen. 120

Ein solcher Unterlassungsanspruch könnte sich aus den §§ 3, 7, 8 I, III Nr. 1 UWG herleiten lassen.

#### 1. Verstoß gegen § 3 UWG

Der Verstoß gegen § 3 UWG setzt hier zunächst geschäftliche Handlungen voraus. Derartige Handlungen sind in § 2 I Nr. 1 VWG legaldefiniert. Bei der versuchten telefonischen Abwerbung der P durch B dürfte es um geschäftliche Handlungen gehen, ohne dass dies hier einer näheren Begründung bedarf. Die Tätigkeit der P bei A unterfällt zwar gegenüber A dem Arbeitsrecht, ist aber unter dem Blickwinkel des Wettbewerbers 121

1 Die Abmahnung sichert den Unterlassungsgläubiger freilich davor, dass er bei sofortiger Anerkennung seitens des Beklagten nach § 93 ZPO die Kosten tragen muss; vgl. amtl. Begr. BT-Drucks. 15/1487, S. 25.

2 So BGHZ 158, 174 – Direktansprache am Arbeitsplatz = GRUR 2004, 696, 699 im Ausgangsfall, unter Bezugnahme auf BGHZ 144, 255, 263 – Abgasemissionen und BGHZ 156, 1 – Paperboy.

3 Vgl. BGHZ 142, 388, 391 f. – Musical-Gala.

4 So BGH GRUR 2004, 696, 699 im Ausgangsfall.

U eine Dienstleistung. Die Abwerbung von Fachkräften der Firma A mit der Zielrichtung des Unternehmens U ist geeignet, die Interessen von A zu beeinträchtigen. Da es sich insoweit auch nicht um einen Bagatellfall handelt, ist diese Beeinträchtigung spürbar, und es liegt der Tatbestand des § 3 I UWG – zunächst bis auf die Unlauterkeit – vor.

### 2. Unlauterkeit: Behinderung nach § 4 UWG?

122 **Unlauterkeit** ist im UWG nicht definiert; in der amtlichen Begründung findet sich lediglich der Hinweis, unlauter seien alle Handlungen, die den anständigen Gepflogenheiten in Handel, Gewerbe, Handwerk oder selbstständiger beruflicher Tätigkeit zuwiderlaufen[5]. Auf die Generalklausel wird man freilich angesichts der gesetzlichen Beispiele nur hilfsweise abstellen. Von den gesetzlich definierten Beispielen unlauteren Handelns könnte hier die **gezielte Behinderung von Mitbewerbern** (§ 4 Nr. 10 UWG) vorliegen. Für den Begriff des Mitbewerbers kommt es nach § 2 I Nr. 3 UWG darauf an, dass ein Unternehmen als Anbieter in einem Wettbewerbsverhältnis steht, wobei ein konkretes Wettbewerbsverhältnis zwischen dem Zuwiderhandelnden (das wäre B) oder einem Dritten (das wäre das begünstigte Unternehmen U) und dem benachteiligten Unternehmen (hier Firma A) vorauszusetzen wäre[6]. In diesem Sinne ist die Firma A hier Mitbewerber.

123 Der Begriff der **Behinderung** ist freilich interpretationsbedürftig. Letztlich ist jede Wettbewerbsmaßnahme eine Behinderung von Konkurrenten, aber selbstverständlich nicht deshalb schon unlauter; das Attribut „gezielt" soll dies wohl zum Ausdruck bringen[7]. Aber auch das ist noch viel zu vage. Letztlich dürfte die bislang insoweit zu *§ 1 UWG a.F.* ergangene Judikatur zur Fallgruppe der Behinderung weiter bedeutsam sein. Insoweit ist es unstreitig, dass **grundsätzlich die Abwerbung** von Arbeitnehmern dann eine Form **zulässigen** Wettbewerbs und nicht unlauter ist, wenn **keine besonderen Umstände** wie Verleiten zum Vertragsbruch oder Einsatz unangemessener Mittel hinzu treten[8]. Eine Verleitung zum Vertragsbruch steht im konkreten Fall nicht zur Debatte.

#### a) Eingriff in fremde Betriebsphäre

124 Der Telefonanruf am Arbeitsplatz könnte aber ein unlauteres Mittel sein, weil störend in eine **fremde Betriebssphäre eingegriffen** wird, die der Unternehmer hier speziell mit der zum Betrieb gehörenden Telefonanlage auf seine Kosten geschaffen hat und die vorübergehend zu betriebsfremden Zwecken blockiert wird und weil der angerufene Mitarbeiter während der Arbeitszeit an seinem Arbeitsplatz von seiner Arbeit abgehalten und, auch nachwirkend, abgelenkt wird[9].

---

5 Vgl. amtl. Begr. BT-Drucks. 15/1487 S. 16; gegenüber den bisherigen Definitionen der guten Sitten zu *§ 1 UWG a.F.* durch die Judikatur i.S. des „Anstandsgefühl aller billig und gerecht Denkenden" (RGZ 48, 124) bzw. des „Anstandsgefühls des verständigen Durchschnittsgewerbetreibenden" (BGHZ 15, 356, 364) liegt hierin eine Objektivierung: anständige **Gepflogenheiten** statt Anstands**gefühl**.

6 Vgl. amtl. Begr. aaO. S. 16.

7 Amtl. Begr. aaO. S. 19; BGH NJW 2006, 1665, 1666 sieht für die Abwerbung am Arbeitsplatz in § 4 Nr. 10 UWG nur Richtlinien für die Abwägung bei der Generalklausel.

8 Vgl. *Emmerich*, WettbR, § 6 Rn. 42 ff.; BGH GRUR 2004, 696, 697 im Ausgangsfall spricht vom Einsatz unlauterer Mittel oder von der Verfolgung unlauterer Zwecke.

9 So OLG Stuttgart GRUR 2000, 1096, 1097 f.; auch noch *Baumbach/Hefermehl*, 199921, UWG § 1 Rz. 594; *Köhler*, in: *Köhler/Piper*, 2002[3], UWG § 1 Rz. 906; weit. Nachw. bei BGH GRUR 2004, 696, 697.

### b) Verbreitete Praxis

Vor dem Hintergrund allgemein verschärften Wettbewerbs und insbesondere der **verbreiteten Praxis** des Headhunting erscheint diese Qualifizierung allerdings überdenkenswert[10]. In der Literatur ist die Auffassung, eine Kontaktanbahnung durch Telefonat am Arbeitsplatz müsse wettbewerbsrechtlich zulässig sein, weit verbreitet[11]. **125**

### c) Bedeutung der Grundrechte

Die Konkretisierung unbestimmter Rechtsbegriffe wie der Behinderung bzw. der Unlauterkeit im Rahmen des Wettbewerbsrechts kann die Bedeutung der **Grundrechte** für das Privatrecht nicht außer Betracht lassen[12]. Dies gilt in ganz besonderem Maße, seit das BVerfG in den Benetton-Fällen auf die Bedeutung der Grundrechte der Meinungsfreiheit und der Menschenwürde für das Wettbewerbsrecht mit Nachdruck hingewiesen hat[13]. Hier steht u.a. die Berufsfreiheit des B in Frage (Art. 12 GG). **126**

Auch wenn von dem Versuch telefonischer Kontaktaufnahme am Arbeitsplatz typischerweise eine Gefahr für den lauteren Wettbewerb ausgehen kann, ist daher zu überlegen, ob nicht vom Verbot Handlung ausgenommen werden müssen, deren Untersagung nicht notwendig ist, damit es nicht zu einem im Einzelfall unverhältnismäßigen Verbot kommt; den miteinander kollidierenden grundrechtlichen Positionen ist Rechnung zu tragen[14].

#### aa) Personalberater und Art. 12 GG

Für den Personalberater ist zumindest die Möglichkeit einer ersten telefonischen Kontaktaufnahme am Arbeitsplatz von beträchtlicher Bedeutung für seine Berufsausübung und insoweit durch Art. 12 GG geschützt; andere Möglichkeiten der Kontaktaufnahme sind für ihn weniger erfolgversprechend. **127**

#### bb) Mitarbeiter und Art. 12 GG

Die angesprochenen Mitarbeiter können ein eigenständiges Interesse an einer diesbezüglichen ihre Berufsfreiheit fördernden Ansprache habe; doch kann ein aufgedrängtes Telefonat auch stören oder belästigen. **128**

---

10 Die Üblichkeit einer Verhaltensweise ist freilich noch kein legitimer Grund zur Annahme ihrer wettbewerblichen Zulässigkeit; so zu Recht BGH GRUR 2004, 696, 697; allerdings verweist die amtl. Begr. BT-Drucks. 15/1487, S. 16 auf „anständige Gepflogenheiten", die ja wohl ein empirisches Moment enthalten.

11 Vgl. die Kritik am Urteil des OLG Stuttgart bei *Köhler*, WRP 2002, 1; *Quiring*, WRP 2001, 470; auch *Reufels*, GRUR 2001, 214, 216; umfassende Nachweise bei *Omsels*, in: *Harte-Bavendamm/Henning-Bodewig*, UWG, § 4 Nr. 10 Rz. 31; *Köhler*, in: *Hefermehl/Köhler/Bornkamm*, UWG § 4 Rn. 10.103 ff.

12 So BGH GRUR 2004, 696, 697 unter Hinweis auf BVerfG E 32, 311, 316 – Grabsteinwerbung und BVerfG NJW 2001, 3403 – Therapeutische Äquivalenz; NJW 1994, 1071 – Lexicothek.

13 BVerfG NJW 2001, 591 – Benetton zur Meinungsfreiheit; NJW 2003, 1303 – Benetton-Werbung II für Menschenwürde als Begrenzung, speziell zu BGHZ 149, 247 – H.I.V. Positiv.

14 So BGH GRUR 2004, 696, 697 unter Berufung auf BVerfG NJW 2003, 277 – Anwaltsrangliste; in der Folge widmet sich der BGH im Ausgangsfall eingehend der Darlegung und Abwägung der Grundrechtspositionen (vgl. im folgenden Text); zur Bedeutung der Grundrechte im Wettbewerbsrecht vgl. etwa *Säcker*, WRP 2004, 1199, 1220.

#### cc) Arbeitgeber und Art. 2, 12 GG

129 Der Arbeitgeber des Abzuwerbenden wird durch die Kontaktaufnahme in seinen durch Art. 2 I, 12 GG geschützten Positionen beeinträchtigt. Seine Mitarbeiter werden von der Arbeit abgehalten, seine betriebliche Sphäre (Telefon) wird zweckwidrig genutzt. Es kann Unruhe im Betrieb geben, und mit der Gefahr eines Aushorchens ist zu rechnen.

#### dd) Abwägung

130 Bei einer Abwägung der Interessen unter dem Blickwinkel von Allgemeinbelangen hinsichtlich eines wirksamen Wettbewerbs um Arbeitskräfte überwiegen die Argumente für die Zulässigkeit einer ersten Kontaktaufnahme am Arbeitsplatz. Doch muss sich dieses Gespräch beschränken auf Klärung des Interesses am Anruf und (nur bejahendenfalls) knappe Umschreibung der offenen Stelle sowie die Verabredung weiterer Kontakte außerhalb des Arbeitsbereichs. Die Dauer zulässiger Kontaktaufnahme lässt sich zeitlich nicht präzise beschränken, darf aber kaum über wenige Minuten hinausgehen.

#### d) Zwischergebnis

131 Da mithin eine kurzfristige telefonische Ansprache der Mitarbeiter am Arbeitsplatz zwecks Abwerbung als solche nicht unlauter ist, liegt insoweit ein Verstoß der B gegen § 3 I UWG nicht vor[15]. Da sich die versuchte Abwerbung gegen A, also gegen einen Unternehmer (vgl. § 2 I Nr. 6 UWG) richtet, greifen § 3 II, III UWG nicht ein.

### 3. Belästigung nach § 7 UWG?

132 Es ist weiter zu überlegen, ob sich der für § 8 UWG relevante Rechtsverstoß direkt aus § 7 I, II Nr. 2 UWG i.S. einer unzumutbaren Belästigung der P ergibt, weil eine Werbung mit Telefonanrufen gegenüber Verbrauchern ohne deren vorherige ausdrückliche Einwilligung oder gegenüber sonstigen Marktteilnehmern ohne deren zumindest mutmaßliche Einwilligung vorliegt. Sieht man P, die ja Arbeitnehmerin ist, als solche mit dem BAG[16] als Verbraucher i.S. von § 13 BGB an[17], so wäre tatsächlich mangels ausdrücklicher Einwilligung der P Unlauterkeit anzunehmen[18]. Der Arbeitnehmer ist als solcher freilich kein Verbraucher, sondern kann – speziell im Rahmen des Headhunting – allenfalls als „sonstiger Marktteilnehmer" angesehen werden[19]. Dann kommt es nach § 7 II Nr. 2 UWG auf mutmaßliche Einwilligung der P an. Von einer solchen kann, wie sich gezeigt hat, im Rahmen einer ersten Kontaktaufnahme durch einen Headhunter wohl ausgegangen werden.

---

15 So auch BGH GRUR 2004, 696 im Ausgangsfall.

16 BAG NJW 2005, 3305.

17 Vgl. hierzu, die Verbrauchereigenschaft ablehnend, *Palandt/Heinrichs*, bis 2005[64], § 13 Rz. 3; eingehend zur angeblichen Verbrauchereigenschaft des Arbeitnehmers *Hönn*, ZfA 2003, 325, 343; jeweils m.N., speziell zum UWG *Köhler*, in: *Hefermehl/Köhler/Bornkamm*, UWG § 2 Rz. 140, § 7 Rz. 146.

18 So in der Tat *Ubber*, in: *Harte-Bavendamm/Henning-Bodewig*, UWG, § 7 Rz. 161, ohne Stellungnahme zu BGH GRUR 2004, 696 (sc. zu *§ 1 UWG a.F.*) im Ausgangsfall.

19 § 2 I Nr. 2 UWG passt nicht ganz, weil P ihre Arbeit nicht als Dienstleistung, sondern als abhängige Arbeit anbietet; vgl. auch *Boesche*, Rn. 423.

Soweit qua Telefonat mit P die Firma A selbst ohne ihre erforderliche mutmaßliche Einwilligung angerufen worden ist, muss die hierin liegende geringfügige Belästigung der A als solche[20] aus den Gründen der o.a. Abwägung von Grundrechtspositionen hingenommen werden[21].

Damit scheidet auch insoweit ein Verstoß gegen § 3 UWG aus.

### 4. Ergebnis

Firma A hat keinen Unterlassungsanspruch nach § 8 UWG, ohne dass es noch auf die Frage der Wiederholungsgefahr und der Klageberechtigung der Firma A als Mitbewerber ankäme. **133**

Die Klage ist **unbegründet**. (Die Frage der Ausforschung ist nicht Gegenstand der Klage).

## Aufgabe 2

### 1. Kosten der Abmahnung als Kosten des Verfahrens

Vor der Neufassung des UWG wurden die Kosten für eine Abmahnung im Falle einer Klage gemäß § 91 ZPO, als von der unterlegenen Partei zu tragende, das Verfahren vorbereitende Kosten angesehen[22]. Wurde der Streit ohne Klage beigelegt, sah man diesbezügliche Ansprüche unter dem Blickwinkel des Schadenersatzes bzw. (mangels Verschuldens) der Geschäftsführung ohne Auftrag[23]. **134**

Nunmehr ist § 12 I 2 UWG in allen Fällen, in denen es um den Ersatz erforderlicher Aufwendungen für eine berechtigte Abmahnung geht, anwendbar und macht – zumindest im Wettbewerbsrecht – einen Rückgriff auf die oben genannten Instrumentarien obsolet[24].

#### a) Berechtigung der Abmahnung

Soweit B die P um die Benennung in Frage kommender Kollegen bat, handelte er entsprechend den vorausgegangenen Ausführungen unlauter. Wegen des Verstoßes gegen § 3 I UWG und der zu bejahenden Wiederholungsgefahr bestand ein Unterlassungsanspruch nach § 8 UWG. Die Abmahnung war insoweit berechtigt. **135**

---

20 Vgl. freilich LG Bonn v. 3.1.2013, 14 U 165/12, juris, wonach eine Verstoß gegen § 7 I UWG vorliegt, wenn der Headhunter gegenüber der Telefonzentrale über seine Identität täuscht, um durchgestellt zu werden.

21 So *Köhler*, in: *Hefermehl/Köhler/Bornkamm*, UWG § 7 Rz. 175; vgl. auch BGH NJW 2006, 1665, 1666, der in der Norm nur eine Richtlinie für die Interpretation der Generalklausel sieht.

22 *Baumbach/Hefermehl*, 1999[21], Einl. UWG Rz. 552.

23 Vgl. BGHZ 52, 393, 399 f. – Fotowettbewerb; *Baumbach/Hefermehl*, Einl. UWG Rz. 554 m.N.

24 *Bornkamm*, in: *Hefermehl/Köhler/Bornkamm*, UWG § 12 Rz. 1.80 f.

### b) Erforderlichkeit der Einschaltung eines Rechtsanwalts

136 Zweifel bestehen, ob es für die Firma A erforderlich war, für die Abmahnung einen Anwalt einzuschalten und dadurch Kosten zu verursachen. Insbesondere in Fällen mittleren Schwierigkeitsgrades ist zu überlegen, ob nicht ein Unternehmen (hier A) in der Lage ist, zunächst ohne Einschaltung eines Rechtsanwaltes einen Verletzer abzumahnen, was insbesondere bei Vorhandensein einer Rechtsabteilung oder bei der Abmahnung durch einen Verband regelmäßig der Fall sein dürfte[25]. Im vorliegenden Fall war aber, vor allem in Hinblick auf die insgesamt schwierige Rechtslage, die Einschaltung eines Rechtsanwalts für die Abmahnung erforderlich.

### 2. Ergebnis

137 Firma A kann daher von B insoweit die Anwaltskosten für die Abmahnung ersetzt verlangen gemäß § 12 I 2 UWG.

## Wiederholung und Vertiefung

138 I. Eine Unterlassungsklage im Wettbewerbsrecht setzt einen bestimmten Antrag (§ 253 II Nr. 2 ZPO) voraus. Die Anforderungen an die Bestimmtheit richten sich nach den Sachgegebenheiten.

Die in § 12 I 2 UWG vorgeschaltete Abmahnung ist keine Zulässigkeitsvoraussetzung. Doch birgt ihre Nichtbeachtung ein Kostenrisiko.

II. Anspruchsgrundlage für einen Unterlassungsanspruch im Wettbewerbsrecht sind die §§ 3, 7, 8 UWG. Dies gilt sowohl für den Anspruch von Mitbewerbern als auch für die Verbandsklage.

139 1. Bei einem erfolgten Verstoß gegen § 3 UWG wird die für den Unterlassungsanspruch erforderliche Wiederholungsgefahr vermutet.

§ 3 I UWG enthält die Generalklausel für das Verbot unlauterer geschäftlicher Handlungen. Sie dient dem Schutz von Mitbewerbern, Verbrauchern und der Allgemeinheit. Nach Auffassung der amtlichen Begründung ist § 3 UWG gleichwohl kein Schutzgesetz i.S. von § 823 II BGB zugunsten von Verbrauchern; ob das richtig ist, ist in der Literatur streitig.

Das Verbot erfasst keine Bagatellfälle.

Die Begriffe geschäftliche Handlung, Marktteilnehmer, Mitbewerber und Verbraucher werden in § 2 UWG legaldefiniert, zum Teil durch Weiterverweisung.

25 Vgl. amtl. Begr. BT-Drucks. 15/1487, S. 25; evtl. kann aber der Durchschnittsaufwand des Verbandes ersetzt verlangt werden; vgl. AG Frankfurt WRP 1999, 122.

2. Der Begriff der Unlauterkeit hat den bisherigen Begriff der Sittenwidrigkeit im Wettbewerbsrecht abgelöst, ohne dass ihm ein veränderter Inhalt zukäme. Die bisherige Judikatur zu *§ 1 UWG a.F.* ist weitgehend auch für § 3 UWG zu beachten. 140

Seit der Neufassung gibt das UWG im Gesetzestext Beispiele für unlautere geschäftliche Handlungen, die weithin der bisherigen Judikatur entnommen sind. Diese Beispiele bezeichnen nur die Unlauterkeit; das Verbot des § 3 UWG greift erst dann ein, wenn auch die weiteren Voraussetzungen dieser Vorschrift (geschäftliche Handlung, Eignung, spürbare Beeinträchtigung) gegeben sind.

Unlautere Handlungen sind beispielhaft aufgeführt im § 4 UWG allgemein, in §§ 5, 5a UWG für irreführende Werbung und in § 7 UWG für unzumutbare Belästigung. **Vergleichende Werbung** als solche ist (unter dem Blickwinkel des Vergleichs) nur in den in § 6 UWG aufgeführten Fällen als unterlauter anzusehen. Im Übrigen ist der Begriff der Unlauterkeit in § 3 UWG offen, da es sich nur um Beispielsfälle handelt.

Die bisher übliche Fallgruppenbildung unlauteren Wettbewerbs nach *Hefermehl* (Kundenfang, Behinderung, Ausbeutung, Rechtsbruch, Marktstörung) ist durch das neue UWG zwar nicht obsolet geworden, hat aber durch die gesetzlichen Beispielskataloge an Bedeutung eingebüßt.

Unlauter ist die gezielte Behinderung von Mitbewerbern (§ 4 Nr. 10 UWG). Gleichwohl ist der Begriff der gezielten Behinderung abzugrenzen von erlaubten geschäftlichen Handlungen.

Abwerbung von Arbeitnehmern des Wettbewerbers ist nicht unlauter, sondern eine Form zulässigen Wettbewerbs, soweit keine besonderen Umstände vorliegen wie Verleiten zum Vertragsbruch oder der Einsatz unangemessener Mittel.

Soweit sich aus § 7 II Nr. 2 UWG die Unlauterkeit der Telefonwerbung gegenüber Verbrauchern ohne deren ausdrückliches vorheriges Einverständnis ergibt, greift diese Bestimmung bei telefonischen Abwerbeversuchen gegenüber Arbeitnehmern nicht ein, weil Arbeitnehmer als solche zumindest im Sinne dieser Vorschrift keine Verbraucher sind.

3. Unbestimmte Rechtsbegriffe des Wettbewerbsrechts, insbesondere der Begriff der Unlauterkeit, müssen im Lichte der Grundrechte interpretiert werden. 141

Aus den Art. 2 und 12 GG ergibt sich u.a., dass die erstmalige telefonische Kontaktaufnahme zwecks Abwerbung durch einen Personalberater die Grenze lauteren Wettbewerbs noch nicht übersteigt.

4. Die für eine sog. Abmahnung entstehenden Kosten gehören im Falle eines Rechtsstreits zu den Kosten des Verfahrens, die der Unterlegene insoweit gemäß § 12 I 2 UWG trägt. 142

Unterbleibt nach erfolgter Abmahnung ein Rechtsstreit, so konnte der Abmahnende nach früherer Rechtslage bei begründeter Abmahnung (d.h. vorliegendem Gesetzesverstoß des Abgemahnten) die (Rechtsanwalts-)Kosten über GoA vom Verletzer ersetzt verlangen. Nach § 12 I 2 UWG ist jetzt ein gesetzlicher Anspruch auf Kostenersatz gegeben. Auf die Erforderlichkeit (Anwalt nötig?) kommt es an. Wegen dieser speziellen

Regelung ist die Heranziehung der Vorschriften über die GoA heute insoweit obsolet geworden.

**Ausgangsfälle**

BGH, Urt. v. 4.3.2004 (I ZR 221/01), GRUR, 2004, 696 – Direktansprache am Arbeitsplatz = NJW 2004, 2080 = BGHZ 158, 174; fortgeführt von BGH, Urt. v. 9.2.2006 (I ZR 73/02), NJW 2006, 1665 – Direktansprache am Arbeitsplatz II

Vorinstanz OLG Karlsruhe, Urt. v. 25.7.2001 (6 U 145/00), WRP 2001, 1092

OLG Stuttgart, Urt. v. 17.12.1999 (2 U 133/99), GRUR 2000, 1096 = WRP 2000, 318 = BB 2000, 633 (Revision hiergegen vom BGH nicht angenommen)

Fall 2

# Chemisches Reagenz als Betriebsgeheimnis

*Klausur 5 Std.*

A ist Inhaber eines Unternehmens, das Geräte und chemische Hilfsmittel für wissenschaftliche Labors produziert und vertreibt. X war in diesem Unternehmen als Leiter des Entwicklungslabors und später ferner als Leiter der Produktionsabteilung angestellt. U.a. stellte A ein Reagenz zur Erleichterung der Auszählung von Thrombozyten in Blutproben her, dessen Rezept er vom Erfinder erworben hatte, und vertrieb es unter der Bezeichnung „Thrombosol", später mit verbesserten Eigenschaften unter dem Namen „Thrombosol plus". Er behandelte das Rezept, für das die patentrechtliche Situation noch ungeklärt war, von Anfang an als Betriebsgeheimnis (das Analysieren des „Thrombosol" würde die Möglichkeit eines Durchschnittsfachmanns in einem analytischen Labor übersteigen) und teilte es nur dem X mit. X verpflichtete sich ausdrücklich zur Geheimhaltung und zum Unterlassen eigenständiger gewerblicher Nutzung der Betriebsgeheimnisse des A, und zwar auch für die Zeit nach einem eventuellen Ausscheiden aus dem Betrieb. Noch während des Bestehens seiner Betriebszugehörigkeit arbeitete X mit Erfolg an dem anfänglich nicht beanstandungsfreien Reagenz weiter, enthielt aber die das Produkt verbessernden Ergebnisse dem A vor. Die schriftlich niedergelegten Ergebnisse bewahrte er in einem abgeschlossenen Schrank im Entwicklungslabor auf. 143

Kurze Zeit später kündigte X sein Arbeitsverhaltnis fristgemäß, machte sich selbständig und dem A Konkurrenz, indem er auf der Grundlage seiner bei A gewonnenen Erkenntnisse, die er „im Kopf hatte", ein dem „Thrombosol" ähnliches, aber verbessertes Reagenz herstellte und in zwei Ausführungen unter der Bezeichnung „TTV" und „TTK" auf den Markt brachte. Außer „Thrombosol", „TTV" und „TTK" waren keine vergleichbaren Produkte auf dem Markt. Der Absatz des A an „Thrombosol" ging stark zurück.

A verlangt von X nunmehr: es zu unterlassen, Reagenzien auf der Basis von „Thrombosol" herzustellen, zu vertreiben oder auf andere Weise gewerbsmäßig zu verwerten, ihm den entstandenen Schaden zu ersetzen bzw. den Verletzergewinn herauszugeben und ihm Auskunft zu erteilen über den Umfang seiner diesbezüglichen Umsätze. X wendet ein, die Kenntnisse für seine Konkurrenztätigkeit habe er legitim erlangt.

**Aufgabe:**

Prüfen Sie die Berechtigung des Begehrens des A unter allen in Frage kommenden rechtlichen Gesichtspunkten.

## Gliederung

144 **I. Unterlassungs- und Schadenersatzansprüche**
1. § 17 II UWG i.V. mit § 823 II BGB
2. §§ 8, 9, 3, 4 Nr. 9c UWG
3. § 826 BGB
4. § 823 I BGB
5. Nachvertragliche Pflichten aus dem Arbeitsvertrag
6. Ergebnis: Anspruch begründet

**II. Anspruch auf Herausgabe des Verletzergewinns im Besonderen**
1. §§ 249 ff. BGB
2. Dreifache Schadensberechnung bei Verletzung gewerblicher und geistiger Schutzrechte
3. Anspruch begründet

**III. Auskunftsanspruch**

# Lösungsvorschlag

## I. Unterlassungs- und Schadenersatzansprüche

Unterlassungs- und Schadensersatzansprüche des A können sich aus dem **gesetzlichen Verbot der Verletzung von Betriebs- und Geschäftsgeheimnissen** ergeben. Daneben kommen allgemein wettbewerbsrechtliche, allgemein deliktsrechtliche und vertragliche Ansprüche in Betracht. 145

### 1. § 17 II UWG i.V. mit § 823 II BGB

Ein Anspruch des A könnte sich zunächst aus **§ 17 II UWG i.V. mit § 823 II BGB** herleiten lassen. § 17 ist Schutzgesetz i.S. von § 823 II BGB[1]. 146

X könnte sich nach § 17 II Nr. 1 UWG[2] dann strafbar gemacht haben, wenn er sich mit der schriftlichen Niederlegung der Ergebnisse seiner Arbeiten und ihrem Verschweigen gegenüber A zu Zwecken des Wettbewerbs oder aus Eigennutz ein Geschäfts- oder Betriebsgeheimnis durch die Herstellung einer verkörperten Wiedergabe des Geheimnisses unbefugt verschafft oder gesichert hätte. Dies setzt zunächst voraus, dass die Rezeptur von „Thrombosol" sowie ihre Verbesserungen ein **Geschäfts- oder Betriebsgeheimnis** war. Unter solchen versteht man Tatsachen, die im Zusammenhang mit einem Geschäftsbetrieb stehen, nicht offenkundig sind und nach dem bekundeten oder erkennbaren Willen des Betriebsinhabers geheimgehalten werden sollen, sofern der Betriebsinhaber ein berechtigtes Interesse an der Geheimhaltung hat[3]; fehlende Offenkundigkeit heißt dabei, dass die Tatsachen nur einem eng begrenzten Personenkreis bekannt[4] und Dritten nicht leicht zugänglich sind[5].

Hinsichtlich der Rezeptur von „Thrombosol" lagen diese Voraussetzungen offensichtlich vor. Die Rezeptur war Grundlage eines der von A vertriebenen Produkte und A hatte X ausdrücklich zur Geheimhaltung verpflichtet. Sie war nur einem begrenzten Personenkreis bekannt, und ein Durchschnittsfachmann würde auch im Wege der Analyse des Produktes die Rezeptur nicht ohne weiteres auffinden. Da X speziell die Verbesserungen schriftlich niederlegte und gerade die Verbesserungen den besonderen geschäftlichen Erfolg von X bewirkten, fragt es sich weiter, ob auch diese dem A nicht bekannten Verbesserungen als Geschäfts- oder Betriebsgeheimnisse des A angesehen werden können. Die Frage ist ebenfalls zu bejahen, da A ohne weiteres ein genereller Geheimhaltungs- 147

---

1 *§ 19 UWG a.F.*, der eine Schadenersatzverpflichtung bei Verstoß gegen § 17 UWG zum Inhalt hatte, wurde gestrichen, weil sich die Schadenersatzpflicht insbesondere schon aus § 823 BGB ergibt; so Reg E UWG BT-Drucks. 15/1487, S. 15; dies entsprach im Übrigen allgemeiner Auff., vgl. etwa *Köhler/Piper*, UWG, 2002[3], § 19 Rz. 1.

2 Die Regelung des § 17 UWG ist, soweit hier von Interesse, unverändert geblieben; vgl. Reg E UWG BT-Drucks. 15/1487, S. 26.

3 So *Emmerich*, WettbR, § 10 Rn. 6; BGH GRUR 1961, 40, 43 – Wurftaubenpresse; BayObLG GRUR 1991, 694, 695; BAG NJW 1988, 1686.

4 BGH GRUR 1955, 424, 425 – Möbelwachspaste; *Köhler*, in: *Hefermehl/Köhler/Bornkamm*, UWG, § 17 Rz. 4 ff.

5 Vgl. BGH GRUR 1963, 311, 312 – Möbelwachspaste.

wille auch an den ihm noch nicht zur Kenntnis gebrachten Verbesserungsentwicklungen zugebilligt werden muss[6].

148 Ein **unbefugtes Verschaffen oder Sichern des Geheimnisses** i.S. von § 17 II Nr. 1 UWG kann hier jedoch nicht ohne weiteres angenommen werden.

Denn es war nicht unbefugt, dass X die Ergebnisse seiner Arbeiten schriftlich niederlegte und, wie erfolgt, im Labor aufbewahrte. Die Nichtunterrichtung des A war sicherlich eine Pflichtverletzung. Durch sie hat sich X das Geheimnis aber nicht verschafft, da er dieses bereits kannte.

149 Mit der Tatalternative der Sicherung des Geheimnisses soll der Fall erfasst werden, in dem der Täter das Geheimnis schon kennt, sich jedoch eine genaue und bleibende Kenntnis, etwa in Form einer verkörperten Wiedergabe, verschafft[7]. Soweit es hier um die schriftliche Niederlegung geht, war sie wiederum nicht unbefugt. Soweit es darum geht, dass A nicht informiert wurde, hat sich X nicht das Geheimnis im obigen Sinne gesichert, sondern es dem A vorenthalten. Auch dass sich X unbefugt Kopien mitgenommen hätte, geht aus dem Sachverhalt nicht hervor. § 17 II Nr. 1 UWG greift deshalb nicht ein.

150 Für ein unbefugtes **Verwerten** i.S. der ersten Alternative von § 17 II Nr. 2 UWG genügt es nicht, dass das Geheimnis dem X vermöge seines Dienstverhältnisses anvertraut oder zugänglich wurde; vielmehr ist insoweit vorausgesetzt, dass die Kenntniserlangung durch Geheimnisverrat eines „Mitteilenden" i.S. von § 17 I UWG erfolgte[8], woran es hier fehlt. Da sich X das Geheimnis auch weder durch ein Verhalten i.S. von § 17 II Nr. 1 UWG beschafft, noch sonst unbefugt verschafft oder gesichert hat[9], sind auch die Voraussetzungen des § 17 II Nr. 2 UWG nicht gegeben. Damit scheidet ein auf § 17 UWG gestützter Anspruch aus.

### 2. §§ 8, 9, 3, 4 Nr. 9c UWG

151 Es könnten allerdings Unterlassungs- und Schadenersatzansprüche des A gegen X aus den **§§ 8, 9, 3 I, 4 Nr. 9c UWG** begründet sein. Die §§ 8, 9 UWG gewähren bei einem Verstoß gegen § 3 UWG Unterlassungs-, Beseitigungs- und bei Verschulden Schadenersatzansprüche. Mithin kommt es hier zunächst darauf an, ob X i.S. von § 3 I UWG unlautere geschäftliche Handlungen vorgeworfen werden können, die geeignet wären, die Interessen von Mitbewerbern, Verbrauchern oder sonstigen Marktteilnehmern spürbar zu beeinträchtigen. Da die spürbare Beeinträchtigung des A durch geschäftliche Handlungen des X auf der Hand liegt, kommt es entscheidend darauf an, ob man X ein unlauteres Verhalten vorwerfen kann. Dieser Begriff dürfte weitgehend inhaltsgleich mit dem des sittenwidrigen Handels i.S. von *§ 1 UWG a.F.* zu verstehen sein; denn unlauter sind alle Handlungen, die den anständigen Gepflogenheiten in Handel, Gewerbe, Handwerk oder selbstständiger beruflicher Tätigkeit zuwiderlaufen[10].

6 Vgl. BGH GRUR 1977, 539, 540 – Prozessrechner.
7 Vgl. Bericht des Rechtsausschusses, BT-Drucks. 10/5058, S. 40 f.
8 Vgl. *Köhler*, in: *Hefermehl/Köhler/Bornkamm*, UWG § 17 Rz. 45.
9 Eine unzulässige Sicherung liegt in der Mitnahme von Unterlagen; so BGH NJW 2006, 3424, 3425 – Kundendatenprogramm.
10 Reg E UWG BT-Drucks. 15/1487, S. 16.

Freilich ist die bisherige Fallgruppenbildung im Rahmen des *§ 1 UWG a.F.* nunmehr abgelöst durch umfassende gesetzliche Beispielskataloge unlauteren Verhaltens. Insoweit handelt gem. § 4 Nr. 9c UWG insbesondere unlauter, wer Waren oder Dienstleistungen anbietet, die eine Nachahmung der Waren oder Dienstleistungen eines Mitbewerbers sind, wenn er die für die Nachahmung erforderlichen Kenntnisse unredlich erlangt hat. Hieran fehlt es aber im konkreten Fall, wie sich oben gerade gezeigt hat. **152**

Allerdings beabsichtigte der Gesetzgeber mit der Schaffung der Beispielskataloge gerade keine abschließende Regelung. Er wollte vielmehr den wettbewerblichen Leistungsschutz in seiner bekannten Problematik zwischen speziellem Schutz, Nachahmungsfreiheit und besonderen Unlauterkeitselementen angesprochen wissen und in diesem Zusammenhang die wichtigsten Fälle ausdrücklich nicht abschließend aufführen[11]. Damit ist letztlich auf die bisherige Diskussion im Rahmen des *§ 1 UWG a.F.* verwiesen. **153**

Dieses allgemeine Problem wurde unter dem Stichwort **„Ausbeutung durch Nachahmen fremder Leistung"** im Rahmen des *§ 1 UWG a.F.* erörtert[12]. Es geht um den Konflikt zwischen Wettbewerbsfreiheit, die grundsätzlich auch die Nachahmung fremder Leistungen gestattet, einerseits und dem Sonderrechtsschutz fremder Leistung andererseits. Die vom Gesetzgeber insoweit gegebene Grenzziehung in den speziellen den Sonderrechtsschutz regelnden Gesetzen des gewerblichen Rechtsschutzes (PatG, UrhG, GebrMG, GeschmMG, MarkenG) darf nicht zu Lasten der Wettbewerbsfreiheit dadurch verändert werden, dass Nachahmungen im Vorfeld dieser Regelungen unter die wettbewerbliche Generalklausel subsumiert und dadurch unterbunden werden. Es ist daher zu Recht unstreitig, dass die Übernahme fremder Leistung nur unter besonderen Umständen wettbewerbswidrig ist[13]. Für die Anwendung der wettbewerblichen Generalklausel des § 3 UWG, bei der Ausnutzung von Geschäfts- und Betriebsgeheimnissen ohne Betriebsspionage i.S. von § 17 UWG gilt dasselbe. Daher ist die Verwertung redlich erlangter Geheimnisse nach Beendigung eines Arbeitsverhältnisses nicht per se unlauter[14]. **154**

Die Anwendung der wettbewerblichen Generalklausel des § 3 I UWG kommt also nur in Betracht, wenn **zusätzliche Umstände** die Unlauterkeit begründen. Insoweit bedarf es der Güter- und Interessenabwägung aufgrund aller Umstände des Einzelfalles, etwa hinsichtlich Dauer der Beschäftigung, Stellung im Betrieb, persönlicher Beitrag zum Geheimnis und Schutzwürdigkeit des Verwertungsinteresses des Arbeitnehmers[15]. Dass im konkreten Fall A dem X das Rezept im Vertrauen auf dessen Verschwiegenheit und Vertragstreue mitgeteilt hat, dass X eine herausgehobene Stellung im Betrieb hatte und dass die Rezeptur wirtschaftlich für A bedeutsam war, besagt jeweils allein nicht allzu viel, zumal X einen wesentlichen Beitrag zur Verbesserung der Rezeptur geleistet hatte. Schwerer wiegt schon, dass X sein Arbeitsverhältnis bereits kurze Zeit nach Entdeckung **155**

11 Reg E UWG BT-Drucks. 15/1487, S. 18.

12 Vgl. *Baumbach/Hefermehl*, 1999[21], UWG, § 1 Rz. 439; aus jüngerer Zeit BGH GRUR 1996, 210 – Vakuumpumpen; s. heute *Köhler*, in: *Hefermehl/Köhler/Bornkamm*, UWG § 4 Rz. 9.6 ff.

13 Vgl. BGHZ 5, 1, 10 – Hummel-Figuren I; 50, 125, 131 – Pulverbehälter; 94, 732, 734 – Mc Laren; *Köhler* aaO. Rz. 9.4.

14 BGH GRUR 1963, 367, 369 – Industrieböden; 1964, 215, 216 – Milchfahrer; RGZ 65, 333, 337.

15 Vgl. *Köhler*, in: *Hefermehl/Köhler/Bornkamm*, UWG, § 4 Rz. 10.164 f. unter dem Blickwinkel der Behinderung.

der Verbesserung kündigte, um das Geheimnis selbst auszunutzen. Von entscheidender Bedeutung ist die vorsätzliche Nichtweitergabe der im Dienste des A erarbeiteten Verbesserung durch X. Hierin liegt eine **grobe Verletzung seiner arbeitsvertraglichen Pflichten**, durch die X sich für die spätere nach dem Arbeitsverhältnis unzulässige Ausnutzung der Rezeptur und ihrer Verbesserung einen Zeit- und Qualitätsvorsprung sicherte. Eine solche grobe Pflichtverletzung eines Mitarbeiters in Vertrauensstellung prägt auch noch die spätere Ausnutzung des Geheimnisses und macht sie unlauter.

Damit hat A gegen X einen Anspruch auf Unterlassung der Herstellung und des Vertriebs der auf der Basis von „Thrombosol" hergestellten Produkte und einen Anspruch auf Schadenersatz aus den §§ 3 I, 8, 9 UWG.

### 3. § 826 BGB

156 Parallel dazu besteht ein Anspruch auf Schadenersatz aus § 826 BGB und damit insoweit auch ein Unterlassungsanspruch aus dieser Norm[16].

### 4. § 823 I BGB

157 Man könnte schließlich an Ansprüche aus § 823 I BGB denken. Nach h.M. können Betriebsgeheimnisse nur als Substrat des Rechts am eingerichteten und ausgeübten Gewerbebetrieb Schutz im Rahmen des § 823 I BGB genießen. Da dieses Recht aber einen Auffangtatbestand konstituiert, tritt es hinter der speziellen wettbewerbsrechtlichen Regelung als subsidiär zurück[17].

### 5. Nachvertragliche Pflichten aus dem Arbeitsvertrag

158 Ob in der Verpflichtung des X zur Geheimhaltung ein besonderer Geheimhaltungsvertrag gesehen werden kann, ist zweifelhaft, da Anlass und Rechtsgrund dieser Abrede der zwischen A und X abgeschlossene Dienst- bzw. Arbeitsvertrag war. Daher wird man diese Vereinbarung eher als Teil des Arbeitsvertrages zu qualifizieren haben. Es ergeben sich aus diesem nachvertragliche Pflichten auf Geheimhaltung und Unterlassung der gewerblichen Nutzung **des Betriebsgeheimnisses**, die Grundlage der geltend gemachten Unterlassungs- und Schadensersatzansprüche sein könnten. Diese Abrede schließt auch die von X erzielten Verbesserungen ein, da diese, wie bereits dargelegt, aufgrund des generellen Geheimhaltungswillens des A ebenfalls Betriebsgeheimnisse waren.

159 Diesbezügliche Abreden sind grundsätzlich zulässig, zumal auch ohne ausdrückliche Abrede bestimmte nachvertragliche Treuepflichten aus dem Arbeitsverhältnis fließen können, die den Arbeitnehmer verpflichten, ein Geschäfts- oder Betriebsgeheimnis weiter zu wahren[18]. Freilich bedarf es der Prüfung, ob nicht die in § 17 UWG getroffene gesetzgeberische Entscheidung, dass der Arbeitnehmer die redlich erworbenen Kennt-

16 Vgl. *Soergel/Hönn*, 2005[13], § 826 Rz. 92, 100; MünchKomm/*Wagner*, 2009[5], § 826 Rz. 42, 138 ff.

17 Vgl. BGHZ 36, 252, 256 f; BGH NJW 1992, 1312; MünchKomm/*Wagner* 2009[5], § 823 Rz. 197.

18 Vgl. BAG NJW 1983, 134; 1988, 1686; *Zöllner/Loritz/Hergenröder*, Arbeitsrecht, 2008[6], § 14 I 1; vgl. auch MünchKomm/*Müller-Glöge*, 2009[5], § 611 Rz. 1088 ff.

nisse von Betriebsgeheimnissen nutzen kann[19], tangiert ist bzw. ob die Grundsätze über die Karenzentschädigung bei nachvertraglichen Wettbewerbsverboten (§ 74 HGB) entgegenstehen.

Hinsichtlich § 17 UWG ergibt sich im vorliegenden Fall freilich die Besonderheit, dass X Leiter des Entwicklungslabors war, und ihm von daher zwangsläufig wertvolle Betriebsgeheimnisse des Unternehmens anvertraut wurden. Auch wenn deren Nutzung nach dem Ende des Arbeitsverhältnisses durch X nicht schon als Betriebsspionage nach § 17 UWG bestraft wird, schließt dies keineswegs eine Wertung aus, wonach eine vertragliche Verpflichtung zur Unterlassung eigenständiger Nutzung durch X wirksam ist. **160**

Der Grundsatz der bezahlten Karenz wiederum betrifft nur ein Wettbewerbsverbot schlechthin und ist von einer bloßen Geheimhaltungsabrede zu unterscheiden. Diese lässt X im Gegensatz zu einem Wettbewerbsverbot die Freiheit, auch im Bereich der chemischen und pharmazeutischen Industrie auf dem Entwicklungssektor tätig zu sein. Die Grundsätze über die Karenzentschädigung nach § 74 HGB stehen deshalb der Wirksamkeit der nachvertraglichen Geheimhaltungspflicht nicht entgegen. **161**

### 6. Ergebnis

Mithin ist ein Unterlassungsanspruch auch aus nachwirkender Verpflichtung des Arbeitsvertrages des X begründet. Da X mindestens fahrlässig handelte, haftet er überdies gemäß § 280 I BGB auf Schadenersatz. **162**

## II. Anspruch auf Herausgabe des Verletzergewinns im Besonderen

A möchte den entstandenen Schaden ersetzt haben bzw. verlangt die Herausgabe des Verletzergewinns.

### 1. §§ 249 ff. BGB

Hinsichtlich des Schadensersatzes ergibt sich aus den §§ 249 ff. BGB für den Umfang der Ersatzpflicht, dass der **konkrete Schaden** einschließlich des entgangenen Gewinns zu ersetzen ist. Häufig ist jedoch im Wettbewerbsrecht die genaue Berechnung des Schadens, insbes. einer eingetretenen Gewinneinbuße, wegen der Einbeziehung hypothetischer Faktoren und Entwicklungen recht schwierig. Als Beweiserleichterung greift § 287 ZPO ein, wonach das Gericht den Schaden schätzen kann. **163**

### 2. Dreifache Schadensberechnung bei Verletzung gewerblicher und geistiger Schutzrechte

Daneben hätte A als Verletzter bei einer rechtswidrigen und schuldhaften Verletzung gewerblicher und geistiger Schutzrechte die Möglichkeit, statt Ersatz des konkreten Schadens wahlweise die Zahlung einer **fiktiven Lizenzgebühr** oder die **Herausgabe des Verletzergewinns** zu verlangen, wobei die Feststellung des letzteren in jedem Fall **164**

19 Vgl. BGH GRUR 1955, 402, 405.

der Auskunft bedarf. Diese sog. **dreifache Schadensberechnung**[20] kann allgemein auf die Fälle der bloßen Wettbewerbswidrigkeit nicht übertragen werden[21], da die Wettbewerbsstellung des Einzelnen im Unterschied zu den gewerblichen Schutzrechten kein subjektives Recht begründet und im freien Wettbewerb kein Teilnehmer außer bei unlauterem Verhalten einen Anspruch auf Wahrung seiner Position hat. Etwas anderes gilt jedoch dann, wenn das UWG eine dem gewerblichen Schutzrecht bzw. Urheberrecht vergleichbare Position begründet, insbes. bei der wettbewerbswidrigen Leistungsübernahme[22]. Auf dieser Ebene liegt zwar die unlautere Nutzung des Geheimnisses durch X nicht, weil sich hier die Unlauterkeit nicht aus einer jedem Dritten versagten Nutzung des Geheimnisses ergab, sondern aus einem arglistigen Verhalten des X gegenüber A. Es erscheint jedoch vertretbar, den Anspruch auf Herausgabe des Verletzergewinns auch in den Fällen zu bejahen, in denen der Verletzer ein Betriebsgeheimnis nach Beendigung des Arbeitsverhältnisses sittenwidrig ausnutzt, da es sich auch hierbei letztendlich um eine Ausbeutung fremder Leistung handelt[23].

#### 3. Anspruch begründet

165 A kann deshalb von X statt Ersatz des konkreten Schadens die Herausgabe des Verletzergewinns verlangen.

### III. Auskunftsanspruch

166 Entscheidet sich A im Rahmen der Schadensberechnung für die Herausgabe des Verletzergewinns, so ist er für die Durchsetzung seines Anspruchs auf Auskünfte über die Geschäftsverhältnisse des X angewiesen. Das deutsche Recht kennt keine allgemeine Auskunftspflicht[24]. Ein **Anspruch auf Auskunftserteilung aus Treu und Glauben (§ 242 BGB)** besteht bei einem Rechtsverhältnis, dessen Wesen es mit sich bringt, dass der Berechtigte in entschuldbarer Weise über Bestehen und Umfang seiner Rechte im Ungewissen, der Verpflichtete dagegen ohne unbillige Nachteile in der Lage ist, solche Auskünfte zu erteilen[25]. Der Auskunftsanspruch soll dem Berechtigten die Rechtsverfolgung überhaupt erst ermöglichen oder zumindest erleichtern. Aus diesem Zweck des Auskunftsanspruchs ergeben sich aber auch dessen Grenzen. Der Verletzer ist nur zu solchen Auskünften verpflichtet, die für den Berechtigten zur Rechtsverfolgung unbedingt erforderlich sind[26]. Vor allem muss der **Anspruch** auf Herausgabe des Verletzergewinns im **Grundsatz bestehen**, ehe ein Auskunftsanspruch zur Bestimmung seiner Höhe in Betracht kommt; dies ist hier der Fall.

---

20 Vgl. *Köhler*, in: *Hefermehl/Köhler/Bornkamm*, UWG § 9 Rz. 1.36 ff.; *Boesche*, Rn. 123 ff.; *Emmerich*, WettbR, § 23 Rn. 15 ff.

21 *Köhler*, aaO. Rz. 1.36.

22 BGHZ 57, 116 – Wandsteckdose II; 60, 168, 172 f. – Modeneuheit.

23 Denkbar, aber hier nicht verlangt, wäre auch ein Anspruch auf die fiktive Lizenzgebühr.

24 RGZ 102, 236.

25 BGHZ 10, 385, 387; *Köhler*, in: *Hefermehl/Köhler/Bornkamm*, UWG § 9 Rz. 4.5; *Boesche*, Rn. 128 ff.

26 *Köhler*, in: *Hefermehl/Köhler/Bornkamm*, UWG § 9 Rz. 4.12 ff.

Wenn und soweit A somit für die Berechnung des Verletzergewinns nur dem X zugängliche Informationen benötigt, hat er aus Treu und Glauben (§ 242 BGB) einen diesbezüglichen Auskunftsanspruch.

## Wiederholung und Vertiefung

1. Bei der Verletzung von Geschäfts- und Betriebsgeheimnissen, insbesondere auch bei Betriebsspionage, kommen wettbewerbsrechtliche, allgemein deliktsrechtliche und vertragliche Ansprüche des Verletzten in Betracht. **167**

§ 17 UWG stellt den Verrat von Geschäfts- oder Betriebsgeheimnissen und deren unzulässige Ausnutzung unter Strafe; die Vorschrift ist Schutzgesetz i.S. von § 823 II BGB.

Unter Geschäfts- und Betriebsgeheimnissen versteht man Tatsachen, die im Zusammenhang mit einem Geschäftsbetrieb stehen, nicht offenkundig sind und nach dem bekundeten oder erkennbaren Willen des Betriebsinhabers geheim gehalten werden sollen, sofern der Betriebsinhaber ein berechtigtes Interesse an der Geheimhaltung hat; auch Tatsachen, die dem Betriebsinhaber noch nicht zur Kenntnis gelangt sind, können unter den genannten Voraussetzungen Geschäfts- oder Betriebsgeheimnisse sein.

Ein unbefugtes Sich-Verschaffen oder Sichern eines Geschäfts- oder Betriebsgeheimnisses i.S. von § 17 II UWG setzt den Einsatz bestimmter Mittel voraus; die unbefugte Verwertung hat ein unbefugtes Sich-Verschaffen oder Sichern zur Voraussetzung.

2. Anspruchsgrundlage für wettbewerbsrechtliche Unterlassungs- und Schadenersatzansprüche sind die §§ 8, 9, 3 I UWG, wobei der Schadenersatzanspruch schuldhaftes Verhalten voraussetzt. **168**

Nach § 4 Nr. 9c UWG handelt unlauter, wer Waren oder Dienstleistungen anbietet, die Nachahmungen von Waren oder Dienstleistungen eines Mitbewerbers sind, wenn die für die Nachahmung erforderlichen Kenntnisse oder Unterlagen unredlich erlangt wurden.

3. Da § 4 Nr. 9c UWG nur beispielhaft für Unlauterkeit ist („insbesondere"), kann Unlauterkeit i.S. der Generalklausel des § 3 I UWG möglicherweise auch dort vorliegen, wo die Kenntnisse oder Unterlagen nicht unredlich erlangt sind. Insoweit ist die Judikatur zur Ausbeutung durch Nachahmung fremder Leistung nach wie vor bedeutsam. **169**

In dem Konflikt zwischen Sonderrechtsschutz und Wettbewerbsfreiheit darf nicht vorschnell eine Einschränkung der Wettbewerbsfreiheit durch ein Verbot von Handlungen erfolgen, die nach den Sondergesetzen nicht verboten sind; für die Anwendung der wettbewerblichen Generalklausel des § 3 I UWG müssen insoweit zusätzliche Umstände vorliegen, die eine Unlauterkeit begründen. Hierfür kann eine grobe Verletzung arbeitsvertraglicher Pflichten genügen. Eigenständige Bedeutung hat ein auf § 3 I UWG gestützter Anspruch insoweit, als die Rechtsdurchsetzung im Wege der einstweiligen Verfügung vereinfacht ist (vgl. § 12 II UWG und hierzu Fall 3).

**170** 4. Nach § 3 I UWG verbotener unlauterer Wettbewerb verstößt bei vorsätzlichem Handeln zugleich gegen § 826 BGB. Das kann insofern bedeutsam sein, als Ansprüche aus den §§ 8 und 9 UWG in 6 Monaten verjähren (§ 11 UWG), Ansprüche aus § 826 hingegen in 3 Jahren (§ 195 BGB).

**171** 5. Ansprüche aus § 823 I BGB wegen Verletzung des Rechts am Gewerbebetrieb sind gegenüber wettbewerbsrechtlichen Ansprüchen subsidiär; § 823 I BGB ist insoweit unanwendbar.

**172** 6. Ein Arbeitsvertrag kann nachwirkende Pflichten auf Geheimhaltung und Unterlassung der gewerblichen Nutzung eines Betriebsgeheimnisses enthalten. Weder § 17 UWG noch der Grundsatz der bezahlten Karenz (§ 74 HGB) stehen dem entgegen.

**173** 7. Der im Falle einer Schadenersatzverpflichtung zur ersetzende Schaden wird nach den §§ 249 ff. BGB grundsätzlich konkret ermittelt; das Gericht kann nach § 287 ZPO den Schaden schätzen.

Bei schuldhafter Verletzung gewerblicher und geistiger Schutzgüter hat der Verletzte wahlweise drei Möglichkeiten zur Berechnung seines Schadens:
- konkrete Schadensberechnung
- fiktive Lizenzgebühr
- Herausgabe des Verletzergewinns.

In Fällen unlauteren Wettbewerbs besteht diese Art der Schadensberechnung nur, wenn die Verletzungshandlung mit dem Eingriff in ein Schutzrecht vergleichbar ist.

**174** 8. Es gibt im deutschen Recht neben konkret normierten Ansprüchen auf Auskunft (z.B. § 666 BGB) keinen allgemeinen Auskunftsanspruch und damit keine allgemeine Auskunftspflicht.

Ein Auskunftsanspruch aus Treu und Glauben (§ 242 BGB) wird aber dann bejaht, wenn ein Rechtsverhältnis vorliegt, dessen Wesen es mit sich bringt, dass der Berechtigte in entschuldbarer Weise über Bestehen und Umfang seiner Rechte im Ungewissen, der Verpflichtete dagegen ohne unbillige Nachteile in der Lage ist, solche Auskünfte zu erteilen. Dies gilt insbesondere für die Bezifferung an sich gegebener Ersatzansprüche. Hier kann der Berechtigte insbesondere im Wege einer Stufenklage (§ 254 ZPO) vorgehen.

**Ausgangsfall**

BAG, U. v. 16.3.1982 (3 AZR 83/79), WM 1982, 1237 = NJW 1983, 134 = JuS 1983, 394 *(Emmerich)*

Fall 3

# Starthilfe für Verbrauchermarkt

*Klausur 5 Std.*

A betreibt im Bundesland S 15 Verbrauchermärkte, in denen er Waren aus dem Lebensmittel- und non-food-Sektor verkauft. Aus Anlass einer geplanten Eröffnung zweier neuer Filialen verschickte er an seine Lieferanten, darunter an den Lieferanten X, ein Rundschreiben, in dem er „für eine Lieferung" einen Eröffnungsrabatt von 10 % erbat. Dieses Schreiben schloss mit den Worten: „Wir würden uns freuen, wenn Sie dieser Bitte nachkommen. So ist gewährleistet, dass wir mit Ihren Artikeln einen guten Start in unseren Niederlassungen haben werden …". Weiterhin verwendet A Einkaufsbedingungen, nach denen Lieferanten die Waren mit den Einzelhandelspreisen auszuzeichnen haben. **175**

Von diesem Vorgehen des A erfährt die Hauptgemeinschaft des deutschen Einzelhandels (H e.V.), ein Spitzenverband der jeweiligen Landesverbände, der satzungsmäßig die wirtschaftlichen, beruflichen und sozialen Interessen des gesamten Einzelhandels zu vertreten hat. Dem H e.V. gehört auch der Landesverband des Einzelhandels des Bundeslandes S an, in dem Einzelhändler praktisch aller Branchen vertreten sind. Der H e.V. sieht in der Forderung von Eröffnungsrabatten einen Missbrauch von Nachfragemacht und damit ein wettbewerbswidriges Verhalten des A. Ebenso sieht er in dem Verlangen nach Preisauszeichnung durch die Lieferanten einen Wettbewerbsverstoß. Er behauptet, die Preisauszeichnung werde bei der Berechnung des Einkaufspreises nicht ausdrücklich berücksichtigt, erfolge also unentgeltlich, was A bestreitet. Alles in allem sieht der H e.V. Verstöße gegen §§ 3 UWG, 20 GWB. Er schreibt einen Brief, in dem er von A Unterlassung der beiden Handlungsweisen verlangt und ihn auffordert, seine Bereitschaft zur Unterlassung binnen zwei Wochen, gesichert mit dem Versprechen einer Vertragsstrafe von 10 000,– € für jeden Fall der Zuwiderhandlung, zu erklären. A antwortet, die Sache sei erledigt, da er zurzeit keine neue Filiale eröffne und die Einkaufsbedingungen in Kürze geändert würden. Daraufhin beantragt der H e.V. vor dem zuständigen Gericht den Erlass einer einstweiligen Verfügung, wonach A die beiden Handlungen zu unterlassen habe.

**Fragen:**

1. Wie wird das Gericht entscheiden?
2. Wäre eine von X beantragte einstweilige Verfügung zulässig?
3. Ist evtl. ein Vorgehen des H e.V. im ordentlichen Prozess aussichtsreich?

# Gliederung

176 **Frage 1:**

**I. Zulässigkeit der einstweiligen Verfügung**
1. Allgemeine Prozessvoraussetzungen und §§ 8 III Nr. 2 UWG, 33 II GWB
2. Regelungsverfügung nach § 940 ZPO: Verfügungsgrund und Verfügungsanspruch
   a) Verfügungsgrund und § 12 II UWG
   b) Ansprüche aus GWB
3. Zwischenergebnis

**II. Begründetheit der einstweiligen Verfügung**
1. Wettbewerbsverstoß und Wiederholungsgefahr
   a) Aktivlegitimation für Ansprüche aus §§ 8, 3 I UWG
   b) Unlauterkeit nach § 4 Nr. 1 UWG
      aa) Eröffnungsrabatt
         (1) Sog. Anzapfen
         (2) Funktionsverlagerung
      bb) Auszeichnungspflicht
2. Fehlen des Verfügungsanspruchs

**Frage 2: Prozessführungsbefugnis der X**

**Frage 3: Zur unbilligen Behinderung und passiven Diskriminierung und zur fehlenden Verbotsadressateneigenschaft des A**

# Lösungsvorschlag

## Frage 1:

### I. Zulässigkeit der einstweiligen Verfügung

### 1. Allgemeine Prozessvoraussetzungen

Für die Zulässigkeit der einstweiligen Verfügung kommt es einmal auf die allgemeinen Prozessvoraussetzungen und zum zweiten auf die besonderen Zulässigkeitsvoraussetzungen der einstweiligen Verfügung an. Der antragstellende H e.V. ist nach § 21 BGB rechtsfähig und daher gem. § 50 ZPO parteifähig. Das zuständige Gericht ist angerufen. Hinsichtlich der **Prozessführungsbefugnis**[1] ist für Unterlassungsansprüche aus dem UWG **§ 8 III Nr. 2 UWG** einschlägig. Der H e.V. hat die **gewerblichen Interessen** des gesamten Einzelhandels zu fördern, und es besteht kein Anlass zu der Annahme, dass er seine satzungsmäßigen Zwecke nicht auch tatsächlich mit der erforderlichen **personellen, sachlichen und finanziellen Ausstattung** verfolgt. Weiterhin ist gem. § 8 III Nr. 2 UWG erforderlich, dass dem Verband eine **erhebliche Zahl von Unternehmern** angehört, die Waren oder Dienstleistungen gleicher oder verwandter Art auf demselben Markt vertreiben. Dem klagenden Verband müssen also Mitbewerber angehören, die sich in demselben Tätigkeitsgebiet wie der Verletzer um dieselben Abnehmer bemühen[2] und die demnach selbst nach § 8 III Nr. 1 UWG prozessführungsbefugt wären. Sinn der Regelung ist es zu verhindern, dass ein Verband ohne kollektive Wahrnehmung von Mitgliederinteressen seine Klagebefugnis missbräuchlich ausnutzt, bspw. aus sachfremden Erwägungen klagt oder bloß an der Erstattung von Vertragsstrafen oder Gebühren für die Rechtsverfolgung eines Wettbewerbsverstoßes interessiert ist[3]. Es ist nicht erforderlich, dass die Gewerbetreibenden unmittelbar Mitglieder in dem Verband sind; vielmehr ist es ausreichend, wenn diese nur mittelbar durch die Zugehörigkeit von Verbänden oder Vereinigungen in dem klagenden Verband repräsentativ vertreten sind[4]. Der H e.V., dessen Mitglied der Landesverband des Einzelhandels des Bundeslandes S mit Einzelhändlern praktisch aller Branchen ist, verfügt zweifelsfrei über eine repräsentative Anzahl von konkurrierenden Gewerbetreibenden und ist somit hinsichtlich der Ansprüche aus dem UWG prozessführungsbefugt. 177

Dasselbe gilt für Unterlassungsansprüche aus dem GWB nach § 33 II GWB.

### 2. Regelungsverfügung nach § 940 ZPO

Die beantragte Unterlassungsverfügung wäre eine **Regelungsverfügung** i.S. von § 940 ZPO[5]. Zulässigkeitsvoraussetzung ist insoweit ein streitiges Rechtsverhältnis, sofern die Regelung zur Abwendung wesentlicher Nachteile oder aus anderen Gründen nötig er- 178

1 Vgl. BGH NJW-RR 1991, 1138 betr. Doppelnatur der Vorschrift (Klagebefugnis und Anspruch).
2 *Köhler*, in: *Hefermehl/Köhler/Bornkamm*, UWG § 8 Rz. 3.35 ff.; *Nordemann*, Wettbewerbs und Markenrecht, Rz. 1819; OLG Karlsruhe, GRUR 1995, 441.
3 Vgl. BT-Drucks. 12/7345, S. 10, 12 (WRP 1994, 369, 378).
4 BGH GRUR 1995, 122 – Laienwerbung für Augenoptiker; BGH NJW 2000, 73 – Wir dürfen nicht feiern.
5 Vgl. *Baumbach/Hefermehl*, 1999[21], UWG, § 25 Rz. 2.

scheint. Dies setzt die Geltendmachung eines **Verfügungsanspruchs** und das Vorliegen eines **Verfügungsgrundes**[6] voraus. Ein Verfügungsanspruch könnte aus den §§ 3 I, 8 I, § 4 Nr. 1 UWG, §§ 20 I, 33 I GWB abzuleiten sein. Der Verfügungsgrund ist allgemein in der Notwendigkeit zum beschleunigten gerichtlichen Eingreifen, also der Dringlichkeit bzw. Eilbedürftigkeit zu sehen; er bedarf normalerweise näherer Prüfung, da die Eilbedürftigkeit in tatsächlicher Hinsicht nicht auf der Hand liegt.

### a) Verfügungsgrund und § 12 II UWG

179 Gem. **§ 12 II UWG** können zur Sicherung der im UWG bezeichneten Ansprüche auf Unterlassung einstweilige Verfügungen erlassen werden, auch wenn die in den §§ 935, 940 ZPO bezeichneten Voraussetzungen nicht dargelegt und glaubhaft gemacht werden. Weil man auf die Darlegung und Glaubhaftmachung eines Verfügungsanspruchs, d.h. eines materiell-rechtlichen Anspruchs für das begehrte Unterlassen nicht gut verzichten kann und weil auch die Dringlichkeit unentbehrlich ist, wird diese Regelung dahingehend verstanden, dass nur die Darlegung und Glaubhaftmachung (vgl. §§ 920 II, 936, 294 ZPO) des Verfügungs**grundes** entbehrlich wird; und zwar besteht insoweit in UWG-Sachen eine **widerlegliche Dringlichkeitsvermutung**[7].

Es liegen keine Anhaltspunkte dafür vor, dass der H e.V. etwa durch zu langes Zögern die Dringlichkeitsvermutung widerlegt hätte. Ebenso wenig ist es relevant, dass A insoweit vorgetragen hat, die Sache sei erledigt, weil er zurzeit keine neue Filiale eröffne und die Einkaufsbedingungen in Kürze geändert würden. Es handelt sich insoweit um reine Absichtserklärungen ohne nähere zeitliche Präzisierungen, die mangels abgegebener strafbewehrter Unterlassungsverpflichtung zur Entkräftung der Dringlichkeitsvermutung ungenügend sind.

### b) Ansprüche aus GWB

180 Die Dringlichkeitsvermutung des UWG gilt freilich zunächst nur für Unterlassungsansprüche nach dem UWG. Im GWB fehlt eine entsprechende Bestimmung. Daher fragt es sich, ob insoweit eine **entsprechende Heranziehung des § 12 II UWG** in Betracht kommt. Für Ansprüche aus der früheren *ZugabeVO* (wie auch aus dem früheren *RabattG*) wurde diese Frage zu Recht letztlich einhellig bejaht, da es insoweit mannigfaltige Überschneidungen mit dem UWG gab, die es praktisch ausgeschlossen erscheinen ließen, dass man die Erleichterungen des Verfügungsverfahrens auf Ansprüche aus dem UWG beschränkt[8].

181 Für Ansprüche aus dem GWB kann dies nicht ohne weiteres gelten. Obwohl es natürlich auch zwischen dem UWG und dem GWB Überschneidungen gibt, fällt hier entscheidend ins Gewicht, dass das **GWB** einen **anderen konzeptionellen Ansatz** hat. Das GWB will primär die Offenheit der Märkte sichern, nicht, wie das UWG, bestimmte Verhaltensweisen unterbinden. Damit verbunden ist beim GWB ein Instrumentarium,

---

6 Str., aber wohl h. M.; vgl. näher *Teplitzky*, Kap. 54 Rz. 14 ff.

7 *Köhler*, in: *Hefermehl/Köhler/Bornkamm*, UWG § 12 Rz. 3.13; *Emmerich*, WettbR, § 26 Rn. 6 ff.

8 OLG Karlsruhe, GRUR 1979, 700; OLG Bamberg, GRUR 1973, 104; OLG Hamburg, WRP 1974, 641; *Baumbach/Hefermehl*, 1999[21], UWG, § 25 Rz. 5.

das mehr auf die Bewältigung wirtschaftlich komplizierter Sachverhalte als auf Schnelligkeit ausgerichtet ist. Daher ist eine analoge Anwendung des § 12 II UWG auf Ansprüche aus dem GWB nicht angebracht[9]. Einstweilige Verfügungen sind hier nur nach Maßgabe des § 940 ZPO allein, d.h. unter konkreter Glaubhaftmachung des Verfügungsgrundes, zulässig[10]. Die diesbezüglich konkrete Glaubhaftmachung, dass bei einer Fortsetzung des beanstandeten Verhaltens durch A bis zum Ende eines ordentlichen Prozesses i.S. von § 940 ZPO wesentliche Nachteile oder Gewalt drohen oder dass aus anderen Gründen eine sofortige Regelung nötig erscheint, ist hier nicht erfolgt, da insbesondere keine Existenzgefährdung von Unternehmen infolge dieses Verhaltens erkennbar ist.

### 3. Zwischenergebnis

Mithin wäre die vom H e.V. beantragte einstweilige Verfügung zulässig, soweit mit ihr **182**
Ansprüche aus dem UWG geltend gemacht werden. Ansprüche aus GWB wären hier im Wege der einstweiligen Verfügung nicht durchsetzbar.

## II. Begründetheit der einstweiligen Verfügung

### 1. Wettbewerbsverstoß und Wiederholungsgefahr

Der Verfügungsanspruch könnte sich zunächst aus den §§ 8, 3 I, § 4 Nr. 1 UWG herlei- **183**
ten lassen. Nach **§ 8 I 1 UWG** kann bei Wiederholungsgefahr auf Unterlassung in Anspruch genommen werden, wer dem **§ 3 UWG** zuwiderhandelt. § 3 I UWG verbietet unlautere geschäftliche Handlungen, die geeignet sind, die Interessen von Mitbewerbern, Verbrauchern oder sonstiger Marktteilnehmer spürbar zu beeinträchtigen. Sowohl die von A geäußerte Bitte um Eröffnungsrabatte als auch das Verlangen nach Preisauszeichnung durch die Lieferanten[11] könnten insoweit einen Verstoß gegen § 3 I UWG darstellen, indem sie den Wettbewerb zum Nachteil der kleineren Mitbewerber des A, die derartige Wünsche nicht erfolgversprechend äußern können, als auch zum Nachteil „sonstiger Marktteilnehmer", nämlich der von A angeschriebenen Lieferanten[12], nicht unerheblich beeinträchtigen; die Beeinträchtigung insbesondere des mittelständigen Einzelhandels durch die Handlungsweise des Verbrauchermarktes A ist auch nicht unerheblich. Die Wiederholungsgefahr wird in Wettbewerbssachen widerleglich vermutet, solange ein Verletzer keine strafbewerte Unterlassungserklärung abgegeben hat[13]; sie ist hier mithin zu bejahen.

9 *Emmerich*, WettbR, § 26 Rn. 3; *Spätgens*, in: *Gloy/Loschehder*, Hdb. WettbR 2005³, § 96 Rz. 32.

10 Zu besonderen prozessualen Problemen der einstweiligen Verfügung in Kartellrechtssachen s. *Möschel*, Recht der Wettbewerbsbeschränkungen, 1983, Rz. 1154.

11 Hinsichtlich der tatbestandlichen Voraussetzungen ist der Verfügungsanspruch ggf. glaubhaft zu machen; vgl. §§ 920 II, 936, 294 ZPO.

12 Vgl. § 2 I Nr. 2 UWG.

13 *Emmerich*, WettbR, § 21 Rn. 13; *Hönn*, Rn 205.

### a) Aktivlegitimation für Ansprüche aus §§ 8, 3 I UWG

184 Da sich die **Aktivlegitimation** des H e.V. aus § 8 III Nr. 2 UWG ergibt – nach h.M. hat diese Vorschrift eine **Doppelnatur** und regelt nicht nur die Klagebefugnis, sondern begründet sogleich einen materiell rechtlichen Anspruch der Verbände[14] – und die Voraussetzungen für das Eingreifen dieser Vorschrift bereits bejaht wurden, kommt es entscheidend darauf an, ob A unlauter handelte.

### b) Unlauterkeit nach § 4 Nr. 1 UWG

185 Als Beispiel unlauteren Handelns stellt § 4 Nr. 1 UWG den Fall heraus, dass Wettbewerbshandlungen vorgenommen werden, die geeignet sind, die Entscheidungsfreiheit u.a. „sonstiger Marktteilnehmer" durch Ausübung von Druck oder durch sonstigen unangemessenen unsachlichen Einfluss zu beeinträchtigen. Nach der amtlichen Begründung sollen auch Handlungen im Verhältnis zweier Unternehmer auf verschiedenen Wirtschaftsstufen erfasst werden[15]. Welche Handlungen erfasst werden, ist aber keine leicht zu beantwortende Frage. Daher ist ein Blick auf die bisherige Judikatur nach *§ 1 UWG a.F.* zu entsprechenden Verhaltensweisen notwendig.

#### aa) Eröffnungsrabatt

186 Das Durchsetzen eines Eröffnungsrabattes durch den Hersteller im Handel ist nicht auf Anhieb in eine der bislang gewissermaßen klassischen Fallgruppen der Unlauterkeit (Kundenfang, Behinderung, Ausbeutung, Rechtsbruch, Marktstörung) einzuordnen. Es handelt sich vielmehr um einen unter den Stichworten **Missbrauch der Nachfragemacht**[16] **(„Anzapfen")** und **Funktionsverlagerung**[17] diskutierten Bereich einer funktionalen Interpretation der wettbewerblichen Generalklausel, dessen Wettbewerbswidrigkeit deshalb umstritten ist, weil es sich auch um echten Leistungswettbewerb handeln könnte. Dabei ist die Auslegung der §§ 3 I, 4 Nr. 1 UWG mit der umstrittenen Frage verknüpft, inwieweit es Aufgabe des UWG sein kann, einer sich aus hartem Wettbewerb eventuell ergebenden Änderung der Marktstruktur und insbes. der Beeinträchtigung von kleineren und mittleren Unternehmen im Vorfeld einer im klassischen Sinne verstandenen Unlauterkeit entgegenzuwirken, und ob man vor allem die sog. Nachfragemacht aus diesem Blickwinkel einer besonderen Kontrolle unterwerfen sollte[18].

(1) Sog. Anzapfen

187 In der Rechtsprechung hat man insoweit unter dem Stichwort des Anzapfens sowohl das Durchsetzen von Schaufenstermiete, von sog. Eintrittsgeld oder Werbekostenzuschüssen beanstandet, wenn und soweit solche Zuwendungen des Herstellers nicht mit einer

---

14 BGH, NJW-RR 1991, 1138; OLG Hamm, GRUR 1991, 692; vgl. auch *Köhler*, in: *Hefermehl/Köhler/Bornkamm*, UWG § 8 Rz. 3.8. ff., der aber die Vorschrift nur i.S. einer materiell-rechtlichen Regelung deutet.

15 BT-Drucks. 15/1487, S. 17.

16 Zum Begriff siehe Monopolkommission, Sondergutachten 7, 1977; *Emmerich*, WettbR, § 8 Rn. 17 ff.; *Köhler*, in: *Hefermehl/Köhler/Bornkamm*, UWG § 4 Rz. 10.130 ff.

17 Zu diesen Begriffen sogleich.

18 Vgl. aus der Fülle der Lit. namentlich *Sack*, GRUR 1975, S. 297 ff.; *P. Ulmer*, GRUR 1977, S. 565 ff.; krit. *Kraft*, in: Festgabe für Kummer, 1980, S. 389 ff.; *Emmerich*, WettbR, § 8 Rn. 19 ff.

Gegenleistung verknüpft sind, sondern selbständig zur Gegenleistung hinzutreten[19]. Begründet wird dies damit, es bestehe die Gefahr, dass der Händler in derartigen Fällen die Ware bei seinem Einkauf vor allem nach der selbständigen Zuwendung und weniger nach Preiswürdigkeit und Qualität auswähle und deshalb eine Irreführung der Verbraucher drohe, die letzteres annähmen; durch die ungerechtfertigte Verlagerung von Kosten vom Händler auf den Hersteller werde gegen die Grundsätze des Leistungswettbewerbs verstoßen; wegen der Nachahmungsgefahr drohten erhebliche Nachteile für das allgemeine Interesse an optimaler Güterversorgung[20].

All diese Argumente sind letztlich wenig überzeugend, weil in einer Marktwirtschaft Leistung und Gegenleistung grundsätzlich in beliebiger Weise berechnet und vereinbart werden können, weil historisch gewachsene Funktionsabgrenzungen zwischen Industrie und Handel nicht rechtlich sakrosankt sind und weil die aufgeführte Praxis als legitimer Ausdruck einer starken Marktposition des Handels verstanden werden kann[21]. **188**

Gleichwohl kann man in der Tat mit der Rspr. einen Unterschied darin sehen, ob bestimmte Leistungen oder Rabatte des Herstellers auf bestimmte Lieferungen des Herstellers bezogen sind oder gänzlich unabhängig von einem Warenbezug sind[22]. Im ersteren Fall lassen sich solche Leistungen ohne weiteres als Preisbestandteil verstehen, und die Gegenleistung als Ganzes lässt sich errechnen. Im letzteren Fall ist das Verlangen eher zu beanstanden, weil ein rechnungsmäßig nicht klar zu kalkulierender Vorteil entsteht, dem ein gewisser Bestechungseffekt innewohnt und weil dem Streben nach derartigen von der Gegenleistung losgelösten Vorteilen ein missbräuchlicher Nötigungseffekt anhaften kann[23]. **189**

Die Bitte um Einräumen eines Eröffnungsrabattes von 10 % bezog sich ausdrücklich auf „eine" Lieferung, womit offensichtlich die Erstlieferung für die zwei neuen Filialen des A gemeint war. Wegen dieses Bezuges verlangte A daher nicht „selbständige" Leistungen ohne eine entsprechende Gegenleistung. Die Lieferanten waren insoweit in der Lage auszurechnen, welchen Preis A für die diesbezüglichen Lieferungen zu zahlen bereit war[24]. **190**

Ein gewisser Druck war mit der Bitte um Einräumung des Eröffnungsrabattes jedenfalls insoweit verbunden, als die Lieferanten bei Ablehnung des Wunsches zumindest mit einer schlechten Platzierung ihrer Waren in den neuen Märkten des A rechnen mussten. Ob der Abschluss von Lieferverträgen für das Eröffnungsangebot vom Sonderrabatt abhängig sein sollte, war nicht klar gesagt; doch mussten die Lieferanten wohl damit rechnen. Die Ausübung von Druck im Zuge von Verkaufsverhandlungen ist freilich durchaus legitim, und der Käufer ist auch prinzipiell frei, den Vertragsschluss zu verweigern, **191**

---

19 BGH NJW 1983, 169, 170; BGH GRUR 1977, 257 – Schaufensteraktion; GRUR 1977, 619, 621 – Eintrittsgeld; OLG Hamm, BB 1977, 668 – Anzapfen; OLG München, NJW 1993, 1538.

20 Vgl. BGH in den Entscheidungen Schaufensteraktion und Eintrittsgeld.

21 Vgl. die knappe zusammenfassende Argumentation bei *Emmerich*, WettbR, § 8 Rn. 19 ff.; *Köhler*, in: *Hefermehl/Köhler/Bornkamm*, UWG § 4 Rz. 10.134.

22 BGH NJW 1983, 169, 170 – Ausgangsfall 1.

23 Vgl. *Köhler* aaO. UWG, § 4 Rz. 10.136, unter dem Blickwinkel der Behinderung.

24 Anders der Sachverhalt in BGH GRUR 1977, 619, 621 – Eintrittsgeld: hier verlangte die Beklagte, dass die Klägerin erst einmal 1000,– DM zahlt, um am Markt zu bleiben.

wenn er mit dem Preis nicht einverstanden ist. Es gehört zu den Risiken geschäftlicher Verhandlungen, dass der Verkäufer mit dem Abbruch der Lieferbeziehungen rechnen muss, wenn er nicht auf die Preisvorstellungen seines Partners eingeht[25]. Ob es wirklich relevant sein kann, dass A darauf verzichtet, für den Weigerungsfall den Abbruch der Geschäftsbeziehungen ausdrücklich anzudrohen oder ob dies nicht auch legitim gewesen wäre, mag hier offen bleiben.

**192** Die Bitte um Einräumung eines Eröffnungsrabattes war also auch schon deshalb keine unlautere Wettbewerbshandlung, weil es um eine legitime Art der Preisdurchsetzung ging, zu der auch kein unangemessener Druck verwandt wurde. Es fehlt also am sog. Anzapfen.

(2) Funktionsverlagerung

**193** Die Unlauterkeit lässt sich auch nicht mit einer angeblichen Funktionsverlagerung hinsichtlich der Kosten des Handels für die Neueröffnung einer Filiale auf den Hersteller begründen. Das Kriterium der Funktionswidrigkeit[26] ist untauglich als Wertungsmaßstab für Wettbewerbshandlungen, weil der Wettbewerb ein Entdeckungsverfahren[27] ist und es somit keine festgelegten Funktionen der Wettbewerbsteilnehmer geben kann.

**bb) Auszeichnungspflicht**

**194** Hinsichtlich der Verwendung der Einkaufsbedingungen, nach denen die Lieferanten die Waren mit den Einzelhandelspreisen auszuzeichnen haben, scheidet wiederum der Gesichtspunkt der Funktionsverlagerung als Grundlage der Unlauterkeit aus den genannten Gründen aus.

**195** Auch ein Anzapfen, d.h. die missbräuchliche Ausnutzung von Nachfragemacht zur Erzielung selbständiger, nicht abgegoltener Zusatzleistungen, dürfte hier kaum vorliegen. Selbst wenn die Behauptung des H e.V. zuträfe, dass die Preisauszeichnung bei der Bemessung der Einkaufspreise nicht ausdrücklich berücksichtigt werde, hätten doch die Lieferanten stets die Möglichkeit, die Kosten der Preisauszeichnung zu kalkulieren und sie ihren Preisforderungen zugrunde zu legen.

Demnach muss ein unlauteres Anzapfen hier ausscheiden.

**196** Wenn man dem nicht folgt, bleibt die Frage, welche Konsequenzen der Streit um die Unentgeltlichkeit der Preisauszeichnung hat. Es ist grundsätzlich Sache des Klägers, die zur Begründung des geltend gemachten Anspruchs erforderlichen Tatsachen vorzutragen und zu beweisen. Unterlässt er dies bzw. gelingt ihm dies nicht, so wirkt sich die Beweislast gegen ihn aus. In der Behauptung der H e.V., dass die Preisauszeichnung unentgeltlich sei, liegt lediglich eine Meinungsäußerung, so dass davon auszugehen ist,

25 BGH NJW 1983, 169, 170 – Ausgangsfall 1.

26 Hierauf stellte die Rspr. des BGH in den Fällen Eintrittsgeld und Schaufensteraktion ab; das Kriterium wird in der Lit. einhellig abgelehnt; vgl. etwa *Gillert*, BB 1981, S. 702 ff.; *Köhler*, in: *Hefermehl/Köhler/Bornkamm*, UWG § 4 Rz. 10.134. In BGH NJW 1983, 169, 170 (Ausgangsfall 1) sah der BGH beim Eröffnungsrabatt keine Funktionswidrigkeit.

27 Vgl. *v. Hayek*, Der Wettbewerb als Entdeckungsverfahren, 1968.

dass die Preisauszeichnung nicht unentgeltlich erfolgt und damit das diesbezügliche Verlangen nicht unlauter ist.

### 2. Fehlen des Verfügungsanspruchs

Da kein Verstoß gegen das UWG vorliegt und eventuelle Ansprüche aus dem GWB im Verfügungsverfahren nicht geltend gemacht werden können, fehlt es an einem Verfügungsanspruch. Die Frage, ob die nach § 3 I UWG erforderliche spürbare Beeinträchtigung der Interessen vorliegt, ist deshalb nicht mehr im Einzelnen zu erörtern. **197**

Da sich die hier vorliegenden geschäftlichen Handlungen nicht gegen Verbraucher richten, ist weder § 3 II noch § 3 III UWG in Verbindung mit dem Anhang zu dieser Vorschrift anwendbar. **198**

**Ergebnis zu Frage 1:** Das Gericht wird den Antrag auf Erlass einer einstweiligen Verfügung als unbegründet zurückweisen.

## Frage 2:

X war als Lieferant tätig. § 8 III Nr. 1 UWG gewährt allerdings nur einem Mitbewerber eine Klagebefugnis, und es ist zweifelhaft, ob X in diesem Sinne Mitbewerber des A ist. Mitbewerber ist, wer mit einem Unternehmen als Anbieter oder Nachfrager in einem konkreten Wettbewerbsverhältnis steht (§ 2 I Nr. 3 UWG). X als Lieferant des A war aber insoweit auf dem Angebotsmarkt für Lebensmittel tätig, auf dem A als Nachfrager agierte. Selbst bei einer weiten Interpretation des Wettbewerberbegriffes ist daher die Frage der Klagebefugnis des X, bzw. die Befugnis des X, eine zumindest zulässige einstweilige Verfügung zu beantragen, höchst problematisch. Der Antrag wäre jedenfalls, wie ausgeführt, unbegründet. **199**

## Frage 3:

Im ordentlichen Prozess könnte sich der H e.V. auf Ansprüche aus dem GWB berufen. **200**

In Betracht käme ein Unterlassungsanspruch nach den §§ 19 I, II Nr. 1, 20 I, 33 I GWB wegen **unbilliger Behinderung** der Lieferanten im Wettbewerb seitens des A oder wegen **Diskriminierung** durch A. Dieser Anspruch setzt heute keine Schutzgesetzeigenschaft des § 20 GWB mehr voraus.[28] Europäisches Recht stände einem Eingreifen eines Verbots nach nationalem Recht schon deshalb nicht entgegen, weil letzterem für die hier vorliegenden einseitigen Handlungen eines Unternehmens ein eigenständiger Verbotsspielraum verbleibt[29].

---

28 Vgl. *Emmerich*, KartR, § 40 Rn. 1 ff.

29 Nach Art. 3 II 2 KartVerfVO (EG) Nr. 1/2003 vom 16.12.2003 ABl. EG Nr. L 1/1 vom 4.1.2003 ist es den Mitgliedstaaten nicht verwehrt, bei **einseitigen** Handlungen von Unternehmen strengere innerstaatliche Vorschriften zu erlassen.

Es ist freilich zweifelhaft, ob A in den Kreis der Verbotsadressaten des Behinderungs- und Diskriminierungsverbotes fällt. Für das Vorliegen der **Marktbeherrschung** (als Nachfrager) (§ 18 GWB) fehlen Anhaltspunkte[30].

Ein Unternehmen mit **relativer oder überlegener Marktmacht** i.S. von § 20 I GWB hätte A nur dann, wenn von ihm kleine oder mittlere Unternehmen als Anbieter einer bestimmten Art von Waren in der Weise abhängig wären, dass ausreichende und zumutbare Möglichkeiten, auf andere Unternehmen auszuweichen, nicht beständen. Für eine derartige Abhängigkeit der Lieferanten von A als Abnehmer sind trotz der zahlreichen Niederlassungen dem Sachverhalt wiederum keine hinreichenden Anhaltspunkte zu entnehmen[31]. Auch die gesetzliche Vermutung nach § 20 I 2 GWB hilft nicht weiter, schon weil von „regelmäßigen" Vergünstigungen für A nichts bekannt ist; denn es ging hier um eine Aktion speziell anlässlich der geplanten Eröffnung neuer Filialen.

Das Diskriminierungs- und Behinderungsverbot greift somit auch nicht über § 20 GWB ein. Gerade hierin zeigt sich das Zusammenwirken von UWG und GWB. Würde man das Verhalten des A im Preiswettbewerb mit seinen Lieferanten als unlauter i.S. des UWG ansehen, würde die Wertung des § 20 GWB, der das Diskriminierungsverbot auf marktbeherrschende und marktstarke Unternehmen beschränkt, umgangen werden.

**Ergebnis zu Frage 3:** Auch ein Vorgehen im ordentlichen Prozess wäre daher nicht aussichtsreich.

## Wiederholung und Vertiefung

201 1. Für die Durchsetzung wettbewerbsrechtlicher Unterlassungsansprüche hat die einstweilige Verfügung eine außerordentlich große praktische Bedeutung.

Die Zulässigkeit des diesbezüglichen Antrags macht zunächst das Vorliegen der allgemeinen Prozessvoraussetzungen erforderlich. § 8 III Nr. 1 und 2 UWG regelt neben der Aktivlegitimation zugleich die diesbezügliche Prozessführungsbefugnis der Mitbewerber und Verbände für den Unterlassungsanspruch. Entsprechendes gilt nach § 33 II GWB für auf dieses Gesetz gestützte Unterlassungsansprüche.

Die einstweilige Verfügung nach den §§ 935, 940 ZPO setzt allgemein das Vorliegen eines Verfügungsanspruchs und eines Verfügungsgrundes voraus. § 12 II UWG hat die Bedeutung, dass die Darlegung und Glaubhaftmachung des Verfügungs**grundes** in Wettbewerbssachen entbehrlich ist; insoweit besteht eine widerlegliche Dringlichkeitsvermutung. Der Verfügungsanspruch muss aber dargelegt und glaubhaft gemacht werden.

30 Aus diesem Grund kommt auch eine direkte Anwendung des in § 19 GWB enthaltenen Missbrauchsverbots nicht in Betracht.

31 Vgl. aus jüngerer Zeit zu nachfragemächtigen Unternehmen BGHZ 152, 97 – Konditionenanpassung; 152, 361 Wal*Mart.

Soweit eine einstweilige Verfügung Unterlassungsansprüche aus dem GWB betrifft, ist § 12 II UWG nicht analog anwendbar.

2. Der Unterlassungsanspruch aus § 8 I UWG setzt neben einer Zuwiderhandlung gegen § 3 bzw. § 7 UWG Wiederholungsgefahr voraus, die in Wettbewerbssachen ebenfalls widerleglich vermutet wird; beim Anspruch auf Unterlassung einer drohenden erstmaligen Zuwiderhandlung muss die Begehungsgefahr aber dargetan werden. **202**

Aus § 8 III Nr. 2 und 3 UWG sowie aus § 33 II GWB ergibt sich neben der Prozessführungsbefugnis zugleich die Aktivlegitimation, so dass den diesbezüglichen Vorschriften eine Doppelnatur zukommt.

§ 8 II Nr. 2 UWG und § 33 II GWB schränken die Verbandsklagebefugnis in gewisser Weise ein, um Missbräuchen vorzubeugen; diese Einschränkung geht nach § 33 II GWB weniger weit, weil hier jeder Betroffene klagebefugt ist.

3. Soweit § 4 Nr. 1 UWG die Unlauterkeit von geschäftlichen Handlungen statuiert, die geeignet sind, die Entscheidungsfreiheit der Verbraucher oder sonstiger Marktteilnehmer durch Ausübung von Druck, in menschenverachtender Weise oder durch sonstigen unangemessenen unsachlichen Einfluss zu beeinträchtigen, kann grundsätzlich – wie auch sonst bei der Auslegung der neuen Tatbestände des UWG – auf die bisherige Judikatur zurück gegriffen werden. **203**

Ob der Missbrauch von Nachfragemacht von Abnehmern des Handels durch so genanntes Anzapfen (Forderung der Abnehmer im Handel gegenüber den Lieferanten auf nicht eigenständig in Rechnung gestellte Nebenleistung wie etwa Eintrittsgeld, Regalmiete, Werbekostenzuschüsse) oder eine Funktionsverlagerung (z.B. Preisauszeichnung oder Regalpflege durch Lieferanten) unlautere Verhaltensweisen sind, war bereits nach früherer Rechtslage umstritten. Während die Judikatur insoweit relativ großzügig *§ 1 UWG a.F.* anwandte, wurde dies in der Literatur tendenziell kritisiert. Da der sogenannte Missbrauch von Nachfragemacht häufig lediglich Ausdruck funktionierenden Wettbewerbs ist, sind diesbezügliche Verhaltensweisen zumindest vor dem Hintergrund des heutigen Verständnisses von Wettbewerbsfreiheit grundsätzlich als lautere Verhaltensweisen anzusehen.

Nachfragemacht ergibt sich daraus, dass Nachfrager, insbesondere Großabnehmer des Handels, für viele Produkte ohne weiteres andere Lieferanten finden, die zu vergleichbaren Konditionen zu Vertragsschlüssen bereits sind, dass aber umgekehrt die meisten Hersteller als Anbieter von Waren durch den Ausfall wichtiger Abnehmer bei den heutigen Marktverhältnissen massiv betroffen sind; hieraus folgt dann ein Machtgefälle zugunsten großer Nachfrager gegenüber bestimmten Herstellern.

4. Der Missbrauch von Nachfragemacht unterliegt allerdings gewissen Restriktionen nach dem GWB. **204**

Ein marktbeherrschendes Unternehmen (§ 18 GWB) oder ein Unternehmen „mit relativer oder überlegener“ Marktmacht im Sinne des § 20 I GWB (unterhalb der Ebene der Marktbeherrschung!) verstößt (als Abnehmer von Waren) gegen das GWB im Falle einer unbilligen Behinderung der Lieferanten oder deren Diskriminierung ohne sachlich gerechtfertigten Grund (§ 19 I, II Nr. 1 GWB). Wenn sich marktstarke Nachfrager im oben genannten Sinne dieser Vorschrift ohne sachlich gerechtfertigten Grund Vorzugsbedingungen einräumen lassen, so ist dies nach den §§ 20 II, 19 II Nr. 5 GWB unzulässig.

Über § 33 I GWB bestehen insoweit nach dem GWB Unterlassungsansprüche.

**Ausgangsfälle**

1. BGH, U. v. 9.6.1982 (I ZR 96/80), GRUR 1982, 737 Eröffnungsrabatt = NJW 1983, 169 = DB 1982, 2177 = JuS 1983, 150

2. BGH, U. v. 22.4.1982, NJW 1983, 171 = DB 1982, 2176 = JuS 1983, 150; Verfügungsverfahren: OLG Saarbrücken, U. v. 6.4.1977, WRP 1977, 364

Fall 4

# Domain-Grabbing

*Klausur 5 Std.*

Die Epson Deutschland GmbH (E. D. GmbH), Tochter der japanischen S. E. Corporation, die weltweit mit der Bezeichnung „Epson" auf dem Markt tätig ist, ist einer der Marktführer für Drucker von Computeranlagen in Deutschland. Die Muttergesellschaft ist in Deutschland Inhaberin verschiedener Marken, u.a. der Marke „Epson" als Wortmarke für Waren der Computertechnik. Die E. D. GmbH ist berechtigt und verpflichtet, die Marken zu benutzen und die Rechte der Markeninhaberin wahrzunehmen. **205**

A betreibt in Frankfurt/M. eine Agentur. A hatte sich 1995 bei dem DENIC (DEutsches Network Information Center)[1] in Karlsruhe den Domain-Namen „epson.de" für Homepages im World Wide Web des Internets registrieren lassen („http://www.epson.de").

Die Vergabe der Domain-Adressen ist einheitlich geregelt. In Deutschland vergibt das DENIC auf Antrag nach dem Prioritätsprinzip und ohne inhaltliche Prüfung die Domain-Namen, ohne dass eine Verpflichtung zur Benutzung der Namen entstünde[2].

Im September 1996 beantragte die E. D. GmbH bei dem DENIC die Registrierung des Domain-Namens „epson.de". Die Registrierung wurde mit dem Hinweis abgelehnt, dass sich der A diesen Namen bereits habe registrieren lassen[3]. Andere Interessenten für die beantragte Domain existierten nicht.

Die E. D. GmbH wandte sich daraufhin an den A, der ihr mit Schreiben vom 16. September „freibleibend" anbot, die Domain-Adresse „epson.de" an sie gegen Zahlung von DM 3000,– zu übertragen. Unbeschadet dessen schloss A am gleichen Tag mit einem Computerhändler eine Vereinbarung zur Nutzung der Domain-Adresse „epson.de" gegen ein monatliches Entgelt von DM 800,–. Sowohl A als auch der Computerhändler haben es abgelehnt, eine Unterlassungsverpflichtung der E. D. GmbH gegenüber einzugehen. Unstreitig hat sich A insgesamt fast 200 Namen als Domain-Adressen registrieren lassen, insbesondere bekannte Firmenbezeichnungen großer Unternehmen, um sie diesen gegen Entgelt zur Verfügung zu stellen.

Die E. D. GmbH hat vor dem LG Düsseldorf gegen A Klage erhoben. Sie sieht in dem sog. Domain-Grabbing einen Verstoß des A gegen marken-, firmen- und namens- sowie wettbewerbsrechtliche Vorschriften; zumindest sei A an einem Verstoß beteiligt. Sie verlangt von A Unterlassung der Nutzung des Domain-Namens „epson.de", die Kündigung der Gestattung gegenüber dem Computerhändler, Übertragung des Domain-Namens an

1 Seit dem 29.9.1997 ist das DENIC eine eingetragene Genossenschaft (eG). Der Sitz ist nunmehr in Frankfurt/M.

2 Zu den Vergaberichtlinien s. *http://www.denic.de.*

3 Die Möglichkeit, sich einen Domain-Namen lediglich reservieren zu lassen, bestand seit dem 1.2.1997 nicht mehr; die tatsächliche Nutzung wurde jedoch nicht überprüft; vgl. hierzu *Völker/Weidert*, WRP 1997, 652, 654.

die E. D. GmbH, hilfsweise an Stelle der Übertragung die Löschung des Domain-Namens beim DENIC zu veranlassen.

A hielt das Gericht für unzuständig. Überdies sei bislang weder er selbst noch der Computerhändler mit dem fraglichen Domain-Namen im Internet aufgetreten. Marken- und namensrechtliche Vorschriften seien nicht anwendbar, da es sich bei einer Domain-Adresse weder um eine Marke noch um einen Namen handele; zudem liege weder eine Nutzung einer Kennzeichnung für identische Waren oder Dienstleistungen noch eine Verwechslungsgefahr vor.

Erst recht fehle ein Wettbewerbsverhältnis.

**Frage:**

1. Wie wird das Gericht nach heute geltendem Recht entscheiden?
2. Könnte die E. D. GmbH nach heutigem Recht ggf. auch gegen die DENIC vorgehen, und zwar mit der Begründung, letztere hätte das Domain-Grabbing des A angesichts der erkennbar geschützten Marke Epson nicht durch Vergabe der Domain an A ermöglichen dürfen?

# Gliederung

**Frage 1: Klage E. D. GmbH gegen A** 206

**I. Zulässigkeit der Klage**
1. Sachliche Zuständigkeit des LG in Kennzeichnungssachen, § 140 I MarkenG
2. Örtliche Zuständigkeit und Begehungsort, § 14 UWG

**II. Begründetheit der Klage**
1. §§ 14, 4 MarkenG, markenrechtliche Ansprüche
   a) Benutzungsrecht der E. D. GmbH
   b) Verletzung der Marke
   c) Registrierung und künftige Verletzung: vorbeugende Unterlassungsklage
      aa) Geschäftlicher Verkehr i.S. von § 14 MarkenG
      bb) Markenmäßige Benutzung der Domain
      cc) Identität der Domain Epson mit der Marke
      dd) Benutzung für identische oder ähnliche Waren oder Dienstleistungen
      ee) Erstbegehungsgefahr
   d) Anspruch auf Übertragung des Domain-Namens bzw. Hilfsanspruch auf Löschung
2. §§ 15, 5 MarkenG, Ansprüche wegen Verletzung geschäftlicher, insbesondere firmenrechtlicher Bezeichnung
3. § 12 BGB, §§ 3, 8, 9 UWG hinsichtlich der Verletzung von Marken- und Firmenrecht
4. Domain-Grabbing als Behinderung
5. Zur Unlauterkeit wegen Irreführung
6. § 826 BGB
7. Gesamtergebnis zu Frage 1

**Frage 2: Vorgehen E. D. GmbH gegen DENIC**

1. Störerhaftung und Verletzung von Prüfungspflichten seitens DENIC
2. § 20 I GWB

# Lösungsvorschlag

## Frage 1:

### I. Zulässigkeit der Klage

207 Voraussetzung für die Zulässigkeit der gegen A gerichteten Klage ist die sachliche und örtliche Zuständigkeit des Landgerichts Düsseldorf.

#### 1. Sachliche Zuständigkeit

208 Zwar ist die für die **sachliche Zuständigkeit** der Landgerichte gegebene Streitwertgrenze von 5000,– € (§ 23 I Nr. 1 GVG) nicht erreicht. Soweit ein Anspruch auf markenrechtliche Vorschriften gestützt werden soll, ergibt sich aber aus § 140 I MarkenG die ausschließliche Zuständigkeit der Landgerichte für sog. Kennzeichnungsstreitsachen. Entsprechendes gilt nach § 13 I UWG für lauterkeitsrechtliche Ansprüche.

#### 2. Örtliche Zuständigkeit und Begehungsort

209 Hinsichtlich der **örtlichen Zuständigkeit** verweist § 32 ZPO für unerlaubte Handlungen – und eine solche ist im weiteren Sinne jeder Zeichen- und Wettbewerbsverstoß – grundsätzlich auf den Begehungsort. **§ 14 UWG** schränkt dies ein und sieht für Klagen der in § 8 III Nr. 2–4 UWG genannten Verbände, Einrichtungen und Kammern vorrangig die gewerbliche Niederlassung des Beklagten als ausschließlichen Gerichtsstand vor (§ 14 II S. 2 UWG). Dies wäre im vorliegenden Fall Frankfurt/M. Freilich gilt diese Einschränkung insoweit nicht, als, wie im vorliegenden Fall die E. D. GmbH, ein unmittelbar Verletzter Klage erhebt. Dieser kann nach § 14 II S. 1 UWG die Klage beim Gericht des Begehungsortes erheben oder wahlweise im Gerichtsstand der unerlaubten Handlung nach § 32 ZPO klagen. Überdies folgt aus § 141 MarkenG, dass Ansprüche, die im MarkenG geregelte Rechtsverhältnisse betreffen und auf Vorschriften des UWG gegründet werden, nicht im Gerichtsstand des § 14 UWG geltend gemacht werden müssen. Folglich ergibt sich aus dem Begehungsort der unerlaubten Handlung nach § 32 ZPO ein zulässiger Gerichtsstand, und zwar auch hinsichtlich der Ansprüche aus dem UWG.

210 Fragt man nach dem hier relevanten Begehungsort, so stellt sich zunächst die Frage, welche Handlung des A als Rechtsverletzung anzusehen wäre. A hat sich bislang nur bei dem DENIC den Domain-Namen „epson.de“ registrieren lassen. Diese Reservierung bezweckt freilich eine spätere Nutzung der Bezeichnung als Domain-Adresse im Internet, und sobald eine solche Nutzung tatsächlich stattfindet, kann diese unter dem Blickwinkel einer Marken-, Firmen- oder Namensverletzung und eines Wettbewerbsverstoßes im Einzelnen geprüft werden[4]. Derartige Rechtsverstöße werden mutmaßlich von Dritten begangen werden, die von A die Domain-Adresse entweder erwerben oder denen A die Nutzung gegen Entgelt gestattet. Es ist mithin von der Mittäterschaft des A bei einer künftigen Rechtsverletzung durch einen Dritten auszugehen.

4 Nach BGHZ 149, 191 – shell.de kann bereits in der Anmeldung und Innehabung einer Domain ein Verstoß gegen **Namens**recht liegen.

Relevante Handlung ist demnach die Nutzung der Domain-Adresse im Internet, und unter dem Gesichtspunkt der örtlichen Zuständigkeit ist daher entscheidend, an welchen Orten ein solcher Rechtsverstoß droht. Begehungsort bei Wettbewerbsverstößen durch Massenmedien ist nach zutreffender ständiger Rechtsprechung nicht nur der Ort des Erscheinens, sondern auch jeder Ort, an dem das Medium dritten Personen bestimmungsgemäß zur Kenntnis gebracht wird[5]. Sobald die Domain-Adresse im Internet Verwendung findet, wird sie bestimmungsgemäß in ganz Deutschland (und nicht nur hier) für interessierte Internet-Benutzer abrufbar[6]. Damit wird sie auch in Düsseldorf Verwendung finden, so dass hier ein Begehungsort liegt und die örtliche Zuständigkeit des Landgerichts nach § 32 ZPO zu bejahen ist. **211**

Da sich die von A bezweckte Blockade (auch) in Düsseldorf auswirkt, ist (auch) das dortige Landgericht örtlich zuständig.

## II. Begründetheit der Klage

### 1. §§ 14, 4 MarkenG, markenrechtliche Ansprüche

#### a) Benutzungsrecht der E. D. GmbH

Nach **§ 14 I MarkenG** gewährt der Erwerb des Markenschutzes nach **§ 4 MarkenG** dem Inhaber der Marke ein **ausschließliches Recht**. Benutzt ein Dritter ohne Zustimmung des Markeninhabers im geschäftlichen Verkehr ein mit der Marke identisches Zeichen für identische Waren und Dienstleistungen, so steht ihm ein Unterlassungsanspruch und bei fahrlässiger oder vorsätzlicher Begehung ein Schadenersatzanspruch zu (§ 14 II Nr. 1, V, VI MarkenG). **212**

Auch wenn die E. D. GmbH nicht selbst Inhaberin der Marke ist, so ist sie doch berechtigt, die Marke zu benutzen und die Rechte der Markeninhaberin, der Muttergesellschaft S. E. Corporation, wahrzunehmen. Dies gilt auch für die prozessuale Geltendmachung durch sog. Prozessstandschaft[7].

#### b) Verletzung der Marke

A bestreitet schon die Anwendbarkeit markenrechtlicher Vorschriften mit der Begründung, bei der Verwendung von „epson.de“ als Domain-Name handele es sich nicht um eine Marke. Die Rechtsnatur des Domain-Namens selbst ist jedoch nicht relevant. Entscheidend ist allein, ob die Verwendung von „epson.de“ als Internet-Adresse die eingetragene Marke „Epson“ der Klägerin verletzt[8], so dass der von A erhobene Einwand der Anwendung der §§ 4, 14 I, II Nr. 1, V, VI MarkenG nicht entgegensteht. **213**

5 Vgl. *Köhler*, in: *Hefermehl/Köhler/Bornkamm*, UWG, § 14 Rz. 16.

6 LG Düsseldorf WM 1997, 1444, 1446 (Ausgangsfall); vgl. auch KG NJW 1997, 3321; eingehend zum Diskussionsstand auch hinsichtlich der z.T. erfolgenden Differenzierung zwischen wettbewerblichen und schutzrechtsbezogenen Streitigkeiten *Retzer*, in: *Harte-Bavendamm/Henning-Bodewig*, § 14 Rz. 64; *Heckmann*, jurisPK-Internetrecht, 2009², Rn. 115 ff.; generell zum Stand des Internet-Rechts *Hoffmann*, NJW 2009, 2649.

7 Vgl. BGH GRUR 1995, 54, 57.

8 LG Düsseldorf WM 1997, 1444, 1447 (Ausgangsfall).

### c) Registrierung und künftige Verletzung

214 Mit der bloßen Registrierung des Domain-Namens „epson.de" bei dem DENIC durch A ist noch nicht ohne weiteres eine Benutzung eines mit der Marke „Epson" identischen Zeichens im geschäftlichen Verkehr im Sinne von § 14 MarkenG erfolgt, schon gar nicht ein solcher für die von der Marke Epson erfassten Waren der Computertechnik[9]. Hinsichtlich einer möglichen Markenrechtsverletzung ist deshalb davon auszugehen, dass hier eine **vorbeugende Unterlassungsklage** erhoben wird. Für die rechtliche Überprüfung ist mithin der ernsthaft drohende Sachverhalt zugrunde zu legen, dass ein Dritter aufgrund des Handelns des Beklagten den Domain-Namen "epson.de" erhält und diesen im Internet verwendet[10]. A haftet dann als Teilnehmer.

#### aa) Geschäftlicher Verkehr i.S. von § 14 MarkenG

215 Es ist zunächst zu prüfen, ob dann der Domain-Name im **geschäftlichen Verkehr** genutzt wird. Der Bereich des geschäftlichen Verkehrs erfasst jede Tätigkeit, die der Förderung eines beliebigen Geschäftszwecks dient[11]. Da es im Internet durch Domain-Namen gekennzeichnete Homepages sowohl von Privatpersonen als auch von kommerziellen Anbietern geben kann, wird man auch die Absichten und den Tätigkeitsbereich des Verwenders sowie den möglichen Inhalt der Homepage berücksichtigen müssen[12]. A hat mit einem Computerhändler einen Vertrag zur Nutzung des Domain-Namens „epson.de" geschlossen. Die Benutzung der Domain im geschäftlichen Verkehr ist zu bejahen, denn eine andere als eine kommerzielle Verwendung durch den Computerhändler für eine eigene Homepage, bspw. um für die von ihm vertriebenen Produkte zu werben, ist schlechterdings nicht denkbar, zumal er wohl auch Produkte der E. D. GmbH vertreibt[13].

#### bb) Markenmäßige Benutzung der Domain

216 Des Weiteren stellt sich die Frage, ob die künftig zu befürchtende **Benutzung** der Domain „epson.de" im Internet **markenmäßig** erfolgt. Es ließe sich nämlich einwenden, dass der Domain-Name lediglich eine Art Adresse darstellt und nicht, entsprechend der Funktion einer Marke, als Kennzeichen dazu dient, auf die Herkunft von Waren oder Dienstleistungen hinzuweisen und sie von anderen zu unterscheiden[14]. Zwar erfüllt der Domain-Name auch die rein technische Funktion, den Internet-Benutzer zu einer bestimmten Homepage zu führen. Man wird jedoch zumindest dann eine markenmäßige

9 Zur Verletzung des Namensrechts vgl. u. (3.).

10 Zweifelnd hinsichtlich markenrechtlicher Ansprüche vor Auftritt im Internet *Ubber*, WRP 1997, 497, 504; für die Möglichkeit einer vorbeugenden Unterlassungsklage dagegen *Kur*, CR 1996, 325, 327; *Bettinger*, GRUR Int. 1997, 402, 414 (Fn. 74); *Nordemann*, NJW 1997, 1891, 1893.

11 *Nordemann*, WettbR, MarkenR, Rz. 2281.

12 Vgl. *Völker/Weidert*, WRP 1997, 652, 658.

13 Nach einem Teil der Rspr. und Literatur ist auch die Absicht, die registrierten Domain-Namen weiterzuverkaufen, für ein Handeln im geschäftlichen Verkehr i.S. von § 14 MarkenG ausreichend; so LG Hamburg CR 1999, 47, 48 – eltern.de; LG Braunschweig CR 1998, 364, 365 f. – deta.com; *Bettinger*, aaO., S. 408 (Fn. 47), 414.

14 So die st. Rspr. und die h. M. in der Lit.; vgl. BGHZ 94, 218, 221 – Shamrock I – m.w.N.; zum MarkenG KG WRP 1997, 85, 86; *Sack*, GRUR 1995, 81, 93; *Köhler*, in: *Hefermehl/Köhler/Bornkamm*, UWG § 4 Rn. 10.89; a.A. *Fezer*, GRUR 1996, 566 ff.

Nutzung annehmen müssen, wenn der Domain-Name zugleich auf eine Unternehmens- oder Produktbezeichnung zurückzuführen ist und damit Rückschlüsse auf den Anbieter der Homepage und deren Inhalt zulässt[15]. Das ist dann der Fall, wenn die Benutzung des Domain-Namens „epson.de" im Kontext mit einschlägigen Waren oder Dienstleistungen erfolgt, wie dies etwa bei dem Computer-Händler der Fall wäre.

#### cc) Identität der Domain Epson mit der Marke

Bei dem Domain-Namen „epson.de" muss es sich um ein mit der eingetragenen Marke „Epson" **identisches Zeichen** handeln. Dies dürfte zu bejahen sein, da auch bei der Verwendung des Suffix „.de" für Internet-Benutzer erkennbar ist, dass „epson" der eigentliche Name bzw. die eigentliche Bezeichnung für den Inhaber der entsprechenden Internet-Adresse darstellt[16]. **217**

#### dd) Benutzung für identische oder ähnliche Waren oder Dienstleistungen

Weitere Voraussetzung für den Rechtsverstoß ist es, dass das Zeichen für **Waren oder Dienstleistungen** benutzt wird, die mit denjenigen **identisch** sind, für die die Marke Schutz genießt[17]. Die Marke „Epson" genießt Schutz für Waren der Computertechnik[18].

Insoweit dürfte der Verletzungstatbestand auch hinsichtlich identischer Waren deshalb erfüllt sein, weil A einem Computerhändler die Nutzung des Domain-Namens „epson.de" überlassen hat. Auch hier wird man den Inhalt der Homepage berücksichtigen müssen[19]. Mit einer Verwendung im Zusammenhang mit Waren der Computertechnik ist zu rechnen, so dass es letztlich ohne Bedeutung ist, in welcher Branche der A tätig ist. **218**

#### ee) Erstbegehungsgefahr

Aus der Nutzungsüberlassung des Domain-Namens folgt ohne weiteres die für die vorbeugende Unterlassungsklage erforderliche Erstbegehungsgefahr. **219**

A ist daher verpflichtet, den Domain-Namen „epson.de" künftig nicht zu benutzen und auch die Gestattung gegenüber dem Computerhändler alsbald zu beenden[20].

### d) Anspruch aus Übertragung des Domain-Namens bzw. Hilfsanspruch aus Löschung

Ob die E. D. GmbH darüber hinaus einen Anspruch gegen A auf Übertragung des Domain-Namens hat, ist zweifelhaft. Da die Verletzung des Markenrechts der E. D. GmbH **220**

---

15 OLG München CR 1998, 556, 557 – freundin.de; LG Hamburg CR 1999, 47, 48 – eltern.de; LG Mannheim WRP 1998, 920, 921 – zwilling.de; *Ubber*, WRP 1997, 497, 504; *Bettinger*, GRUR Int. 1997, 402, 409; vgl. auch BGH GRUR 1986, 475, 476 – Fernschreibkennung.

16 *Ubber*, aaO., S. 505; LG Düsseldorf WM 1997, 1444, 1447 (Ausgangsfall); OLG München, GRUR 2000, 518, 519.

17 In der Ausgangsentscheidung wird diese Frage unter dem Gesichtspunkt der Verwechslungsgefahr geprüft. § 14 II Nr. 1 MarkenG gewährt jedoch Identitätsschutz der Marke als absoluten Markenschutz, so dass auf die Verwechslungsgefahr nicht einzugehen ist; vgl. *Fezer*, MarkenG, 2009[4], § 14 Rz. 184, 186.

18 Vgl. § 32 II Nr. 3 MarkenG.

19 So zutreffend LG München I CR 1997, 540, 541 – freundin.de; vgl. auch LG Hamburg CR 1999, 47, 48 – eltern.de; *Völker/Weidert*, WRP 1997, 652, 658.

20 Nach Ansprüchen der E.P.-GmbH gegenüber dem Computerhändler war nicht gefragt.

vor einer Benutzung durch den Computerhändler noch nicht vollendet ist, dürfte trotz ggf. zu bejahendem Schädigungsvorsatzes des A ein Schadenersatzanspruch nach § 14 VI MarkenG noch nicht gegeben sein[21]. Es geht hier vielmehr um die Beseitigung einer befürchteten künftigen Störung der Rechtsposition der E. D. GmbH durch die Innehabung der Internet-Domain durch A. Aber auch bei Bejahung eines Schadenersatzanspruchs müsste ein Anspruch auf Übertragung der Domain scheitern. Da die E. D. GmbH selbst nie Inhaber der Domain war, würde sie mit der Übertragung mehr erhalten, als sie selbst zuvor besaß[22]. Überdies gibt es keinen Anspruch auf Registrierung einer bestimmten Internet-Domain. Daher scheidet ein Recht auf Übertragung aus[23]. Entsprechend dem Hilfsantrag konnte aber die E. D. GmbH verlangen, dass A die Löschung der Domain bei DENIC veranlasst. Dann kommt die E. D. GmbH, falls keine Zwischeneintragungen vorliegen, zum Zuge.

### 2. §§ 15, 5 MarkenG

221 Soweit es um **firmenrechtliche Ansprüche**, d.h. Ansprüche auf Schutz einer geschäftlichen Bezeichnung, geht, gilt weitgehend Entsprechendes. Zwar will die neuere Judikatur im Falle der bekannten Marke i.S. von § 14 II Nr. 3 MarkenG und bei geografischen Herkunftsangaben den diesbezüglichen markenrechtlichen Bestimmungen eine verdrängende Wirkung gegenüber dem Namensschutz und gegenüber dem Schutz aus der wettbewerbsrechtlichen Generalklausel sowie gegenüber § 823 BGB zubilligen[24]. Doch gilt dies gerade nicht für den Schutz der geschäftlichen Bezeichnung aus § 15 MarkenG.

222 § 5 I, II MarkenG schützt Zeichen, die im geschäftlichen Verkehr als Name, als Firma oder als besondere Bezeichnung eines Geschäftsbetriebes oder eines Unternehmens benutzt werden. Über § 15 I, II, IV, V MarkenG ergeben sich entsprechende Unterlassungs- und Schadensersatzansprüche, wenn ein Dritter die geschäftliche Bezeichnung im geschäftlichen Verkehr unbefugt in einer Weise benutzt, die geeignet ist, Verwechslungen mit der geschützten Bezeichnung hervorzurufen. Voraussetzung des Schutzes ist die Unterscheidungskraft der geschäftlichen Bezeichnung und ihre Benutzung[25]. Grundlage könnte insoweit der Firmenname „Epson Deutschland GmbH“ sein. Der Firmenbestandteil „Epson“ genießt aufgrund der Marktposition des Unternehmens eine hohe Unterscheidungskraft und wird umfassend als geschäftliche Bezeichnung benutzt, so dass ihm ein entsprechender Schutz zukommt.

223 Im Hinblick auf die Rechtsverletzung ist die Art und Weise der Nutzung der geschäftlichen Bezeichnung durch den Verletzer unerheblich; entscheidend ist allein, ob die Verwendung des Firmenbestandteils als Domain-Name die Gefahr einer Verwechslung mit

---

21 BGHZ 149, 191, 203 – shell.de sieht freilich bei einem bekannten Unternehmenskennzeichen schon die Behinderung der Marke bei der Internet-Nutzung als Schaden an.

22 BGHZ 149, 191, 205 – shell.de; OLG Hamm CR 1998, 241; a.A. OLG München BB 1999, 1287 f.; dazu krit. *Hoeren*, EWiR 1999, 543.

23 Vgl. auch BGHZ 149, 191 – shell.de; ein Recht auf Übertragung einer Domain hat BGH NJW 2010, 3440 – braunkohle-nein.de allerdings für den Fall anerkannt, dass ein Treuhänder eine treuhänderisch registrierte Domain an den Treugeber herauszugeben hatte.

24 BGHZ 149, 191, 195 f. – shell.de; 138, 349, 351 f. – MAC Dog.; 147, 56, 60 f. – Tagesschau, jeweils m.N.; zust. Münchener Kommentar/*Bayreuther*, BGB § 12 Rn. 14; krit. *Fezer*, MarkenG, § 15 Rz. 52 f.

25 *Fezer*, MarkenG, § 5 Rz. 3; *Berlit*, Markenrecht, 2008[7], Rn. 42 ff.

dem Unternehmen der Klägerin begründet[26]. Eine solche **Verwechslungsgefahr** besteht, denn der Internet-Benutzer, der eine von dem Computerhändler unter dem Domain-Namen „epson.de“ eingerichtete Homepage aufruft, wird das Unternehmen der Klägerin für die Anbieterin der Homepage halten oder doch zumindest wirtschaftliche und organisatorische Zusammenhänge vermuten, zumal zwischen der Klägerin als Herstellerin von Waren der Computertechnik und dem Computerhändler Branchennähe besteht.

Auch aus den §§ 5, 15 I, II, IV, V MarkenG ergibt sich demnach sowohl ein Unterlassungs- als auch ein Beseitigungsanspruch.

### 3. § 12 BGB, §§ 3, 8, 9 UWG

Ansprüche aus den §§ 3, 8, 9 UWG treten hinsichtlich der Verletzung der Marken- und Firmenrechte zurück, und entsprechendes gilt für § 12 BGB, da eine private Nutzung der Domain hier nicht zur Debatte steht[27]. **224**

### 4. Domain-Grabbing als Behinderung

In der Registrierung von fast 200 Namen vor allem bekannter Firmen zwecks Verkauf könnte freilich ein Domain-Grabbing und damit eine unlautere gezielte **Behinderung** der diesbezüglichen Firmen liegen, die gleichwohl einen Unterlassungsanspruch der E. D. GmbH nach § 3 UWG in Verbindung mit § 4 Nr. 10 UWG rechtfertigt. In der Registrierung der Domain „epson.de“ liegt im Hinblick auf deren geplante Verwertung eine geschäftliche Handlung, und die E. D. GmbH ist insoweit Mitbewerberin des A (§ 2 Nr. 1 und 3 UWG). Das Registrierenlassen der großen Zahl von Domains durch A, darunter benutzter wertvoller Marken wie Epson, dokumentiert das Fehlen eines ernsthaften Willens des A zur Benutzung im eigenen Geschäftsbetrieb und zugleich die Absicht der gezielten Behinderung der betreffenden Unternehmen.[28] Da die Behinderung auch nicht unerheblich ist, ist der Unterlassungs- und Beseitigungsanspruch begründet.[29] **225**

### 5. Zur Unlauterkeit wegen Irreführung

Soweit durch die Benutzung von „epson.de“, Irreführung droht, kann sich überdies ein Unterlassungs- und Beseitigungsanspruch über § 8 UWG in Verbindung mit den §§ 3, **225a**

26 LG Düsseldorf WM 1997, 1444, 1450 (Ausgangsfall).

27 Vgl. schon oben (2); Ansprüche aus § 12 BGB sah BGHZ 149, 191, 198 f. – shell.de für den Fall als relevant an, dass auch eine private Nutzung seitens eines Trägers des Namens Shell zur Debatte stand; nach den Grundsätzen über die Interessenabwägung bei Gleichnamigkeit sah der BGH diesen als verpflichtet an, einen Unterscheidungszusatz zu verwenden; Ansprüche nach Markenrecht waren im Fall shell.de daran gescheitert, dass es insoweit eine Unterlassungserklärung der Beklagten gab; vgl. zum Verhältnis zu § 12 BGB weiter BGHZ 171, 104 – grundke.de.

28 Vgl. *Köhler*, in: *Hefermehl/Köhler/Bornkamm*, UWG § 4 Rz. 10.94 f.; BGHZ 148, 1, 5 ff. – Mitwohnzentrale.de; BGH NJW 2005, 1503, 1505 – Literaturhaus; BGH GRUR 2009, 685 – ahd.de verlangt für die Annahme einer Behinderung ausdrücklich ein erkennbares Interesse eines bestimmten Unternehmens an dem Domainnamen.

29 Die aktuelle Judikatur zum Domain-Grabbing befasst sich vor allem mit der Frage, inwieweit der gegenüber DENIC als administrative Ansprechpartner (sog. admin-c) benannte Vertreter des Domain-Anmelders als Störer in Anspruch genommen werden kann (vgl. hierzu zuletzt BGH GRUR 2013, 294).

5 I, II UWG ergeben. Seit der 1. UWG-Novelle besteht insoweit kein Vorrang des Markenrechts mehr[30].

### 6. § 826 BGB

Daneben bestehen Ansprüche aus § 826 BGB.

### 7. Gesamtergebnis zur Frage 1

Der Unterlassungs- und Beseitigungsanspruch ist begründet. Ein Anspruch auf Übertragung der Domain besteht nicht, wohl aber ein Anspruch auf Veranlassung der Löschung der Domain.

## Frage 2:

### 1. Störerhaftung und Verletzung von Prüfungspflichten der DENIC

226 Die DENIC könnte möglicherweise aus den o.a. Vorschriften als Störerin haften, wenn sie, wenn auch schuldlos, eine zurechenbare Ursache für eine ungerechtfertigte Registrierung der Domain „epson.de" für die A gesetzt hätte. Eine solche Störerhaftung erfordert aber die Verletzung von Prüfungspflichten[31]. Angesichts der Funktion der DENIC und des außerordentlichen Prüfungsaufwands, der für das Erkennen von Rechtsbeeinträchtigungen Dritter erforderlich wäre, ist die DENIC regelmäßig nur dann verpflichtet, eine Registrierung abzulehnen oder aufzuheben, wenn für sie unschwer zu erkennen ist, dass die Nutzung der Domain die Rechte Dritter beeinträchtigt[32]; und dies gilt entsprechend bei Hinweisen auf Rechtsverletzungen[33]. Solange der DENIC nicht ein rechtskräftiger Titel oder eine Bescheinigung über das Einverständnis der A mit der Löschung oder ein sonstiger klarer Nachweis vorgelegt wird, kann sie sich darauf beschränken, den Ausgang des Streits zwischen der E. D. GmbH und A abzuwarten.

### 2. § 20 I GWB

227 Zwar hat die DENIC hinsichtlich der Vergabe von Domains in Deutschland eine beherrschende Stellung i.S. von § 18 I GWB inne; aus den o.a. Gründen liegt aber keine unbilligen Behinderung (§ 19 I, II Nr. 1 GWB) der E. D. GmbH durch sie vor[34].

30 Vgl. BT-Drucks. 16/10145 vom 20.8.2008, S. 31; anders noch BGHZ 149, 191, 195 f. – shell.de.

31 BGHZ 148, 13, 17 ambiente.de; vgl. auch BGHZ 173, 188 – Jugendgefährdende Medien bei eBay; *Emmerich*, WettbR, § 21 Rn. 47.

32 BGHZ 148, 13, 18 ff. – ambiente.de; besonders krass BGH NJW 2004, 1793 – kurt-biedenkopf.de, wonach der Namensinhaber keinen Anspruch gegen die DENIC auf Sperrung des Domain-Namens für künftige Einträge eines Dritten hat.

33 BGHZ 148, 13, 20 ff.

34 Vgl. BGHZ 148, 13, 24 f. – ambiente.de.

## Wiederholung und Vertiefung

1. Bei Kennzeichnungsstreitsachen, die auch dann vorliegen, wenn zugleich wettbewerbsrechtliche Ansprüche geltend gemacht werden, ist die ausschließliche sachliche Zuständigkeit der Landgerichte gegeben. **228**

Die örtliche Zuständigkeit des Gerichts nach § 14 UWG ist hinsichtlich der Verbandsklage eingeschränkt; der Verletzte selbst kann aber stets am Begehungsort klagen. Begehungsort ist jeder Ort, an dem in das geschützte Rechtsgut eingegriffen wird, aber nicht schon jeder Ort, an dem ein Schaden eingetreten ist.

Für Wettbewerbsverstöße im Internet ergibt sich ein Begehungsort nicht schon an jedem Ort, an dem eine wettbewerbswidrige Information abgerufen werden kann; etwas anderes gilt bei Schutzrechtsverletzungen im Internet.

2. Unterlassungs- und Schadenersatzansprüche wegen Verletzung einer Marke (§ 14 MarkenG) setzen nicht voraus, dass die Verletzungshandlung mit einer Marke stattfindet; daher kann die Nutzung einer Internet-Adresse (Domain), die keine Marke ist, eine Marke verletzen. **229**

In der bloßen Registrierung eines Domain-Namens liegt noch nicht die Verletzung einer mit diesem übereinstimmenden Marke; BGHZ 149, 191, 203 sieht in der in der Registrierung liegenden Behinderung bei bekannten Unternehmenskennzeichen aber schon einen Schaden.

Die Registrierung eines Domain-Namens eröffnet jedenfalls die vorbeugende Unterlassungsklage gegen den Inhaber der Domain. Für die insoweit erforderliche Erstbegehungsgefahr für die Teilnahme an der Verletzungshandlung sind die Voraussetzungen des § 14 MarkenG zu prüfen: Handeln im geschäftlichen Verkehr, markenmäßige Benutzung der Domain, Identität bzw. Ähnlichkeit mit der Marke sowie Identität bzw. Ähnlichkeit hinsichtlich der Waren oder Dienstleistungen als Voraussetzung einer Verwechslungsgefahr (zumindest im weiteren Sinne).

Auch bei gegebenem Schadenersatzanspruch kann der Verletzte grundsätzlich keine Übertragung einer seine Rechte verletzenden Domain verlangen, sondern lediglich deren Löschung; mit der Neuanmeldung erlangt der Verletzte die bisherige Position des Verletzers nur, wenn keine Zwischeneintragungen vorliegen.

3. Im Anwendungsbereich des MarkenG richtet sich der Schutz des Verletzten ausschließlich nach dem MarkenG, so dass Ansprüche wegen der Verletzung des Namensrechts nach den §§ 12, 823 BGB sowie Ansprüche wegen der Verletzung der wettbewerbsrechtlichen Generalklausel insoweit verdrängt werden. Wegen § 5 II Nr. 1 UWG in Verbindung mit § 3 I UWG kann aber Irreführung geltend gemacht werden. **230**

Derartige Ansprüche aus BGB spielen aber bei der privaten Nutzung einer Domain eine Rolle. Soweit sich der Verletzer nicht auf Firmen- bzw. Markenrecht stützt, ist das UWG anwendbar; das gilt insbesondere für die im Domain-Grabbing liegende Behinderung. Daneben kann § 826 BGB eingreifen.

231 4. Wer zurechenbar eine Ursache für die Störung der Rechtsposition eines Dritten gesetzt hat, kommt als Adressat eines Unterlassungs- bzw. Beseitigungsanspruchs aus Störerhaftung in Betracht; doch setzt dies die Verletzung von Prüfungspflichten voraus.

Die DENIC kann grundsätzlich nicht als Störer wegen der Vergabe drittbeeinträchtigender Domains angesehen werden, weil ihr grundsätzlich diesbezügliche Prüfungspflichten weder möglich noch zumutbar sind.

Auch wenn die DENIC eine beherrschende Stellung bei der Vergabe von Domains in Deutschland besitzt, liegt in der Registrierung von Domains grundsätzlich keine Behinderung Dritter.

**Ausgangsfälle**

1. LG Düsseldorf, Urt. vom 4.4.1997 (34O 191/96), WM 1997, 1444 – epson.de (rk); BGH, Urt. vom 17.5.2001 (I ZR 216/99), BGHZ 148, 1 – Mitwohnzentrale.de; BGH, Urt. vom 22.11.2001 (I ZR 138/99), BGHZ 149, 191 – shell.de; BGH, Urt. vom 16.12.2004 (I ZR 69/02), NJW 2005, 1503 – Literaturhaus

2. BGH, Urt. vom 17.5.2001 (I ZR 251/99), BGHZ 148, 13 – ambiente.de

Fall 5

# Kontrollnummer statt praktischer Lückenlosigkeit

*Klausur 5 Std.*

Die Firmengruppe Y ist international tätig und stellt bekannte Markenparfums her. Auf dem Markt der einzelnen EU-Mitgliedsstaaten besitzt sie einen Marktanteil von je etwa 15 %. Auch ihre Abnehmer haben jeweils nur geringe Marktanteile. Durch ihre deutsche Tochtergesellschaft Y hat sie entsprechend ihrer Praxis in den übrigen europäischen Staaten den Vertrieb über nach sachlichen Kriterien ausgesuchte Depositäre des Parfumeinzelhandels im Wege eines selektiven Vertriebssystems organisiert. Nach den Depotverträgen ist es den Depositären untersagt, die Ware an nicht zugelassene Wiederverkäufer zu veräußern; unzulässige „Kernbeschränkungen" bestehen nicht. Die Produkte tragen auf dem Verpackungskarton eine zehnstellige Codenummer. Diese dient einmal der nach § 4 Kosmetik-VO erforderlichen Identifikation der Herstellung, erlaubt aber zugleich auch die Kontrolle des Vertriebswegs durch den Hersteller. **232**

Z betreibt in Deutschland eine Parfumkette. Obwohl er nicht zu den zugelassenen Depositären gehört, bietet er Parfums der Marke Y an, die er auf dem grauen Markt erworben hat. Bei einem großen Teil der Waren ist die Codenummer entfernt.

Y klagt gegen Z auf Unterlassung des Vertriebs der Y-Produkte und beruft sich auf die Lückenlosigkeit ihres Vertriebssystems sowie auf die gesetzliche Verpflichtung aus § 4 Abs. 1 Kosmetik-VO zur Kennzeichnung der Waren durch Codenummern. Schon deshalb sei der Vertrieb der Waren mit entfernter Codenummer unlauterer Wettbewerb, der aber auch beim Vertrieb der Waren mit Codenummer vorliege. Z wendet ein, insbesondere wegen Reimporten aus der Schweiz sei das Vertriebssystem praktisch nicht lückenlos.

Z erhebt ferner Widerklage auf Unterlassung der Verwendung eines zur Kontrolle der Vertriebswege geeigneten Kontrollnummernsystem und begründet dies damit, Y könne das Codenummernsystem in der Weise verändern, dass das System der Kosmetik-VO gerecht werde und gleichwohl die Kontrolle des Vertriebswegs durch den Hersteller ausgeschlossen sei (was zutrifft).

**Frage:**

Wie ist über die Klage und die Widerklagen zu entscheiden?

*Hinweis: Der Sachverhalt enthält in tatsächlicher Hinsicht einige Annahmen, die den Ausgangsfällen nicht zu entnehmen sind.*

*§ 4 Abs. 1 Kosmetik-VO (BGBl I 1977, 2589, i.d.F. v. 7.10.1997, BGBl I 2410): „Kosmetische Mittel dürfen gewerbsmäßig nur in den Verkehr gebracht werden, wenn auf ihren Behältnissen und Verpackungen die Nummer des Herstellungspostens oder ein Kennzeichen angegeben ist, die eine Identifizierung der Herstellung ermöglichen; sollte dies wegen der geringen Abmessungen kosmetischer Mittel praktisch unmöglich sein, so braucht ein solcher Hinweis nur auf der Verpackung dieser Mittel zu stehen."*

# Gliederung

233 **I. Klage auf Unterlassung des Vertriebs der Y-Produkte**

1. Unlauterkeit beim Vertrieb von Waren mit Codenummern?
   a) Anstiften bzw. Verleiten zum Vertragsbruch
   b) Beschaffung auf Schleichwegen
   c) Ausnutzen fremden Vertragsbruchs bzw. Schleichbezugs bei Lückenlosigkeit
2. Unlauterkeit beim Vertrieb von Waren mit beseitigter Codenummer
   a) Gesundheitsaspekt
   b) Behinderungsaspekt und die Frage nach der Rechtmäßigkeit des Vertriebsbindungssystems
3. Rechtmäßigkeit des Vertriebsbindungssystems nach europäischem und deutschem Recht
4. Ergebnis: Klage ist zum Teil begründet

**II. Widerklage auf Unterlassung des Gebrauchs eines Kontrollnummernsystems**

1. Anspruchsgrundlage §§ 33 I, 19 III GWB bzw. §§ 3 I, 8 I, III Nr. 1 UWG
2. Fehlende Relevanz der Kosmetik-VO
3. Unbilligkeit bzw. Unlauterkeit einer Behinderung nach § 19 III GWB bzw. § 4 Nr. 10 UWG?
   a) §§ 19 I, II Nr. 1, III GWB
   b) Zulässigkeit des Kontrollnummernsystems im rechtmäßigen Vertriebssystem
4. Ergebnis: Widerklage ist unbegründet

# Lösungsvorschlag

## I. Klage auf Unterlassung des Vertriebs der Y-Produkte

Bedenken gegen die Zulässigkeit der Klage sind nicht erkennbar.

### 1. Waren mit Codenummern

Es ist zu überlegen, ob Y als Mitbewerber nach den §§ 3 I, 8 I, III Nr. 1 UWG gegen Z einen Anspruch auf Unterlassung des Vertriebs der Y-Produkte hat. Das setzt einen Verstoß des Z gegen § 3 I UWG voraus, mithin eine unlautere geschäftliche Handlung, die geeignet ist, die Interessen von Mitbewerbern, Verbrauchern oder sonstigen Marktteilnehmern spürbar zu beeinträchtigen. Problematisch ist insoweit vor allem die Frage der Unlauterkeit des Vertriebs von Y-Produkten durch Z im Hinblick auf dessen durch das Y-Vertriebssystem fehlende Erwerbsberechtigung als Wiederverkäufer. **234**

Allerdings müsste Y als Mitbewerber des Z anzusehen sein. Als Alleinimporteur wendet sich die Y nicht an denselben Abnehmerkreis wie die Parfumkette Z. Die Zugehörigkeit zu unterschiedlichen Wirtschaftsstufen muss aber der Annahme eines konkreten Wettbewerbsverhältnisses nicht entgegenstehen; es ist vielmehr ausreichend, dass sich der Verletzer durch seine Verletzungshandlung im konkreten Fall in irgendeiner Weise in Wettbewerb zu dem Betroffenen stellt[1]. Das ist der Fall. Es liegt im Interesse der Y, ihre Produkte nur über ausgewählte Fachhändler zu vertreiben, um den Ruf ihrer Produkte als hochwertige Markenartikel zu halten. Der Verkauf der Produkte in der Parfümkette des Z dagegen ist wegen des möglicherweise drohenden Imageverlustes geeignet, den Absatz der Y jedenfalls mittelbar zu beeinträchtigen, so dass Z für Y ein Mitbewerber (§ 2 I Nr. 3 UWG) ist. **235**

Aus den Beispielskatalogen der §§ 4–7 UWG lässt sich Unlauterkeit hinsichtlich des Verhaltens des Z allenfalls hinsichtlich einer Behinderung (§ 4 Nr. 10 UWG) ableiten. Letztlich kommt es darauf an, ob sich die wettbewerbsrechtliche Generalklausel des § 3 I UWG i.S. der Unlauterkeit dieses Verhaltens konkretisieren lässt. Dass die Generalklausel ihre bisherige Funktion entsprechend *§ 1 UWG a.F.* beibehalten sollte, ist unstreitig[2]; insoweit ist mithin auf die bisherigen Grundsätze abzustellen. **236**

#### a) Anstiften bzw. Verleiten zum Vertragsbruch

**Anstiftung bzw. Verleiten** eines Dritten **zum Vertragsbruch** ist unstreitig unlauter, ohne dass dies etwas mit der Frage der Lückenlosigkeit eines Vertriebsbindungssystems zu tun hätte[3]. Dass Z die Ware auf dem grauen Markt erworben hat, besagt freilich noch nicht, dass er einen an der Vertriebsbindung Beteiligten unlauter zum Vertragsbruch angestiftet hätte. **237**

1 Vgl. Reg E BT-Drucks. 15/1487 S. 22 mit Hinweisen auf die Rechtsprechung zum unmittelbar Verletzen; BGHZ 93, 96, 97 f. – *Dimple*; BGH WRP 1989, 369, 370 – Entfernung von Kontrollnummern III.

2 Vgl. Reg E BT-Drucks. 15/1487 insbes. S. 13, 16.

3 BGH GRUR 1956, 273 – Drahtverschluss; 1961, 482, 483 – Spritzgussmaschine; BGHZ 143, 232, 238 f. – Außenseiteranspruch II mit Distanzierung von BGHZ 40, 135, 139 – Trockenrasierer II.

#### b) Beschaffung auf Schleichwegen

Ebenso wenig ist dargetan, dass Unlauterkeit deshalb vorliegt, weil Z sich die Ware auf Schleichwegen, etwa durch einen vorgeschobenen Mittelsmann unter Verheimlichung des wahren Auftraggebers, durch unzulässiges Zusammenwirken mit einem Angestellten eines gebundenen Händlers oder unter arglistigem Verschweigen einer gegen ihn verhängten Liefersperre verschafft hätte[4].

**238** Es ist letztlich offen, auf welche Weise sich Z die Ware beschafft hat. Soweit sich Y auf die Lückenlosigkeit ihres Vertriebssystems beruft, dürfte damit klar sein, dass jedenfalls ein Vertriebssystem vorliegt, in dessen Rahmen Y alle seine Abnehmer hinsichtlich des Weitervertriebs gebunden hat und das deshalb theoretisch (gedanklich) lückenlos ist. Wenn Z trotzdem als an sich nicht zum Vertrieb Zugelassener die Ware erhalten hat, so lässt dies den Schluss zu, dass irgendeiner[5] der zugelassenen Depositäre gegen seine vertragliche Verpflichtung gegenüber Y verstoßen und dass Z daher durch fremden Vertragsbruch oder durch fremden Schleichbezug die Waren erhalten hat. Der Schwachpunkt der Argumentation sind eventuelle Reimporte aus Ländern, die die Vertriebsbindung nicht anerkennen.

#### c) Ausnutzen fremden Vertragsbruchs bzw. Schleichbezugs bei Lückenlosigkeit

**239** Vorbehaltlich dessen könnte man Z das **Ausnutzen** fremden **Vertragsbruchs** bzw. fremden Schleichbezugs vorwerfen. Das Ausnutzen fremden Vertragsbruchs hatte die Judikatur zunächst bei der vertikalen **Preis**bindung im Falle der theoretischen **und praktischen Lückenlosigkeit** für sittenwidrig erklärt, weil die Preisbindung nur in diesem Fall durchführbar ist – bei fehlender Lückenlosigkeit könnte jeder Gebundene sich durch den Einwand der unzulässigen Rechtsausübung von der Pflicht zur Beachtung der Preisbindung befreien – und das Ausnutzen fremden Vertragsbruchs bei an sich theoretisch und praktisch lückenloser Preisbindung das ganze Preisbindungssystem zum Einsturz zu bringen droht[6]. Dies war Grundlage eines Unterlassungsanspruchs gegen Außenseiter.

**240** In entsprechender Weise hatte man früher auch im Rahmen eines **Vertriebs**bindungssystems einen Unterlassungsanspruch gegen den Außenseiter wegen Ausnutzung fremden Vertragsbruchs nach dem seinerzeit geltenden *§ 1 UWG a.F.* nur dann für gerechtfertigt gehalten, wenn das Vertriebsbindungssystem theoretisch und praktisch lückenlos war[7], wobei die Gleichsetzung der Vertriebs- mit der Preisbindung allerdings von vornherein nicht gerechtfertigt war; denn eine Vertriebsbindung wird – anders als die Preisbindung – durch die Nichtbeachtung durch einen Außenseiter nicht ohne weiteres gefährdet. Dem folgt inzwischen der BGH. Nach seiner neueren Rechtsprechung ist die **Lückenlosigkeit des Systems**, die angesichts der heutigen internationalen Verflechtung

4 Hier läge ebenso per se Unlauterkeit vor; so BGH WRP 1999, 1022, 1023 – Außenseiteranspruch, m.w.N.; *Köhler*, in: *Hefermehl/Köhler/Bornkamm*, UWG § 4 Rz. 10.63; krit. *Emmerich*, WettbR, § 6 Rn. 24 ff.

5 Y hat nicht vorgetragen, dass er Z, was möglich erscheint, über die zehnstellige Codenummer identifiziert hätte; hätte er ihn identifiziert, könnte er damit zumindest für die Zukunft diese Lücke seines Vertriebssystems durch Nichtbelieferung des vertragsbrüchigen Händlers schließen; s.u. (II.) zur Widerklage.

6 BGHZ 36, 370, 376 – Rollfilme; BGH GRUR 1968, 95, 99 – Büchereinachlass; BGHZ 143, 232, 237 – Außenseiteranspruch II; vgl. zur Preisbindung u. Fall 11.

7 BGHZ 40, 135, 137 – Trockenrasierer II; eingehende Nachweise bei BGHZ 143, 232, 238.

der Wirtschaft meist auch gar nicht mehr gegeben ist, **nicht mehr relevant**. Die mögliche Ausnutzung fremden Vertragsbruchs durch den Außenseiter ist grundsätzlich erlaubt, und nur bei Vorliegen zusätzlicher Umstände tritt Unlauterkeit ein[8]. Dem ist zuzustimmen. Y steht also kein Anspruch aus § 3 UWG zu, da Z nicht unlauter handelt. Dies gilt unbeschadet der (noch nicht näher erörterten) Frage, ob das Vertriebsbindungssystem als solches kartellrechtlich zulässig ist.

## 2. Waren mit beseitigter Codenummer

### a) Gesundheitsaspekt

Wenn Z Waren mit beseitigter Codenummer in den Verkehr bringt, liegt hierin möglicherweise deshalb ein Wettbewerbsverstoß des Z i.S. von § 3 I UWG, weil eine im Allgemeininteresse bestehende Rechtspflicht durch Z verletzt wird. § 4 Abs. 1 der Kosmetik-VO verlangt beim gewerbsmäßigen Inverkehrbringen kosmetischer Mittel die Angabe einer Nummer oder eines Kennzeichens, die eine Identifizierung der Herstellung ermöglichen. Soweit die Codenummer auf den Waren entfernt ist, verstößt Z beim Warenverkauf daher gegen diese Bestimmung und handelt rechtswidrig. § 4 Abs. 1 Kosmetik-VO ist eine der allgemeinen **Gesundheit dienende Bestimmung**. Da gemäß § 4 Nr. 11 UWG insbesondere derjenige unlauter handelt, der einer gesetzlichen Vorschrift zuwiderhandelt, die auch dazu bestimmt ist, im Interesse der Marktteilnehmer das Marktverhalten zu regeln, kommt es darauf an, ob der Kosmetik-VO zumindest eine sekundäre Schutzfunktion zu Gunsten des Wettbewerbs zukommt[9]. Daran könnte man bei der Kosmetik-VO zweifeln. Dass die frühere Judikatur zu *§ 1 UWG a.F.* Verstöße gegen „der Volksgesundheit dienende Bestimmungen" grundsätzlich als sittenwidrig ansah,[10] impliziert ebenfalls noch keinen Marktbezug. Freilich gestattet der Wortlaut von § 4 Nr. 11 UWG eine weite Auslegung der Norm. Und das gewerbsmäßige Inverkehrbringen eines Kosmetikums stellt gewiss ein Marktverhalten dar, wobei die Pflicht zur Angabe einer Kontrollnummer im Interesse der Verbraucher besteht, die Marktteilnehmen sind. Die Judikatur legt die Vorschrift jedenfalls weit aus.[11] Folgt man dem, so handelte Z bei der Beseitigung der Kontrollnummern bzw. dem Verkauf mit beseitigten Kontrollnummern unlauter, ohne dass es auf ein Verschulden ankäme. 241

### b) Behinderungsaspekt

Darüber hinaus könnte man den Vertrieb mit beseitigten Codenummern als **unlautere Behinderung** der Y durch Z i.S. der §§ 3 I, 4 Nr. 10 UWG auffassen, falls das Vertriebs- 242

---

8 BGHZ 143, 232, 239, 240 f., wonach das bloße Ausnutzen des Vertragsbruchs eines Dritten nicht unlauter ist; nach BGH GRUR 2007, 800 Rn. 23 – Außendienstmitarbeiter - kann aber beim Hinzutreten zusätzlicher Umstände Unlauterkeit zu bejahen sein.

9 So einschränkend Reg E, BT-Drucks. 15/1487 S. 19 unter Hinweis auf BGH GRUR 2002, 825 = BGHZ 150, 343, wo es aaO. S. 347 heißt, der Gesetzesverstoß müsse die Handlung in der Weise prägen, dass diese auch als Wettbewerbsverhalten sittenwidrig ist.

10 BGHZ 142, 192, 197 – Entfernung der Herstellungsnummer.

11 Vgl. BGHZ 163, 265 – Atemtest; noch zu *§ 1 UWG* a.F. BGHZ 142, 192, 197; eingehend *Köhler*, in: *Hefermehl/Köhler/Bornkamm*, UWG § 4 Rz. 11.33 ff.; im RegE, BT-Drucks. 15/1487 S. 19, heißt es insoweit, dass Marktzutrittsregeln mit Schutzfunktion erfassbar seien.

system der Y als solches nicht zu beanstanden wäre[12]. Wenn und soweit ein Vertriebsbindungssystem nach nationalem bzw. europäischem Recht rechtmäßig ist, erscheint es durchaus legitim, seine Durchsetzung gegen Dritte durch ein Kontrollnummernsystem praktisch zu erleichtern[13] und demgemäß den Vertrieb nach unbefugter Entfernung derartiger Kontrollnummern als unlautere Behinderung des Herstellers anzusehen[14]. Daher hat ein Unterlassungsanspruch der Y gegen Z insoweit zur Voraussetzung, dass das Vertriebsbindungssystem der Y rechtmäßig ist.

### 3. Rechtmäßigkeit des Vertriebsverbindungssystems nach europäischem und deutschem Recht

243 Ob das Vertriebsbindungssystem der Y spürbar den zwischenstaatlichen Handel i.S. des Art. 101 AEUV beeinflusst und damit dessen Verbotsbereich unterfällt, ist nicht klar erkennbar, aber wahrscheinlich. Durch das vertragliche Verbot, die Y-Erzeugnisse an nicht zugelassene Wiederverkäufer zu veräußern, wird – da auch die grenzüberschreitenden Verkäufe erfasst sind – der zwischenstaatliche Handel tangiert[15]. Ob diese Beeinflussung spürbar ist[16], lässt sich dem Sachverhalt aber nicht eindeutig entnehmen. Selektive Vertriebssysteme beschränken grundsätzlich deshalb den Wettbewerb, weil sie die nicht zum System zugelassenen Händler als mögliche Wettbewerber[17] ausschließen. Unbeschadet der Frage, ob hier der Tatbestand des Art. 101 I AEUV gegeben wäre, wäre das System der Firmengruppe Y vom Kartellverbot nach Art. 101 III AEUV freigestellt. Die Freistellungvoraussetzungen der Vertikal-GFVO EU Nr. 330/2010 wären in concreto gegeben: Es geht um vertikale Vereinbarungen gemäß Art. 2 I. Die Grenze des 30 % Marktanteils gemäß Art. 3 I auf der Angebots- und Nachfrageseite ist nicht überschritten. Kernbeschränkungen gemäß Art. 4 liegen nicht vor; der selektive Vertrieb wird sogar ausdrücklich als zulässig angesehen (Art. 4 lit. b iii). Praktische Lückenlosigkeit ist keine Voraussetzung für die Zulässigkeit eines Vertriebssystems nach europäischem Recht[18]. Ein deutsches Gericht kann diese Vorschriften auch unmittelbar anwenden (Art. 6 EG-VO 1/2003, §§ 22, 87 GWG). Das GWB könnte insoweit schon wegen des Vorrangs des europäischen Rechts (Art. 3 II 1 EG-VO 1/2003; § 22 II GWB) diesen selektiven Vertrieb ebenfalls nicht als unzulässig qualifizieren.

244 Sollte mangels einer Beeinträchtigung des zwischenstaatlichen Handels das GWB (und damit § 1 GWB) allein anwendbar sein, ergäbe sich über § 2 GWB angesichts dessen Inbezugnahme der Gruppenfreistellungsverordnungen ebenfalls die Zulässigkeit des hier vorliegenden selektiven Vertriebs. Demzufolge ist der selektive Vertrieb jedenfalls rechtmäßig organisiert.

12 So zu *§ 1 UWG a.F.* BGHZ 143, 232, 243; scharf dagegen *Emmerich*, WettbR, § 6 Rn. 33.

13 Das Bedenken von *Emmerich* aaO. im Hinblick auf einen Verstoß gegen den bisherigen *Art. 28 EGV* überzeugt nicht, auch nicht hinsichtlich der insoweit erfolgten Zitate EuGH Slg. 1997, I-6244 (6255 ff. Tz. 29 ff.) – Loendersloot/Ballentine sowie *Sack*, WRP 1999, 467, 469; 2000, 447, 457.

14 Daneben greifen evtl. zeichenrechtliche Ansprüche des Herstellers; dazu *Sack* aaO.

15 Vgl. EuGH Slg. 1966, 321 – Consten/Grundig = NJW 1966, 1585.

16 Vgl. EuG Slg. 1995, S. II-1533 – Langnese-Iglo; Bekanntmachung der Kommission – de minimis – Nr. I 3 unter Hinweis auf Bekanntmachung ABl. 107/4 vom 30.4.1996.

17 Vgl. im Einzelnen die Leitlinien der Kommission für vertikale Beschränkungen, Tz 184 ff.

18 EuGH Slg. 1994, S. I-15 – Cartier-Uhren = NJW 1994, 643; gedankliche (theoretische) Lückenlosigkeit dürfte gegeben sein und ist auch nötig, damit keine unzulässige Diskriminierung erfolgt.

Die Veräußerung von Waren mit entfernter Code-Nummer durch Z wäre mithin auch als unlautere Behinderung des Y und damit als Verstoß gegen § 3 I UWG anzusehen. Wiederholungsgefahr liegt vor, so dass der Unterlassungsanspruch zu bejahen ist.

### 4. Ergebnis

Die Klage ist insoweit begründet.

## II. Widerklage des Z auf Unterlassung des Gebrauchs eines die Vertriebswege kontrollierbar machenden Kontrollnummernsystems

Hinsichtlich der Zulässigkeit der Widerklage sind keine Bedenken erkennbar.

### 1. Anspruchsgrundlage §§ 33 I, 19 III GWB bzw. §§ 3 I, 8 I, III Nr. 1 UWG

Ein Anspruch des Z auf Unterlassung der Verwendung eines zur Überwachung der Vertriebswege geeigneten **Kontrollnummernsystems** des Y könnte sich aus §§ 33 I, 19 III GWB oder wiederum aus den §§ 3 I, 8 I, III Nr. 1 UWG herleiten lassen. Beim Einsatz dieses Systems zwecks Überwachung der Vertriebswege handelt Y, wie dargelegt, als Mitbewerber des Z. Es kommt also darauf an, ob der Einsatz eines solchen Systems durch Y unlauter ist. 245

### 2. Fehlende Relevanz

Da Y in der Lage ist, ein den Anforderungen des § 4 Abs. 1 Kosmetik-VO entsprechendes Codenummernsystem zu verwenden, das die Kontrolle des Vertriebssystems der Waren nicht ermöglicht, kann sich Y jedenfalls nicht darauf berufen, er sei gesetzlich verpflichtet, dieses Codenummernsystem zu verwenden und handele schon deshalb rechtmäßig. 246

Mithin ist zu fragen, ob Y unbeschadet der Regelung des § 4 Abs. 1 Kosmetik-VO berechtigt ist, ein Kontrollnummernsystem zu verwenden, das zur Überwachung der Vertriebswege seiner Waren geeignet ist.

### 3. Unbilligkeit bzw. Unlauterkeit einer Behinderung nach § 19 III GWB bzw. § 4 Nr. 10 UWG

In der Verwendung eines solchen Kontrollnummernsystems könnte nämlich eine **unbillige Behinderung** nach § 19 III, I, II Nr. 1 bzw. eine **unlautere gezielte Behinderung** des Z nach § 4 Nr. 10 UWG liegen. Unter einer Behinderung versteht man Maßnahmen, die es einem Mitbewerber erschweren, seine Leistung auf dem Markt zur Geltung zu bringen[19]. 247

#### a) §§ 19 I, II Nr. 1, III GWB

Dass Z nicht zu den von Y zugelassenen Depositären gehört und Y nicht an ihn verkauft, beeinträchtigt zwar vielleicht die Stellung des Z am Markt, ist aber insoweit noch keine 248

19 Vgl. BGH GRUR 1979, 321, 323 – Verkauf unter Einstandspreis I.

Behinderung im Rechtsinne, weil grundsätzlich keine Verpflichtung besteht, jeden Lieferwunsch eines Dritten zu erfüllen. Der Hersteller von Waren ist grundsätzlich in seiner Entscheidung frei, an wen er liefern will. Zwar gilt das Behinderungs- und Diskriminierungsverbot auch für von Kartellverbot freigestellte Vertriebsbindungen **(§ 19 III GWB)**. Der selektive Vertrieb als solcher ist aber erlaubt und daher liegt in der Nichtbelieferung Dritter gerade **keine unbillige** Behinderung.

### b) Zulässigkeit des Kontrollnummernsystems im rechtmäßigen Vertriebssystem

249 Eine **unlautere Behinderung** des Z könnte zwar in der Verwendung des Kontrollnummernsystems deshalb zu sehen sein, weil es dieses System dem Y ermöglicht, die Weiterverkäufe seiner Waren zu rekonstruieren und damit letztlich Einfluss auf den Weitervertrieb seiner Ware durch seine Abnehmer auszuüben. Die hierin liegende Erschwerung des Erwerbs der Ware durch Z geht weiter als das bloße Fehlen eines Belieferungsanspruchs des Z gegenüber Y. Ob diese Behinderung wettbewerbswidrig ist, ist aber deshalb zweifelhaft, weil **§ 4 Nr. 10 UWG** von der **gezielten** Behinderung eines Mitbewerbers spricht, worunter nach der amtlichen Begründung die individuelle Behinderung von Mitbewerbern zu verstehen ist[20]. Hieran fehlt es angesichts des gegen sämtliche Nicht-Depositäre gerichteten Kontrollnummernsystems.

Da ausweislich der amtlichen Begründung[21] die **allgemeine** Marktbehinderung durch die Generalklauseln des § 3 I UWG nach wie vor erfasst sein soll, könnte die durch das Kontrollnummernsystem erfolgte Erschwerung des Erwerbs der Y-Produkte durch Nicht-Depositäre bzw. die Erschwerung des (vertragswidrigen) Verkaufs von Y-Produkten durch Depositäre an nichtberechtigte Wiederverkäufer in diesem Sinne als unlauterer Wettbewerb gemäß § 3 UWG verboten sein.

250 Ob das der Fall ist, hängt ersichtlich mit der bereits erörterten Frage zusammen, ob Z Waren mit beseitigter Kontrollnummer verkaufen darf; da sich gezeigt hatte, dass dies unlauterer Wettbewerb ist, spricht dies zugleich dafür, dass die Verwendung der Kontrollnummern durch Y im Rahmen eines erlaubten Vertriebssystems nicht unlauter, sondern erlaubt ist[22]

Dass damit die Einführung eines Kontrollnummernsystems im Rahmen eines erlaubten Vertriebssystems zulässig ist, führt letztlich zu einer Stabilisierung eines solchen Vertriebssystems. Das mag man aus rechtspolitischen Gründen bedauern[23]. Es ist aber von der BGH-Rechtsprechung gewollt[24] und entspricht der gesetzlichen Wertung.

## 4. Ergebnis

Die Widerklage ist unbegründet.

20 RegE BT-Drucks. 15/1487 S. 19.
21 AaO.
22 Im Ergebnis a.A. insbesondere *Emmerich*, WettbR, § 6 Rn. 33.
23 So insbes. *Emmerich* aaO.
24 Vgl. BGHZ 143, 232, 243 – Außenseiteranspruch II; 142, 192, 198 f. m.N. – Entfernung der Herstellungsnummer.

## Wiederholung und Vertiefung

1. Mitbewerber i.S. von § 2 I Nr. 3 bzw. § 3 I UWG können unterschiedlichen Wirtschaftsstufen angehören. Voraussetzung ist nur, dass sie im Hinblick auf eine eventuelle Verletzungshandlung in wettbewerblicher Rivalität zueinander stehen. Ein Hersteller steht insoweit in einem Wettbewerbsverhältnis zu einem Händler, als dessen Verhalten am Markt den Absatz des Herstellers beeinträchtigen kann. 251

§ 3 I UWG hat trotz der Beispielskataloge der §§ 4–7 UWG nach wie vor die Funktion einer Generalklausel, die unlauteren Wettbewerb unter bestimmten Voraussetzungen unmittelbar verbietet.

Anstiften bzw. Verleiten eines Dritten zum Vertragsbruch ist stets unlauter. Entsprechendes gilt für ein Sich-Beschaffen von Waren auf Schleichwegen, insbesondere durch arglistiges Verhalten; umgekehrt ist es freilich nicht erforderlich, beim Erwerb von Waren stets seine Identität aufzudecken.

Ein Ausnutzen fremden Vertragsbruchs durch einen nicht gebundenen Außenseiter ist im Falle einer zulässigen vertikalen Preisbindung (heute etwa gemäß § 30 GWB bei Zeitschriften) dann unlauter, wenn die Preisbindung theoretisch und praktisch lückenlos ist. Der Grund liegt darin, dass durch ein solches Verhalten das zunächst zulässig praktizierte Preisbindungssystem zu Fall gebracht wird; denn wenn ein Anbieter gebundene Preise sanktionslos nicht einhält, kann der Preisbinder deren Wettbewerber nicht daran hindern, ebenfalls unter dem gebundenen Preis zu verkaufen.

Eine Vertriebsbindung (etwa selektiver Vertrieb) wird durch Außenseiter nicht in vergleichbarer Weise gefährdet. Daher kann der Hersteller einem vertraglich nicht gebundenen Außenseiter, der eine Vertriebsbindung nicht beachtet, keine Unlauterkeit vorwerfen. Auf Lückenlosigkeit der Vertriebsbindung kommt es nicht (mehr) an.

2. Ein Verstoß gegen gesetzliche Bestimmungen, die der allgemeinen Gesundheit dienen, führt nicht ohne weiteres zur Unlauterkeit i.S. von § 4 Nr. 11 UWG. Erforderlich ist vielmehr eine Gesetzesvorschrift, die auch dazu bestimmt ist, im Interesse der Marktteilnehmer das Marktverhalten zu regeln. Das wird etwa verneint für gemeinderechtliche Verbote einer erwerbswirtschaftlichen Tätigkeit, aber bejaht für gesetzliche Vorschriften, die für bestimmte gewerbliche Tätigkeiten den Nachweis besonderer fachlicher Fähigkeiten verlangen oder für gesundheitsbezogene Vorschriften, die beim Vertrieb von Waren zu beachten sind. 252

Einschränkungen der Unlauterkeit in den Beispielskatalogen lassen sich nicht durch die Heranziehung der Generalklausel des § 3 I UWG überspielen.

Die Beseitigung von Kontrollnummern des Herstellers auf Waren durch einen Händler bzw. den Verkauf von Waren mit unbefugt entfernter Kontrollnummer kann unlauterer Wettbewerber gegenüber dem Hersteller in der Form der Behinderung (§ 4 Nr. 10 UWG) sein.

Diese Behinderung kann aber nur dann als unlauter anzusehen sein, wenn der Hersteller legitime Gründe für die Verwendung von Kontrollnummern geltend machen kann. Dies wäre der Fall, wenn ein Kontrollnummernsystem der Absicherung eines zulässigen Vertriebssystems dient.

253 3. Ob Wettbewerbsbeschränkungen, etwa ein Vertriebssystem in Form selektiven Vertriebs, den zwischenstaatlichen Handel i.S. von Art. 101 AEUV beeinträchtigen, ist häufig nicht leicht feststellbar. Als Folge daraus bleibt dann unklar, ob europäisches oder nationales Recht für die Beurteilung der Wettbewerbsbeschränkung heranzuziehen ist. Insoweit ist es bedeutsam, dass die Maßstäbe beider Rechtssysteme für Wettbewerbsbeschränkungen i.S. von Art. 101 AEUV aufeinander abgestimmt sind.

Wettbewerbsbeschränkungen i.S. von Art. 101 AEUV können durch sog. Gruppenfreistellungsverordnungen der Kommission vom Verbot nach Art. 101 AEUV freigestellt sein. Nach der Vertikal- GFVO Nr. (EU) 330/2010 sind u.a. Vertriebsbindungen mit einem Marktanteil bis 30 % grundsätzlich freigestellt, wobei aber bestimmte Klauseln mit „Kernbeschränkungen" (auch „schwarze Klauseln") stets zum Verbot führen. Vertriebsbindungen ohne Kernbeschränkungen sind insoweit ohne Rücksicht auf Lückenlosigkeit freigestellt.

§ 2 GWB enthält eine Verbotsausnahme in Form der dynamischen Inbezugnahme europäischer Gruppenfreistellungsverordnungen; hiermit wird ein Gleichlauf des Kartellverbots i.S. von Art. 101 AEUV mit dem GWB erreicht.

Im Falle von Kernbeschränkungen sind auch nationale Vertriebsbindungen verboten; hierin liegt eine partielle Verschärfung des bisherigen Rechts (gegenüber *§ 16 GWB a.F.*). Art. 4 lit. b–e der Vertikal-GFVO-Nr. (EU 330/2010) kommt insoweit beträchtliche Bedeutung zu.

Lückenlosigkeit spielt bei Vertriebsbindungen heute keine Rolle mehr.

254 4. Es ist zweifelhaft, ob der Einsatz eines Kontrollnummernsystems durch den Hersteller eine **gezielte** Behinderung i.S. von § 4 Nr. 10 UWG gegenüber außenstehenden Händlern ist. Das schließt nicht aus, dass sich über die Generalklausel des § 3 I UWG gleichwohl von einer unlauteren Behinderung sprechen lässt. Doch bedarf es insoweit zusätzlicher Unlauterkeitselemente.

255 Soweit ein zulässiges Vertriebssystem über Kontrollnummern abgesichert wird, fehlt es an einem solchen zusätzlichen Unlauterkeitselement, das die Verwendung gegenüber Außenstehenden unlauter machen würde. In diesem Rahmen liegt daher keine Behinderung i.S. von § 3 I UWG vor.

Etwas anderes könnte gelten, soweit Außenseiter einen Belieferungsanspruch über die §§ 19, 20 GWB haben.

**Ausgangsfälle**

1. BGH, Urt. v. 15.7.1999 (I ZR 14/97), BGHZ 142, 192 – Entfernung der Herstellungsnummer = WRP 1999, 1026

2. BGH, Urt. v. 1.12.1999 (I ZR 130/96), BGHZ 143, 232 – Außenseiteranspruch II = WRP 2000, 734

Ausführliche Erörterung der Problematik auch bei *Boesche*, Rn. 413 ff.

Fall 6

# Öko-Papier

*Klausur 5 Std. (prozessual schwierig)*

A stellte Papierwaren her, unter anderem das Produkt „Öko-Toilettenpapier". Dieses bestand zu 60 % aus Altpapier. Auf Werbefaltblättern, die an den Endverbraucher verteilt wurden, sowie im Fernsehen warb A für das „Öko-Toilettenpapier" mit folgenden Worten: „Hygiene aus Altpapier ist umweltfreundlich. Denn die Verwendung schont unsere Baumbestände, vermindert das Abfallaufkommen und ermöglicht wesentliche Einsparungen an Energie und Frischwasser. – Seien Sie verantwortungsbewusst!" **256**

B ist ein eingetragener Verein zur Förderung gewerblicher Interessen. Er hält die Werbung für eine unzulässige gefühlsbetonte Werbung. Diese sei nach ihrem Gesamteindruck überdies irreführend. Es werde bei einem nicht unbeachtlichen Teil der Verbraucher der Eindruck erweckt, „Öko-Toilettenpapier" bestehe zu 100 % aus Altpapier. Unzutreffend sei – was zutrifft – zudem die Behauptung, das beworbene Toilettenpapier sei umweltfreundlich, weil es den Baumbestand schone, das Abfallaufkommen vermindere und wesentliche Einsparungen an Energie und Frischwasser ermögliche.

B erwirkte am 15.8.2004 vor dem zuständigen Landgericht eine einstweilige Verfügung gegen die A auf Unterlassung dieser Werbung, die am 16.8.2004 zugestellt wurde. Durch den Beschluss wurde es der A untersagt, das Produkt als umweltfreundlich zu bewerben, – ohne darauf hinzuweisen, dass es nicht zu 100 % aus Altpapier bestehe, – mit der angeblichen wesentlichen Einsparung an Energie und Frischwasser zu werben – oder im Hinblick auf das „Öko-Toilettenpapier" an Verantwortungsbewusstsein zu appellieren. Für jeden Fall der Zuwiderhandlung wurde der A ein Ordnungsgeld bis zu 25 000 €, ersatzweise Ordnungshaft, angedroht. Da A im August und September 2004 unverändert weiter für das „Öko-Toilettenpapier" warb, beantragte B im 3.9.2004 gegen A die Verhängung von Ordnungsgeld gem. § 890 ZPO. Obwohl A dem sofort entgegentrat und auch gemäß den §§ 924 I, 936 ZPO Widerspruch gegen die einstweilige Verfügung einlegte, wurde durch Beschluss des Landgerichts vom 16.10.2004 gegen die A ein Ordnungsgeld in Höhe von 10 000 € festgesetzt. Gegen diese Entscheidung legte A fristgerecht sofortige Beschwerde (§ 567 ZPO) ein, woraufhin das Landgericht den Termin zur mündlichen Verhandlung auf den 3.12.2004 terminierte.

In dieser mündlichen Verhandlung kam heraus, dass A das Öko-Toilettenpapier bereits am 30.9.2004 vom Markt genommen hatte, weil sich Toilettenpapier aus Altpapier schlecht verkaufte; sie hatte es durch die neue Marke „Flausch" ersetzt. Auch die Werbung für das „Öko-Toilettenpapier" in der beanstandeten Weise war inzwischen eingestellt. B fürchtete, dass die einstweilige Verfügung für ihn kostenpflichtig aufgehoben werde, da nunmehr die erforderliche Wiederholungsgefahr fehle. Es sei ja nicht zu erwarten, dass A weiterhin ein Produkt bewerbe, das sie vom Markt genommen habe. Deshalb erklärte B die Sache für erledigt, und A stimmte dem zu.

B will aber nach wie vor aus dem Ordnungsgeldbeschuss gegen A vollstrecken. Zum Zeitpunkt der Verhängung des Ordnungsgeldes habe A ja der damals bestehenden einstweiligen Verfügung zuwidergehandelt, und dieses in seinen Augen rechtswidrige Verhalten könne nicht durch das bloße Entfallen der Wiederholungsgefahr gerechtfertigt werden.

A hält diese Vollstreckung für unzulässig, da der Rechtsstreit erledigt sei. Zumindest müsse im Falle weiterer Vollstreckung trotz der Erledigungserklärungen noch über die Rechtmäßigkeit der einstweiligen Verfügung entschieden werden. Denn die einstweilige Verfügung müsse als Grundlage für die Verhängung von Ordnungsgeld weiter bestehen; sonst würden seine, A's, Rechtsschutzmöglichkeiten eingeschränkt. Die einstweilige Verfügung habe im Übrigen seinerzeit nicht ergehen dürfen, da die Werbung für das „Öko-Toilettenpapier" nicht unlauter gewesen sei. Gefühlsbetonte Werbung sei nicht unzulässig, und von einer Irreführung des Verbrauchers könne keine Rede sein.

**Frage 1:** Ist die einstweilige Verfügung am 15.8.2004 bei Zugrundelegung der heutigen Rechtslage zu Recht ergangen?

**Frage 2 (schwierig!):** Konnte eine Vollstreckung aus dem Ordnungsgeldbeschluss von B weiter betrieben werden?

**Frage 3:** Welche Entscheidung bzw. Entscheidungen musste das Landgericht in der Verfügungs- bzw. Ordnungsgeldsache noch treffen?

# Gliederung

**Frage 1: Ist die einstweilige Verfügung zu Recht ergangen?** 257

**I. Zulässigkeit der einstweiligen Verfügung und die §§ 940, 936, 916 ff. ZPO, 12 II UWG**

1. Verfügungsanspruch und die Verbandsklagebefugnis des § 8 III Nr. 2 UWG
2. Verfügungsgrund und § 12 II UWG

**II. Unterlassungsanspruch, § 8 I, III UWG**

1. § 3 III i.V. mit Anhang
2. § 3 I UWG
   a) Appell an Umweltbewusstsein und Unlauterkeit gefühlsbetonter Werbung gemäß §§ 3, 4 Nr. 1 UWG
      aa) Strengere Maßstäbe?
      bb) Art. 5 GG und das BVerfG
   b) Irreführung über die Beschaffenheit (§§ 5, 5a I UWG)
   c) Irreführung über Herstellungsverfahren (§§ 5, 5a I UWG)
   d) Eignung zur Beeinträchtigung des Wettbewerbs
3. §§ 3 II, 5, 5a II UWG und Verbraucherleitbild
4. Wiederholungsgefahr und Aktivlegitimation
5. Unterlassungsanspruch zum Teil begründet
6. Einstweilige Verfügung zum Teil zu Recht ergangen

**Frage 2: Vollstreckbarkeit des Beschlusses über die Festsetzung von Ordnungsgeld trotz Erledigung der Hauptsache?**

**I. Wirksamer Titel als Voraussetzung der Vollstreckung**

1. Einstweilige Verfügung als zu vollstreckender Titel, §§ 928, 890 ZPO
2. Vollstreckung trotz Widerspruch gegen e.V., § 924 III ZPO
3. Eventueller Wegfall des Titels durch Erledigungserklärung
   a) Zuwiderhandlung vor erledigendem Ereignis stets genügend?
   b) Erfordernis wirksamen Titels zur Zeit der Zwangsvollstreckungsmaßnahme
   c) Möglichkeit einer Beschränkung der Erledigungserklärung auf die Zeit nach dem zu erledigenden Ereignis
   d) Auslegung der Erledigungserklärung

**II. Zuwiderhandlung gegen einstweilige Verfügung**

**III. Sofortige Beschwerde gegen Festsetzung von Ordnungsgeld und der Widerspruch gegen die einstweilige Verfügung**

**Frage 3: Welche Entscheidung bzw. Entscheidungen musste das Landgericht noch treffen?**

1. Über die Kosten nach § 91a ZPO
2. Sachentscheidung im Verfügungsverfahren, soweit keine Erledigungserklärung erfolgt ist, durch Endurteil; partielle Zurückweisung des Widerspruchs
3. Entscheidung über sofortige Beschwerde gegen Festsetzung des Ordnungsgeldes; sofortige Beschwerde ist zum Teil zu verwerfen

# Lösungsvorschlag

## Frage 1:

### I. Zulässigkeit der einstweiligen Verfügung

258 Die einstweilige Verfügung ist zu Recht ergangen, wenn die Voraussetzungen der §§ 940, 936, 916 ff. ZPO vorlagen. Zwischen den Parteien müsste ein streitiges Rechtsverhältnis vorgelegen haben, und eine Regelung musste notwendig gewesen sein, um den Rechtsfrieden bis zur Entscheidung des streitigen Rechtsverhältnisses zu sichern. Dies setzt einen Verfügungsanspruch und einen Verfügungsgrund voraus. Speziell für Wettbewerbssachen sagt § 12 II UWG, dass zur Sicherung von Unterlassungsansprüchen aus dem UWG eine einstweilige Verfügung auch ohne Darlegung und Glaubhaftmachung der in den §§ 935, 940 ZPO bezeichneten Voraussetzungen erlassen werden kann.

#### 1. Verfügungsanspruch und die Verbandsklagebefugnis des § 8 III Nr. 2 UWG

259 Ein **Verfügungsanspruch** i.S. der §§ 940, 936, 916 ZPO ist gleichwohl nach einhelliger Auffassung unerlässlich[1]. Zwar war B kein Mitbewerber von A, so dass er keinen Unterlassungsanspruch aus § 8 I, III Nr. 1 UWG hatte. Als rechtsfähiger Verband zur Förderung gewerblicher Interessen konnte er aber einen eventuellen Unterlassungsanspruch nach § 8 III Nr. 2 UWG geltend machen und war insoweit klagebefugt für einen Verfügungsanspruch.

#### 2. Verfügungsgrund und § 12 II UWG

260 Trotz § 12 II UWG setzt eine einstweilige Verfügung in Wettbewerbssachen auch einen **Verfügungsgrund** i.S. von Eilbedürftigkeit der einstweiligen Regelung voraus; nur muss der Verfügungsgrund nicht besonders dargelegt und glaubhaft gemacht werden[2], so dass dem Antragsteller praktisch eine Dringlichkeitsvermutung die rasche einstweilige Durchsetzung seiner Unterlassungsansprüche nach dem UWG erleichtert. Da die Dringlichkeitsvermutung nicht widerlegt ist, war der Verfügungsgrund gegeben.

Die einstweilige Verfügung war zulässig.

### II. Unterlassungsanspruch

261 Es kommt mithin darauf an, ob B von A verlangen konnte, es zu **unterlassen**, das „Öko-Toilettenpapier" als umweltfreundlich zu bewerben, ohne darauf hinzuweisen, dass es nicht zu 100 % aus Altpapier besteht, bzw. ob A insoweit dem B gegenüber verpflichtet gewesen wäre, die Werbung nach Maßgabe des geltend gemachten Unterlassungsanspruchs zu modifizieren. Insoweit könnte ein Anspruch auf Unterlassung gemäß § 8 I, III UWG bestehen, wenn A unlauter gehandelt hätte und Wiederholungsgefahr bestand.

---

1 *Köhler*, in: *Hefermehl/Köhler/Bornkamm*, UWG § 12 Rz. 3.8.
2 *Köhler*, in: aaO. § 12 Rz. 3.12. f.

### 1. § 3 III i.V. mit Anhang

Die Werbeaussagen richten sich an Verbraucher. Da sie aber von keinem der im Anhang zu § 3 III UWG enthaltenen Tatbestände erfasst werden, ergibt sich aus § 3 III UWG noch keine Unzulässigkeit. **261a**

### 2. § 3 I UWG

Ein Verstoß gegen § 3 I UWG, das Verbot des unlauteren Wettbewerbs, setzt voraus, **262** dass eine geschäftliche Handlung begangen wurde, die geeignet ist, die Interessen von Mitbewerbern, Verbrauchern oder der sonstigen Marktteilnehmern spürbar zu beeinträchtigen.

#### a) Appell an Umweltbewusstsein und Unlauterkeit gefühlsbetonter Werbung (§§ 3, 4 Nr. 1 UWG)

Fraglich ist zunächst, ob man wegen des Appells an das Umweltbewusstsein von Unlau- **263** terkeit sprechen kann. Dies gilt umso mehr, als die Beispielskataloge des UWG gefühlsbetonte Werbung, abgesehen von der Beeinträchtigung der Entscheidungsfreiheit durch unangemessene unsachliche Einflussnahme (§ 4 Nr. 1 UWG), nicht ansprechen.

#### aa) Strengere Maßstäbe

Die frühere Rechtsprechung des BGH sah in der gefühlsbetonten Werbung unter be- **264** stimmten Voraussetzungen einen Sittenverstoß und damit unlauteren Wettbewerb[3]. Die Werbung mit Umweltschutzbegriffen und -zeichen sei ähnlich wie die Gesundheitswerbung grundsätzlich nach strengen Maßstäben zu beurteilen[4]. Mit der allgemeinen Anerkennung der Umwelt als eines wertvollen und schutzbedürftigen Gutes habe sich ein verstärktes Umweltbewusstsein entwickelt, das dazu führe, dass der Verkehr vielfach Waren bevorzuge, auf deren besondere Umweltverträglichkeit hingewiesen wird[5]. Werbemaßnahmen, die an den Umweltschutz anknüpfen, seien besonders geeignet, emotionale Bereiche im Menschen anzusprechen, die von einer Besorgnis um die eigene Gesundheit bis zum Verantwortungsgefühl für spätere Generationen reiche. Es seien daher strenge Anforderungen an die Aufklärung der angesprochenen Verkehrskreise über Bedeutung und Inhalt der verwendeten Begriffe und Zeichen zu stellen.

#### bb) Art. 5 GG

Diese Argumentation zur Begründung der Unlauterkeit hat das BVerfG in der „Benetton"- **265** Entscheidung[6] für unzulässig erklärt. Ausgehend von der Feststellung, dass auch Wirtschaftswerbung vom Grundrecht des Art. 5 I GG umfasst sei, entnimmt das BVerfG aus der Bedeutung und Tragweite des Kommunikationsgrundrechtes, wenn und soweit die Werbung einen wertenden Inhalt hat, dass sozialkritische Botschaften zulässiger Inhalt

---

3 Etwa BGHZ 112, 311 – Biowerbung mit Fahrpreiserstattung; zur früheren Sicht allg. *Baumbach/Hefermehl*, 1999[21], UWG § 1 Rz. 185 ff.

4 BGH GRUR 1991, 546, 547 – aus Altpapier.

5 BGH GRUR 1991, 546, 547.

6 BVerfG NJW 2003, 1303, 1304 – Benetton II; vgl. zur Bedeutung dieser Judikatur statt vieler *Ahrens*, JZ 2004, 763.

von Werbung sein können. Meinungsäußerungen dürfen nur aufgrund einer tatsächlich festzustellenden Gefährdung des Leistungswettbewerbes unterbunden werden. Es reicht nach Ansicht des BVerfG nicht aus, zum Beleg der Gefährdung des Leistungswettbewerbs auf die wahrheitsgemäße, nicht irreführende Ansprache an Motive des sozialen Engagements zu verweisen[7]. In der BGH-Entscheidung „Artenschutz" wird gefühlsbetonte Werbung nunmehr grundsätzlich akzeptiert; verboten sei sie nur im Falle der Unvereinbarkeit mit der Lauterkeit des Wettbewerbs (!)[8].

Es können somit nicht per se erhöhte Anforderungen an eine Werbung mit dem Begriff „umweltfreundlich" gestellt werden[9].

### b) Irreführung über die Beschaffenheit

**266** Die Werbung als umweltfreundlich kann Unlauterkeit hier nur begründen, wenn eine **Irreführung** der maßgeblichen Verkehrskreise über tatsächliche Eigenschaften des Produktes i.S. v. § 5 I UWG vorliegt. Insoweit gibt § 5a I UWG nähere Hinweise zur Frage der Irreführung durch Unterlassung.

In Betracht käme eine Irreführung über die Beschaffenheit des Produktes i.S. des § 5 II Nr. 1 UWG. Indem das Öko-Toilettenpapier als aus Altpapier bestehend beschrieben wurde, könnte die A bei den maßgeblichen Verkehrskreisen den Eindruck erweckt haben, es bestehe zu 100 % aus Altpapier. An sich muss sich der Werbende bei mehrdeutigen Aussagen grundsätzlich die ihm ungünstigste Verständnisalternative entgegenhalten lassen[10]. Dabei kommt es auf den angesprochenen Adressatenkreis an. Im Ausgangsfall hatte der BGH daher irreführende Werbung angenommen[11]. Freilich bestehen Zweifel, ob dies auch noch vor dem Hintergrund des heute maßgebenden **Verbraucherleitbildes** gilt, der auf den durchschnittlich informierten und verständigen Verbraucher abstellt[12]. Insoweit ist es nahe liegend, dass ein verständiger Verbraucher der beanstandeten Werbeaussage zwar entnimmt, dass Altpapier im wesentlichen Umfang für das Öko-Papier Verwendung findet. Gerade weil ein Hinweis wie „nur" oder „zu 100 %" o.ä. fehlt, dürfte daher insoweit keine Irreführung anzunehmen sein.

### c) Irreführung über Herstellungsverfahren

**267** Der Hinweis auf „wesentliche Einsparungen an Energie und Frischwasser" durch das Öko-Papier war unzutreffend. Insoweit geht es um das Herstellungsverfahren, dessen werbliche Herausstellung ebenfalls nach § 5 II Nr. 1 UWG eine irreführende Angabe sein kann. Bei klar unzutreffenden Angaben, die hier vorliegen, spielt insoweit das Verbraucherleitbild zunächst keine Rolle: diese Werbung ist nach § 5 I UWG unlauter.

---

7 BVerfG GRUR 2002, 455, 457 – Tier- und Artenschutz.

8 BGHZ 164, 153 – Artenschutz = NJW 2006, 149.

9 Zur Beurteilung der gefühlsbetonten Werbung aus heutiger Sicht s. etwa *Nordemann*, 2004[10], Rz. 951 ff.; *Stuckel*, in: *Harte-Bavendamm/Henning-Bodewig*, UWG § 4 Rz. 146 ff.; *Köhler*, in: *Köhler/Hefermehl/Bornkamm*, UWG § 4 Rz. 1.138; 1.150.

10 Vgl. BGH GRUR 1982, 563 – Betonklinker.

11 BGH GRUR 1991, 546 – … aus Altpapier.

12 BGHZ 148, 1, 7 – Mitwohnzentrale.de; BGH WRP 2000, 517 – Orient-Teppichmuster; Vorreiter war u.a. EuGH WRP 1993, 233 – Nissan; näher zum Verbraucherleitbild unten **Fall 7**.

### d) Eignung zur Beeinträchtigung des Wettbewerbs

Nach § 3 UWG ist diese Werbung aber nur unter der zusätzlichen Voraussetzung verboten, dass sie geeignet ist, die Interessen von Mitbewerbern, Verbrauchern oder sonstigen Marktteilnehmer spürbar zu beeinträchtigen. Die beanstandete Werbung beeinträchtigt die Interessen der Verbraucher, denen unter Vorspiegelung eines Nutzens für die Umwelt der Kauf des Produktes empfohlen wird; zugleich sind damit die Interessen der Mitbewerber tangiert. Dass sich das Konzept des Öko-Toilettenpapiers letztlich als wenig erfolgreich erwiesen hat, war zum Zeitpunkt des Erlasses der einstweiligen Verfügung noch nicht klar erkennbar und muss daher insoweit für die Beurteilung außer Betracht bleiben. Da das Merkmal der Spürbarkeit keine echte Einschränkung des Verbots zum Inhalt hat, sondern lediglich Bagatellfälle ausschließen soll[13] und ein solcher bei irreführender Werbung für ein industriell hergestelltes und offenbar bundesweit beworbenes Produkt nicht angenommen werden kann, wurde mithin gegen ein Verbot gemäß § 3 I UWG verstoßen. **268**

## 3. §§ 3 II, 5, 5a II UWG und Verbraucherleitbild

Seit der 1. UWG-Novelle gelten bei Werbung gegenüber Verbrauchern unbeschadet des Anhangs zum UWG allgemein strengere Vorschriften nach den §§ 3 II, 5a II UWG, die sich insbesondere auf die §§ 3 I und 4 UWG auswirken. Es wird insoweit in besonderer Weise auf das heutige Verbraucherleitbild abgestellt.[14] Es dürfte sich aber auch bei Zugrundelegung dieser Regelungen keine Abweichung von dem oben (2) gefundenen Ergebnis zeigen. **269**

## 4. Wiederholungsgefahr und Aktivlegitimation

Wiederholungsgefahr ist zu bejahen. A warb in der beanstandeten Form für das Produkt. Die Wiederholungsgefahr entfiel erst, als A das „Öko-Toilettenpapier" vom Markt nahm. Das war aber bei Erlass der einstweiligen Verfügung noch nicht vorhersehbar. Zwar war B kein Mitbewerber des A, aber als rechtsfähiger Verband zur Förderung gewerblicher Interessen konnte er einen eventuellen Unterlassungsanspruch nach § 8 III Nr. 2 UWG geltend machen. **270**

## 5. Unterlassungsanspruch

B hatte also einen Anspruch auf Unterlassung der beanstandeten Werbung im Hinblick auf die angeblichen wesentlichen Einsparungen an Energie und Frischwasser. Ein weiter reichender Unterlassungsanspruch bestand nicht. **271**

## 6. Einstweilige Verfügung

Damit war die einstweilige Verfügung, soweit es um die Werbung mit der angeblich wesentlichen Einsparung an Energie und Frischwasser geht, zu Recht ergangen; im Übrigen war sie allerdings nicht gerechtfertigt.

13 BT-Drucks. 15/1487, S. 17.

14 Vgl. BT-Drucks. 16/11070 S. 43; der Begriff der fachlichen Sorgfalt verweist auf Art. 2 lit. h der RL 2005/29/EG.

## Frage 2:

### I. Wirksamer Titel als Voraussetzung der Vollstreckung

272 Die Rechtmäßigkeit der Vollstreckung setzt voraus, dass ein wirksamer Titel vorliegt, auf dessen Grundlage gegen die A wegen Zuwiderhandlung gegen die einstweilige Verfügung ein Ordnungsgeld festgesetzt werden konnte.

#### 1. Einstweilige Verfügung als zu vollstreckender Titel

273 Fraglich ist hier zunächst, was der zu **vollstreckende Titel** ist. Das Ordnungsgeld, das durch das Gericht gemäß § 890 ZPO verhängt wurde, stellt lediglich eine Vollstreckungsmaßnahme der einstweiligen Verfügung dar. Der Titel, um dessen Vollstreckbarkeit gestritten wird, ist somit die einstweilige Verfügung vom 15.8.2004 (vgl. § 928 ZPO). Der Inhalt des Titels ist gerichtet auf ein Unterlassen, somit wird er vollstreckt durch Androhung und Festsetzung eines Ordnungsgeldes, wie es hier auch geschehen ist.

#### 2. Vollstreckung trotz Widerspruch

274 Dass Widerspruch eingelegt wurde, hindert die weitere Vollstreckung nicht (§ 924 III ZPO).

#### 3. Eventueller Wegfall des Titels durch Erledigungserklärung

275 Die Vollstreckung aus dem Ordnungsgeldbeschluss könnte aber wegen Wegfalls des zugrunde liegenden Titels unzulässig geworden sein[15]. Denn der Titel als Grundlage dieser Vollstreckungsmaßnahme war die einstweilige Verfügung, und insoweit hatten beide Parteien die Hauptsache für erledigt erklärt. Der Titel als Grundlage der Vollstreckungsmaßnahme könnte also entfallen sein.

##### a) Zuwiderhandlung

276 Ein Teil der Judikatur und Literatur will bei Titelwegfall durch übereinstimmende Erledigungserklärung gleichwohl im Falle von Zuwiderhandlungen gegen das Unterlassungsgebot in der Zeit **vor** dem erledigenden Ereignis die Zwangsvollstreckungsmaßnahme weiter zulassen, weil hier zur Zeit der **Zuwiderhandlung** ein Titel vorgelegen habe, und weil andernfalls der Schuldner straflos gegen seine Unterlassungsverpflichtung verstoßen könne, in dem er den Gläubiger im Anschluss an den Verstoß zur Erledigungserklärung faktisch zwinge[16].

15 Was vom LG im Rahmen der anhängigen sofortigen Beschwerde gegen die Verhängung des Ordnungsgelds zu berücksichtigen wäre.

16 OLG Düsseldorf GRUR 2003, 127; 2002, 151; OLG Karlsruhe GRUR 1992, 207 f.; OLG Frankfurt WRP 1980, 270, 271; OLG Hamburg WRP 1987, 260 ; w. Nachw. bei *Ruess*, NJW 2004, 485, 486 f.; *Ahrens*, Der Wettbewerbsprozess, 2005$^4$, Kap. 63 Rz. 16; *Bork*, WRP 1994, 656 ff.

### b) Erfordernis wirksamen Titels

Freilich weist der BGH zu Recht darauf hin, dass Zwangsvollstreckungsmaßnahmen auch im Rahmen des § 890 ZPO ohne das Vorliegen eines noch vollstreckbaren Titels zur Zeit der **Zwangsvollstreckungsmaßnahme** nicht in Betracht kommen, da dies mit den §§ 775 Nr. 1, 776 ZPO nicht vereinbar wäre[17]. Eine Vollstreckung wäre andernfalls rechtsstaatswidrig[18]. Da nach einer uneingeschränkten übereinstimmenden Erledigungserklärung keine Entscheidung über den Streitgegenstand mehr ergehen kann[19] und ein schon ergangener, aber noch nicht rechtskräftiger Unterlassungstitel entfällt[20], kann ein solcher Titel keine Grundlage für Vollstreckungsmaßnahmen mehr sein[21]. **277**

### c) Möglichkeit einer Beschränkung der Erledigungserklärung

Allerdings kann der Gläubiger seine **Erledigungserklärung** auf die Zeit nach dem erledigenden **Ereignis beschränken** mit der Folge, dass dann der Titel ggf. für den Zeitpunkt der erfolgten Zuwiderhandlung bestehen und mögliche Grundlage für weite Zwangsvollstreckungsmaßnahmen gegen den Schuldner bleibt[22]. **278**

### d) Auslegung der Erledigungserklärung

Im vorliegenden Fall hat B bei seiner Erledigungserklärung zumindest ausdrücklich keine Einschränkung im Hinblick auf eine Wirkung nur für die Zukunft vorgenommen. Eine solche Einschränkung könnte sich freilich durch Auslegung ergeben. Insoweit ist auf die dem A erkennbare Interessenlage des B abzustellen. Dabei ist entscheidend, dass B die Erklärung im Hinblick auf die Beendigung der beanstandeten Werbung des A abgab, um der Kostentragungspflicht beim sonst zu befürchteten Unterliegen zu entgehen; nichts sprach dafür, dass B den A von den Folgen früherer Zuwiderhandlungen gegen das Unterlassungsgebot der einstweiligen Verfügung freistellen wollte[23]. Demzufolge ist die Hauptsache des Rechtsstreits (der einstweiligen Verfügung!) für die Zeit der Zuwiderhandlung des A gegen das Unterlassungsgebot nicht erledigt, und der Titel, das Unterlassungsgebot der einstweiligen Verfügung, besteht insoweit fort und kann Grundlage der weiteren Vollstreckung aus dem Ordnungsgeldbeschluss sein[24]. **279**

## II. Zuwiderhandlung gegen einstweilige Verfügung

A hat dem Unterlassungsgebot der einstweiligen Verfügung vom 15.8.2004 vorsätzlich zuwidergehandelt. **280**

17 BGH NJW 2004, 506, 508 – Euro-Einführungsrabatt.
18 BGH aaO.; OLG Hamm WRP 1990, 423, 424.
19 BGH NJW 2004, 506, 508.
20 BGH aaO.
21 BGH aaO.; OLG Hamm WRP 1990, 423; OLG Nürnberg WRP 1996, 145; *Köhler*, in: *Baumbach/Hefermehl/Köhler/Bornkamm*, UWG § 12 Rz. 6.16; *Zöller/Stöber*, ZPO 2009[27], § 890 Rz. 9a, 25.
22 BGH aaO.; OLG Hamm aaO.; *Köhler* aaO. Rz. 6.16.
23 Ebenso BGH NJW 2004, 506, 509; vgl. auch *Köhler* aaO. Rz. 6.16: im Zweifel wird davon auszugehen sein, dass der Kläger seine Erledigungserklärung auf die Zukunft beschränkt.
24 Allerdings ist zu beachten, dass der Rechtsstreit, also das Verfügungsverfahren, insoweit noch anhängig ist und abschließender Entscheidung bedarf; auf diese Konsequenzen war BGH NJW 2004, 506 nicht eingegangen; krit. insoweit *Ruess*, NJW 2004, 485, 488; vgl. zur Problematik weiter unten zu Frage 3.

Die Festsetzung eines Ordnungsgeldes in Höhe von 10 000 € ist der Höhe nach nicht zu beanstanden. Die Vollstreckung aus dem Titel ist somit an sich rechtmäßig.

### III. Sofortige Beschwerde

281 Da gegen die Festsetzung des Ordnungsgeldes sofortige Beschwerde erhoben wurde, der das Landgericht abhelfen kann und da das Landgericht zugleich noch über den Widerspruch gegen die einstweilige Verfügung zu entscheiden hat, wird das Landgericht die Festsetzung des Ordnungsgeldes aufheben, **wenn** der Widerspruch Erfolg hat. Dies gilt, obwohl nach § 924 III ZPO der Widerspruch die Vollziehung der einstweiligen Verfügung nicht hemmt.

## Frage 3:

### 1. Kosten

282 Soweit der Rechtsstreit im Verfügungsverfahren erledigt ist, ist nach § 91a ZPO über die Kosten zu entscheiden.

### 2. Sachentscheidung im Verfügungsverfahren

283 Hier wurde der Rechtstreit nur teilweise für erledigt erklärt, nämlich lediglich für die Zukunft. Für die Vergangenheit tritt keine Erledigung ein, so dass dieser Teil des Rechtstreits weiterhin rechtshängig bleibt. Hierüber muss das Gericht noch in der Sache entscheiden, nicht zuletzt um die Rechtmäßigkeit der einstweiligen Verfügung als Grundlage für die Vollstreckung der Ordnungsmittel zu beurteilen. Nachdem A Widerspruch gegen den Erlass der einstweiligen Verfügung erhoben hatte, hat die Entscheidung gemäß §§ 925, 936 ZPO durch Endurteil zu erfolgen. Die diesbezügliche Entscheidung beschränkt sich auf die Frage der Rechtmäßigkeit zur Zeit des Erlasses der einstweiligen Verfügung. Da diese Entscheidung seinerzeit nur zum Teil zu Recht ergangen war[25], wird die Unterlassungsverpflichtung des A im Urteil nur eingeschränkt bestätigt und der Widerspruch des A partiell zurück gewiesen werden. Ein diesbezügliches Rechtsschutzinteresse des B ist zu bejahen, und zwar aus den gleichen Gründen, die für die Möglichkeit der beschränkten Erledigungserklärung sprechen (s.o.).

### 3. Entscheidung über sofortige Beschwerde

Die sofortige Beschwerde des A gegen die Festsetzung des Ordnungsgeldes ist nur teilweise begründet, soweit nämlich die Unterlassungsverpflichtung des A in dem im Verfügungsverfahren ergehenden Urteil nur eingeschränkt Bestand hat.

25 Siehe die Ausführungen zu Frage 1.

# Wiederholung und Vertiefung

1. Die einstweilige Verfügung auf Unterlassung unlauteren Wettbewerbs hat große praktische Bedeutung. Sie kann nach § 12 II UWG unter erleichterten Voraussetzungen erlangt werden. Dies gilt auch im Rahmen der Verbandsklage (s. schon **Fall 3**). **284**

2. Die frühere Fallgruppe der gefühlsbetonten Werbung, die man unter bestimmten Voraussetzungen als unlauter ansah, hat im Hinblick auf Art. 5 GG weitgehend ihre Bedeutung verloren (BVerfG: Benetton). Das gilt auch für das früher bejahte Anlegen besonders strenger Maßstäbe im Hinblick auf eine Irreführungsgefahr bei einschlägigen Sachverhalten. **285**

Maßgebend ist heute etwa für umweltbezogene Werbung einmal das Beurteilen der Irreführung nach allgemeinen Maßstäben (§§ 5, 5a UWG) und zum anderen der gesetzliche Tatbestand hinsichtlich der Unlauterkeit der Beeinträchtigung der Entscheidungsfreiheit durch unangemessene unsachliche Einflussnahme (§ 4 Nr. 1 UWG) durch geschäftliche Handlungen. Unlauterkeit ist eher zurückhaltend anzunehmen.

Für die zur Unlauterkeit führende Irreführung ist auf den durchschnittlich informierten und verständigen Verbraucher abzustellen (vgl. weiter hierzu **Fall 7**); nur wenn die Gefahr besteht, dass ein nicht unerheblicher Teil dieser Verbrauchergruppe irregeführt wird, ist Unlauterkeit zu bejahen. Im Übrigen gibt § 5 UWG Hilfestellung zur Ermittlung der relevanten Irreführungsgefahr.

Objektiv unwahre Werbeaussagen sind in aller Regel irreführend und unlauter, ohne dass es noch auf den Verbraucherbegriff ankäme.

3. Geschäftliche Handlungen gegenüber Verbrauchern unterliegen seit der 1. UWG-Novelle besonders strengen Vorschriften: insbesondere § 3 III UWG und Anhang sowie §§ 3 II, 5a II UWG. **286**

4. Die Pflicht zur Unterlassung unlauterer Wettbewerbshandlungen kann im Wege der Zwangsvollstreckung durch die Festsetzung von Ordnungsgeld bzw. von Ordnungshaft für den Fall der Zuwiderhandlung durchgesetzt werden; dies setzt eine entsprechende gerichtliche Androhung voraus, die auf Antrag bereits im Urteil bzw. in der einstweiligen Verfügung enthalten sein kann (§ 890 ZPO). Die Festsetzung von Ordnungsgeld bzw. Ordnungshaft selbst erfolgt dann durch Beschluss (§ 891 ZPO). **287**

Diese Festsetzung ist nur zulässig, wenn ein vollstreckbarer Titel vorliegt, der den Zeitraum der Zuwiderhandlung abdeckt.

Ein Unterlassungsanspruch entfällt für die Zukunft, wenn die Wiederholungsgefahr entfällt, etwa weil der Verletzer erkennbar kein Interesse an der Fortsetzung seines Verhaltens hat oder wenn das Verhalten wegen einer Änderung der Rechtslage künftig erlaubt ist.

Soweit derartige Umstände nach Eintritt der Rechtskraft relevant werden, steht dem Verletzer die Vollstreckungsabwehrklage (§ 767 ZPO) zur Verfügung.

Während eines laufenden Prozesses kann insoweit die Erledigung der Hauptsache eintreten mit der Folge, dass dann die Klage abzuweisen ist. Will der verletzte Kläger eine kostenpflichtige Abweisung der Klage nicht riskieren, muss er die Hauptsache für erledigt erklären mit der Kostenfolge des § 91a ZPO.

Mit einer umfassenden Erledigungserklärung der Beteiligten entfällt der Titel mit der Folge, dass er generell nicht mehr als Grundlage für die Festsetzung von Zwangsmitteln für Zuwiderhandlungen in Betracht kommt.

Soweit der Verletzer die Verletzungshandlung begangen hat, ehe das zur Erledigung der Hauptsache führende Ereignis (Entfallen der Wiederholungsgefahr bzw. Rechtsänderung) stattfand, kann der Verletzte ein Interesse daran haben, dass die Festsetzung und Durchsetzung von Ordnungsmitteln insoweit noch erfolgt.

Dies ist dann und insoweit möglich, als der Verletzte (Kläger) seine Erledigungserklärung auf den Zeitraum nach dem zur Erledigung führenden Ereignis (s.o.) beschränkt. In diesem Fall bleibt der zeitlich frühere Teil des Streits rechtshängig mit der Folge, dass eine Sachentscheidung und ihre Durchsetzung weiter möglich sind; Voraussetzung ist ein entsprechendes Rechtsschutzinteresse.

**Ausgangsfälle**

BGH, Urt. v. 20.10.1988 (I ZR 238/87), NJW 1989, 712 = GRUR 1991, 546 – … aus Altpapier

BGH, B. v. 23.10.2003 (I ZB 45/02), NJW 2004, 506 – Euro-Einführungsrabatt

Vgl. weiter zum Verbraucherleitbild BGH, Urt. v. 17.5.2001 (I ZR 216/99), BGHZ 148, 1, 7 – Mitwohnzentrale.de; zu Art. 5 GG: BVerfG, B. v. 11.3.2003 (I EvR 426/02), NJW 2003, 1303 – Benetton-Werbung II

BGH, Urt. v. 22.9.2005 (I ZR 55/02), BGHZ 164, 153 = NJW 2006, 149 – Artenschutz

Fall 7

# Überzogener Produkt-Verbraucherschutz

*Klausur 3 Std.*

Das amerikanische Unternehmen Estée Lauder stellt kosmetische Mittel her, die weltweit seit vielen Jahren unter der Bezeichnung „Clinique“ vertrieben werden, ohne dass es bislang Probleme mit der Bezeichnung gab. Nur in der Bundesrepublik Deutschland wurden diese Erzeugnisse seit ihrer Markteinführung 1972 unter der Bezeichnung „Linique“ vertrieben. Der Vertrieb erfolgte über die deutsche Tochtergesellschaft Estée Lauder Cosmetics GmbH. Zur Verminderung der durch die unterschiedliche Bezeichnung verursachten Verpackungs- und Werbekosten beschloss das Unternehmen Anfang der 90er Jahre des letzten Jahrhunderts, auch die für den deutschen Markt bestimmten Erzeugnisse unter der Marke „Clinique“ zu vertreiben, allerdings nicht in Apotheken. Der Verband Sozialer Wettbewerb e.V., ein Gewerbeverband i.S. des heutigen § 8 III Nr. 2 UWG, hielt diese Bezeichnung für zumindest in Deutschland unzulässig im Hinblick auf das UWG. Es sei damit zu rechnen, dass die Verbraucher der in Frage stehenden Erzeugnisse irregeführt würden, indem sie den Erzeugnissen zu Unrecht medizinische Wirkung beimäßen. Nach erfolgloser Abmahnung erhob der e.V. Unterlassungsklage vor dem örtlich zuständigen LG Berlin. Das LG hielt es für denkbar, dass tatsächlich bei einem nicht unerheblichen Teil der weniger informierten Verbraucherschaft eine Irreführung hervorgerufen werde. Vor einer einschlägigen Beweiserhebung qua Meinungsumfrage wollte das LG prüfen, ob es im Hinblick auf eventuell vorrangiges europäisches Recht überhaupt auf eine solche Beweiserhebung ankommt. Es ersuchte deshalb im Jahre gemäß *Art. 234 EGV* (heute Art. 267 AEUV) den EuGH um Vorabentscheidung. 288

**Aufgabe:**

Bitte prüfen Sie die Aussichten der Klage nach heute geltendem Recht, indem Sie die mutmaßlich ergangene Vorabentscheidung des EuGH in die gutachtlichen Erwägungen integrieren. Wird eine Beweiserhebung stattfinden oder kann das LG zur Sache entscheiden und gegebenenfalls in welchem Sinne?

# Gliederung

289 **I. Zulässigkeit der Unterlassungsklage**

**II. Begründetheit der Unterlassungsklage**

1. § 8 I, III Nr. 2, § 3 UWG
   a) Irreführende geschäftliche Handlung (§§ 3 I, 5 I 2 Nr. 1 UWG)
   b) Verbraucherbezogene Verschärfung durch § 3 II UWG
   c) Eventueller Vorrang europäischen Rechts und das relevante Verbraucherleitbild
2. Einschlägige Richtlinien
3. Art. 34, 36 AEUV (Art. 28, 30 EGV) und die Problematik der „Maßnahmen gleicher Wirkung“
4. Ergebnis: Klage unbegründet, ohne dass es auf Meinungsumfrage ankommt

# Lösungsvorschlag

## I. Zulässigkeit der Unterlassungsklage

Da der Kläger, der Verband Sozialer Wettbewerb e.V., ein Gewerbeverband i.S. von § 8 III Nr. 2 UWG ist, kommt es für die Klagebefugnis wie auch für die Aktivlegitimation[1] für den Anspruch aus **§ 8 I, III Nr. 2 UWG** einmal darauf an, dass dem Verband eine erhebliche Zahl von Unternehmern angehört, die Waren gleicher oder verwandter Art auf demselben Markt vertreiben, dass der Verband nach seiner Ausstattung imstande ist, seine satzungsmäßigen Aufgaben der Verfolgung gewerblicher Interessen tatsächlich wahrzunehmen und dass die hier verfolgte Zuwiderhandlung die Interessen seiner Mitglieder berührt; dass dies der Fall ist, davon ist in tatsächlicher Hinsicht auszugehen. **290**

## II. Begründetheit der Unterlassungsklage

### 1. § 8 I, III Nr. 2, § 3 UWG

Der auf § 8 I, III Nr. 2 UWG gestützte **Anspruch auf Unterlassung** setzt voraus, dass gegen § 3 UWG verstoßen wurde und Wiederholungsgefahr (bzw. – hier nicht relevant – Erstbegehungsgefahr) einer Irreführung der Verbraucher durch die Verwendung der Warenbezeichnung Clinique, besteht. **291**

#### a) Irreführende geschäftliche Handlung

**§ 3 III UWG** in Verbindung mit dem Anhang greift offensichtlich hier nicht ein, obwohl sich die Werbung an Verbraucher richtet. Der Verstoß gegen **§ 3 I UWG** wiederum hat als erste Voraussetzung eine unlautere geschäftliche Handlung im Sinne von § 2 I Nr. 1 UWG. Eine solche ist bei Irreführung unlauter; Irreführung ist anzunehmen bei unwahren oder zur Täuschung geeigneten Angaben über Art, Beschaffenheit oder die Verwendungsmöglichkeit von Waren (vgl. § 5 I 2 Nr. 1 UWG). **292**

**Angaben** sind im Gegensatz zu bloßen Anpreisungen objektiv nachprüfbare Tatsachenbehauptungen, wobei Andeutungen derselben genügen; letzteres wäre bei der Bezeichnung „Clinique" der Fall, die in der Tat auf eine Beschaffenheit i.S. klinischer Wirkung hinzudeuten scheint. **293**

Irreführend sind Angaben im Falle der Abweichung der durch die Angabe hervorgerufenen Vorstellung von der Realität. Eine **Irreführung** könnte darin zu sehen sein, dass die Verbraucher durch die Bezeichnung Clinique veranlasst werden, den Kosmetika zu Unrecht medizinische Wirkungen beizumessen. Bei eindeutigen Angaben ist die Feststellung einer Abweichung zwischen Vorstellung und Realität trivial. Es kommt dabei auf Fehlvorstellungen von maßgeblicher Bedeutung für den Kaufentschluss an[2]. Schwierigkeiten entstehen bei Angaben von nicht eindeutigem Bedeutungsgehalt, wie auch im konkreten Fall.

1 Zur Doppelnatur als Prozessvoraussetzung und Anspruchsgrundlage s. BGH NJW 1996, 3276, 3277.
2 Amtl. Begr., BT-Drucks. 15/1487, S. 19.

Angesichts der Vielzahl potentiell Betroffener war nach Auff. des LG hier der konkrete Nachweis des Irrtums (bei wem?) nicht erforderlich; vielmehr reichte die Eignung zur Irreführung eines nicht unerheblichen Teils der betroffenen Verkehrskreise aus[3]. Zur Ermittlung dieser Irreführungsgefahr war dann auf das **Verständnis der angesprochenen Verkehrskreise** in der **konkreten Situation** abzustellen.

294 Nach früherer Rechtsprechung, von der das LG offensichtlich ausging, war die Irreführungsgefahr schon dann zu bejahen, wenn ein nicht völlig unerheblicher Teil der **„beteiligten"** Verkehrskreise irregeführt wird[4], wobei eine Quote etwa zwischen 10 % und 15 % zugrunde gelegt wurde[5]. Dem entsprach ein Verbraucherleitbild des besonders schutzbedürftigen Verbrauchers. Dass hiernach im konkreten Fall Irreführung i.S. des § 5 UWG vorläge, ist zumindest denkbar. 15 % der „beteiligten" oder „betroffenen" Verkehrskreise fühlen sich schnell falsch informiert!

### b) Verbraucherbezogene Verschärfung

295 Seit der 1. UWG-Novelle ist bei geschäftlichen Handlungen gegenüber Verbrauchern ausdrücklich auf den durchschnittlichen Verbraucher abzustellen; es kommt darauf an, ob die Werbung der „fachlichen Sorgfalt" entspricht und geeignet ist, seine Fähigkeit zur informationsbezogenen Entscheidung spürbar zu beeinträchtigen und ihn dadurch zu einer geschäftlichen Entscheidung zu veranlassen (§ 3 II UWG). Es erscheint denkbar, dass die Werbung mit „Clinique", geht man nur nach dem Wortlaut der Vorschrift, unzulässig wäre. Eine Meinungsumfrage könnte auch insoweit hilfreich sein.

### c) Eventueller Vorrang europäischen Rechts

296 Unbeschadet dessen wäre die Klage freilich bereits dann unbegründet (und die Umfrage überflüssig), wenn europäisches Recht dem Anspruch entgegenstände und Vorrang vor einem so begründeten Unterlassungsanspruch aus UWG hätte. Dies könnte dann der Fall sein, wenn das der obigen Auslegung zugrundegelegte Verbraucherleitbild[6] ein im Verhältnis zu den übrigen Mitgliedstaaten der **EU** übersteigertes Schutzniveau mit sich brächte und sich daraus eine nach Gemeinschaftsrecht unzulässige Beeinträchtigung des Handels zwischen Mitgliedstaaten ergäbe, wie von der Beklagten vorgetragen[7].

---

3 AaO.

4 BGHZ 13, 244 – Cupresa-Kunstseide.

5 Vgl. *Baumbach/Hefermehl*, 1999[21], UWG § 3 Rz. 27; *Emmerich*, WettbR, 2002[6], § 14, 5a; soweit sich die Richter selbst zu den durch die Werbung angesprochenen Verkehrskreisen rechnen, können sie nach allgemeiner Auffassung die Irreführungsgefahr regelmäßig (und im Übrigen bei Vorhandensein entsprechender Sachkunde) eigenständig bejahen; so BGH NJW 2004, 1163 – Spiegel/Focus, m.N.; wenn sie gleichwohl, wie im vorliegenden Fall, die Einholung einer Meinungsumfrage erwägen, spricht dies dafür, dass sie selbst die Irreführungsgefahr bezweifeln.

6 Heute stellt der BGH – das sei schon hier gesagt – generell auf den Begriff des durchschnittlich informierten und verständigen Verbrauchers ab; so BGHZ 148, 1, 7 – Mitwohnzentrale.de und BGH WRP 2000, 517 – Orient-Teppichmuster.

7 Da die nachfolgenden Aspekte inzwischen bei der Auslegung des UWG berücksichtigt werden, käme es heute aber kaum noch zu einer Vorlage an den EuGH.

## 2. Einschlägige Richtlinien

Zur Angleichung der Rechts- und Verwaltungsvorschriften der Mitgliedstaaten über **irreführende Werbung** hatte der Rat der EG die **RL 84/450 EWG** erlassen – heute RL **2006/114/EG**[8]. Gemäß Art. 288 AEUV *(Art. 249 III EGV)* ist die Richtlinie für jeden Mitgliedsstaat, an den sie gerichtet wird, hinsichtlich des zu erreichenden Zieles verbindlich, überlässt jedoch den innerstaatlichen Stellen die Wahl der Form und der Mittel der Umsetzung. Art. 7 der Irreführungsrichtlinie bzw. Art. 8 I der RL 2006/114/EG sagt ausdrücklich, dass die Mitgliedstaaten ein höheres Schutzniveau aufrechterhalten können[9]. Daraus folgt, dass sich aus der o.a. Richtlinie gerade keine Pflicht zur Modifikation der Auslegung der §§ 3, 5, 5a UWG und zur Reduktion des bislang[10] besonders hohen deutschen Verbraucherschutzniveaus ergab. 297

Die **Richtlinie über unlautere Geschäftspraktiken gegenüber Verbrauchern** vom 11.5.2005 – UGP-RL – (RL 2005/29/EG) stellt aber nunmehr für die Irreführungsgefahr auf das Leitbild des den **„Durchschnittsverbrauchers"** ab, das im Anschluss an die EuGH-Rspr. durch Art. 5 und 6 sowie durch Ziffer 18 der Erwägungsgründe der Richtlinie grundsätzlich (Ausnahmen für besonders definierte Schutzbedürftige) konkretisiert wird als **„angemessen gut unterrichtet und angemessen aufmerksam und kritisch"**[11]; dem ist durch richtlinienkonforme Auslegung Rechnung zu tragen. Hiernach könnte es bei der Verwendung des Namens „Clinique" für ein kosmetisches Mittel an einer Irreführung in Bezug auf ein klinisches Mittel fehlen, ohne dass es einer Meinungsumfrage bedürfte. 298

## 3. Art. 34, 36 AEUV

Schließlich ergeben sich aus den **Art. 34, 36 AEUV**[12] unmittelbar Grenzen für den neutralen Gesetzgeber, die sich auch auf die Interpretation des § 3 UWG auswirken können. Diese Artikel beanspruchen als europäische Rechtsnormen Vorrang vor nationalem Recht[13]. 299

Nach Art. 34 AEUV sind mengenmäßige Einfuhrbeschränkungen sowie alle Maßnahmen gleicher Wirkung zwischen den Mitgliedstaaten verboten. Art. 36 AEUV sieht gewisse Ausnahmen vor, u.a. für Gesundheitsschutz, ohne freilich Lauterkeit des Handelsverkehrs oder Verbraucherschutz zu erwähnen. Der Begriff der „Maßnahmen gleicher Wirkung" wurde zum Ansatzpunkt der Überprüfung auch nationaler Rechtsvorschriften im Hinblick auf ihre Eignung, den Handel zwischen den Mitgliedstaaten zu behindern[14]. Nur solche Hemmnisse für den Binnenhandel, die sich aus den Unterschieden der nationalen Rechtsvorschriften ergeben, müssen hingenommen werden, die notwendig sind, um zwingenden Erfordernissen, u.a. des Verbraucherschutzes und der Lauter- 300

8 Abgedruckt bei *Hefermehl/Köhler/Bornkamm*, in GRUR Int. 1984, 688 sowie in inzwischen geänderter Fassung als RL 2006/144/EG bei Beck-dtv, Wettbewerbsrecht, Kartellrecht.
9 Anders ausdrücklich für vergleichende Werbung in Art. 4 der RL 2006/114/EG.
10 Zum heutigen weniger strengen Verbraucherleitbild vgl. etwa BGHZ 148, 1, 7 – Mitwohnzentrale.de.
11 Vgl. hierzu *Helm*, WRP 2005, 931; *Köhler*, GRUR 2005, 793, 795; *Steinbeck*, WRP 2006, 632.
12 Ganz früher Art. 30, 36 EWGV.
13 BVerfG NJW 1987, 577, 580 – Solange II.
14 EuGH Slg. 1974, 837 – Dassonville; 1979, 649 – Cassis de Dijon.

keit des Handelsverkehrs gerecht zu werden, und die sich im Rahmen der Verhältnismäßigkeit halten[15]. Zwingende Erfordernisse des Verbraucherschutzes und der Lauterkeit des Handelsverkehrs sind danach EU-rechtliche Begriffe, deren Bedeutungsgehalt unabhängig von eventuell gleich lautenden nationalen Begriffen zu bestimmen ist.

**301** Der in Deutschland früher zugrunde gelegte Begriff des besonders schutzbedürftigen Verbrauchers stellt gegenüber der Rechtslage in den übrigen Mitgliedstaaten eine Besonderheit dar, die die Beklagte gegebenenfalls dazu zwingen würde, für ihre in Deutschland vertriebenen Waren eine andere Bezeichnung zu wählen als in den übrigen Mitgliedstaaten. Das wirkt sich hinsichtlich der dort gebrauchten Warenbezeichnung „Clinique" als **Maßnahme gleicher Wirkung** wie eine (mengenmäßige) Einführungsbeschränkung aus und beeinträchtigt folglich den Handel zwischen Mitgliedstaaten.

**302** Hingenommen werden kann diese Beschränkung vom europäischen Recht nur dann, wenn zwingende Erfordernisse des Gesundheits- oder Verbraucherschutzes bzw. der Lauterkeit des Handelsverkehrs gegeben sind und die Beschränkung verhältnismäßig ist. Da der Vertrieb unter der Bezeichnung „Clinique" in den übrigen Mitgliedstaaten bislang nicht zu erkennbaren Problemen geführt hat und beim Vertrieb außerhalb von Apotheken auch keine entsprechende Irreführung nahe liegt, vielmehr dem **„verständigen Verbraucher"**[16] keine Irreführung droht und daher eine „erhebliche Anzahl"[17] von verständigen Verbrauchern nicht betroffen scheint, bleibt es beim Verbot des Art. 34 AEUV, was dazu führt, dass das UWG im konkreten Fall aufgrund einer europabezogenen Interpretation mangels Irreführung nicht eingreift[18].

---

15 EuGH Slg. 1995, S. I-1923 = WRP 1995, 677, 678 – Mars m.w.N.; berühmte Entscheidungen in diesem Zusammenhang sind EuGH Slg. 1993, S. I-2361 = GRUR 1993, 747 – Yves Rocher, letztlich mit der Folge der Aufhebung des früheren *§ 6e UWG*, und EuGH Slg. 1990, S. I-2041 = EuZW 1990, 222 – GB-Inno betreffend Werbeaktion im belgisch/luxemburgischen Grenzgebiet.

16 Vgl. EuGH Slg. 1995, S. I-1923 = WRP 1995, 677, 678 f. – Mars.

17 Vgl. EuGH Slg. 1992, S. I-131 = WRP 1993, 233, 234 – Nissan; dies entspricht letztlich weitgehend der früheren Formel vom „nicht völlig unerheblichen Teil" der beteiligten Verkehrskreise (s.o. II. 1. b); die entscheidende Änderung liegt im Verbraucherleitbild mit dem Übergang vom „besonders schutzbedürftigen" zum „verständigen" bzw. „durchschnittlich informierten und verständigen" (BGHZ 148, 1, 7 – Mitwohnzentrale.de) Verbraucher; stellt man auf diesen normativen Begriff ab, bedarf es keiner quantitativen Bestimmung mehr.

18 Beachte folgende Differenzierung des europäischen Rechts:

1. Der strenge Maßstab aus Art. 34 AEUV gilt nur bei grenzüberschreitenden Sachverhalten; doch hat die neuere Judikatur sich dem europäischen Verbraucherbegriff generell angepasst; s.o. Fn. 6; sowie auch schon BGH GRUR 1999, 1122 – EG-Neuwagen I; GRUR 1999, 1125 – EG-Neuwagen II; s.a. *Metzger*, WRP 1999, 1237.
2. Besonders streng beurteilt die EuGH-Rechtsprechung sog. produktbezogene Regulierungen – wie im Fall Clinique (EuGH NJW 1994, 1207); großzügiger kann man mit sog. Verkaufsmodalitäten verfahren, weil diese den grenzüberschreitenden Handel weniger berühren; zulässig daher nach EU-Recht
   - das französische gesetzliche Verbot des Verkaufs unter Einstandspreis – EuGH Slg. 1993, S. I-6097 = NJW 1994, 121 – Keck;
   - deutsche Werbebeschränkungen für Apotheken – EuGH Slg. 1993, S. I-6787 = NJW 1994, 781 – Hünermund und
   - Sonntagsverkaufsverbot für Tankstelle in den Niederlanden – EuGH Slg. 1994, S. I-2355 = NJW 1994, 2141 – Tankstelle.

### 4. Ergebnis

Da es an einer irreführenden Werbung i.S. von § 5 UWG fehlt und andere Gründe für die Bejahung einer Unlauterkeit gemäß § 3 UWG nicht erkennbar sind[19], kommt es auf die weiteren Voraussetzungen der §§ 3, 8 UWG nicht mehr an[20]. **303**

Selbst wenn bei einem nicht unerheblichen Teil der Verbraucherschaft die Gefahr der Irreführung bestehen sollte, bedarf es zur Klärung der normativ zu beurteilenden Irreführungsgefahr keiner Meinungsumfrage (und keiner alternativen Prüfung im Hinblick auf deren Ausgang). Vor dem Hintergrund des geltenden Verbraucherleitbildes ist Irreführung und damit ein Verstoß gegen § 3 UWG zu verneinen. Das LG wird die Klage als unbegründet abweisen.

## Wiederholung und Vertiefung

1. Angaben i.S. des Unlauterkeit herbeiführenden Irreführungstatbestandes des § 5 I S. 2 Nr. 1 UWG sind objektiv nachprüfbare Tatsachenbehauptungen der Werbung, wobei Andeutungen genügen; bloße Anpreisungen sind keine Angaben. **304**

Irreführend sind Angaben im Falle der Abweichung der durch sie hervorgerufenen Vorstellungen von der Realität. Diese Fehlvorstellungen müssen maßgebliche Bedeutung für den Kaufentschluss haben können.

Für die diesbezüglichen Vorstellungen ist auf das Verständnis der durch die Werbung angesprochenen Verkehrskreise abzustellen, wobei etwa zwischen Fachleuten und Laien, insbesondere Verbrauchern, zu differenzieren sein kann.

Soweit es um Werbung gegenüber dem Verbraucher geht, ist nicht mehr auf einen besonders schutzbedürftigen, sondern auf den durchschnittlich informierten und verständigen Verbraucher abzustellen (modernes Verbraucherleitbild). Die RL über unlautere Geschäftspraktiken spricht – dementsprechend – vom Durchschnittsverbraucher, der angemessen gut unterrichtet und angemessen aufmerksam und kritisch ist.

Dabei ist die konkrete Situation, in der die Werbung dem angesprochenen Verkehr entgegentritt, zu berücksichtigen: bei Plakatwerbung ist z.B. die Chance, „Kleinggeschriebenes" zu lesen, kleiner, als bei Werbung in den Printmedien.

Irreführung wurde früher bejaht, wenn nicht (völlig) unerhebliche Teile der angesprochenen Verkehrskreise dem Risiko kaufrelevanter Fehlvorstellungen unterlagen; man hatte das bereits bei einer Quote von 10 % – 15 % von Fehlinformationen Betroffener

19 Die Leitentscheidung betraf noch ein sich aus (dem heute nicht mehr geltenden) *§ 27 Lebensmittelgesetz* ergebendes Verbot, das nicht angewendet werden durfte.

20 Soweit § 3 UWG eine Beeinträchtigung verlangt, die spürbar ist, wäre zu beachten, dass Art. 6 I der o.a. RL über unlautere Geschäftspraktiken zusätzlich den Nachweis voraussichtlicher Kausalität für eine geschäftl. Entscheidung verlangt.

bejaht. Bei der Zugrundelegung des modernen normativen Verbraucherleitbilds kommt es auf eine quantitative Festlegung nicht mehr an.

Die Frage der Irreführung wird in der Praxis häufig als Tatfrage betrachtet, was freilich dem normativen Verbraucherbegriff nicht entspricht, aber für die Irreführung von Gewerbetreibenden relevant bleibt. Im Prozess dürfen Gerichte die Irreführung ohne Beweisaufnahme (Auskunft Industrie- und Handelskammer, Meinungsumfrage) stets bejahen, wenn sich die Richter zu den angesprochenen Verkehrskreisen zählen; für die Verneinung der Irreführungsgefahr kann eine Beweisaufnahme nötig sein.

**305** 2. EU-Richtlinien sind EU-Rechtsnormen, die die Mitgliedstaaten zu entsprechenden nationalen Regelungen verpflichten (Art. 288 III AEUV); bei der Auslegung und Anwendung nationalen Rechts, dessen Regelungen durch EU-Richtlinien vorgegeben werden, kann eine Vorlage an den EuGH in Betracht kommen oder nötig sein (Art. 267 AEUV).

Auf dem Gebiet des Rechts gegen den unlauteren Wettbewerb gibt es als **allgemeine** EU-Richtlinie (spezielle Richtlinien existieren etwa zum E-Commerce) die Richtlinie 2006/114/EG über irreführende und vergleichende Werbung. Sie gilt für geschäftliche Handlungen gegenüber Unternehmen wie auch gegenüber Verbrauchern. Sie hat für die vergleichende Werbung eine Vollharmonisierung zum Inhalt, gestattet aber gegenüber irreführender Werbung strengere nationale Vorschriften.

Seit 2005 gilt die Richtlinie 2005/29/EG über unlautere Geschäftspraktiken zwischen Unternehmen und Verbrauchern; sie definiert Verbraucherbegriff und -leitbild, bezweckt eine Vollharmonisierung und hat zur 1. UWG-Novelle geführt.

**306** 3. Primäres Europarecht, insbesondere die Art. 34, 36 AEUV, hat ebenfalls Bedeutung für das Recht gegen unlauteren Wettbewerb und insbesondere für die Reichweite des Irreführungsverbots.

So sieht der EuGH nationale rechtliche Vorschriften unter bestimmten Voraussetzungen als verbotene Maßnahmen gleicher Wirkung wie mengenmäßige Einfuhrbeschränkungen i.S. von Art. 34 AEUV an (Dassonville, Cassis de Dijon). Dies gilt etwa für ein besonders strenges nationales Wettbewerbsrecht, das faktisch zu Einfuhrbeschränkungen von Waren führen kann, die im Ausland (dort) rechtmäßig gekennzeichnet worden sind (Clinique). Unterschiede der nationalen Wettbewerbsrechte, die den zwischenstaatlichen Handel behindern, werden vor dem Hintergrund des Art. 36 AEUV nur dann hingenommen, wenn sie für Verbraucherschutz oder Lauterkeit unerlässlich und verhältnismäßig und nicht diskriminierend sind (Yves Rocher; GB-Inno). Das moderne Verbraucherleitbild hat hier seine Wurzeln.

Nach der EuGH-Rechtsprechung ist weiter zu differenzieren zwischen produktbezogenen nationalen Beschränkungen einerseits und nationalen Verkaufsmodalitäten andererseits. Produktbezogene Beschränkungen, etwa die Verpackung betreffend, sind ein größeres Hindernis für den zwischenstaatlichen Handel und daher besonders streng zu beurteilen. Verkaufsmodalitäten (z.B. Verbot eines Verkaufs unter Einstandspreis oder Verbot von Sonntagsverkauf) werden großzügiger beurteilt (Keck, Hünermund, Tankstelle).

**Ausgangsfall**

LG Berlin, B. v. 30.6.1992 (16 O 533/92), EuZW 1992, 744; EuGH, U. v. 2.2.1994 (Rs. C 315/92), NJW 1994, 1207 – Clinique (D)

Vgl. weiter speziell zu Art. *28, 30 EGV* (heute Art. 34, 36 AEUV) EuGH, U. v. 11.7.1974 (Rs. 8/74), Slg. 1974, 837 – Dassonville; U. v. 20.2.1979 (Rs. 120/78), Slg. 1979, 649 – Cassis de Dijon; EuGH, U. v. 21.11.1993 (Rs. CC-267/91–d und C-268/91), NJW 1994, 121 – Keck (F); U. v. 15.12.1993 (Rs. C-292/92), NJW 1994, 781 – Hünermund (D); U. v. 2.6.1994 (Rs. C-401/92 und C-402/92), NJW 1994, 2141 – Tankstelle (NL)

Fall 8

# Rücksichtslose Versicherung

*Klausur 5 Std.*

**307** Die private Krankenversicherung V hatte im Hinblick auf die hohen Krankenhauskosten 2008 durch Änderung der Versicherungsbedingungen ihre Leistungen eingeschränkt, hatte diese Einschränkungen den Versicherten mitgeteilt und war dazu übergegangen, diese Einschränkungen in nicht unbeträchtlichem Maße und Umfang auch gegenüber den bei ihr bereits Versicherten zu praktizieren, noch ehe die Änderung der Versicherungsbedingungen diesen gegenüber wirksam vereinbart war. Nachdem über diese Praxis in den Medien berichtet worden war und im Anschluss daran mit einzelnen privaten Krankenversicherungen im Hinblick auf die Gefährdung des Ansehens des diesbezüglichen Versicherungssektors länger kontrovers diskutiert worden war, gab V diese Praxis im November 2008 auf und sagte zu, sie auch nicht wieder aufzunehmen. W, eine der konkurrierenden Versicherungen, die zu V nicht die besten Beziehungen unterhielt und die unter allen Umständen verhindern wollte, dass die Krankenversicherungen durch V wieder ins Gerede kommen, verlangte von V zusätzlich eine strafbewehrte Unterlassungsverpflichtung, deren Abgabe V empört ablehnte; einmal könne überhaupt nicht die Rede davon sein, dass man gegen Wettbewerbsrecht verstoßen habe. Im Übrigen habe sich die Angelegenheit ja erledigt.

W erhebt darauf hin Anfang des Jahres 2009 beim zuständigen Gericht Klage auf Unterlassung, um die Sache mit Sicherheit ein für allemal zu bereinigen. W meint, jedenfalls seit dem In-Kraft-Treten der 1. UWG-Novelle am 30.12.2008 verstoße die umstrittene Praxis gegen das UWG, und auch zuvor sei sie angesichts der spätestens am 12.12.2007 erfolgten diesbezüglichen europarechtlichen Vollharmonisierung wettbewerbsrechtlich unzulässig gewesen, wozu man gegebenenfalls den EuGH befragen könne. Jedenfalls sei V nach § 8 UWG zur Unterlassung verpflichtet.

**Frage:**

Wird das Gericht der Klage stattgeben?

# Gliederung

# Lösungsvorschlag

309 Das Gericht wird der Unterlassungsklage stattgeben, wenn sie zulässig und begründet ist. Hinsichtlich der Zulässigkeit bestehen keine Bedenken. Da V eine private Krankenversicherung ist, spielt die Kontroverse, inwieweit wettbewerbsrechtliche Streitigkeiten der Kranken*kassen* ausschließlich von den Sozialgerichten zu entscheiden sind[1], keine Rolle. Daher kommt es darauf an, ob W ein materiell-rechtlicher Unterlassungsanspruch gegen V zusteht. Dabei ist davon auszugehen, dass hinsichtlich des Umfangs des eventuellen Unterlassungsanspruchs W einen geeigneten Antrag i.S. von § 253 II Nr. 2 ZPO gestellt hat.

## I. § 8 I, III UWG

310 Ein Unterlassungsanspruch W gegen V setzt nach § 8 I UWG voraus, dass eine Begehungs- oder Wiederholungsgefahr hinsichtlich eines Verstoßes gegen § 3 oder § 7 UWG besteht und dass W im Sinne des § 8 III Nr. 1 UWG Mitbewerber von V ist. Letzteres ist ohne weiteres zu bejahen.

### 1. § 3 UWG

311 Voraussetzung eines Unterlassungsanspruchs ist daher zunächst, dass das Verhalten der V, dessen Unterlassung begehrt wird, gegen § 3 UWG verstoßen würde. § 7 UWG ist offensichtlich nicht einschlägig.

#### a) § 3 III UWG i.V. mit Anhang

312 Die Unlauterkeit einer geschäftlichen Handlung ergibt sich nicht bereits **über § 3 III UWG in Verbindung mit der Anlage** („Schwarze Liste") zu dieser Bestimmung, da ein entsprechendes Verhalten in dieser Anlage nicht aufgeführt ist[2].

#### b) § 3 I UWG

313 Daher ist zunächst auf **§ 3 I UWG** abzustellen. Insoweit sind unlautere geschäftliche Handlungen unzulässig, wenn sie geeignet sind, die Interessen von Mitbewerbern, Verbrauchern oder sonstigen Marktbeteiligten spürbar zu beeinträchtigen.

---

1 Vgl. hierzu insbesondere §§ 51 I Nr. 2 SGG, 69 SGB V und hierzu *Köhler*, in: *Hefermehl/Köhler/Bornkamm*, UWG § 12 Rn. 2.1 ff. sowie BGH vom 4.12.2008, I ZB 31/08, Juris Rn. 12 ff., GRUR 2009, 700; BSG vom 6.9.2007, B 3 FF 1/07 R, bei Juris; die 8. GWB-Novelle geht auf diese Frage nicht ein, wobei der Regierungsentwurf betont, dass für lauterkeitsrechtliche Streitigkeiten zwischen Krankenkassen mangels deren Unternehmereigenschaft anstelle des UWG die §§ 13-15 SGB I und § 86 SGB 10 gelten (BT-Drucks 17/9852, S. 36).

2 Obwohl in § 3 III UWG und im Anhang nur von unzulässigen geschäftlichen Handlungen die Rede ist, ergibt sich aus dem Kontext und der Überschrift zu § 3 UWG, dass es insoweit um Unlauterkeit geht und nur die zusätzlichen Voraussetzungen des Verbotes von § 3 I UWG entfallen sollen; vgl. zur Regelungsstruktur des § 3 UWG *Hönn*, Examens-Repetitorium Rn. 111 ff., 119.

### aa) Geschäftliche Handlung

Der seit der 1. UWG-Novelle den Zentralbegriff der *Wettbewerbshandlung* ablösende Begriff der **geschäftlichen Handlung** ist in § 2 I Nr. 1 UWG legaldefiniert. Hiernach kommt es auf das Verhalten einer Person zugunsten des eigenen oder fremden Unternehmens vor, bei oder nach einem Geschäftsabschluss an, das mit der Förderung des Absatzes oder des Bezugs von Waren oder Dienstleistungen oder mit dem Abschluss oder mit der Durchführung eines solchen Vertrages objektiv zusammenhängt. **314**

W hält es für unzulässig, dass die V Leistungseinschränkungen gegenüber den bei ihr Versicherten auch dann bereits praktiziert, wenn diese Einschränkungen noch nicht im Einzelfall mit dem jeweiligen Versicherungsnehmer vertraglich vereinbart sind. Hierin wäre eine derartige geschäftliche Handlung zu sehen; denn es läge insoweit ein Verhalten der V zugunsten ihres Unternehmens nach dem Geschäftsabschluss mit dem jeweiligen Versicherungsnehmer vor, das mit der Durchführung eines Vertrags über Dienstleistungen objektiv zusammenhängt, da Rechte und Verpflichtungen insoweit als Dienstleistungen gelten.

### bb) Unlauterkeit und weitere Voraussetzungen

Ein derartiges Verhalten ist nach § 3 I UWG unlauter, weil es den anständigen Gepflogenheiten im Versicherungsgewerbe zuwiderläuft, sich gegenüber einem möglicherweise unkundigen Versicherten zu dessen Lasten auf für ihn nicht geltende Versicherungsbedingungen zu berufen. Insofern lässt sich die Unlauterkeit hier direkt aus der Generalklausel ableiten, ohne dass es etwa einer näheren Prüfung des § 4 Nr. 1 UWG bedürfte. **315**

Dass schließlich eine derartige Praxis geeignet ist, die Interessen von Verbrauchern spürbar zu beeinträchtigen, liegt auf der Hand; insbesondere liegt Spürbarkeit dieser Interessenbeeinträchtigung vor im Hinblick auf die Mehrzahl von Betroffenen und den mutmaßlichen Umfang der jeweiligen Beeinträchtigungen. Der Tatbestand des § 3 I UWG ist mithin gegeben.

### c) § 3 II UWG

Zusätzlich könnte **§ 3 II UWG** ins Spiel kommen. Die bei V gegen Krankheit Versicherten sind Verbraucher im Sinne der §§ 13 BGB, 1 II UWG. Wenn sich V gegenüber den bei ihr Versicherten zwecks Einschränkung ihrer Leistungen auf Versicherungsbedingungen beruft, die im konkreten Fall gar keine Gültigkeit haben, so liegt darin jedenfalls ein Verstoß gegen die **„fachliche Sorgfalt"** i.S. von § 3 II 1 UWG, die letztlich die anständigen Gepflogenheiten im betreffenden Wirtschaftszweig meint[3]. Zweifelhaft könnte allenfalls sein, ob dadurch die Beeinträchtigung der Fähigkeit zur rationalen geschäftlichen Entscheidung seitens der Versicherten betroffen ist; man dürfte dies zu bejahen haben, weil die Versicherten Gefahr laufen, sich mit einer zu ihren Lasten falschen Abrechnung von Gesundheitskosten zufrieden zu geben, was sie ohne den Hinweis auf die Versicherungsbedingungen wohl nicht getan hätten. **316**

---

3 Vgl. die Legaldefinition in § 2 I Nr. 7 UWG, die auf Art. 5 II lit. a der RL 2005/29/EG zurückgeht; nach dem RegE 1, UWG-Novelle, BT-Drucks. 16/10145, S. 27, ergibt sich aus dieser Formulierung keine wesentliche Änderung der bisherigen Rechtslage.

### 2. Begehungs- und Wiederholungsgefahr

317 Weitere Voraussetzung des Unterlassungsanspruchs gemäß § 8 I UWG ist eine Begehungs- oder Wiederholungsgefahr. Bei einer Begehungsgefahr käme es nicht darauf an, ob bereits ein Verstoß gegen § 3 UWG stattgefunden hätte. Doch fehlen für eine konkrete Begehungsgefahr Anhaltspunkte. Vielmehr hat V ja die beanstandete frühere Praxis aufgegeben und ausdrücklich gesagt, die Sache habe sich erledigt. Vor diesem Hintergrund kann W keine Erstbegehungsgefahr beweisen.

#### a) Vermutung aufgrund vorausgegangenen Verstoßes

318 Anders wäre die Sachlage bei einem **bereits vorliegenden Verstoß** gegen § 3 UWG. In einem solchen Fall besteht eine tatsächliche **Vermutung** hinsichtlich der **Wiederholungsgefahr**[4], und es obliegt demjenigen, der gegen Lauterkeitsrecht verstoßen hat, zu beweisen, dass eine Wiederholungsgefahr auszuschließen ist[5]. Hierzu genügt die Aussage der V, sie werde die Handlung nicht wiederholen, allein nicht; vielmehr käme es auf eine strafbewehrte Unterlassungsverpflichtung an[6]. Dazu ist V freilich nicht bereit.

#### b) Kein Verstoß gegen *§ 3 UWG a.F.*

319 Eine solche Vermutung hinsichtlich der Wiederholungsgefahr setzt voraus, dass die 2008 praktizierte Handlungsweise der V wettbewerbswidrig war. Damals verbot freilich **§ 3 *UWG*** in seiner seinerzeit geltenden Fassung nicht schlechthin unlautere geschäftliche Handlungen, sondern nur unlautere **Wettbewerbshandlungen**. Eine Wettbewerbshandlung wurde in *§ 2 I Nr. 1 UWG a.F.* definiert als jede Handlung einer Person mit dem Ziel, zugunsten des eigenen oder eines fremden Unternehmens … die Erbringung von Dienstleistungen, einschließlich … Verpflichtungen zu fördern. Darunter verstand man Handlungen mit Außenwirkungen am Markt, also im Hinblick auf mögliche künftige Kunden, nicht hingegen Verhaltensweisen gegenüber bisherigen Vertragspartnern ohne einen diesbezüglichen marktbezogenen Aspekt[7]. Das Ziel, zugunsten des eigenen Unternehmens Dienstleistungen zu fördern, lag in dem Verhalten der V insofern aber gerade nicht. Die Praxis war im Gegenteil kaum dazu angetan, neue Kunden zu gewinnen. Es fehlte mithin bereits an einer Wettbewerbshandlung und damit an einem vorausgegangenen Verstoß nach seinerzeit geltendem Recht.

#### c) Richtlinienkonforme Auslegung des *§ 3 UWG a.F.*

320 Unbeschadet dessen könnte sich die Wiederholungsgefahr daraus ergeben, dass das Verhalten der V im Jahre 2008 bereits wegen Verstoßes gegen die **Richtlinie 2005/29/EG** des Europäischen Parlaments und des Rates über unlautere Geschäftspraktiken vom 11.5.2005 lauterkeitsrechtlich unzulässig war. Nach Art. 5 I dieser Richtlinie sind unlautere Geschäftspraktiken verboten, und Art. 2 lit. d und c verstehen unter Geschäfts-

4 *Bornkamm*, in: *Hefermehl/Köhler/Bornkamm*, Wettbewerbsrecht, UWG § 8 Rn. 1.33 m.N.; *Fritzsche*, in: MünchKomm. Lauterkeitsrecht, UWG § 8 Rn. 33 ff.
5 Vgl. *Bornkamm* a.a.O.; BGH GRUR 1997, 379 f. – *Wegfall der Wiederholungsgefahr II.*
6 Vgl. *Bornkamm*, in: *Hefermehl/Köhler/Bornkamm*, UWG § 12 Rn. 1.101; OLG Karlsruhe, WRP 2006, 1038 = Juris Rn. 55.
7 Vgl. BGHZ 175, 28 Rn. 15 f.

praktiken insoweit auch jede Handlung, Verhaltensweise oder Erklärung eines Gewerbetreibenden, die unmittelbar mit der Lieferung eines Produktes an Verbraucher zusammenhängt, wobei unter Produkt auch Dienstleistungen einschließlich Rechte und Verpflichtungen verstanden werden. Diesen Voraussetzungen entsprach das Verhalten der V im Jahre 2008.

Allerdings ist es zweifelhaft, ob dieser Inhalt der Richtlinie seinerzeit für V verbindlich war, so dass sie dagegen verstoßen konnte. Nach Art. 288 III AEUV *(Art. 249 III EGV)* ist eine Richtlinie an einen Mitgliedstaat gerichtet, überlässt aber diesem die Umsetzung in nationales Recht, das seinerseits für die Unternehmen verbindlich ist. Die Richtlinie ist nach ihrem Art. 20 bereits 2005 in Kraft getreten und war bis zum 12.7.2007 umzusetzen; doch ist die Umsetzung in Deutschland letztlich erst durch die 1. UWG-Novelle 2008 erfolgt. **321**

Vor diesem Hintergrund wäre eine **richtlinienkonforme Auslegung des *§ 3 UWG a.F.*** für den hier interessierten Zeitpunkt zu erwägen[8], und zwar hinsichtlich der Ausweitung des Verbotsbereiches von unlauteren Wettbewerbshandlungen auf unlautere Geschäftshandlungen. Es erscheint aber zweifelhaft, ob dies noch als Auslegung möglich ist, oder ob damit nicht vielmehr der mögliche Wortsinn als die für eine richtlinienkonforme Auslegung grundsätzlich bestehende Grenze überschritten würde. Denn der Begriff der Wettbewerbshandlungen erfasst nur Maßnahmen, die die Förderung eines Unternehmens gerade am Markt zum Ziel haben, während sich der Begriff der Geschäftshandlungen zugleich auf Benachteiligungen im Rahmen eines schon bestehenden Vertragsverhältnisses erstreckt. Freilich akzeptiert der BGH zwischenzeitlich auch eine den Wortlaut übersteigende richtlinienkonforme Rechtsfortbildung.[9] **322**

Es fragt sich darüber hinaus, was es bedeutet, dass der deutsche Gesetzgeber die Richtlinie nicht rechtzeitig umgesetzt hat und dass **Art. 19 II 1 der Richtlinie** besagt, dass die Mitgliedstaaten die Vorschriften der Richtlinie ab dem 12.12.2007 anwenden sollen. Die Richtlinie ist auf Vollharmonisierung angelegt mit der Folge, dass spätestens ab dem genannten Zeitpunkt der nationale Gesetzgeber in dem insoweit geregelten Bereich für ein Verbot unlauteren Verhaltens weder strengere Regeln aufrechterhalten darf[10], noch weniger strenge, wie das beim Verbot von lediglich unlauteren Wettbewerbshandlungen der Fall ist. Insoweit muss der nationale Richter mit den Mitteln der nationalen Auslegungsprinzipien (Auslegung einschließlich richterlicher Rechtsfortbildung) versuchen, der Richtlinie gerecht zu werden[11]. **323**

Gleichwohl bleibt hier ein Bedenken gegen eine richtlinienkonforme Auslegung des Begriffs der Wettbewerbshandlungen im Sinne von geschäftliche Handlungen. Nach erfolgter Umsetzung einer Richtlinie lässt sich vielleicht argumentieren, dass der Gesetzgeber im Zweifel eine richtlinienkonforme Umsetzung gewollt habe, auch wenn diese **324**

8 Hierzu *Köhler*, in: *Hefermehl/Köhler/Bornkamm*, UWG Einl. Rn. 3.13.
9 BGHZ 179, 27 – Quelle II.
10 Ebenso BGH v. 5. 6. 2008, I ZR 4/06, Juris Rn. 9, 17, WRP 2008, 1175 – Vorlagebeschluss *Millionen-Chance*, im Hinblick auf die nach § 4 Nr. 6 UWG im Falle des Kaufzwanges schlechthin bejahte Unlauterkeit.
11 *Köhler*, a.a.O.

im Text nur unzulänglich Ausdruck findet[12]. Hier ist aber die Richtlinie erst mit Wirkung vom 30.12.2008 umgesetzt worden, und dies verbietet eine entsprechende Annahme für die Vergangenheit. Die gegenteilige Unterstellung aufgrund Art. 19 II 1 der Richtlinie würde darauf hinaus laufen, dass die Richtlinie unmittelbar in den Mitgliedstaaten gilt; für derartige Wirkungen ist zumindest im Verhältnis zwischen Privaten aber allein die Verordnung vorgesehen (Art. 288 II AEUV). Freilich ist davon auszugehen, dass der **EuGH** die Verpflichtung zur richtlinienkonformen Auslegung sehr **weit interpretiert**, indem er letztlich die Bindung an den Text des nationalen Gesetzes nicht akzeptiert[13].

#### d) Vorlage an den EuGH?

325 Soweit Zweifel bleiben, ist das Gericht im vorliegenden Fall nach **Art. 267 AEUV** jedenfalls nicht zur Vorlage an den EuGH verpflichtet, da sich das Verfahren hier offensichtlich in der ersten Instanz befindet.

Möglich ist die Vorlage an den EuGH nach dieser Bestimmung nur dann, wenn das Gericht sie für erforderlich hält, d.h. wenn die Auslegungsfrage entscheidungserheblich ist. Sie wäre es dann nicht, wenn ein Unterlassungsanspruch der W auch dann zu verneinen wäre, wenn das Verhalten der V im Jahre 2008 gegen Lauterkeitsrecht verstoßen hat. Dies dürfte aber der Fall sein. Denn die Bejahung der Unlauterkeit konnte insoweit nur aufgrund höchst schwieriger und problematischer Überlegungen erfolgen. Von V konnte man solche Überlegungen nicht ohne weiteres erwarten. Und demzufolge fehlt es letztlich jedenfalls an der selbstverständlichen Voraussetzung einer auf einem Wettbewerbsverstoß basierenden Vermutung des wiederholten Verstoßes, dass nämlich V in der Vergangenheit bewusst gegen Lauterkeitsrecht verstoßen hatte. In diesem Sinne wird denn auch die **Vermutung** der Wiederholungsgefahr bei **zweifelhafter Rechtslage zur Zeit des Erstverstoßes verneint**[14]. Mithin kommt eine Vorlage an den EuGH gar nicht in Betracht. Das Gericht muss in der Sache entscheiden.

#### e) Vermutung greift nicht ein

326 Selbst wenn das von V im Jahre 2008 praktizierte Verhalten seinerzeit nach UWG in Verbindung mit der Richtlinie unzulässig war, fehlt es an einer Wiederholungsgefahr hinsichtlich eines Verstoßes der V gegen § 3 UWG in der Zukunft. Dann sind aber die Voraussetzungen des § 8 UWG nicht gegeben. W hat keinen Unterlassungsanspruch gegen V.

### II. Ergebnis

Die Klage ist als unbegründet abzuweisen.

12 Vgl. zuletzt eingehend BGH, 26.11.2008, VIII ZR 200/05, ZIP 2009, 176, Juris Rz. 20 ff., betr. § 439 IV BGB.

13 Vgl. hierzu zuletzt BGH ZIP 2009, 176 Juris Rz. 21; *Schürnbrand*, JZ 2007, 910.

14 *Bornkamm*, in: *Hefermehl/Köhler/Bornkamm*, UWG § 8 Rn. 1.43; *Fritzsche*, in: MünchKomm. Lauterkeitsrecht, UWG § 8 Rn. 72 m.N.

# Wiederholung und Vertiefung

1. Seit der 1. UWG-Novelle vom 22.12.2008 knüpft § 3 UWG für ein Verbot nicht mehr an unlautere Wettbewerbshandlungen, sondern an unlautere geschäftliche Handlungen an. Der Begriff ist in § 2 Nr. 1 UWG legaldefiniert, wobei sich folgende Unterschiede zum bisherigen Recht ergeben: **327**

a) Auch Handlungen nach Geschäftsabschluss werden erfasst.

b) Es genügt der objektive Zusammenhang mit der Förderung des Absatzes oder Bezuges von Waren oder Dienstleistungen oder mit dem Abschluss oder der Durchführung eines Vertrages über Waren oder Dienstleistungen.

c) Mit dem Begriff Verhalten ist ausdrücklich auch ein Unterlassen gemeint

d) Grundstücke, Rechte und Verpflichtungen gelten als Waren bzw. Dienstleistungen.

2. Die für einen Unterlassungsanspruch erforderliche Wiederholungsgefahr ist grundsätzlich von demjenigen zu beweisen, der der Unterlassungsanspruch geltend macht. Ein erfolgter Verstoß gegen Lauterkeitsrecht begründet aber eine tatsächliche Vermutung für das Vorliegen der Wiederholungsgefahr. Will der Verletzer diese Vermutung ausräumen, genügt die bloße Versicherung, man werde die Aktion nicht wiederholen, allein nicht. Erforderlich ist eine strafbewehrte Unterlassungsverpflichtung. **328**

3. Die vorgenannte Vermutung greift aber dann nicht ohne weiteres ein, wenn das frühere Verhalten aufgrund der damals geltenden Rechtslage kein Wettbewerbsverstoß war oder wenn der frühere Rechtsverstoß angesichts der damals weitgehend üblichen Interpretation des Verbotstatbestandes keinen tatsächlichen Rückschluss auf eine Bereitschaft des Handelnden ermöglicht, gegen Lauterkeitsrecht verstoßen zu wollen. **329**

4. Das UWG ist im Lichte der Richtlinie über unlautere Geschäftspraktiken richtlinienkonform auszulegen. Das gilt insbesondere seit der 1. UWG-Novelle vom 22.12.2008, mit der der Gesetzgeber diese Richtlinie ausdrücklich umsetzen wollte. Problematisch ist eine richtlinienkonforme Interpretation entgegen dem Wortlaut einer Vorschrift des UWG gleichwohl, und zwar auch insoweit, als die vorgenannte Richtlinie bereits für die Zeit ab 12.12.2007 die Anwendung der in ihr enthaltenen Vorschriften zwingend verlangt. **330**

5. Eine Vorlage an den EuGH nach Art. 267 AEUV setzt immer voraus, dass die Vorlagefrage für den konkreten Rechtsstreit relevant ist. **331**

**Ausgangsfall**

Der Fall ist gebildet nach BGH v. 12.12.2007 (IV ZR 130/06), BGHZ 175, 28; in diesem Ausgangsfall klagte ein Verbraucherverband auf der Grundlage des UKlaG vor allem unter Berufung auf das VVG; eine Kurzfassung des Falles findet sich bereits bei *Hönn*, Examens-Repetitorium Rn. 208, wo der Fall aber nicht einer Klausur gemäß vertieft werden konnte.

Fall 9

# Depotkosmetik im Internet

*Klausur 5 Std.*

**332** A ist ein kleineres Unternehmen, das kosmetische Erzeugnisse ausschließlich über das Internet vertreibt. B ist ein europaweit und weltweit tätiges Unternehmen mit Zweigniederlassung in München, das Parfums herstellt, u.a. der Marken Davidoff, Jill Sander und Joop. B hat auf dem deutschen und europäischen Markt Anteile zwischen 18 % und 25 %. B vertreibt ihre Produkte über eine Vielzahl von Depositären, mit denen sie Vertriebsverträge schließt. Insoweit gilt es als Voraussetzung für die Anerkennung als Depositär, dass ein bestimmten Anforderungen genügendes stationäres Fachgeschäft betrieben wird. Ein zusätzlicher Internet-Handel wird den Depositären erlaubt, solange dieser im Umfang nicht den des stationären Geschäfts übersteigt. Es ist ausdrücklich vorgesehen, dass Depositäre nicht berechtigte Wiederverkäufer nicht beliefern dürfen.

Auf die Klage des A hat das OLG München in der Berufungsinstanz festgestellt, dass die B verpflichtet sei, A zu ihren allgemeinen Bedingungen zu beliefern. Das OLG hat diese Entscheidung auf § 20 GWB gestützt und dabei die Auffassung vertreten, dass A angesichts der Lieferverweigerung auch der anderen maßgeblichen Hersteller von Parfumerzeugnissen von B abhängig sei, und dass die Nichtbelieferung der A angesichts der Belieferung von Depositären, denen der Internet-Handel gestattet sei, eine sachwidrige Diskriminierung durch B darstelle.

B hat form- und fristgerecht Revision eingelegt und beantragt Klageabweisung. B trägt vor, die Erlaubnis zum Internet-Handel habe sie ihren Depositären nur im Hinblick auf Art. 4 lit. c der GFVO-Vertikalvereinbarungen Nr. 2790/1999 sowie im Hinblick auf die Leitlinien 2000 für vertikale Beschränkungen gestattet; reine Internet-Händler zuzulassen, sei sie aber nicht verpflichtet, denn dies sei ihr angesichts des erforderlichen Anspruchs an das Verkaufsambiente bei Parfumwaren nicht zuzumuten. Da ihr selektiver Vertrieb europarechtlich korrekt organisiert sei, sei im Übrigen die Anwendung des § 20 GWB auch nicht gerechtfertigt gewesen.

**Frage:**

Wie müsste der BGH nach heute geltendem Recht entscheiden? Soweit die Überlegungen zur Begründetheit der Revision führen, sind Eventualüberlegungen anzustellen. Ließe sich – unbeschadet eines eventuellen Verstoßes gegen europäisches Recht – eine Lieferpflicht bejahen, wenn man allein vom nationalen Recht ausgeht?

# Gliederung

**A. Zur Frage der Zulässigkeit und Begründetheit der Revision** 333

**I. Prüfung der Zulässigkeit und Begründetheit der Feststellungsklage als Aufgabe**

**II. Deutsche Gerichtsbarkeit § 21 ZPO**

**III. Feststellungsinteresse § 256 ZPO**

**B. Anspruch auf Belieferung aus § 33 I GWB i.V. mit Art. 101 I AEUV einerseits bzw. § 20 GWB andererseits**

**I. Vorrang des Art. 101 AEUV gemäß Art. 3 II 1 EG-KartVerfVO Nr. 1/2003?**

1. Beeinträchtigung des zwischenstaatlichen Handels
2. Art. 101 I AEUV
3. Art. 101 III AEUV
   a) Vertikal-GFVO Nr. 330/2010 Art. 2-4
      aa) Kernbeschränkung Art. 4 lit. b
      bb) Kernbeschränkung Art. 4 lit. c
   b) Kein Verstoß gegen Art. 101 AEUV
4. Zwischenergebnis

**II. Anspruch aus §§ 33, 19, 20, 1 GWB**

1. Innerstaatliche Kompetenz bei einseitigen Handlungen und Art. 3 II 2 EG-KartVerfVO Nr. 1/2003 bzw. § 22 II 2 GWB
2. „Mehrdimensionalität" des Vertriebssystems
3. Kein Kartellverstoß aus § 20 GWB

**III. Ergebnis**

**C. Eventualüberlegungen**

**I. Relevanz der Fragestellung**

**II. § 20 GWB**

1. Verbotsadressat i.S. von § 20 I GWB
2. Behinderung bzw. Diskriminierung
3. Unbilligkeit bzw. Fehlen eines sachlich gerechtfertigten Grundes

**III. § 1 GWB**

**IV. Ergebnis**

# Lösungsvorschlag

## A. Zulässigkeit und Begründetheit der Revision

Die **Revision** ist i.S. des § 542 ZPO statthaft und, da form- und fristgerecht eingelegt und mit unzutreffender Rechtsanwendung durch das Berufungsgericht begründet (§ 551 ZPO), gemäß § 552 ZPO **zulässig**.

### I. Prüfung der Zulässigkeit und Begründetheit der Feststellungsklage als Aufgabe

334 Begründet ist die Revision, wenn die Klage der A als unzulässig oder unbegründet abzuweisen war. Mithin ist die Zulässigkeit und ggf. Begründetheit der Klage zu prüfen.

### II. Deutsche Gerichtsbarkeit, § 21 ZPO

335 Da B eine Zweigniederlassung in München besaß, unterliegt der Streit gemäß § 21 ZPO der **deutschen Gerichtsbarkeit**, da örtliche und internationale Zuständigkeit insoweit gleichlaufend geregelt sind[1].

### III. Feststellungsinteresse, § 256 ZPO

336 Die Zulässigkeit der **Feststellungsklage** setzt nach § 256 ZPO voraus, dass A ein **rechtliches Interesse an der alsbaldigen Feststellung des Bestehens oder Nichtbestehens eines Rechtsverhältnisses** hat. Im konkreten Fall geht es um die von A behauptete Lieferpflicht der B, die ein solches Rechtsverhältnis wäre. Angesichts der fehlenden Lieferbereitschaft der B ist auch das Interesse des A an alsbaldiger gerichtlicher Feststellung zu bejahen. Freilich könnte der **grundsätzliche Vorrang der Leistungs- vor der Feststellungsklage** dem rechtlichen Interesse entgegenstehen[2]. Das gilt freilich nur dann, wenn die Leistungsklage möglich ist und dem legitimen Belangen des Klägers gerecht wird. A kann hier sein Begehren nicht sinnvoll mit der Leistungsklage verfolgen, da er die von ihm benötigten Produkte der B nicht nach Art und Umfang in einer einem Leistungsantrag entsprechenden Weise (vgl. § 253 II Nr. 2 ZPO) bezeichnen kann[3]. In derartigen Fällen ist aber die Klage auf Feststellung der Lieferpflicht zu den allgemeinen Lieferbedingungen zulässig[4]. Weitere Bedenken gegen die Zulässigkeit der **Klage** sind nicht ersichtlich, so dass von deren **Zulässigkeit** auszugehen ist.

---

1 BGHZ 44, 46, 47; die internationale Zuständigkeit ist nach BGH aaO. im Revisionsverfahren eigenständig zu prüfen.

2 Vgl. zum grundsätzlichen Vorrang der Leistungsklage *Baumbach/Lauterbach/Albers/Hartmann*, ZPO, 2009[67], § 256 Rz. 77 sowie weiter **Fall 14** – adidas-Sportschuhe und Jogginghosen-Imitat.

3 Vgl. BGH GRUR 1981, 917 – adidas.

4 BGH NJW 1985, 2135, 2136 – Technics.

## B. Anspruch auf Belieferung aus § 33 I GWB i.V. mit Art. 101 I AEUV einerseits bzw. § 20 GWB andererseits

Ein Anspruch des A auf Belieferung gegen die B könnte sich entsprechend dem Urteil des OLG aus den **§§ 20 I, 19 I, II Nr. 1 GWB** ergeben, und zwar i.V. mit § 33 I GWB. Daneben kommt Art. 101 I AEUV i.V. mit § 33 I GWB in Betracht. Ein Verstoß gegen § 20 GWB einerseits bzw. gegen Art. 101 AEUV andererseits wäre jeweils erste Voraussetzung. Für den Unterlassungsanspruch ist auf das heute geltende Recht abzustellen. 337

Da aus Art. 3 II 1 der seit dem 1.5.2004 geltenden EG-KartVerfVO[5] folgt – § 22 II GWB gibt dies wieder –, dass die Anwendung des **einzelstaatlichen Wettbewerbsrechts nicht zum Verbot** von Vereinbarungen zwischen Unternehmen führen darf, die den **Handel zwischen Mitgliedstaaten** zu beeinträchtigen geeignet sind, aber den Wettbewerb **nicht i.S. von Art. 101 I AEUV einschränken, nach Art. 101 III AEUV freigestellt** sind oder durch eine **GFVO erfasst** sind, ist von einer Prüfung nach europäischem Recht auszugehen[6].

### I. Vorrang des Art. 101 AEUV?

Art. 101 I AEUV verbietet Wettbewerbsbeschränkungen, die den Handel zwischen Mitgliedsstaaten zu beeinträchtigen geeignet sind. Es kommt mithin darauf an, ob das selektive Vertriebssystem der B unter dieses Verbot fällt. 338

#### 1. Beeinträchtigung des zwischenstaatlichen Handelns

Dabei wird die Berücksichtigung des **zwischenstaatlichen Handels** umfassend verstanden. Es kommt darauf an, ob die Vereinbarung bzw. das aus mehreren Vereinbarungen bestehende Vertriebssystem der B „unmittelbar oder mittelbar, tatsächlich oder der Möglichkeit nach geeignet ist, die Freiheit des Handels zwischen den Mitgliedstaaten … zu gefährden“[7]. Dabei ist die sich aus dem System ergebende **Bündelung** der Verträge zugrunde zu legen[8], aus der sich die erforderliche **Spürbarkeit** der Beeinträchtigung des Handels zwischen Mitgliedstaaten ergeben kann[9]. 339

Da durch das Vertriebssystem der B die reinen Internet-Händler im In- und Ausland vom Bezug der am Markt nicht unbedeutenden Waren der B ausgeschlossen sind, könnte der zwischenstaatliche Handel im obigen Sinne beeinträchtigt sein. Freilich bleiben Zwei-

5 VO (EG) Nr. 1/2003 des Rates vom 16.12.2002 zur Durchführung der in den Art. 81 und 82 niedergelegten Wettbewerbsregeln; vgl. auch Beck-dtv.

6 Im Ausgangsfall war der BGH auf *Art. 81 EGV* nicht eingegangen, was in einem Urteil, dass den Kartellverstoß **verneinte**, zumindest im Ergebnis gerechtfertigt war; soweit das OLG München einen Verstoß gegen § 20 GWB bejahte, hätte es freilich – auch nach der damaligen Rechtslage – europäisches Recht prüfen müssen; krit. insoweit *M. Bauer*, WRP 2003, 243, 248; vgl. auch *Harte-Barvendam/Kreutzmann*, WRP 2003, 682, 686; *Wirtz*, WuW 2003, 1039, 1041.

7 EuGH, U. v. 13.7.1966, Slg. 1966, 322 – Consten/Grundig = GRUR Int 1966, 580.

8 EuGH, U. v. 12.12.1967, Slg. 1967, 543, 555 – Brasserie de Haecht.

9 Die de minimis-Bekanntmachung der EG-Kommission von 2001 über Vereinbarungen von geringer Bedeutung bezieht sich nach Nr. I 3 nicht auf die Zwischenstaatlichkeitsklausel; die Leitlinien 2004 über den zwischenstaatlichen Handel gehen in Rz. 18, 44 ff. auf die Frage der Spürbarkeit ein.

fel[10], ob dadurch die Ziele des Gemeinsamen Marktes wirklich beeinträchtigt werden, ob es mithin nicht schon an einer relevanten Wettbewerbsbeschränkung fehlt.

### 2. Art. 101 I AEUV

340 Ob das selektive Vertriebssystem der B eine Wettbewerbsbeschränkung ist, könnte deshalb zweifelhaft sein, weil beim sog. qualitativen selektiven Vertrieb, bei dem die Auswahl der Händler lediglich nach sachgerechten objektiven und qualitativen Kriterien erfolgt, der markeninterne Wettbewerb überhaupt nicht beeinträchtigt wird[11]. Da über die Bedingungen des selektiven Vertriebs hier weitere Informationen fehlen und da überdies ein vertragliches Verbot der Händler zur Lieferung an nicht zugelassene Depositäre bestand, dürfte freilich der Tatbestand des Art. 101 I AEUV zunächst erfüllt sein.

### 3. Art. 101 III AEUV

341 Dann stellt sich die Frage, ob der selektive Vertrieb der B i.S. des **Art. 101 III AEUV** freigestellt ist, sei es durch GFVO, sei es im Wege der den einzelstaatlichen Gerichten seit dem 1.5.2004 nach Art. 1 II, 6 EG-KartVerfVO möglichen Einzelfreistellung[12].

#### a) Vertikal-GFVO Nr. 330/2010 Art. 2-4

342 Die heute geltende GFVO-Vertikalvereinbarungen Nr.330/2010[13] erklärt Art. 101 I AEUV unter den Voraussetzungen dieser Gruppenfreistellungsverordnung für unanwendbar auf vertikale Vereinbarungen, wenn der Anteil des Lieferanten und Abnehmer am relevanten Markt jeweils 30 % nicht überschreitet (Art. 2, 3 der GFVO). Das selektive Vertriebssystem der B besteht aus vertikalen Vereinbarungen, und die Grenze der Marktanteile wird, wie sich aus dem Sachverhalt ergibt, nicht überschritten, so dass grundsätzlich von einer Freistellung nach Art. 101 III AEUV auszugehen wäre. Freilich enthält Art. 4 lit. b und c der GFVO sog. schwarze Klauseln über Kernbeschränkungen, bei deren Vorliegen die Freistellung nicht gelten würde.

##### aa) Kernbeschränkung Art. 4 lit. b

343 Eine solche Kernbeschränkung könnte einmal in der Beschränkung der Kundengruppe (Art. 4 lit. b) zu sehen sein, wenn man die über das Internet bestellenden Käufer als eigene Kundengruppe ansieht. Freilich ist der Internet-Vertrieb im Rahmen des Vertriebssystems der B nicht generell verboten.

Zwar läge eine Beschränkung des Kundenkreises (Art. 4 lit. b) im Verbot, nichtberechtigte Wiederverkäufer zu beliefern, allerdings erlaubt die VO das Verbot des Verkaufs an Nicht-Depositäre nach Art. 4 lit. b Spiegelstrich 3 als Rückausnahme.

---

10 Daher werden unten (C) Eventualüberlegungen angestellt.

11 Vgl. *Emmerich*, KartR, § 5 Rz. 26, § 29 Rz. 62; Leitlinien 2004, Rz. 185.

12 Nach Art. 9 I der bis 30.4.2004 geltenden sog. *VO Nr. 17* konnte eine Freistellung gemäß *Art. 81 III EGV* nur durch die EG-Kommission erfolgen.

13 Rechtsgrundlage ist die Rats-VO Nr. 19/65 vom 2.3.1965; Rechtsgrundlage für diese ist Art. 103 II lit. b AEUV (= *Art. 83 II lit. b EGV*).

### bb) Kernbeschränkung Art. 4 lit. c

Eine Kernbeschränkung nach Art. 4 lit. c der GFVO könnte darüber hinaus in dem den Abnehmern auferlegten Verbot des reinen Internet-Handels zu sehen sein, weil hierin mittelbar eine Beschränkung des aktiven wie auch des passiven Verkaufs an Endverbraucher läge. Freilich deutet schon die Rückausnahme, nämlich das zulässige Verbot, Geschäfte von nicht zugelassenen Niederlassungen aus zu betreiben, die Möglichkeit an, Einzelhändler **ohne stationäres Fachgeschäft wie** Abnehmer von nicht zugelassenen Niederlassungen zu betrachten und zulässigerweise auszuschließen. **344**

Unterstützt wird dies durch die allgemeine Überlegung, dass es dem Hersteller ja erlaubt ist, für den selektiven Vertrieb sachgerechte Bedingungen vorzusehen. Gerade bei dem Vertrieb von Parfümeriewaren spielt insoweit ein gewisses Luxusambiente eine wichtige Rolle, und insoweit erscheint der Ausschluss reiner Internet-Händler vom Vertrieb durchaus nicht sachwidrig. Dem entspricht es, dass etwa der generelle Ausschluss des Versandhandels vom Vertriebssystem von Parfumherstellern für zulässig gehalten wird[14]. **345**

All dies deutet drauf hin, dass Art. 4 lit. c der GFVO lediglich bezweckt, dass der Internet-Handel im Rahmen der sonst zulässigen Vertriebsbedingungen, also hier der Händler mit stationärem Geschäft, möglich bleiben muss. Und insoweit wäre eine Regelung, wonach maximal 50 % Internet-Handel erlaubt sind, durchaus vertretbar[15]. Dies gilt umso mehr, als durch die nur partielle Zulassung des Internet-Handels das andernfalls bestehende Problem der Trittbrettfahrer und die sich hieraus ergebende Gefährdung von Systemen qualitativ herausgehobenen Vertriebs vermieden wird[16]. Demgemäß gehen auch die Leitlinien 2010 für vertikale Beschränkungen der Kommission davon aus, dass der über das Internet getätigte Teil der Gesamtverkäufe begrenzt werden kann[17].

Da keine Kernbeschränkung vorliegt und weitere Bedenken nicht bestehen, ist davon auszugehen, dass das Vertriebssystem jedenfalls nach der GFVO-Vertikalvereinbarungen genehmigt ist.

### b) Kein Verstoß gegen Art. 101 AEUV

Auf eine Einzelfreistellung nach Art. 101 III AEUV[18] kommt es nicht an. Das selektive **346-**
Vertriebssystem verstößt **nicht gegen Art. 101 AEUV**. **347**

---

14 BGH WRP 2004, 374, 376 – Ausgangsfall; 1999, 101, 103 – Depotkosmetik; EG-Kommission, GRUR Int. 1992, 915, 918 – Yves Saint Laurent Parfums.

15 So auch BGH WRP 2004, 374, 376, im Ausgangsfall, ohne dass auf *Art. 81 EGV* dort eingegangen wäre, wobei sich der BGH freilich auf Art. 4 lit. b der GFVO bezieht und ergänzend verweist auf die o.a. Leitlinien für die vertikale Beschränkungen Rz. 50 ff. sowie auf *Pautke/Schultze* BB 2001, 317, 318; zur Bindungswirkung der Leitlinie für das nationale Recht vgl. *Schweda*, WuW 2004, 1133.

16 *M. Bauer*, WRP 2003, 343, 246.

17 ABl. C 130 v. 19.5.2010, S. 1 Rn. 52 c.

18 Zur Anwendbarkeit des *Art. 81 III EGV* auch bei Unvereinbarkeit einer Wettbewerbsbeschränkung mit der GFVO-Kfz-Sektor Nr. 1400/02 s. BGH WuW/E DE-R 1335 = WRP 2004, 1378.

### 4. Zwischenergebnis

348 Ein Belieferungsanspruch des A gegen B auf der Grundlage des § 33 I GWB i.V. mit Art. 101 AEUV ist mithin nicht gegeben.

## II. Anspruch aus § 33, 19, 20, 1 GWB

349 Zu prüfen bleibt ein Anspruch nach § 33 I in Verbindung mit den §§ 19, 20 bzw. § 1 GWB. Da aber das Vertriebssystem bei der Beeinträchtigung des Handels zwischen den Mitgliedstaaten in den Kompetenzbereich des EU-Kartellrechts fällt[19], folgt insoweit aus Art. 3 II 1 EG-KartVerfVO, dass die Annahme eines Verstoßes gegen **einzelstaatliches Wettbewerbsrecht grundsätzlich ausgeschlossen** ist. Nichts anders ergibt sich aus § 22 II 1 GWB, einer Vorschrift, die jene Regelung letztlich mit deklaratorischer Wirkung wiedergibt. Insbesondere kommt daher ein Verstoß gegen § 1 GWB nicht in Betracht.

### 1. Innerstaatliche Kompetenz bei einseitigen Handlungen

350 Freilich ist es gemäß Art. 3 II 2 EG-KartVerfVO den Mietgliedstaaten nicht verwehrt, in ihrem Hoheitsgebiet strengere innerstaatliche Vorschriften zur Unterbindung **einseitiger** Handlung von Unternehmen anzuwenden. Die Vorschrift bezweckt speziell für das deutsche Recht die Möglichkeit der Anwendung des Behinderungs- und Diskriminierungsverbots des § 20 GWB bei sog. relativer Marktmacht trotz fehlender Marktbeherrschung i.S. von Art. 102 AEUV[20]. Ein Verstoß der B gegen das Diskriminierungsverbot des § 20 GWB ist die Grundlage des durch A geltend gemachten Belieferungsanspruchs. Scheinbar kann ein solcher Verstoß auch bei einer nach EU-Recht erlaubten Wettbewerbsbeschränkung gemäß Art. 3 II 2 EG-KartVerfVO (= § 22 II 2 GWB) angenommen werden, da die Diskriminierung doch offenbar eine **einseitige Handlung** – hier des B – ist[21].

### 2. „Mehrdimensionalität"

351 Freilich ließe man damit die „Mehrdimensionalität" des selektiven Vertriebssystems außer Betracht[22]. Die hier zur Debatte stehende (einseitige) Diskriminierung des A ist gewissermaßen eingebettet in das Gesamtsystem des selektiven Vertriebs der B, in dem die Belieferungsvoraussetzungen generell festgelegt und auch noch über ein Lieferverbot an Nicht-Depositäre abgesichert sind. Von einer „einseitigen" Handlung des B zu

19 Letztlich werden wohl nur rein nationale und regionale Wettbewerbsbeschränkungen diese Voraussetzung nicht erfüllen und damit im rein nationalen Kompetenzbereich bleiben; vgl. *Weitbrecht*, NJW Beil. zu Heft 8/2003 S. 1 sowie die amtl. Begr. zur 7. GWB-Novelle, BR-Drucks. 441/04, S. 35, wonach dem deutschen Wettbewerbsrecht nur noch für Vereinbarungen mit rein lokalen oder regionalen Auswirkungen ohne zwischenstaatliche Relevanz Bedeutung zukommt.

20 Vgl. Erwägungsgrund 8 der EG-KartVerfVO und dazu *Wirtz*, WuW 2003, 1039, 1043 mit dem Hinweis auf die Bezeichnung „deutsche Klausel".

21 So in der Tat *Weitbrecht*, EuZW 2003, 69, 72; nach BGH WuW/E DE-R 1329, 1335 – Standard-Spundfass II kann konsequenterweise bei Bejahung eines Verstoßes gegen § 20 GWB die Frage eines zugleich nach Art. 102 AEUV eingreifenden Verbots offen bleiben.

22 Vgl. *Wirtz*, WuW 2003, 1039, 1043; *Rehbinder*, FS Immenga, 2004, S. 303, 311 ff.

sprechen, erscheint hier schon mehr als zweifelhaft. Vor allem aber dürfte es nach dem Zweck des begrenzten Fortbestandes nationaler Kompetenz trotz grundsätzlicher EU-rechtlicher Kartellrechtskompetenz bei Beeinträchtigung des zwischenstaatlichen Handels auszuschließen sein, dass auf diesem Wege der generelle Geltungsbereich europarechtlich zulässiger selektiver Vertriebssysteme national ausgehebelt wird. Art. 3 II 2 EG-KartVerfVO (= § 22 II 2 GWB) vermag daher nur in solchen Fällen zur Anwendbarkeit des nationalen Behinderungs- oder Diskriminierungsverbots zu führen, wenn das beanstandete Verhalten gerade nicht in den generellen Selektionskriterien des Systems liegt, sondern in sonstigen Maßnahmen gegenüber den Händlern bei der Durchführung des Systems[23] oder bei Nichtzulassung trotz Erfüllung der Selektionskriterien[24]. A wird freilich nach den generellen Selektionskriterien des B nicht beliefert.

### 3. Kein Kartellverstoß aus § 20 GWB

Demzufolge ist der BGH im Falle der Beeinträchtigung des zwischenstaatlichen Handelns **nicht befugt**, einen Kartellrechts**verstoß** auf der Grundlage der §§ 19, 20 GWB **anzunehmen**. Aus § 22 II 2 GWB folgt nichts anderes. 352

Auf die inhaltlichen Voraussetzungen der §§ 19, 20 GWB kommt es nicht mehr an. Auch auf der Grundlage dieser Bestimmungen ergibt sich mithin keine Lieferpflicht des B gegenüber A.

## III. Ergebnis

Die **Revision** gegen das Urteil des OLG München ist mithin **begründet**. Weil A kein Belieferungsanspruch gegen B zusteht, ist das Urteil des OLG aufzuheben und die Klage des A als unbegründet abzuweisen. Da ein **europarechtlich**-kartellrechtliches **Verbot** gegen das Vertriebssystem der B **nicht** eingreift, ist der BGH auch nach neuer Rechtslage nicht gehindert, einen **Kartellverstoß** der B und damit einen Belieferungsanspruch der A mit Erwägungen zum rein **nationalen** Kartellrecht zu **verneinen**[25]. 353

# C. Eventualüberlegungen

Für das **Gutachten** sind nachfolgende **Eventualüberlegungen** anzustellen.

## I. Relevanz der Fragestellung

Die Fragestellung gilt für den Fall, dass man entgegen den obigen Ausführungen vom Eingreifen des europäischen Kartellverbots ausgeht (dann käme ein zusätzliches Verbot nach nationalem Recht in Betracht), dass man die Beeinträchtigung des zwischenstaatlichen Handels verneint oder entgegen der hier vertretenen Meinung Art. 3 II 2 EG-Kart- 354

23 So insbes. *Harte-Barvendam/Kreutzmann*, WRP 2003, 682, 688; *Wirtz*, WuW 2003, 1039, 1043 f.; *Rehbinder* aaO.; EuGH BB 2004, 286, 289 – Adalat will zwar einseitige Maßnahmen des Herstellers im Rahmen eines selektiven Vertriebssystems ggf. zur Auslegung der Vertriebsvereinbarung im Hinblick auf Art. 81 EGV heranziehen, doch kann dies den Anwendungsbereich von Art. 3 II 2 EG-KartVerfVO nicht einschränken.

24 *Wirtz*, aaO. S. 1044.

25 Was er in der Ausgangsentscheidung bei letztlich nicht anderer Rechtslage auch getan hat.

VerfVO i.S. einer umfassenden nationalen Kompetenzerhaltung interpretiert (in diesen beiden Fällen erhielte das nationale Recht eigenständige Bedeutung). Und insoweit bieten sich hilfsgutachtliche Erwägungen an.

## II. § 20 GWB

355 B ist offensichtlich kein marktbeherrschendes Unternehmen, möglicherweise aber ein Unternehmen mit relativer Marktmacht i.S. von § 20 I GWB n.F. Nach dieser Vorschrift gilt das Behinderungs- und Diskriminierungsverbot des § 19 I, II Nr. 1 GWB auch für Unternehmen, soweit von ihnen kleine oder mittlere Unternehmen als Nachfrager einer bestimmten Art von Waren oder gewerblichen Leistungen in der Weise abhängig sind, dass ausreichende und zumutbare Möglichkeiten, auf andere Unternehmen auszuweichen, nicht bestehen, ein Behinderungs- und Diskriminierungsverbot.

### 1. Verbotsadressat

356 Es fragt sich zunächst, ob B Verbotsadressat i.S. des § 20 I GWB ist. Da A ihr Geschäft ohne die Waren der B und vergleichbare Produkte praktisch nicht sinnvoll betreiben kann und weil auch andere wichtige Produzenten nicht liefern, besteht eine sog. **Spitzengruppenabhängigkeit**[26]. A ist insoweit **sortimentsbedingt** von B abhängig, weil ausreichende und zumutbare Möglichkeiten, auf andere Unternehmen auszuweichen, nicht bestehen[27]. A ist überdies ein kleines Unternehmen i.S. dieser Vorschrift.

357 Das Diskriminierungsverbot setzt nach dem geltenden § 19 II Nr. 1 GWB *(anders § 20 I GWB a.F.)* nicht mehr voraus, dass es um einen Geschäftsverkehr geht, der gleichartigen Unternehmen üblicherweise zugänglich ist; das diesbezügliche Tatbestandsmerkmal wurde gestrichen, weil ihm nach der Judikatur keine nennenswerte Bedeutung zukam[28].

### 2. Behinderung bzw. Diskriminierung

358 Es kommt daher darauf an, ob Behinderung oder Diskriminierung vorliegt. Eine **Behinderung** im Sinne der Beeinträchtigung der Möglichkeiten, die eigenen Aktionsparameter am Markt zum Tragen zu bringen, liegt darin, dass A sich die entsprechenden Produkte zum Weitervertrieb nicht beschaffen kann. Zugleich liegt darin auch eine **Diskriminierung**[29], nämlich Ungleichbehandlung gegenüber anderen Unternehmen, den Depositären.

### 3. Unbilligkeit bzw. Fehlen eines sachlich gerechtfertigten Grundes

359 Entscheidend kommt es mithin darauf an, ob die Behinderung **unbillig** ist bzw. die Diskriminierung **ohne sachlich gerechtfertigten Grund** erfolgt. Beide Kriterien werden dahin gehend ausgelegt, dass es auf eine Abwägung der Interessen der Beteiligten unter

26 BGH, WRP 2004, 374, 375 – Ausgangsfall; WRP 1999, 101 – Depotkosmetik.

27 BGH im Ausgangsfall aaO.; grundlegend BGH NJW 1976, 801 – Rossignol; *Emmerich*, KartellR, § 29 Rz. 18 ff.; vgl. weiter **Fall 14** – adidas-Sportschuhe und Jogginghosen-Imitat.

28 BT-Drucks. 17/9852, S. 23.

29 Vgl. weiter zu Behinderung und Diskriminierung **Fall 14** – adidas-Sportschuhe und Jogginghosen-Imitat.

Berücksichtigung der auf die Freiheit des Wettbewerbs gerichteten Zielsetzung des GWB ankommt[30]. Die Interessen der A gehen erkennbar auf Belieferung zwecks Teilnahme am Markt. Die Interessen der B gehen dahin, ihre qualitativ hoch stehenden Produkte primär über den stationären Handel zu vertreiben. Grundsätzlich besteht für ein Unternehmen die Freiheit, seine Vertriebsweise eigenständig festzulegen, wenn nicht dadurch eine Manipulation der Marktverhältnisse und insbesondere der Preise angestrebt wird. Soweit das rein nationale Behinderungs- und Diskriminierungsverbot betroffen ist, ist zwar ein Postulat der **europafreundliche Auslegung** (Entwurf *§ 23 GWB 7. GWB-Novelle*) nicht Gesetz geworden und damit auf § 20 GWB nicht direkt anwendbar, so dass die o.a. Gesichtspunkte über die Selektionskriterien des europäischen Rechts im Hinblick auf den Internet-Handel nicht heranzuziehen sein dürften. Wenn der BGH bei seiner Argumentation zur Frage der Sachwidrigkeit der Diskriminierung auf Kriterien des europäischen Rechts abgestellt hat, so ist dies i.S. der im Übrigen generellen Konkordanz von europäischem und nationalem Kartellrecht aber durchaus gerechtfertigt[31]. Da alles in allem die Beschränkung des Internet-Handels auf die gleichzeitige Innehabung eines stationären Geschäfts zumindest diskutabel erscheint, ist davon auszugehen, dass hier keine unzulässige Behinderung bzw. Diskriminierung gemäß § 20 GWB vorliegt[32].

### III. § 1 GWB

Auch ein Kartellverstoß ist zu verneinen, da § 2 II GWB auf die GFVO 330/2010 verweist. **360**

### IV. Ergebnis

Folglich ergibt sich auch hilfsgutachtlich kein Anhaltspunkt für die Unbegründetheit der Revision: Das Urteil des OLG München wäre auch hiernach aufzuheben. Und letztlich kam es auf die Frage, ob der Handel zwischen Mitgliedsstaaten spürbar beeinträchtigt wird, nicht an. **361**

## Wiederholung und Vertiefung

1. Eine rechtliche Pflicht zur Belieferung eines Abnehmers bzw. zum Abschluss eines diesbezüglichen Kaufvertrages ist ein Rechtsverhältnis i.S. des § 256 ZPO, das den Weg zur Feststellungsklage eröffnet. **362**

Soweit in § 256 ZPO das rechtliche Interesse an der alsbaldigen Feststellung eines Rechtsverhältnisses auf den Vorrang der Leistungs- vor der Feststellungsklage hinausläuft, steht dies der Feststellungsklage bezüglich einer Lieferpflicht in der Regel deshalb

30 BGHZ 38, 90, 192 – Treuhandbüro; *Emmerich*, KartR, § 29 Rz. 45 ff.
31 Krit. aber *Beester-Wiesmann*, BGH EWiR § 20 GWB 2/2004, 917 zum Ausgangsfall.
32 So auch BGH aaO.

nicht entgegen, weil der Kläger seine Lieferinteressen meist nicht in einer dem Leistungsantrag entsprechenden Weise nach Art und Umfang bezeichnen kann (vgl. § 254 II Nr. 2 ZPO). Insoweit ist dann der Antrag auf Feststellung der Lieferpflicht zu den üblichen Bedingungen des Beklagten zulässig.

**363** 2. Eine Belieferungspflicht kann sich über § 33 I GWB bei Verstoß gegen eine Vorschrift des GWB, Art. 101, 102 AEUV oder eine Kartellrechtsverfügung ergeben. Dabei handelt es sich nicht um einen Verschulden voraussetzenden Schadenersatz-, sondern einen Unterlassungsanspruch, für den Verschulden keine Rolle spielt.

Auf eine Schutzgesetzeigenschaft kommt es künftig nicht mehr an.

**364** 3. Soweit eine Wettbewerbsbeschränkung den Handel zwischen Mitgliedstaaten i.S. von Art. 101 AEUV beeinträchtigt, richtet sich die Frage des Verbots allein nach europäischem Recht.

Für die sog. Zwischenstaatlichkeitsklausel kommt es darauf an, ob die wettbewerbsbeschränkende Vereinbarung unmittelbar oder mittelbar, tatsächlich oder der Möglichkeit nach geeignet ist, die Freiheit des Handels zwischen den Mitgliedstaaten spürbar zu gefährden. Dies ist sehr weitgehend zu verstehen.

Man geht davon aus, dass künftig nur Vereinbarungen mit rein lokalen oder regionalen Auswirkung keine zwischenstaatliche Relevanz aufweisen und dass die Bedeutung des nationalen Kartellrechts drastisch zurückgeht.

Ist eine den zwischenstaatlichen Handel tangierende Wettbewerbsbeschränkung nach Art. 101 AEUV verboten, darf daneben (nicht allein!) ein nationales Kartellverbot angewandt werden; doch kann nationales Recht diese Wettbewerbsbeschränkung nicht erlauben. Nationale Instanzen (Kartellbehörde, Gerichte) können über das Verbot des Art. 101 AEUV eigenverantwortlich entscheiden (Letztkontrolle freilich beim EuGH).

Wettbewerbsbeschränkungen, die den zwischenstaatlichen Handel spürbar beeinträchtigen, aber nach Art. 101 AEUV nicht verboten sind, können auch durch nationales Kartellrecht nicht verboten werden (Art. 3 II 1 EG-KartVerfVO Nr. 1/2003, § 22 II GWB).

Ausnahmen vom Kartellverbot des Art. 101 AEUV ergeben sich einmal aus Art. 101 III AEUV; auch nationale Instanzen dürfen diese Vorschrift anwenden. Der Sache nach handelt es sich insoweit heute (entgegen dem Wortlaut) um eine gesetzliche Verbotsausnahme.

Weitere Ausnahmen vom Kartellverbot des Art. 101 AEUV ergeben sich über mehrere von der EU-Kommission erlassene Gruppenfreistellungsverordnungen im Rahmen des Art. 101 III AEUV, die unterhalb bestimmter Marktanteilsgrenzen eingreifen; dabei führen sog. Kernbeschränkungen (= schwarze Klauseln) führen zum Wegfall der gesamten Privilegierung.

GFVOen, deren Gültigkeitsdauer abgelaufen ist, können im Rahmen der unmittelbaren Anwendung des Art. 101 III AEUV als Auff. der Kommission berücksichtigt werden.

Verwaltungsgrundsätze der EU-Kommission (etwa de minimis-Bekanntmachung 2001, Leitlinie 2004 über den zwischenstaatlichen Handel, Leitlinie 2010 für vertikale Beschränkungen) sind keine Rechtsnormen. Sie haben gleichwohl praktisch auch für nationale Kartellbehörden Bedeutung, obwohl der in *§ 23 E GWB* der 7. GWB-Novelle vorgesehene Grundsatz europafreundlicher Anwendung nicht Gesetz wurde.

Strengeres nationales Recht ist für das Verbot einseitiger Handlungen von Unternehmen erlaubt (Art. 3 II 2 EG-KartVerfVO Nr. 1/2003 – sog. Deutsche Klausel, § 22 II 2 GWB); dies gilt insbesondere für Fälle der Behinderung und Diskriminierung i.S. von § 20 GWB.

Diskriminierungen, die bloße Konsequenz eines nach europäischem Recht erlaubten Vertriebssystems sind (selektiver Vertrieb), können auch aufgrund der „deutschen Klausel" nicht nach § 20 GWB verboten werden.

4. Im Rahmen eines selektiven Vertriebs ist es zulässig, bei Luxusartikeln den Versand- **365**
handel nicht zu beliefern. Für Abnehmer, die ohne stationäres Fachgeschäft ausschließlich über Internet verkaufen, gilt entsprechendes.

5. § 20 I GWB erfasst als Verbotsadressaten marktstarke Unternehmen unterhalb der **366**
Marktbeherrschungsschwelle.

Im Rahmen der sog. sortimentsbedingten Abhängigkeit genügt die Spitzengruppenabhängigkeit eines Unternehmens.

Behinderung und Diskriminierung werden weitgehend im gleichen Sinne interpretiert. Entsprechendes gilt für die Unbilligkeit einerseits bzw. das Fehlen eines sachlich gerechtfertigten Grundes andererseits. Entscheidend ist eine Abwägung der Interessen der Beteiligten unter Berücksichtigung der auf die Freiheit des Wettbewerbs gerichteten Zielsetzung des GWB.

Die Freiheit zur Gestaltung des Vertriebs nach eigenen Vorstellungen ist grundsätzlich schützenswert; die Absicht, dadurch die Preise zu erhöhen, ist es weniger. In den meisten Fällen wird ein Verstoß gegen § 20 GWB wegen des Fehlens der Unbilligkeit bzw. wegen sachlich vertretbarer Gründe verneint.

**Ausgangsfall**

BGH, Urt. v. 4.11.2003 (KZR 2/02), WRP 2004, 374 – Depotkosmetik im Internet

Vorinstanz: OLG München, Urt. v. 6.12.2001 (U (K) 338/01), GRUR-RR 2002, 207 – Internetvertrieb

Fall 10

# Transportbeton-Vertrieb

*Klausur 5 Std.*

**367** Im Jahre 1968 errichteten A und einige weitere bedeutende Baustoff*händler* im Raume der mitten im Bundesland B gelegenen Großstadt G die Transportbeton Vertriebsgesellschaft mbH & Co. KG (nachfolgend: Vertrieb) mit A und den Baustoffhändlern als Kommanditisten und der von diesen ebenfalls gegründeten Transportvertriebsgesellschaft mbH als persönlich haftender Gesellschafterin. Der Vertrag der KG lautete u.a.: „Nr. 3 – Gegenstand des Gesellschaftsunternehmens ist der Handel mit Transportbeton und sonstigen Baumaterialien sowie die Durchführung aller Geschäfte, die diesen Vertrag fördern und ergänzen … Nr. 18 – Die Gesellschafter sind verpflichtet, in dem Gebiet des Großraums G, in dem die Gesellschaft Transportbeton vertreibt, der Gesellschaft keine Konkurrenz bezüglich des Handels mit Transportbeton zu machen und sich nicht als persönlich haftende Gesellschafter an einem diesbezüglichen Konkurrenzunternehmen zu beteiligen … Nr. 20 – Bei Verstößen gegen einzelne Bestimmungen des Vertrages durch die Gesellschafter kann eine Vertragsstrafe in Höhe bis zu 20 000, – DM geltend gemacht werden.“ – Die Vertrieb erzielte im Großraum G einen Marktanteil von 59 %. Außerhalb des von Nr. 18 des Gesellschaftsvertrages umfassten Gebietes führten die Kommanditisten ihre Unternehmenstätigkeit unabhängig voneinander fort.

Später schloss die Vertrieb mit der X- und Y-Vertriebsgesellschaft mbH (nachfolgend: Zentrale) einen Vertrag. Diese Zentrale war von den im Raum G wichtigsten Baustoff*herstellern* X und Y gegründet worden. Nach Nr. 2 der Satzung war sie auf die Vermittlung und den Abschluss von Kaufverträgen über Transportbeton in G und Umgebung (20 km im Umkreis um den Hauptbahnhof G) gerichtet. Nr. 4 lautete: „Die Gesellschaft vergibt Aufträge an die Gesellschafter unter Berücksichtigung der Wünsche der Kunden, der frachtgünstigsten Lage, der Lieferfähigkeit der Gesellschafterwerke und ihrer gleichmäßigen Auslastung. Sie ist darauf bedacht, dass die Gesellschafter zu folgenden Quoten am Auftragsvolumen der Gesellschaft beteiligt sind:

a) die Firma X zu 54 % und in den darauf folgenden Jahren zu 50 %
b) die Firma Y zu 46 % und in den darauf folgenden Jahren zu 50 %.“

Die Zentrale verkaufte in der Folgezeit Fertigbeton (= Transportbeton) in beträchtlichem Umfang und praktizierte die Quotenabsprache.

Der zwischen der Vertrieb und der Zentrale geschlossene Vertrag lautete u.a.: „Nr. 1 – Die Zentrale verkauft den ihr angebotenen Transportbeton zum Absatz und Einbau in dem auf der beigefügten Karte rot umrandeten Gebiet (G und Umgebung, d.h. 20 km im Umkreis vom Hauptbahnhof G) ausschließlich an die Vertrieb. Nr. 2 – Die Vertrieb verpflichtet sich, ihren gesamten Bedarf an Transportbeton in dem unter Nr. 1 näher beschriebenen Gebiet ausschließlich von den von der Zentrale vertretenen Werken zu beziehen … Nr. 13 – Ein außerordentliches fristloses Kündigungsrecht steht den Vertragspartnern für den Fall zu, dass die Vertrieb oder die Zentrale ihren Verpflichtungen aus diesem Vertrag nicht nachkommen. Im Falle dieser außerordentlichen Kündigung ist die Vertrieb berechtigt, ein Transportbetonwerk zu errichten. Ebenso ist die Zentrale berechtigt, einen eigenen Baustoffhandel zu errichten."[1]

**Aufgaben:**

1. Kommanditist A ist zugleich Vorsitzender des Tennisvereins Rot-Gold-G e.V. Zwei Jahre nach Gründung der Vertrieb lieferte er mehrfach unter Umgehung der Vertrieb innerhalb ihres Vertragsgebietes zur Errichtung der neuen Tennishalle direkt Beton an. Nach Kenntniserlangung fordert die Vertrieb 10 000,– DM von ihm. A wendet ein, die Vertrieb habe kein Recht dazu; diese entgegnet, die Absprachen seien vernünftig und wirksam.
2. Kurze Zeit nach Abschluss des Vertrages zwischen der Vertrieb und der Zentrale beginnt letztere, innerhalb des vertraglich festgelegten Gebietes einen Baustoffhandel zu eröffnen. Die Vertrieb möchte dies gerne verhindern. Kann sie insoweit gerichtlich vorgehen?
3. Der Landeskartellbehörde tauchen Bedenken hinsichtlich der Gesellschaftsverträge der Vertrieb und der Zentrale auf. Kann sie dagegen vorgehen?

Wie wären die Fragen (1) bis (3) nach heute geltendem Recht zu entscheiden?

1 Der vorliegende Sachverhalt macht besonders deutlich, dass es vor Beginn der eigentlichen Lösung erforderlich ist, sich eine Skizze anzufertigen.

# Gliederung

368 **Aufgabe 1:**

**I. Anspruch auf Vertragsstrafe und §§ 1 GWB, 134 BGB**

1. Anwendbarkeit von § 1 GWB und Vorrang europäischen Rechts
2. Spürbare Beschränkung des Wettbewerbs i.S. von § 1 GWB
3. Verbotsausnahmen § 2 I, II GWB i.V. mit GFVO
4. Wettbewerbsverbot als legitimer Teil des Gesellschaftsvertrags und sog. Immanenztheorie
5. Wettbewerbsbeschränkung und Gemeinschaftsunternehmen

**II. Ergebnis: keine Vertragsstrafe**

**Aufgabe 2:**

**I. Unterlassungsanspruch Vertrieb gegen Zentrale und die Wirksamkeit des Vertrags**

1. Parteifähigkeit der Vertrieb?
2. Keine Beeinträchtigung des zwischenstaatlichen Handels
3. §§ 1 GWB, 134 BGB
   a) Wettbewerbsbeschränkung
   b) Spürbarkeit
4. Keine Freistellung

**II. Ergebnis**

**Aufgabe 3: Landesbehörde und Gesellschaftsverträge**

**I. Vertrieb: Untersagung und Bußgeld**

**II. Zentrale: § 1 GWB gegeben?**

**III. Ergebnis**

# Lösungsvorschlag

## Aufgabe 1:

### I. Anspruch auf Vertragsstrafe und §§ 1 GWB, 134 BGB

Die Vertrieb könnte gegen A aus Nr. 20 des Gesellschaftsvertrages einen Anspruch auf Zahlung von 10 000,– DM als verwirkte Vertragsstrafe haben, wenn A dem Wettbewerbsverbot der Nr. 18 des Gesellschaftsvertrages zuwider gehandelt hätte (§ 339 BGB). An der Wirksamkeit dieser Klauseln des Gesellschaftsvertrages könnte es allerdings bei Nichtigkeit des Vertrages wegen eines Kartellverstoßes fehlen. 369

Gemäß **§ 1 GWB** sind Vereinbarungen zwischen Unternehmen, die eine Verhinderung, Einschränkung oder Verfälschung des Wettbewerbs bezwecken oder bewirken, verboten; das Verbot hat gemäß § 134 BGB die Nichtigkeit der Absprachen zur Folge[2].

### 1. Anwendbarkeit von § 1 GWB und Vorrang europäischen Rechts

Europäisches Kartellrecht dürfte der **Anwendbarkeit des § 1 GWB** hier nicht entgegenstehen. Nach § 22 II 1 GWB darf zwar die Anwendung dieser Vorschrift gemäß Art. 3 II 1 EG-KartVerfVO 1/2003 nicht zum Verbot von Vereinbarungen zwischen Unternehmen führen, die den zwischenstaatlichen Handel beeinträchtigen können, aber nach EU-Recht nicht verboten sind. Freilich geht es beim Gesellschaftsvertrag der Vertrieb nur um den Handel mit schwer transportierbaren Gütern, und die vereinbarten Beschränkungen sind konzentriert auf den Großraum der mitten im Bundesland B gelegenen Großstadt G. Hiernach ist auszuschließen, dass die Vereinbarung i.S. von Art. 101 AEUV den Handel zwischen Mitgliedstaaten der EU zu beeinträchtigen geeignet ist[3]. Die Frage, ob die Vereinbarung nach EU-Recht erlaubt wäre, ist also für die Anwendbarkeit des § 1 GWB zunächst irrelevant. Allerdings ergibt sich aus dem Willen des nationalen Gesetzgebers, wegen der fehlenden begrifflichen Schärfe der Zwischenstaatlichkeitsklausel zu einer weitgehenden Konkordanz der materiell rechtlichen kartellrechtlichen Regelungen zu gelangen[4], dass letztlich die europarechtlichen Maßstäbe in die Interpretation der §§ 1 ff. GWB Eingang finden. 370

### 2. Spürbare Beschränkungen des Wettbewerbs

Nachdem durch die 7. GWB-Novelle § 1 GWB auf horizontale und vertikale Vereinbarungen von Unternehmen (durch Streichung des bisher geltenden Tatbestandsmerkmals „miteinander im Wettbewerb stehenden“) gleichermaßen anwendbar ist, spielt die diesbezügliche frühere Abgrenzung keine Rolle mehr. Nach dem Wortlaut des Gesellschafts- 371

2 Seit der 6. GWB-Novelle vom 7.5.1998 (BGBl. I, 2547) ergibt sich die zivilrechtliche Folge des Verbots nicht aus § 1 GWB selbst, sondern in Verbindung mit § 134 BGB.

3 Vgl. zur Zwischenstaatlichkeitsklausel näher bei *Emmerich*, KartR, § 3 Rz. 18; *Lettl*, KartR, Rz. 78 ff., jeweils m.N. zur Judikatur; vgl. auch die Bekanntmachung der EG-Kommission – Leitlinien 2004 über den zwischenstaatlichen Handel – die freilich für die Judikatur nicht bindend ist.

4 So RegE, BR-Drucks. 441/04, S. 37 f.; dies gilt unbeschadet der bewusst eigenständig getroffenen Regelungen, insbes. hinsichtlich einseitiger Maßnahmen von Unternehmen.

vertrags der Vertrieb, der Gesellschaft keine Konkurrenz zu machen, liegt ohne weiteres eine bezweckte **Einschränkung des Wettbewerbs i.S. von § 1 GWB** vor. Diese ist **spürbar**, weil die Beeinflussung der Marktverhältnisse i.S. einer praktisch ins Gewicht fallenden Außenwirkung[5] bei einer Bündelung des Gesamtangebots mit einem Marktanteil von 59 % im Großraum G ohne weiteres zu bejahen ist.

### 3. Verbotsausnahmen, § 2 I, II GWB i.V. mit GFVO

372 Eine **Verbotsausnahme** gemäß **§ 2 I GWB**[6] dürfte schon deshalb ausscheiden, weil eine angemessene Beteiligung der Verbraucher an dem entstehenden Gewinn der Kooperation nicht erkennbar ist. Überdies dürfte der Marktanteil von 59 % oberhalb der Schwelle des § 2 I Nr. 2 GWB liegen.

373 **§ 2 II GWB** geht von einer entsprechenden Anwendung der EU-**Gruppenfreistellungsverordnungen (GFVO)** im deutschen Recht qua dynamischer Verweisung[7] aus. Allerdings ist eine einschlägige GFVO nicht ersichtlich. Die GFVO-Spezialisierungsvereinbarungen Nr. 1218/2010[8] bezieht sich nach Art. 2 nur auf Spezialisierungsabsprachen und zieht nach Art. 3 die Grenze der Freistellung bei 20 % Marktanteil. Die GFVO-Vertikalvereinbarungen Nr. 330/2010[9] kommt mit der Marktanteilsgrenze von 30 % gemäß ihrem Art. 3 ebenfalls nicht zur Anwendung. Und auch über die Leitlinien 2010 der Kommission für vertikale Beschränkungen sowie 2011 über horizontale Zusammenarbeit[10] ergibt sich kein Anhaltspunkt für eine Freistellung gemäß § 2 GWB.

### 4. Wettbewerbsverbot

374 Das **Wettbewerbsverbot** könnte aber als **legitimer Teil des Gesellschaftsvertrages** wirksam sein, womit die Wettbewerbsbeschränkung rechtmäßig und folglich auch die Anwendbarkeit des § 1 GWB hinfällig wären. Das heißt allerdings nicht, dass das Gesellschaftsrecht dem Kartellrecht stets vorginge[11]. Wohl aber ist in der Rechtsprechung und in der Literatur unter dem Stichwort „Immanenztheorie" anerkannt, dass wettbewerbsbeschränkende Vereinbarungen der Anwendung des § 1 GWB entzogen sein können, wenn sie aus dem im Übrigen kartellrechtsneutralen Rechtsverhältnis notwendigerweise folgen, um dessen Zweck zu erreichen und zu gewährleisten[12]. Im konkreten Fall könnte das vereinbarte Wettbewerbsverbot zunächst durch **§ 112 HGB** legitimiert sein. Dies trifft jedoch nicht zu, da die Baustoffhändler als Gesellschafter sämtlich Komman-

5 Vgl. *Bechtold*, GWB, § 1 Rz. 30 ff.; vgl. auch BGH NJW 1998, 2825, 2828 f. – Carpartner.

6 Der Wortlaut dieser Vorschrift entspricht weitgehend Art. 101 III AEUV – abgesehen von der Rückausnahme betr. den wesentlichen Teil des gemeinsamen Marktes in der letztgenannten Norm.

7 Bedenken hiergegen schildern *Ehricke/Blask*, JZ 2003, 722, die aber die Zulässigkeit letztlich bejahen.

8 S. oben Verzeichnis wichtiger europäischer Texte.

9 S. oben aaO.

10 Zur grundsätzlichen Anwendbarkeit im nationalen Recht s. amtl. Begr. BR-Drucks. 441/04, S. 38, freilich unter Hinweis auf den Grundsatz europafreundlicher Anwendung *(§ 23 E GWB)*, das nicht Gesetz wurde.

11 Gegen einen solchen Vorrang BGH WuW/E BGH 1901, 1903 f. – Transportbeton Vertrieb II (Ausgangsfall 2); grundlegend zur Problematik BGHZ 38, 306, 311 ff. – Filmtheater; 70, 331, 334 ff. – Gabelstapler.

12 Grdlg. *Steindorff*, BB 1977, S. 569, 570; *Emmerich*, KartR, § 21 Rn. 41 f., 46 f.; *Zimmer*, in: *Immenga/Mestmäcker*, GWB, § 1 Rz. 175 ff.; WuW/E BGH 2285, 2288 – Spielkarten; BGHZ 120, 161, 166 f. – Taxigenossenschaft II; vgl. auch BGH NJW 1994, 384.

ditisten waren, so dass sie sich gem. § 165 HGB auf das gesetzliche Wettbewerbsverbot des § 112 HGB nicht berufen können.

Denkbar wäre allerdings auch, dass sich das Wettbewerbsverbot bereits aus dem Grundsatz von **Treu und Glauben** ergibt, weil sämtliche Baustoffhändler zugleich Gesellschafter der Komplementär-GmbH sind. Für die KG wäre ein solches Wettbewerbsverbot wohl auch notwendig, da die Tätigkeit der KG als zusätzlicher Anbieter von Transportbeton neben ihren Gesellschaftern wirtschaftlich sinnlos gewesen wäre. Die Gründung der KG, durch die die Baustoffhändler den zwischen ihnen bestehenden Wettbewerb partiell ausschalteten, war allerdings nicht im obigen Sinne ein kartellrechtsneutrales Rechtsverhältnis. Die Gründung dieser Gesellschaft erfolgte gerade zu dem Zweck, den Wettbewerb auszuschalten. Wollte man einen solchen Vorgang dem Kartellverbot entziehen, so eröffnete man einen Weg, dieses Verbot durch die Einkleidung des Kartells in die Rechtsform einer Personengesellschaft zu umgehen. Eine Rechtfertigung des Wettbewerbsverbotes aus dem Gedanken der **Immanenztheorie**, die übrigens auch im europäischen Kartellrecht gilt[13], kommt daher nicht in Betracht. **375**

### 5. Wettbewerbsbeschränkung und Gemeinschaftsunternehmen

Schließlich könnte man sich die Frage stellen, ob nicht in der Gründung der KG die Bildung eines **Gemeinschaftsunternehmens** liegt, das zumindest hinsichtlich seiner grundlegenden Struktur der Anwendung von § 1 GWB entzogen und grundsätzlich nur der Fusionskontrolle unterworfen wäre. In der Tat entspricht es allgemeiner Auffassung, dass auf das sog. konzentrative (im Gegensatz zum kooperativen) Gemeinschaftsunternehmen § 1 GWB unanwendbar ist, wenn dieses eine selbständige und von den Gesellschaftern weitgehend unabhängige Planungseinheit ist und nicht der Koordination der Interessen der Gesellschafter dient[14]. Die Frage bedarf jedoch keiner weiteren Vertiefung, da es hier ganz offensichtlich um eine wettbewerbsbeschränkende Kooperation der außerhalb des Verkaufsgebietes der KG weiter als Wettbewerber tätigen Baustoffhändler geht, die mit der KG nicht etwa ein voll funktionsfähiges und selbständiges Unternehmen, sondern lediglich eine gemeinsame Absatzstelle geschaffen haben. Auch die Wertung des europäischen Kartellrechts würde hier zu nichts anderem führen[15]. **376**

## II. Ergebnis

Da das Wettbewerbsverbot kein legitimer Teil des Gesellschaftsvertrags ist, liegt insoweit eine verbotene Wettbewerbsbeschränkung vor. Das Wettbewerbsverbot des Gesellschaftsvertrags ist nach § 134 BGB nichtig, ohne dass es insoweit darauf ankommt, ob **377**

---

13 Vgl. *Weitbrecht/Karenfort*, S. 152 ff. mit Hinweisen auf EuGH-Entscheidungen zum Handelsvertreter und zum Unternehmenskauf; *Ch. Reimann*, Immanente Schranken des europäischen Kartellverbots, Diss. Saarbrücken 2004.

14 BGHZ 96, 69, 78 – OAM; zuletzt BGHZ 147, 325, 331 – Ost-Fleisch, mit Ausführungen zur Überschneidung der rechtlichen Regelungen; vgl. hierzu auch *Emmerich*, KartR, § 33 Rz. 40 ff.; *Hootz*, in: GemK, 1999[5] ff. § 1 Rz. 178.

15 Zum Gemeinschaftsunternehmen nach europäischem Kartellrecht s. *Emmerich*, KartR, § 17 Rz. 17 ff.; *Mäger*, 8. Kap.

die Grundsätze über fehlerhafte Gesellschaften hier anwendbar sind[16], und demzufolge kommt eine Vertragsstrafe wegen Verstoßes gegen das Wettbewerbsverbot nicht in Betracht.

## Aufgabe 2:

### I. Unterlassungsanspruch Vertrieb gegen Zentrale

378 Ein Unterlassungsanspruch, wonach die Vertrieb die Eröffnung eines Baustoffhandels durch die Zentrale verbieten kann, könnte sich aus dem Vertrag ergeben. Nach deren Nr. 1 durfte die Zentrale in dem fraglichen Gebiet nur an die Vertrieb verkaufen, so dass offensichtlich die Eröffnung eines eigenen Baustoffhandels nicht erforderlich und nach dem Vertrag – da auf Vertragsverletzung gerichtet – unzulässig war. Ferner folgt aus Nr. 13 S. 3 des Vertrages, dass ein Baustoffhandel durch die Zentrale (für das Vertragsgebiet) nur nach einer Kündigung des Vertrages eröffnet werden durfte. Eine Kündigung ist nicht erfolgt, und mangels Vertragsverletzung durch die Vertrieb steht der Zentrale auch kein Recht zur außerordentlichen Kündigung zu. Daher ist ein Unterlassungsanspruch dann gegeben, wenn der diesbezügliche Vertrag wirksam ist und die Vertrieb dies gerichtlich geltend machen kann.

#### 1. Parteifähigkeit

379 Bedenken könnten bestehen, ob angesichts des festgestellten Kartellverstoßes der **Gesellschaftsvertrag** der Vertrieb insoweit nichtig ist. Die Vertrieb als KG könnte hiernach **gehindert sein, Klage zu erheben**. Hier stellt sich zunächst die Frage, ob die Vertrieb parteifähig ist und Klage erheben kann, auch wenn ihr Gesellschaftsvertrag zur Nichtigkeit führende Verstöße gegen das GWB zum Inhalt hat. Für einen derartigen Fall wird die Parteifähigkeit einer Personengesellschaft vereinzelt verneint[17]. Dies ist allerdings nicht gerechtfertigt. Zwar muss man Nichtigkeit der einzelnen wettbewerbsbeschränkenden Abreden annehmen und evtl. auch bereicherungsrechtliche Rückabwicklung im Verhältnis zu den Gesellschaftern bejahen. Doch wäre es mit dem Allgemeininteresse unvereinbar, eine existierende Gesellschaft als Rechtssubjekt in Frage zu stellen, so dass von einer Parteifähigkeit trotz Kartellverstoßes im Gesellschaftsvertrag auszugehen ist[18]. Die Vertrieb ist mithin Rechtssubjekt und parteifähig. Hieran scheitert der geltend gemachte Unterlassungsanspruch daher nicht.

Die **Zentrale** als GmbH ist auch bei einem Kartellrechtsverstoß durch ihre Satzung rechts- und parteifähig, bis sie gelöscht oder die Nichtigkeit aufgrund entsprechender Klage festgestellt ist[19].

16 Vgl. *Rittner/Kulka*, § 7 Rn. 130.

17 So inbes. OLG Hamm NJW-RR 1986, 1487; WuW/E OLG 4033, 4036 f.; auch *Emmerich*, KartR § 21 Rz. 69, der diese Entscheidungen zustimmend zitiert und Gesamtnichtigkeit eines Gesellschaftsvertrags bei einer Wettbewerbsbeschränkung als Hauptzweck bejaht, sich allerdings zu Unrecht auf BGH vom 13.11. 1990, KZR 2/89, beruft, da es in dieser Entscheidung nicht um einen Gesellschaftsvertrag ging; vgl. auch *Möschel*, 1983, S. 140.

18 *K. Schmidt*, WuW 1988, 5; *Rittner/Kulka*, § 7 Rn. 130; vgl. auch *Schwintowski*, NJW 1988, 937.

19 So auch *Emmerich*, KartR, aaO. für juristische Person.

### 2. Keine Beeinträchtigung des zwischenstaatlichen Handels

Da der Handel zwischen Mitgliedsstaaten offensichtlich nicht betroffen ist, steht europäisches Kartellrecht der Anwendung nationalen Kartellrechts jedenfalls nicht im Wege. **380**

### 3. §§ 1 GWB, 134 BG

Der Wirksamkeit der vertraglichen Unterlassungsverpflichtung könnte aber wiederum ein Kartellrechtsverstoß entgegenstehen (§§ 1 GWB, 134 BGB). **§ 1 GWB** verbietet Vereinbarungen zwischen Unternehmen, die eine Verhinderung, Einschränkung oder Verfälschung des Wettbewerbs bezwecken oder bewirken. Eine Vereinbarung i.S. von § 1 GWB liegt vor. **381**

#### a) Wettbewerbsbeschränkung

Unter einer **Wettbewerbsbeschränkung** versteht man eine auf das Marktverhalten bezogene Verhaltensabstimmung zwischen Unternehmen, das die Chancen Dritter beeinträchtigt[20]. Durch die Nr. 1, 2 des zwischen der Zentrale und der Vertrieb geschlossenen Vertrages wird eine Verhinderung des Wettbewerbs bezweckt: Die Zentrale darf ihren Beton im Vertragsgebiet nicht direkt an dritte Abnehmer verkaufen; die Vertrieb darf ihn bei anderen Betonherstellern nicht beziehen. Durch die beiderseitigen Bindungen werden alternative Wettbewerbshandlungen ausgeschlossen. Dass ein Verkauf an dritte Unternehmen außerhalb des Vertragsgebietes bzw. ein Bezug von ihnen zulässig ist, ist nur für den räumlichen Bereich und den Umfang der Wettbewerbseinschränkung relevant. Im Vertragsgebiet werden die Chancen dritter Unternehmen dadurch beeinträchtigt, dass Alternativen für den Bezug entfallen. **382**

#### b) Spürbarkeit

Hinsichtlich der Spürbarkeit, also der erforderlichen Außenwirkung der Wettbewerbsbeschränkung[21] ist zu berücksichtigen, dass die Vertrieb im Großraum G immerhin einen Marktanteil von 59 % hat, dass das Vertragsgebiet mit dem Großraum G einen städtischen Ballungsraum abdeckte, und dass Beton ein sehr transportkostenintensives Gut darstellt. Angesichts dieser Umstände ist davon auszugehen, dass die Handlungsalternativen der am Markt für den Bezug und Absatz von Transportbeton Beteiligten merklich eingeschränkt werden können. Der Tatbestand des § 1 GWB ist daher erfüllt. **383**

### 4. Keine Freistellung

Es ist auszuschließen, dass diese Wettbewerbsbeschränkung nach § 2 I GWB freigestellt ist, und ebenso scheidet eine Freistellung über § 2 II GWB i.V. mit der GFVO-Vertikal- **384**

---

20 Vgl. *Emmerich*, KartR, § 4 Rz. 31 ff., der daneben vor allem auf die Beschränkung der Handlungsfreiheit der an der Maßnahme beteiligten Unternehmen abstellt, was vor dem Hintergrund der im Gesetz genannten „aufeinander abgestimmtem Verhaltensweisen" heute nicht mehr überzeugt; ähnlich *Bechtold*, GWB, § 1 Rz. 23 ff. m.N.

21 S.o. Fn. 5.

vereinbarungen Nr. 330/2010 von vornherein schon deshalb aus, weil die Marktanteilsschwelle von 30 % überschritten ist[22].

### II. Ergebnis

385 Der Vertrag ist nach § 134 BGB nichtig. Daher kann die Vertrieb die Errichtung eines Baustoffhandels im Vertragsgebiet seitens der Zentrale gerichtlich nicht verhindern.

## Aufgabe 3:

### I. Vertrieb: Untersagung und Bußgeld

386 Der Gesellschaftsvertrag der **Vertrieb** ist, wie sich oben gezeigt hat, wegen Verstoßes gegen das Verbot in § 1 GWB gemäß § 134 BGB nichtig[23]. Die Kartellbehörde kann daher nach **§ 32 GWB** die Durchführung des Vertrages **untersagen**. Zuständig wäre gemäß § 48 I, II GWB die Landeskartellbehörde als die nach Landesrecht zuständige oberste Landesbehörde, da die Wirkung der Wettbewerbsbeschränkung offensichtlich über das Gebiet eines Landes nicht hinausreicht.

Da der Gesellschaftsvertrag von den Baustoffhändlern-Gesellschaftern „praktiziert" wird, handeln diese i.S. von **§ 81 II Nr. 1 GWB** dem Verbot zuwider und begehen bei Verschulden eine **Ordnungswidrigkeit**. Die Kartellbehörde kann daher bei Vorsatz oder Fahrlässigkeit der Baustoffhändler-Gesellschafter auch im Wege des Bußgeldverfahrens gegen diese vorgehen[24]. Zuständig nach §§ 81 X GWB, 36 I Nr. 1 OWiG wäre gemäß § 48 I, II GWB ebenfalls die Landeskartellbehörde.

### II. Zentrale: § 1 GWB gegeben?

387 Hinsichtlich des Gesellschaftsvertrages der **Zentrale** kommt es auf die materiellrechtliche Frage an, ob auch insoweit der Tatbestand des § 1 GWB erfüllt ist. Bei dem Vertrag handelt es sich erkennbar um eine Vereinbarung von Unternehmen, die miteinander im Wettbewerb stehen. Allerdings stellt sich die Frage, ob dem Vertrag auch eine **Wettbewerbsbeschränkung** zu entnehmen ist. Denn die Quotenabsprache in Nr. 4 der Satzung war keine Verpflichtung der Gesellschafter zur diesbezüglichen Zurückhaltung im Wettbewerb, sondern nur eine Leitlinie für das Handeln der GmbH und ihrer Organe. Auch mittelbar ergab sich keine Verpflichtung zur Beschränkung der wettbewerbs-relevanten Handlungsfreiheit für die Gesellschafter, weil sie keiner sog. Andienungspflicht unterlagen, sondern frei waren, auch direkt an Dritte zu verkaufen. Nach dem Wortlaut des § 1 GWB ist jedoch nicht erforderlich, dass die Wettbewerbsbeschränkung Pflicht aus einer Vereinbarung sein muss. Ausreichend ist, dass sie durch die Vereinbarung **bezweckt** oder **bewirkt** wird. Dies ist unproblematisch zu bejahen. Überdies läge zu-

22 Überdies berührt der Vertrag möglicherweise auch Aspekte problematischer horizontaler Zusammenarbeit; vgl. dazu Leitlinien 2000 für vertikale Beschränkungen, Rz. 26.

23 Zur Problematik der „fehlerhaften Gesellschaft" s.o. Aufgabe 2, I 1.

24 Ein solches Vorgehen lag auch dem Ausgangsfall Transportbeton II zugrunde.

mindest eine (nicht verpflichtende) **Verhaltensabstimmung** hinsichtlich der Ausschaltung des Wettbewerbs vor. Die Beteiligten verfolgten mit der Gründung der Gesellschaft den Zweck, einen preiskonformen Absatz ihrer Produkte über die GmbH unter Ausschaltung des gegenseitigen Wettbewerbs zu erreichen. Andernfalls wäre die Gründung der GmbH unverständlich und vor allem die vereinbarte Quotenregelung sinnlos gewesen.

Da die GmbH von den im Raum G wichtigsten Baustoffherstellern gegründet und tat- **388**
sächlich in beträchtlichem Umfang tätig war, lag auch die erforderliche Außenwirkung vor, die sich sowohl aus der Bündelung des Absatzes und der damit verbundenen Ausschaltung des Preiswettbewerbs wie auch der Verschiebung der Anteile der Gesellschafter ergab. Die Abnehmer der Baustoffhersteller waren in ihren Möglichkeiten beschränkt, die beiden Anbieter von Fertigbeton hinsichtlich der Preise und sonstigen Konditionen gegeneinander auszuspielen. Ein Verstoß gegen das Verbot in § 1 GWB liegt daher vor. Eine Verbotsausnahme greift nicht ein. Europäisches Recht steht schon mangels Beeinträchtigung des zwischenstaatlichen Handelns nicht entgegen.

### III. Ergebnis

Auch hier kann die Landeskartellbehörde (§ 48 I, II GWB) wegen Verstoßes gegen § 1 GWB gemäß **§ 32 GWB** die Durchführung des Vertrages **untersagen**. Dann muss entweder der Gesellschaftsvertrag von den Gesellschaftern geändert oder die Gesellschaft aufgelöst werden. Daneben kann die Kartellbehörde bei Verschulden gemäß § 81 II Nr. 1 GWB im Wege des Bußgeldverfahrens vorgehen.

## Wiederholung und Vertiefung

1. § 1 GWB ist Verbotsgesetz i.S. von § 134 BGB. Im europäischen Kartellrecht ergibt **389**
sich die Nichtigkeitsfolge bereits unmittelbar aus Art. 101 II AEUV.

Bei schwer transportierbaren Gütern liegen häufig regionale Märkte vor mit der Folge, dass die Zwischenstaatlichkeitsklausel des Art. 101 AEUV nicht greift und nationales Kartellrecht in vollem Umfang anwendbar bleibt.

Obwohl der Grundsatz europafreundlicher Anwendung *(7. GWB-Novelle § 23 E GWB)* nicht Gesetz wurde, ist von einer weitgehenden inhaltlichen Konkordanz von europäischem und nationalem Kartellrecht auszugehen. Daher spielen für letzteres auch bei Nichteingreifen der Zwischenstaatlichkeitsklausel europarechtliche Wertungen eine Rolle; für das Verbot einseitiger Handlungen i.S. von § 20 GWB gilt dies nur bedingt.

Eine Differenzierung zwischen horizontalen und vertikalen Wettbewerbsbeschränkungen ist sowohl für Art. 101 AEUV als auch für § 1 GWB entbehrlich; eine Rolle spielt sie aber wieder für europäische Gruppenfreistellungsverordnungen und (rechtlich nicht verbindliche) Leitlinien, die auch für das nationale Kartellrecht bedeutsam sind.

Bei Marktanteilen über 30 % sind Gruppenfreistellungsverordnungen meist nicht anwendbar; bei manchen Gruppenfreistellungsverordnungen liegt die Grenze noch niedriger.

Wettbewerbsverbote können als legitimer Teil eines Gesellschaftsvertrags trotz scheinbaren Verstoßes gegen Kartellrecht wirksam sein. Dies setzt voraus, dass sie aus einem im Übrigen kartellrechtsneutralen Rechtsverhältnis notwendigerweise folgen, um dessen Zwecke zu erreichen. § 112 HGB und § 242 BGB sind gesetzliche Anknüpfungspunkte. Man spricht von der „Immanenztheorie".

Weitere wichtige Anwendungsfälle der sog. Immanenztheorie sind Wettbewerbsverbote aus Anlass der Übertragung von Unternehmen. Entsprechendes gilt für zulässige Weisungen gegenüber dem Handelsvertreter oder Kommissionär hinsichtlich der Preise, soweit der Geschäftsherr das wirtschaftliche Risiko trägt.

Der Gedanke der Immanenztheorie findet auch im europäischen Kartellrecht Beachtung. Für die Bildung sog. konzentrativer Gemeinschaftsunternehmen sind die Vorschriften über die Fusionskontrolle einschlägig. Die Nichtanwendung des allgemeinen Kartellrechts setzt insoweit voraus, dass eine weitgehend unabhängige Planungseinheit entsteht und nicht nur die eigenständigen Interessen der Gesellschafter koordiniert werden.

**390** 2. Verstößt ein Gesellschaftsvertrag gegen das Kartellverbot, so ist die diesbezügliche vertragliche Regelung nichtig. Die Gesellschaft als solche ist aber existent und kann klagen bzw. verklagt werden.

Unter einer Wettbewerbsbeschränkung durch Vereinbarung von Unternehmen i.S. von § 1 GWB bzw. Art. 101 AEUV versteht man eine Beschränkung der wettbewerbs-relevanten Handlungsfreiheit als Anbieter oder Nachfrager; bei der wettbewerbsbeschränkenden Verhaltensabstimmung geht es zumindest darum, dass die bei autonomem Handeln bestehenden Risiken des Wettbewerbs für die Unternehmen durch Verhaltensabstimmung unterlaufen werden.

Eine wettbewerbsbeschränkende Wirkungen hervorrufende Vereinbarung kann unter § 1 GWB fallen, auch ohne dass die Wettbewerbsbeschränkung zum Inhalt der Vereinbarung gemacht wird; eine Bezwecken oder Bewirken genügt.

Wettbewerbsbeschränkungen sind nur dann verboten, wenn sie eine nicht nur theoretische, sondern praktisch spürbare Außenwirkung auf die Marktverhältnisse bzw. auf außenstehende Dritte besitzen. Soweit es um das Verwaltungshandeln von Kartellbehörden geht, haben diese bestimmte Kriterien in Bekanntmachungen festgelegt.

Leitlinien der Kommission über horizontale (von 2011) bzw. vertikale (von 2010) Zusammenarbeit bzw. Beschränkungen stellen Kommentare der Kommission über die Verbotsgrenzen von Art. 101 AEUV einschließlich Gruppenfreistellungsverordnungen bei den unterschiedlichen Arten wettbewerbsbeschränkender Vereinbarungen bzw. Verhaltensweisen dar. Gerichte sind daran ebenso wenig gebunden wie nationale Kartellbehörden.

**391** 3. Die deutschen Kartellbehörden können im Rahmen ihrer Zuständigkeit nach § 32 GWB Unternehmen verpflichten, ein gegen das GWB oder die Art. 101, 102 AEUV verstoßendes Verhalten abzustellen. Das hat praktische Bedeutung für die Verwaltungsvollstreckung und für ein eventuelles späteres Bußgeldverfahren.

Landeskartellbehörden als die nach Landesrecht zuständigen Landesbehörden (§ 48 I GWB) sind dann zuständige Kartellbehörden, wenn die Wirkung der Wettbewerbsbeschränkung nicht über das Gebiet eines Landes hinausreicht; für die nationale Fusionskontrolle ist aber stets das BKartA zuständig (§ 36 I GWB).

Verstöße gegen Art. 101, 102 AEUV sowie u.a. gegen § 1 GWB stellen Ordnungswidrigkeiten i.S. von § 81 GWB dar.

Verwaltungsbehörde i.S. von § 36 OWiG sind auch BKartA und Landeskartellbehörden.

**Ausgangsfälle**

BGH, B. v. 1.12.1981 (KRB 3/79), WuW/E BGH 1871 – Transportbeton-Vertrieb I = MDR 1982, 461 = GRUR 1982, 244

BGH, B. v. 1.12.1981 (KRB 5/79), WuW/E BGH 1901 – Transportbeton-Vertrieb II = BGHZ 82, 332 (LS) = MDR 1982, 382 = BB 1982, 267 = DB 1982, 534 = NJW 1982, 938 = WRP 1982, 322 = GRUR 1982, 248 (Gloy)

Fall 11

# Faktische Preisbindung bei der Autovermietung

*Klausur 5 Std.*

**392** Die Firma S ist überregionaler Anbieter von Mietfahrzeugen für Selbstfahrer, deren Anteil am deutschen und europäischen Markt um die 25 % beträgt. Ihr Geschäft betreibt sie im Wesentlichen mit über 200 eigenen Filialen und Niederlassungen. Daneben hat sie mit selbstständigen Autovermietern, unter ihnen V, Verträge abgeschlossen, die diesen die Teilnahme an dem von S geschaffenen Reservierungs- und Buchungssystem ermöglichen, ihnen eine Lizenz an Konzept, Kennzeichnungen und Know-how einräumen und sie verpflichteten, unter der einheitlichen Geschäftsbezeichnung S aufzutreten.

In dem Vertrag heißt es u.a., den Lizenznehmern werde zur Gewährleistung der Kooperation empfohlen, die von S veröffentlichten Mietpreise gemäß jeweils gültiger Preisliste und die von S mit bestimmten Großkunden aus dem In- und Ausland vereinbarten Sonderkonditionen nicht zu überschreiten. Falls die Lizenznehmer hierzu nicht bereit seien, sei S berechtigt, für durch S übermittelte Reservierungen die Vermietung mit S-eigenen Kfz selbst durchzuführen; soweit bei Lizenznehmern S-eigene Kfz zur Verfügung ständen (Rückgaben von bei Filialen von S an anderen Orten gemieteten Kfz), seien in diesem Fall den Kunden diese Kfz zu den mit S vereinbarten Konditionen zur Verfügung zu stellen.

S warb für das Angebot von Mietfahrzeugen in großem Umfang, wobei primär der für die einzelnen Fahrzeuge verlangte Mietzins herausgestellt wurde. In dieser Werbung wurde nicht unterschieden zwischen S und den ihr zugehörigen Filialen und Niederlassungen einerseits und den auch unter der einheitlichen Geschäftsbezeichnung S auftretenden Lizenznehmern andererseits.

V behauptet, durch die Werbung und die von S mit Großkunden vereinbarten Sonderkonditionen sei sie mangels werblicher Differenzierung zwischen S und ihren Lizenznehmern gezwungen worden, die diesbezügliche Preise zu übernehmen; da diese nicht kostendeckend gewesen seien, sei ihr dadurch ein Schaden entstanden, dessen Ersatz sie beanspruchen könne.

**Aufgabe:**

Wäre ein Schadenersatzanspruch zu bejahen?

# Gliederung

**I. Kartellrechtliche Anspruchsgrundlagen** 393
§ 33 I, III, §§ 1, 2, 20 GWB, Art. 101 AEUV *(Art. 81 EGV)*
1. Schutzgesetzcharakter irrelevant
2. Vorrang des europäischen Rechts und das non-liquet bei der Zwischenstaatlichkeitsklausel
3. Preisbindungsverbot und 7. GWB-Novelle
   a) Vereinbarung V/S
   b) Höchstpreisbindung als Besonderheit
4. §§ 1, 2 GWB
   a) Tatbestand des § 1 GWB
   b) keine teleologische Reduktion
   c) § 2 GWB i.V. mit Art. 2, 4 GFVO-Vertikalvereinbarungen Nr. 330/2010
   d) Zwischenergebnis: kein Kartellverstoß
5. Art. 101 AEUV und die Problematik einer Vereinbarung
6. Kein Verstoß gegen § 20 GWB
7. Zwischenergebnis

**II. Verletzung nebenvertraglicher Schutzpflichten**

# Lösungsvorschlag

Es ist hier nur auf die materielle Rechtslage einzugehen. Insbesondere erübrigen sich daher Ausführungen zur Frage der Zulässigkeit der Feststellungsklage.

## I. Kartellrechtliche Anspruchsgrundlagen

394 Als Anspruchsgrundlagen kommen insbesondere § 33 I, III i.V. mit § 1 GWB, Art. 101 AEUV in Betracht, eventuell auch § 20 GWB.

### 1. Schutzgesetzcharakter irrelevant

395 Das setzt einen Verstoß gegen eine dieser Vorschriften voraus. Hingegen kommt es nicht mehr darauf an, ob diese Vorschriften einen Schutzgesetzcharakter aufweisen, weil § 33 I GWB, auf den § 33 III GWB insoweit verweist, nur noch verlangt, dass gegen eine Vorschrift des GWB, gegen Art. 101 oder 102 AEUV oder die Verfügung einer Kartellbehörde verstoßen wird, und dass der „Betroffene" als Mitbewerber oder sonstiger Marktbeteiligter durch den Verstoß beeinträchtigt ist[1]. Das müsste auch für eine nach § 1 GWB unzulässige Preisbindung zugunsten des Gebundenen gelten sowie im Rahmen des § 20 GWB, wenn also der Gebundene letztlich sogar am Verstoß beteiligt ist[2]; im Übrigen ist es seit langem unstreitig, dass Art. 101 AEUV Grundlage von Schadensersatzansprüchen sein kann[3].

### 2. Vorrang des europäischen Rechts

396 Es stellt sich die Frage, ob der eventuelle Rechtsverstoß nach Art. 101 AEUV oder nach § 1 GWB zu prüfen ist, ob also europäisches Recht anwendbar ist und dann Vorrang besitzt (vgl. Art. 3 I, II 1 EG-KartVerfVO 1/2003, § 22 GWB).

397 Das hängt davon ab, ob die hier vorliegende Vereinbarung den Handel zwischen Mitgliedstaaten spürbar beeinträchtigt. Soweit es um die Folge aus den von S mit in- und ausländischen Großkunden vereinbarten Sonderkonditionen geht, wirken diese im Zusammenhang mit dem durch die Verträge der S geschaffenen Franchising-System wohl grenzüberschreitend[4]. Doch betrifft dies nur einen Teil der beanstandeten Werbung.

Will man Art. 101 AEUV anwenden, muss man die Beeinträchtigung des Handels zwischen Mitgliedstaaten beweisen (Art. 2 EG-KartVerfVO 1/2003).

398 Einen Verstoß gegen § 1 GWB darf man freilich nur (prüfen und) bejahen, wenn entweder zugleich das Verbot durch Art. 101 AEUV eingreift, was obiges Beweisproblem aufwirft, oder wenn es an der Beeinträchtigung des zwischenstaatlichen Handels fehlt oder – hier zumindest zunächst nicht relevant – wenn es sich um das Verbot einseitigen

1 Vgl. auch Fall 12.
2 Vgl. *§ 33 I 4* i. d. F. des ursprünglichen RegE und hierzu amtl. Begr., BR-Drucks. 441/04, S. 92.
3 Vgl. *Schröter*, in: *Schröter/Jakob/Mederer*, 2003, Art. 81 Rz. 269 m.N.
4 BGHZ 140, 342 im Ausgangsfall hatte sich mit der Frage der eventuellen Anwendung europäischen Rechts nicht befasst und war auch auf einen eventuellen außerdeutschen Marktanteil nicht eingegangen.

Verhaltens eines Unternehmens i.S. von Art. 3 II 2 EG-KartVerfVO 1/2003 handeln würde. Wenn insoweit für die Anwendbarkeit nationalen Rechts das **Fehlen** einer Beeinträchtigung des zwischenstaatlichen Handels bewiesen werden müsste, käme man in ein Dilemma, wenn weder die Beeinträchtigung noch die Nichtbeeinträchtigung des Handels zwischen Mitgliedsstaaten bewiesen werden könnte. Es wäre dann weder europäisches noch nationales Kartellrecht anwendbar. Das aber kann kaum richtig sein.

Soweit freilich eine Vereinbarung vom Verbotsbereich des § 1 GWB einerseits und des **399** Art. 101 AEUV andererseits gleichermaßen erfasst wird, liegt ein Verbot vor, und es bleibt nur unklar, ob es auf eine europäische (und eventuell zusätzlich auf eine nationale) oder eine nationale Vorschrift allein gestützt wird. Für das Ergebnis ist insoweit die Frage des Verstoßes gegen den zwischenstaatlichen Handel nicht relevant, und erst bei eventuellen Divergenzen müsste die Anwendbarkeit europäischen Rechts wirklich geklärt werden. Dem entspricht auch die Fassung der Verbotsvorschriften des GWB durch die 7. GWB-Novelle, die auf ein „nahezu identisches Recht" hinzielt, und zwar unter Hinweis auf die „fehlende begriffliche Schärfe der Zwischenstaatlichkeitsklausel"[5].

Insoweit mag die Beeinträchtigung des Handels zwischen Mitgliedstaaten hier zumindest zunächst offen bleiben[6].

### 3. Preisbindungsverbot

#### a) Vereinbarung V/S

In seiner ursprünglichen Fassung sah der *RegE* der 7. GWB-Novelle mit *§ 4* ein Preis- **400** bindungsverbot vor, das, abgesehen von bestimmten Ausnahmebereichen und der kraft besonderen Gesetzes zulässigen Buchpreisbindung, generell gelten sollte, und bei dem nur unter bestimmten Voraussetzungen eine Verbotsausnahme nach § 2 GWB hätte eingreifen können. Im Hinblick auf Bedenken des Bundesrates ist diese Regelung nicht Gesetz geworden[7]. Es ist aber unstreitig, dass die vertikale Preisbindung den Tatbestand des § 1 GWB erfüllen kann, und zwar sowohl die Preisbindung bei Waren als auch die Preisbindung bei Dienstleistungen. Voraussetzung ist eine vertikale Vereinbarung, die unmittelbar oder mittelbar, für sich allein oder in Verbindung mit anderen Umständen unter der Kontrolle der Vertragsparteien bezweckt, die Möglichkeit des Beziehers zu beschränken, seinen Preis selbst festzusetzen.

Die zwischen S und V geschlossene Vereinbarung in Verbindung mit der Werbemaß- **401** nahme der S sowie den mit ihren Großkunden vereinbarten Sonderkonditionen führten dazu, dass V an die von S empfohlenen Preise bzw. an die Sonderkonditionen der S faktisch gebunden war. Höhere Preise gegenüber Kunden konnte er aufgrund der Werbung faktisch nicht durchsetzen, und auch das Eintrittsrecht der S, das für den Fall der Nichtbeachtung der empfohlenen Preise bzw. der Sonderkonditionen durch V vorgesehen war, hatten eine weitgehende faktische Bindung zur Folge. Eine vertikale Vereinba-

5 Amt. Begr., BR-Drucks. 441/04, S. 37 f.

6 Vorlage an den EuGH nach Art. 267 AEUV im Hinblick auf die Auslegung der EG-KartVerfVO Nr. 1/2003 wäre aber denkbar.

7 Vgl. RegE, BR-Drucks. 441/04; BT-Drucks. 15/3640, S. 74; BT-Drucks. 15/5049 v. 9.3.2005, S. 47.

rung, die mittelbar in Verbindung mit anderen Umständen die Beschränkung der freien Preisfestsetzung seitens des Beziehers bezweckt, scheint mithin gegeben zu sein.

#### b) Höchstpreisbindung als Besonderheit

402 Allerdings besteht die Besonderheit, dass es sich offenbar um eine Höchstpreisbindung handelt. Dem V war zwar empfohlen, die Preislisten der S und die Sonderkonditionen zu beachten. Ein Zwang ergab sich aber nur in dem Sinne, dass er keine höheren Preise nehmen konnte. Weder die Werbung noch die Sonderkonditionen und die zulässigen Regelungen des Franchising-Systems der S hinderten V an der Vereinbarung niedrigerer Preise mit seinen Kunden[8]; zu diesen war er allerdings im Hinblick auf seine wirtschaftliche Leistungsfähigkeit nicht in der Lage. Daher ging es um eine Höchstpreisbindung. Es mag sein, dass sich diese wegen der wirtschaftlichen Lage der selbstständigen Vermieter wie Festpreise auswirkten. Diese Folge kam aber nicht durch Druck oder Anreize der S, sondern durch die wirtschaftliche Lage des V zustande.

### 4. §§ 1, 2 GWB

#### a) Tatbestand des § 1 GWB

403 Der Tatbestand des § 1 GWB, der sich in seiner Neufassung auch auf vertikale Abreden erstreckt, war hier offenbar ohne weiteres gegeben. Preise waren ausdrücklich Gegenstand der Vereinbarung[9]. Es wurde eine Verfälschung des Wettbewerbs herbeigeführt mit der Folge, dass durch die empfohlenen Preis Höchstpreise zustande kamen, die u.a. V in seiner Existenz gefährdeten. Ohne die Vereinbarung hätte V die Chance gehabt, höhere Preise zu erzielen[10].

#### b) Keine teleologische Reduktion

404 Der Tatbestand des § 1 GWB lässt sich hier auch nicht ohne weiteres im Wege der teleologischen Restriktion oder durch die Berücksichtigung sog. institutioneller Gegebenheiten einschränken, schon weil ein Franchising-System der hier vorliegenden Art nicht auf die Bindung von Preisen angewiesen ist[11].

Auch eine Restriktion im Hinblick auf die Tragung des wirtschaftlichen Risikos scheidet hier aus. Das Risiko trugen die selbstständigen Vermieter, unter ihnen V, selbst[12].

#### c) § 2 GWB i.V. mit Art. 2, 4 GFVO-Vertikalvereinbarungen Nr. 330/2010

405 Für die mögliche Verbotsausnahme nach § 2 II GWB ist u.a. die GFVO-Vertikalvereinbarungen Nr. 330/2010 in Bezug genommen. Nach Art. 2 I VO 330/2010 gilt die Freistellung auch für den Vertrieb von Dienstleistungen, sofern die Marktanteilsgrenze von

8 Der BGH ging im Ausgangsfall BGHZ 140, 342, vor dem Hintergrund der damaligen Rechtslage auf den Aspekt von Höchstpreisen nicht besonders ein und stützte sich auf das in *§ 22* in Verbindung mit *§ 14* GWB a.F. normierte Empfehlungsverbot, das für Höchstpreise keine Ausnahme vorsah; zur heutigen Rechtslage s. *Bahr*, WuW 2004, 259, 264 f.; *Hildebrand*, WRP 2004, 470; *Kahlenberg*, BB 2004, 389, 391.

9 Auf die überholte Gegenstandstheorie soll dabei nicht angespielt werden.

10 Das ergibt sich letztlich auch aus den Ausführungen des BGH aaO.

11 Ausführlich BGHZ 140, 342, 350 ff. im Ausgangsfall.

12 BGH aaO. S. 351.

30 % (Art. 3) nicht überschritten wird. Zwar sieht Art. 4 lit. a eine vertikale Preisbindung grundsätzlich als unzulässig an[13]; doch ist die Festsetzung von Höchstpreisen ausdrücklich vom Verbot ausgenommen, sofern sie sich nicht in Folge von Druck oder Anreizen wie Fest- oder Mindestpreisen auswirkt. Ein rein wirtschaftlicher Druck, die Höchstpreise möglichst zu überschreiten, kann diese Höchstpreise aber noch nicht unzulässig machen[14]. Mithin ergibt sich, dass das Verbot nach § 1 GWB nicht eingreift[15].

#### d) Zwischenergebnis

Ein Verstoß gegen § 1 GWB liegt nach heutiger Rechtslage nicht vor.

### 5. Art. 101 AEUV

Nach dem Gesagten ergibt sich zugleich, dass das Verhalten nach Art. 101 AEUV i.V. **406**
mit der GFVOVertikalvereinbarungen Nr. 330/2010 ebenfalls erlaubt ist.

Es bleibt allerdings die Frage, ob die hier vorliegende faktische Preisbindung, obwohl eingebettet in eine vertikale Vertragsbeziehung, letztlich weder Vereinbarung noch Verhaltensabstimmung i.S. von Art. 101 AEUV ist, weil die Preisbindung einseitig aufoktroyiert wird und – jedenfalls im Hinblick auf V – nicht Gegenstand wechselseitigen Einverständnisses ist[16]; und auf den Verstoß gegenüber V kommt es hier an. Gerade V gegenüber lag, so könnte man meinen, aber keine Verhaltensabstimmung, sondern eine einseitige Preisfestsetzung durch S vor[17]. Freilich lag der faktischen Preisbindung eine vertragliche Vereinbarung zwischen S und V zugrunde, ohne die die faktische Bindung nicht eingetreten wäre. Das muss für die – allerdings erlaubte – Vereinbarung i.S. von Art. 101 AEUV genügen.

### 6. Kein Verstoß gegen § 20 GWB

Es bleibt ein denkbarer Verstoß gegen das Behinderungsverbot des § 20 I i.V. mit § 19 I, **407**
II Nr. 1 GWB zu prüfen. Wenn man insoweit die Werbung mit den Preisangaben durch S als einseitiges Verhalten begreift, das über die Praktizierung einer zulässigen Vereinbarung hinaus reicht, wäre die Anwendung der Vorschrift möglicherweise auch im Falle der Beeinträchtigung des zwischenstaatlichen Handels gemäß Art. 3 II 2 EG-KartVerfVO Nr. 1/2003 nicht gesperrt[18]. V könnte gegenüber S in der Position der unternehmensbedingten Abhängigkeit sein. Im vorliegenden Fall eine unbillige Behinderung anzuneh-

13 Soweit von Beschränkungen der Möglichkeiten des „Käufers" die Rede ist, folgt aus Art. 2, dass es auch um den Vertrieb von Dienstleistungen geht.

14 Der EuGH stellt hinsichtlich des Verständnisses unzulässiger Einwirkungen erkennbar auf andere Aspekte ab wie „Drohungen, Einschüchterungen, Warnungen, Sanktionen oder Anreize"; so EuGH v. 2.4.2009 – C-260/07 – Pedro IV Servicios – Rn. 80, unter Hinweis auf EuGH v. 11.9.2008 – 279/06 – CEPSA – Rn. 71.

15 Der eventuelle Entzug der Freistellung nach Art. 6 GFVO-Vertikalvereinbarungen Nr. 330/2010 bzw. Art. 29 EG-KartVerfVO Nr. 1/2003 könnte hier durch die Kommission erfolgen; nach den Leitlinien 2010 für vertikale Beschränkungen, inbes. Rz. 74 ff. wären die Aussichten wohl ohnehin nicht groß; vgl. freilich § 32d GWB.

16 Vgl. EuGH Slg. 1986, S. 353, 384 Rz. 25 – Pronuptia; EuGH, WuW/E EU-R 739 = BB 2004, 286, 290 f. – Adalat; *Schröter* in: *Schröter/Jakob/Mederer*, Art. 81 Abs. 1 Rz. 165.

17 Vgl. auch BGHZ 140, 342, 346 im Ausgangsfall.

18 Vgl. zur Problematik schon **Fall 8** – Depotkosmetik im Internet.

men, fällt freilich nicht leicht. Unbilligkeit i.S. der Abwägung der Interessen der Beteiligten unter Berücksichtigung der auf die Freiheit des Wettbewerbs gerichteten Zielsetzung des GWB[19] ließe sich wohl dann für eine faktische Höchstpreisbindung bejahen, wenn diese auf eine Vernichtung der V gerichtet gewesen wäre, was wohl nicht der Fall war. Der Umstand, dass eine Höchstpreisbindung dazu führt, dass ein Gebundener, da er wirtschaftlich nicht Schritt halten kann, geschädigt wird, dürfte i.S. des GWB noch nicht unbillig sein. Und dies muss auch bei einer einseitigen Preisfestsetzung gelten.

### 7. Zwischenergebnis

Ein auf Gesetzesverstoß gestützter Ersatzanspruch scheidet mithin aus.

## II. Verletzung nebenvertraglicher Schutzpflichten

**408** Die Besonderheit des Falles liegt darin, dass die faktische Höchstpreisbindung im Rahmen einer vertraglichen Beziehung S/V erfolgte, die insoweit hinsichtlich der Beachtung der Preisliste der S und ihrer Großabnehmer-Konditionen über AGB geprägt wurde[20].

**409** Man könnte daher zunächst die Frage stellen, ob diese AGB der hier nach den §§ 307, 310 I BGB eingreifenden Inhaltskontrolle standhalten oder ob die vertragliche Regelung, die de facto zu einer Höchstpreisbindung führte, den V entgegen den Geboten von Treu und Glauben unangemessen benachteiligte. Da sich freilich die faktische Höchstpreisbindung erst über die Werbung der S ergab, führt dieser Weg nicht weiter.

**410** Immerhin bestand aber zwischen S und V eine vertragliche Verbindung, die für S im Sinne von § 241 II BGB die Pflicht mit sich brachte, Rücksicht auf die Interessen des Vertragspartners zu nehmen und insoweit eine vermeidbare Schädigung zu unterlassen. Gewiss war S nicht gehalten, selbst Mietpreise zu vereinbaren, die auch für V akzeptabel gewesen wären. S hätte freilich in ihrer Werbung wahrheitsgemäß darauf hinweisen können, dass die von ihr genannten Preise nur für ihre Filialen verbindlich, für angeschlossene Franchise-Unternehmen aber lediglich empfohlen waren[21]. Hier liegt die Verletzung einer Vertragspflicht, die eine Schadenersatzverpflichtung begründen könnte (§§ 280 I, 241 II BGB). EU-Recht steht diesem Anspruch nicht entgegen, da es hinsichtlich dieser vertraglichen Nebenpflicht nicht um den Bereich der in den Art. 101, 102 AEUV geschützten Ziele geht (Art. 3 III EG-KartVerfVO Nr. 1/2003). Eine Anwendung des Art. 267 AEUV im Hinblick auf die Auslegung dieser Vorschrift erscheint aber diskutabel, so dass eine Vorabentscheidung des EuGH insoweit in Betracht kommen könnte.

---

19 Vgl. BGHZ 38, 90, 102 –Treuhandbüro.

20 Auf das eventuelle Eingreifen der §§ 305 ff. BGB bzw. das seinerzeit geltende *AGBG* oder des § 241 II BGB ist der BGH im Ausgangsfall nicht eingegangen, weil es für ihn wegen der Bejahung des Verstoßes gegen *§ 14 GWB a.F.* hierauf nicht ankam.

21 So BGHZ 140, 342, 348 im Ausgangsfall; ebenso BGH WRP 2003, 1454, 1457 f. – Preisbindung für Franchise-Geber II, und zwar jeweils im Hinblick auf die Bejahung eines Verstoßes gegen *§ 14 GWB a.F.*; von BGH NJW 2003, 2682 – Ein Riegel extra, wurde hingegen der Verstoß gegen *§ 14 a.F.* mit der Begründung verneint, dass die Einschränkung der Handlungsfreiheit der Händler nur kurz und praktisch nicht spürbar gewesen sei; BGH NJW 1978, 20–4 zum Preis von 3, hatte noch einen Gesetzesverstoß bejaht.

Der Schadenersatzanspruch wäre mithin auch nach heutiger Rechtslage – mit der Begründung der Verletzung einer vertraglichen Pflicht zur Rücksichtnahme durch S – begründet.[22]

## Wiederholung und Vertiefung

1. Kartellrechtliche Verbotsvorschriften können Grundlage von Unterlassungsansprüchen sein, ohne dass es auf einen Schutzgesetzcharakter dieser Vorschriften ankommt (§ 33 I GWB). Der Unterlassungsanspruch eines Marktbeteiligten ist nicht schon deshalb ausgeschlossen, weil dieser an dem Verstoß mitgewirkt hat. **411**

Letzteres gilt grundsätzlich auch für Schadenersatzansprüche gemäß § 33 III GWB; doch kann hier Mitverschulden gemäß § 254 BGB einzuwenden oder bei erheblicher Verantwortung für die Wettbewerbsbeschränkung der Schadenersatzanspruch ganz ausgeschlossen sein (vgl. BR-Drucks. 441/04, S. 92 f.).

2. Soweit der zwischenstaatliche Handel bei vertraglichen Wettbewerbsbeschränkungen tangiert wird, hat europäisches Kartellrecht Vorrang vor nationalem Kartellrecht, und zwar auch für den Fall des nicht eingreifenden Verbots. **412**

Will ein Gericht oder eine Behörde Art. 101 AEUV anwenden, so muss das Vorliegen der Tatbestandsvoraussetzungen dieser Norm, u.a. das Eingreifen der Zwischenstaatlichkeitsklausel, bewiesen werden. Will ein Gericht oder eine Behörde wettbewerbsbeschränkende Vereinbarungen nach nationalem Kartellrecht als verboten behandeln, so müsste an sich bewiesen werden, dass europäisches Kartellrecht dem nicht entgegen steht, dass mithin die Zwischenstaatlichkeitsklausel nicht eingreift. Dies gilt nicht für kartellrechtliche Verbote einseitigen Unternehmensverhaltens.

Beim non-liquet hinsichtlich der Zwischenstaatlichkeitsklausel sind wettbewerbsbeschränkende Vereinbarungen jedenfalls als unzulässig anzusehen, wenn sie sowohl nach europäischem als auch nach nationalem Kartellrecht verboten wären.

Die 7. GWB-Novelle hat die Verbotsvorschriften des nationalen Kartellrechts im Verhältnis zum EG-Kartellrecht als weitgehend identisches Recht ausgestaltet, so dass die obige Problematik praktisch entschärft wird.

3. § 1 GWB verbietet die vertikale Preisbindung; das Verbot gilt auch für Preisempfehlungen auf Grund einer Verhaltensabstimmung und auch für den Dienstleistungssektor. Verbotsausnahmen ergeben sich, abgesehen von speziellen Regelungen, über § 2 GWB. **413**

Höchstpreisbindung und Preisempfehlung sind bis zu einem Marktanteil von 30 % nach der GFVO-Vertikalvereinbarung Nr. 330/2010 sowohl nach europäischem als auch nach nationalem Kartellrecht weitgehend erlaubt, wenn weder Druck noch Anreize zu faktischen Mindest- oder Festpreisen führen.

22 Wäre eine Höchstpreisbindung ausdrücklich vereinbart worden, läge wohl keine Verletzung der Pflicht zur Rücksichtnahme vor; die Höchstpreisbindung wäre zulässig – anders als nach früherem Recht.

Eine erlaubte Höchstpreisbindung ist nicht schon deshalb eine unzulässige Behinderung nach § 20 GWB, weil der Gebundene nicht in der Lage ist, damit wirtschaftlich erfolgreich zu arbeiten.

414 4. Eine auf vertraglicher Grundlage vereinbarte und kartellrechtlich zulässige Preisempfehlung kann für den Empfehlenden als Vertragspartner des Empfehlungsempfängers nach Treu und Glauben eine Schutzpflicht des Inhalts mit sich bringen, die Empfehlung in seiner Werbung nicht als Bindung darzustellen.

Ein Verstoß gegen eine solche vertragliche Schutzpflicht kann zu Ersatzansprüchen führen, weil der Vertragspartner entgegen Treu und Glauben daran gehindert wird, sein Leistungsangebot erfolgversprechend am Markt anzubieten.

Art. 3 EG-KartVerfVO Nr. 1/2003 steht einem derartigen vertraglichen Ersatzanspruch auch bei einer nach europäischem Recht zulässigen Preisempfehlung nicht entgegen.

Bei der Vereinbarung einer Höchstpreis**bindung** kommt es allein auf deren kartellrechtliche Zulässigkeit an.

**Ausgangsfall**

BGH Urt. v. 2.2.1999 (KZR 11/97), BGHZ 140, 342 – Preisbindung durch Franchisegeber; bestätigt durch BGH, Urt. v. 20.5.2003 (KZR 27/02), WuW/E DE-R 1170 = WRP 2003, 1454 – Preisbindung durch Franchisegeber II

Fall 12

# Ausgleich für überteuerte Vitamine

*Klausur 3 Std.*

Die Firma K ist Produzent von Lebensmitteln. Sie bezog in den Jahren 1989–1999 von der Firma A laufend Vitamine und Vitamingemische zur Herstellung von Lebensmitteln, darunter Vitamin D3 zu einem Gesamtpreis von 1 Mio. DM. Inzwischen ist K insolvent. Gegen A und eine weitere Zahl von Vitaminherstellern setzte die EG-Kommission wegen der Praktizierung gegen *Art. 81 EGV* verstoßender Kartellabsprachen in den Jahren 1989–1999 durch Entscheidung vom 22.11.2001 Geldbußen im Gesamtumfang von mehreren 100 Mio. € fest. Die gegenüber A verhängte Strafe von 5 Mio. € wegen Kartellabsprachen betr. Vitamin D3 ist mangels Anfechtung durch A rechtsbeständig. **415**

Für die zwischenzeitlich insolvent gewordene K verlangte Insolvenzverwalter I vor dem zuständigen Gericht von A Zahlung von 50 000,– € mit der Begründung, ohne die verbotene Kartellabsprache wäre der Marktpreis für den Einkauf der Vitamine durch K entsprechend niedriger gewesen, was in tatsächlicher Hinsicht zutrifft.

A meinte demgegenüber, K sei schon grundsätzlich nicht durch *Art. 81 EGV* geschützt; im Übrigen habe sie, A, nicht, und schon gar nicht schuldhaft gegen diese Norm verstoßen. Und schließlich habe K durch partielle Weitergabe der erhöhten Vitamin-Preise an seine Abnehmer seinen angeblichen Schaden ohnehin um 25 000,– € reduziert, was ebenfalls in tatsächlicher Hinsicht zutreffend ist. Sie wolle sich im Übrigen, um ihr reines Gewissen zu dokumentieren, nicht auf Verjährung berufen.

**Frage:**

Hätte die Klage des I nach heute geltendem Recht Aussicht auf Erfolg?

# Gliederung

416 **I. Zulässigkeit**

**II. Begründetheit; Schadenersatzanspruch K gegen A**

1. § 33 I, III GWB i.V. mit Art. 101 I AEUV *(Art. 81 I EGV)*
   a) Schutzweck nicht mehr erforderlich
   b) Art. 101 AEUV und die Tatbestandswirkung für die „follow-on-Klage“
   c) Verschulden
   d) Kausalität und Schadensumfang
   e) Vorteilsausgleichung
   f) Schadensschätzung nach § 287 ZPO
   g) Anrufung des EuGH?
2. § 33 I, III, § 1 GWB

# Lösungsvorschlag

## I. Zulässigkeit

Gegen die **Zulässigkeit** der erhobenen Leistungsklage bestehen keine Bedenken[1]. Der Insolvenzverwalter I ist auch zur Prozessführung befugt, da nach § 80 InsO das Verwaltungs- und Verfügungsrecht über die Insolvenzmasse auf ihn übergegangen ist; ein eventueller Ersatzanspruch würde jedenfalls zur Insolvenzmasse gehören. 417

## II. Begründetheit

Die Klage ist **begründet**, wenn K von A die Zahlung von 50 000,– € Schadenersatz verlangen könnte.

### 1. § 33 I, III GWB i.V. mit Art. 101 I AEUV *(Art. 81 I EGV)*

Als Anspruchsgrundlage kommt § 33 I, III GWB i.V. mit Art. 101 I AEUV in Betracht. 418
§ 33 I GWB verlangt für einen Unterlassungsanspruch des „Betroffenen" lediglich einen Verstoß gegen die Kartellrechtsnorm, und § 33 III GWB gewährt bei Verschulden insoweit einen Schadenersatzanspruch.

#### a) Schutzzweck

*§ 33 GWB a.F.* erforderte für den Schadenersatzanspruch noch, dass ein Verstoß gegen ein Schutzgesetz bzw. eine Schutzverfügung vorlag. Da aber nach der Judikatur des EuGH[2] „jedermann" Ersatz des ihm durch einen Kartellverstoß entstandenen Schadens fordern kann, wurde die diesbezügliche Voraussetzung in § 33 I GWB gestrichen[3], so dass wegen der Verweisung auf § 33 I GWB der Schadenersatzanspruch gemäß § 33 III GWB umfassend von jedem beeinträchtigten Mitbewerber oder sonstigen Marktpartner, einschließlich der Verbraucherseite, geltend gemacht werden kann[4], was letztlich im Interesse der Durchsetzungskraft der gemeinschaftlichen Wettbewerbsregeln liegt[5]. 419

1 Eine Feststellungsklage im Hinblick auf den zur Zeit schwer abschätzbaren und beweisbaren Schadensumfang hatte im leicht modifizierten Ausgangsfall das OLG Karlsruhe, NJW 2003, 2243, 2245, für unzulässig gehalten, weil das Feststellungsinteresse i.S. der § 256 ZPO fehle, und zwar unter Hinweis auf BGH NJW 1996, 2097, 2098, wonach Stufenklage oder zusätzlich unbezifferte Leistungsklage möglich wäre; dem zust. *Bulst*, NJW 2003, 2201.

2 EuGH Slg. 2001, S. I-6297 = GRUR 2002, 367, 368 – Courage/Crehan.

3 Mit Wirkung vom1.7.2005.

4 Vgl. zur früheren Judikatur BGHZ 86, 324, 330 – Familienzeitschrift, wonach die Marktgegenseite jedenfalls dann und insoweit geschützt sei, als sich die Kartellabsprache „gezielt" gegen bestimmte Abnehmer und Lieferanten richtet; zum Verbraucheraspekt vgl. BT-Drucks. 15/5049 v. 9.3.2005, S. 49.

5 EuGH aaO., *Mestmäcker/Schweitzer*, § 22 Rz. 35; soweit – im konkreten Fall nicht relevant – im Hinblick auf nur mittelbar Geschädigte die Problematik eines zu weiten Kreises von Anspruchsberechtigten betont wird, etwa von *Köhler*, GRUR 2004, 99, 100, ist die Möglichkeit der eventuellen Differenzierung zwischen Unterlassungs- und Schadenersatzansprüchen und der möglichen Verbandsklage im Auge zu behalten; vgl. *Mestmäcker/Schweitzer* aaO. Rz. 36.

### b) Art. 101 AEUV

Der **Verstoß** der A **gegen** das Kartellverbot des Art. 101 I AEUV setzt voraus, das A an Vereinbarungen, Beschlüssen oder Verhaltensabstimmungen wettbewerbsbeschränkenden Inhalts beteiligt war und dass diese den Handel zwischen Mitgliedstaaten zu beeinträchtigen geeignet waren. Dabei müssten sowohl die Wettbewerbsbeschränkung als auch die Beeinträchtigung des Handels zwischen Mitgliedstaaten jeweils spürbar sein[6]. Schließlich darf die Verbotsausnahme des Art. 101 III AEUV nicht greifen. Durch die Entscheidung der Kommission vom 22.11.2001, die einen Kartellverstoß bejaht hatte, ist das nationale Gericht gehindert, einen Kartellverstoß zu verneinen (Art. 16 I EG-KartVerfVO Nr. 1/2003)[7]. Es fragt sich, ob das Gericht dann den Kartellverstoß ohne weiteres bejahen kann.

420 Grundsätzlich trifft die Beweislast für den Tatbestand des Art. 101 I AEUV denjenigen, der sich auf den Kartellverstoß beruft, hier also K bzw. I; A wäre lediglich gehalten, erforderlichenfalls die Voraussetzungen der Verbotsausnahme des Art. 101 III AEUV darzulegen und zu beweisen (Art. 2 EG-KartVerfVO). Alles in allem ist es im Rahmen einer Schadenersatzklage außerordentlich schwierig, einen Kartellverstoß, aber auch den Schaden und die Kausalität zu beweisen[8]. Diese Schwierigkeit besteht auch noch, wenngleich in geringerem Umfang, wenn man den klagenden I auf die Möglichkeit verweist, die Entscheidung der Kommission als eigenen Vortrag in den Prozess einzuführen.

421 Allerdings kommt dem I hier die seit 2005 geltende Neuregelung des § 33 IV GWB zu Gute. Der Gesetzgeber hat insoweit eine Tatbestandswirkung für **„follow-on-Klagen“**[9] vorgesehen mit der Folge, dass das Gericht zugunsten des Geschädigten an die bestandskräftige Annahme eines Verstoßes durch die Kommission[10] gebunden ist. Da A die Entscheidung der Kommission nicht angefochten hat, kann sich mithin I darauf berufen, dass A im fraglichen Zeitraum des Einkaufs von Vitamin D3 seitens der K das Kartellverbot des Art. 101 I AEUV verletzt hat.

### c) Verschulden

422 Auch das schuldhafte Verhalten des A ist im Hinblick auf § 33 IV GWB i.V. mit den Art. 16 I, 23 II lit. a EG-KartVerfVO zu unterstellen[11], da A die verhängte Geldbuße, die Verschulden voraussetzt, akzeptiert hat.

---

6 Vgl. de minimis-Bekanntmachung 2001; Leitlinien 2004 über den zwischenstaatlichen Handel.

7 Zur rechtsstaatlichen Problematik s. *Schwarze/Weitbrecht*, § 11 Rz. 56 ff.; daselbst zugleich zum Hintergrund der Regelung, nämlich EuGH, Slg. 2000, I-11369 – Masterfoods = NJW 2001, 1256.

8 *Hempel*, WuW 2004, 362, 365 f. verweist auf die hohen Hürden auch des deutschen Rechts, die dazu geführt hätten, dass Ersatzansprüche, abgesehen wegen eines Verstoßes gegen das Behinderungs- und Diskriminierungsverbot, hier nur eine geringe Rolle spielten.

9 Amtl. Begr., BR-Drucks. 441/04, S. 94, sieht in der Bestimmung lediglich eine Klarstellung im Hinblick auf Art. 16 I EG-KartVerfVO.

10 Die Bindung erfasst auch Entscheidungen sonstiger Kartellbehörden und Gerichte, was hinsichtlich ausländischer Kartellbehörden und Gerichte auf Kritik stößt; vgl. *Emmerich*, KartellR, § 40 Rn. 16.

11 Gegen echte Bindung aber *Emmerich*, a.a.O. Rn. 14.

### d) Kausalität und Schadensprüfung

Die Frage der **Kausalität des Verstoßes** für den Schaden und den **Schadensumfang** hat das Gericht freilich eigenständig zu prüfen[12]. Als erstes ist zu klären, worin ein Schaden der K liegt. Man muss insoweit darauf abstellen, dass K wegen der Kartellabsprache teurer eingekauft hat, also mehr Geld aufwenden musste, als es bei einem Wettbewerbspreis für Vitamin D3 der Fall gewesen wäre; dann läge in der diesbezüglichen Preisdifferenz um 50 000 € sein zu ersetzender Vermögensschaden i.S. von § 249 I BGB. Demgegenüber ist es nicht gerechtfertigt, dem K nur einen entgangenen Gewinn gemäß § 252 BGB zuzubilligen und insoweit davon auszugehen, dass K seinen Schaden auf seine Abnehmer abgewälzt hätte; denn § 252 BGB gibt nur eine Beweiserleichterung zugunsten des Geschädigten, enthält aber keine Einschränkung der nach der Differenzhypothese errechneten Ersatzpflicht[13]. **423**

### e) Vorteilsausgleichung

Gleichwohl stellt sich unter **normativem** Blickwinkel die Frage, welche Bedeutung dem Argument des A zukommt, K hätte durch **Weitergabe** der angeblichen **Kartellpreise** einen geringeren Schaden erlitten. § 33 III 2 GWB stellt insoweit zunächst klar, dass die Entstehung eines Schadens nicht schon durch die Weiterveräußerung ausgeschlossen ist, lässt aber die Frage nach dem Schadensumfang offen. Insoweit enthielt der Referentenentwurf zur 7. GWB-Novelle mit *§ 33 III* zwar ausdrücklich eine Bestimmung, wonach ein Schaden durch die Weiterveräußerung nicht gemindert wird; doch hat eine solche Regelung gerade nicht Eingang ins Gesetz gefunden. Die amtl. Begr.[14] führt aus, eine entsprechende gesetzliche Klarstellung i.S. des Ausschlusses einer **„passing-on-defense"** des Schädigers sei angesichts der engen Voraussetzungen des deutschen Rechts für eine Vorteilsausgleichung, die nach h.M. des kartellrechtlichen Schrifttums bei der Weiterwälzung des Schadens nicht in Betracht komme, nicht erforderlich; die Rspr. werde dieses Problem befriedigend lösen. **424**

**Vorteilsausgleichung** setzt voraus, dass zwischen Schädigung und Vorteil ein adäquater Kausalzusammenhang besteht, dass die Anrechnung dem Zweck des Schadenersatzes entspricht und dass sie den Geschädigten nicht unzumutbar belastet und den Schädiger nicht unbillig entlastet[15]. In der neueren Literatur überwiegt die Meinung, dass eine Vorteilsausgleichung bei Weiterwälzung des Kartellschadens ausscheidet[16], dass also der Geschädigte einen dadurch erzielten Gewinn behalten darf. **425**

---

12 Amtl. Begr., aaO. *Lettl*, KartR, Rn. 81.

13 Vgl. BGHZ 29, 393, 398; *Palandt/Heinrichs*, § 252 Rz. 5; unzutreffend daher *Bulst*, NJW 2004, 2201, 2202; im Ansatz richtig hingegen OLG Karlsruhe, NJW 2004, 2243, 2244 im Ausgangsfall.

14 BR-Drucks. 441/04, S. 94.

15 BGHZ 136, 52, 54; amtl. Begr. aaO., freilich unter Verkürzung des Aspekts der Belastung des Geschädigten.

16 Speziell zu § 33 III 2 GWB n.F. *Lettl*, KartR, § 11 Rn. 98 ff.; *Emmerich*, KartR, § 7 Rz. 19; *Bornkamm*, in: *Langen/Bunte*, Bd. 1, § 33 Rz. 105 ff.; vgl im Übrigen *Emmerich*, in: *Immenga/Mestmäcker*, GWB, 2001[3], § 33 Rz. 40 unter Berufung auf *Mailänder*, Kartellrechtliche Folgen unerlaubter Kartellpraxis, 1965, S. 199; ferner *Hempel*, WuW 2004, 362, 364; *Linder*, Privatklage und Schadenersatz im Kartellrecht, 1980, S. 126; *Möschel*, 1983, S. 148 f.; anders freilich, also für Vorteilsausgleichung und damit ggf. Reduktion der Haftung, aber noch *Emmerich*, in: Vorauflage *Immenga/Mestmäcker*, § 35 Rz. 75 sowie *Benisch*, in: GemK, 1982[4], § 35 Rz. 30; *Fikentscher*, BB 1956, 798; *Flume*, WuW 1956, 464; *Kahrs*, Zivilrechtliche Ansprüche

426 Eine Weitergabe überhöhter Kartellpreise an Abnehmer entspräche jedenfalls den Voraussetzungen adäquater Kausalität. Mithin kommt es für die Zulässigkeit der Vorteilsausgleichung darauf an, ob die der Weiterwälzung des Schadens auf die Abnehmer von K die Reduzierung des Ersatzanspruchs den geschädigten K unzumutbar belastet oder den Schädiger A unbillig entlastet. K erhielte **ohne** Vorteilsausgleichung evtl. einen seinen wirtschaftlichen Schaden übersteigenden Ersatz, der sich wohl nicht mit besonderer Eigenleistung legitimieren ließe[17]. **Mit** Vorteilsausgleichung riskiert der Schädiger immer noch eine Ersatzpflicht im Umfang des dem K tatsächlich entstandenen Schadens; damit ist er wohl kaum unbillig entlastet. Der Geschädigte hingegen erhält bei Zulassung der Vorteilsausgleichung nur den Schaden ersetzt, der ihm tatsächlich entstanden ist, und insoweit ist er nicht unzumutbar belastet. Hiernach wäre ein Ersatzanspruch nur in Höhe von 25 000 € gerechtfertigt.

427 Die Problematik liegt wohl eher in der Durchsetzung des Ersatzanspruchs, die bei der Zulassung der Vorteilsausgleichung für den Geschädigten weniger attraktiv wird. Dadurch würde der kartellrechtliche Schutzzweck tangiert. Andererseits gibt es freilich mit der Möglichkeit kartellbehördlicher und verbandsklagemäßiger Vorteilsabschöpfung (§§ 34, 34a GWB) ein Mittel zum zumindest partiellen Ausgleich der Erschwerung privatrechtlicher Klagen.

428 Der Ausschluss der Vorteilsausgleichung bei Weiterwälzung des vom Kartell verursachten Schadens i.S. der passing-on-defense-Lehre widerspricht wegen der Möglichkeit einer den Schadensausgleich übersteigenden Ersatzpflicht aber letztlich den Prinzipien des deutschen Schadenersatzrechts. Demzufolge muss die **Vorteilsausgleichung** möglich bleiben, und K hat nur Ersatzansprüche unter Abzug seines weiter gewälzten Schadens[18]. Diese Auffassung vertritt in einer neueren Entscheidung, für die allerdings § 33 III 2 GWB noch nicht anwendbar war, auch der BGH in seiner bekannten ORWI-Entscheidung vom 28.6.2011.[19]

### f) Schadensschätzung nach § 287 ZPO

429 Über die Höhe des Schadens entscheidet letztlich das Gericht nach § 287 ZPO unter Würdigung aller Umstände nach freier Überzeugung (vgl. auch § 33 III 3 GWB); es dürfte zu einem Ersatzanspruch in Höhe von 25 000,– € kommen. Der Betrag ist ab Schadenseintritt nach § 33 III 4 GWB zu verzinsen[20].

aufgrund einer Verletzung des Diskriminierungsverbots, 1965, S. 155 ff.; mit der amtl. Begr. die Ablehnung der Vorteilsausgleichung generell als h.M. zu bezeichnen, erscheint jedenfalls problematisch; vgl. auch *Schütt*, WuW 2004, 1124, 1128.

17 Vgl. OLG Karlsruhe v. 11.6.2010 – 6 U 118/05 – juris Rn. 41 ff. sowie schon OLG Karlsruhe NJW 2004, 2243, 2244 im Ausgangsfall hinsichtlich der normativen Bewertung im Rahmen der Differenzhypothese.

18 Der Sache nach ebenso OLG Karlsruhe, NJW 2004, 2243, 2244 im Ausgangsfall, wobei das Gericht aber offenbar von einem Grundsatz ausgehen will, dass der Schaden abgewälzt wird, was problematisch erscheint; für eine anderen Kausalverlauf war im Prozess nichts vorgetragen; für diesbezügliche Beweislast beim Schädiger zu Recht *Johanns*, in: *Mäger*, Kap 10 Rz. 23.

19 BGHZ 190, 145 Rn. 57, auf der Grundlage eines auf § 823 II BGB gestützten Anspruchs.

20 Hinsichtlich der Frage der Verjährung sei auf die in § 33 V GWB geregelte Hemmung verwiesen, auf die es aber hier natürlich nicht ankam.

#### g) Anrufung des EuGH

Zur Anrufung des EuGH nach Art. 267 AEUV besteht kein Anlass.

### 2. § 33 I, III, § 1 GWB

Der Ersatzanspruch könnte auch auf § 33 I, III GWB i.V. mit § 1 GWB gestützt werden. **430**
Ein anderes Ergebnis folgt daraus nicht. Freilich ist es zweifelhaft, ob sich K bzw. I insoweit auf die Bindungswirkung des § 33 IV GWB berufen könnte.

## Wiederholung und Vertiefung

1. § 33 III, I GWB ist Anspruchsgrundlage im Falle des schuldhaften Verstoßes gegen **431**
kartellrechtliche Vorschriften oder Verfügungen.

Auf die früher vorausgesetzte Schutzeigenschaft der Normen kommt es nicht mehr an. Insbesondere hängt ein Ersatzanspruch nicht mehr davon ab, dass sich ein Kartellverstoß gezielt gegen einen Marktpartner richtet. Die Mitwirkung des Geschädigten am Kartellrechtsverstoß schließt den Anspruch nicht notwendig aus.

Jedermann, also auch ein Verbraucher, kann anspruchsberechtigt sein.

2. Die Durchsetzung von Schadenersatzansprüchen wird durch die sog. follow-on- **432**
Klage erleichtert. Nach § 33 IV GWB ist das nationale Gericht an rechtsbeständige Entscheidungen einer Kartellbehörde, der EU-Kommission oder eines Gerichts in Kartellsachen gebunden. Das gilt für den Rechtsverstoß und eventuell für das Verschulden, nicht hingegen für Kausalität und Schadensfeststellung, ist aber für die Bindung an ausländische Behörden und Gerichte problematisch.

Art. 16 I EG-KartVerfVO Nr. 1/2003, aus dem sich eine noch weiter gehende Bindung nationaler Gerichte an Verfahren und Entscheidungen der EU-Kommission ergibt, ist rechtsstaatlich nicht unproblematisch (Gewaltenteilung!).

3. Bei Schadenersatzansprüchen wegen eines Kartellrechtsverstoßes kann die Entste- **433**
hung eines Schadens nicht schon mit der Begründung verneint werden, die zum überhöhten Preis erworbene Ware sei weiterverkauft worden. Für den Schadensumfang stellt sich aber das Problem der Vorteilsausgleichung, weil der Geschädigte seinen Schaden evtl. weiter an Dritte abgewälzt hat (z.B. überhöhte Preise an Abnehmer weitergegeben).

Die Zulassung der Vorteilsausgleichung reduziert den Anreiz des Geschädigten zur Klageerhebung und beeinträchtigt damit in gewisser Weise den Schutzzweck der verletzten Kartellrechtsnorm.

Die Vorteilsausgleichung als allgemeines Prinzip des Schadensrechts ist gleichwohl zuzulassen. Eine Abschöpfung des Verletzergewinns ist auf anderem Wege möglich.

Ggf. hat das Gericht den Schaden nach § 287 ZPO zu schätzen.

434 4. Als verletztes Gesetz kann neben Art. 101 I AEUV zusätzlich § 1 GWB angeführt werden; praktische Bedeutung kommt dem nicht zu. Liegt ein Verstoß gegen Art. 101 I AEUV vor, kann das nationale Gericht jedenfalls nicht allein auf § 1 GWB abstellen.

**Ausgangsfälle**

OLG Karlsruhe, Urt. v. 28.1.2004 (6 U 183/03), NJW 2004, 2243

Vorinstanz LG Mannheim, Urt. v. 11.7.2003 (7 O 326/02), GRUR 2004, 182

EG-Kommission, Entsch. v. 22.11.2001 (COMP/E-1/37.512) Vitamine, ABl. Nr. L 6 v. 10.1.2003, S. 1

EuG, B. v. 25.2.2003 (Rs. T – 15/02) BASF/Kommission, Slg. 2003, S. II-00213

Vgl. neuerdings BGH v. 28.6.2011 (KZR 75/10), BGHZ 190, 145 – ORWI

Fall 13

# Soda-Club

*Klausur 5 Std.*

Die Unternehmensgruppe S.-C. ist europaweit tätig. Zu ihr gehört auch das Unternehmen S.-C., das das operative Geschäft der Unternehmensgruppe in Deutschland betreibt. S.-C. produziert und vertreibt Besprudelungsgeräte. Mit diesen Geräten kann der Endverbraucher sein Mineralwasser selbst herstellen, indem er Leitungswasser mit Kohlensäure versetzt. Sowohl von S.-C. wie auch von allen Wettbewerbern wurden die Besprudelungsgeräte zunächst im Set – d.h. einschließlich eines gefüllten Kohlensäure-Zylinders und einer PET-Flasche für das selbst gemachte Mineralwasser – verkauft. Später wurde der größte Teil des Umsatzes nicht mehr aus dem Verkauf der Besprudelungsgeräte, sondern aus der Wiederbefüllung der Kohlensäure-Zylinder erzielt. Zur Versorgung seiner Kunden mit Kohlensäure unterhielt S.-C. ein zentrales Abfüllwerk in L. sowie ein bundesweites Vertriebshändlernetz mit Annahmestellen zum Umtausch der Zylinder. Das Befüllgeschäft war von S.-C. in dem Sinne organisiert, dass die Kohlensäure-Zylinder an die Endverbraucher nur vermietet wurden und nur in dem zentralen Abfüllwerk von S.-C. befüllt werden durften. Die Endverbraucher mussten zu diesem Zweck eine Mietvorauszahlung in Höhe des Wertes der Zylinder erbringen, die ihnen entsprechend Mietnachweis und Zeitablauf partiell erstattet wurde. Gegenüber den Vertriebshändlern (Einzelhandelsgeschäften) war die Rücknahme der Zylinder seitens S.-C. beschränkenden Regelungen unterworfen. In den auf den Mietzylindern abgedruckten Mietbedingungen und in den Klauseln ihres Vertriebsvertrages war eine **Fremdbefüllung der Mietzylinder ausdrücklich verboten**. Eine gleichwohl erfolgende Befüllung der Zylinder durch Drittunternehmen verfolgte S.-C. als Vertrags- bzw. Eigentumsverletzung. Fremdzylinder wurden aber durch S.-C. zur Befüllung angenommen und gegen eigene Zylinder umgetauscht. **435**

Der deutsche Markt ist dadurch gekennzeichnet, dass 27,5 % aller bundesdeutschen Haushalte über ein Besprudelungsgerät verfügen. Von diesen Haushalten konsumieren allerdings 99 % als „dual user" neben dem selbst gemachten Sprudelwasser in nennenswertem Umfang auch Fertiggetränke, insbesondere verbrauchsfertiges Mineralwasser. Besprudelungsgeräte gibt es zwar auch für weitere Anwendungszwecke, etwa für Zapfanlagen, Feuerlöscher oder Aquaristik, doch lässt sich die Befüllung der hier relevanten Besprudelungsgeräte nicht bei den diesbezüglichen Service-Einrichtungen durchführen. Auf dem bundesdeutschen Markt der **Befüllung** von Kohlensäurezylindern für Besprudelungsgeräte hatte S.-C. in den Jahren 2002 bis 2004 mit weitem Abstand vor seinen Konkurrenten die höchsten Marktanteile inne gehabt. Stellt man auf den wertmäßigen (und nicht auf den zahlenmäßigen) Marktanteil ab, belief sich dieser bei S.-C. in allen 3 Jahren auf mehr als 70 %. Auf die nächstgrößere Anbieterin A der in Rede stehenden Befüllleistungen entfiel demgegenüber nur ein Marktanteil von unter 15 % und auf alle sonstigen Abfüllunternehmen zusammen ebenfalls lediglich ein Marktanteil von weniger als 15 %. Auf dem Markt für den **Verkauf von Besprudelungsgeräten** konnte allerdings A Marktanteile hinzugewinnen und ist auf diesem Markt mittlerweile Marktführer. Die Hersteller von **verkaufsfertigem Mineralwassers** sind auf dem Befüllmarkt weder aktuell noch potenziell tätig, und umgekehrt gilt entsprechendes für S.-C. und A. Eine Umstellung des Angebots in die eine oder andere Richtung ist für die jeweiligen Unternehmen faktisch ausgeschlossen. Für ausländische Unternehmen ist der Eintritt in den deutschen Markt zur Befüllung grundsätzlich möglich und für größere Unternehmen auch lukrativ, wie sich daraus ergibt, dass im Jahre 1998 das britischen Unternehmens S. von S.-C. übernommen wurde.

Im Hinblick auf kartellrechtliche Bedenken wegen des eventuellen Missbrauchs von Marktmacht behauptet S.-C., anlässlich einer in jüngerer Zeit durchgeführten Erhöhung der Preise für die Befüllung der Zylinder um etwa 7 % sei der Absatz von trinkfertigem Mineralwasser stark gestiegen und der Markt für Befüllleistungen geschrumpft, woraus folge, dass man auf einem Markt tätig sei, der trinkfertiges Mineralwasser umfasse, und damit keineswegs über Marktmacht verfüge. Im Übrigen rechtfertige sich die Vertriebspraxis aus der Eigentümerstellung.

**Frage 1:**

Liegt nach heute geltendem Recht ein Kartellverstoß vor, und muss S.-C. mit kartellbehördlichen Maßnahmen rechnen; gegebenenfalls in welcher Weise und von wessen Seite?

**Frage 2:**

Wegen der aufgetauchten kartellrechtlichen Bedenken macht sich die Vertriebs-Abteilung Gedanken über mögliche Alternativen zur bisherigen Praxis. Dabei taucht der Vorschlag auf, S.-C. könne **statt der vertraglichen Verbote** der Fremdbefüllung ein System einführen, bei dem alle Händler bei Befüllungsaufträgen an S.-C. **Rabatte** erhalten, und zwar entweder

- nach dem kumulierten Umfang der im jeweiligen Jahr erteilten Befüllungsaufträge aufgrund einer diesbezüglichen allgemeinen oder mit dem jeweiligen Kunden vereinbarte Rabattliste, zahlbar von S.-C. jeweils bei Rechnungsstellung oder
- als prozentual allgemein oder individuell festgelegter am Jahresende gezahlter Treuerabatt, der aber jeweils (nur) dann gewährt wird, wenn die Händler Befüllungsaufträge mindestens im Vorjahresumfang an S.-C. geben.

Die Vertriebsabteilung meint im Übrigen, durch eine weitgehende Konzentration der Befüllungsaufträge bei S.-C. würde die Befüllung in all diesen Fällen letztlich für die Verbraucher erheblich günstiger als bei einem Nebeneinander vieler kleiner Befüllbetriebe.

Wäre die Praktizierung derartiger Rabatte nach heute geltendem Recht kartellrechtlich zulässig?

# Gliederung

# Lösungsvorschlag

## Frage 1:

### I. Art. 102 AEUV *(Art. 82 EGV)*

437 Denkbar ist ein Rechtsverstoß gegen **Art. 102 AEUV** sowie gegen § 19 GWB. Im Falle eines Verstoßes gegen Art. 102 AEUV müssen die deutschen nationalen Kartellbehörden diese Bestimmung gemäß Art. 3 I 2 EG-KartellVerfVO und § 22 III GWB zwingend anwenden. Daher ist mit der Prüfung eines Verstoßes gegen Art. 102 AEUV zu beginnen.

Mit dem Binnenmarkt unvereinbar und verboten ist die missbräuchliche Ausnutzung einer beherrschenden Stellung auf dem Binnenmarkt oder einem wesentlichen Teil desselben durch ein oder mehrerer Unternehmen, soweit dies dazu führen kann, den Handel zwischen Mitgliedstaaten zu beeinträchtigen (Art. 102 I AEUV).

#### 1. Beeinträchtigung des zwischenstaatlichen Handels

438 Die Gefahr einer Beeinträchtigung des Handels zwischen den Mitgliedsstaaten liegt vor, wenn eine Maßnahme unter Berücksichtigung der Gesamtheit objektiver rechtlicher oder tatsächlicher Umstände mit hinreichender Wahrscheinlichkeit erwarten lässt, dass sie unmittelbar oder mittelbar, tatsächlich oder der Möglichkeit nach den Warenverkehr zwischen Mitgliedsstaaten in einer Weise beeinflusst, die der Verwirklichung der Ziele des Binnenmarktes Marktes nachteilig sein könnte[1].

439 Es ist zu überlegen, ob das Verhalten der S.-C. die Voraussetzungen der **Zwischenstaatlichkeitsklausel** erfüllt. Angesichts des hohen Marktanteils von S.-C. auf dem deutschen Markt, der europaweiten Tätigkeit der Unternehmensgruppe und der grundsätzlichen Möglichkeit für ausländische Unternehmen, auf den deutschen Markt zu gelangen und dort lukrativ tätig zu sein, ist von der Gefahr einer Beeinträchtigung des Handels zwischen den Mitgliedstaaten durch das Verhalten der S.-C. auszugehen. Hierfür bedarf es noch nicht der präzisen Bestimmung eines relevanten Marktes[2]. Auswirkungen hinsichtlich des zwischenstaatlichen Handels sind bislang allerdings nur potentiell, da über diesbezügliche konkrete Konsequenzen nichts bekannt ist, so dass man über eine eventuelle Spürbarkeit[3] noch nichts sagen kann.

Für das Eingreifen der Zwischenstaatlichkeitsklausel ist es freilich ausreichend, wenn ein missbräuchliches Verhalten zur Beeinträchtigung des Handels zwischen den Mitgliedstaaten im obigen Sinne **geeignet** ist. Es ist nicht erforderlich, dass bereits gegen-

1 Vgl. EuGH, Slg. 1966, S. 322, 389 – Consten-Grundig; Kommission, Leitlinien über den zwischenstaatlichen Handel, 2004 Rn. 23.

2 Leitlinien aaO. Rn. 48.

3 Vgl. zur an sich erforderlichen Spürbarkeit der Beeinträchtigung des zwischenstaatlichen Handels EuGH, Slg. 1998, S. I-1983 Rn. 26 – Javico – wo vom Fehlen der Spürbarkeit bei einem unbedeutenden Prozentsatz des Gemeinsamen Marktes die Rede ist; als Faustregel ergeben sich 5 %, so die Kommission, Leitlinien aaO. Rn. 44 ff.

wärtige tatsächliche Auswirkungen vorliegen[4]. Angesichts des hohen Marktanteils von S.-C. auf dem deutschen Markt, der europaweiten Tätigkeit der Unternehmensgruppe und der grundsätzlichen Möglichkeit für ausländische Unternehmen, auf den deutschen Markt zu gelangen und dort lukrativ tätig zu sein, ist von der Gefahr einer Beeinträchtigung der Verwirklichung der Ziele eines einheitlichen Binnenmarktes aber auszugehen. Damit sind die Voraussetzungen der Zwischenstaatlichkeitsklausel gegeben, die im Übrigen keine allzu großen Hürden aufstellt.

## 2. Beherrschende Stellung

Es wäre voreilig, aus der Angabe eines Anteils von über 70 % des S-C. am Befüllmarkt **440**
bereits auf das Vorliegen einer beherrschenden Stellung im Hinblick auf das Eingreifen des Art. 102 AEUV zu schließen. Allgemein versteht man unter der beherrschenden Stellung, dass ein Unternehmen aufgrund seiner wirtschaftlichen Machtstellung in der Lage ist, die Aufrechterhaltung eines wirksamen Wettbewerbs auf dem relevanten Markt zu verhindern, indem sie ihm die Möglichkeit verschafft, sich seinen Wettbewerbern, seinen Abnehmern und letztlich auch den Verbrauchern gegenüber in einem nennenswerten Umfang unabhängig zu verhalten[5]. Besondere Bedeutung kommt dabei dem Marktanteil zu. Bei diesem Kriterium handelt es sich – zumal wenn ein hoher Marktanteil über mehrere Jahre hinweg unangefochten besteht – um ein besonders aussagekräftiges und bedeutsames Indiz, aus dem sich eine marktbeherrschende Stellung jedenfalls dann ableiten lässt, wenn nicht andere Umstände festgestellt werden können, aus denen sich ergibt, dass das betreffende Unternehmen trotz des hohen Marktanteils nicht über einen überragenden, nicht mehr hinreichend kontrollierten Verhaltensspielraum verfügt.

Jedenfalls ist für die Ermittlung einer beherrschenden Stellung zunächst der relevante Markt zu bestimmen, und zwar in örtlicher und sachlicher Hinsicht; der zeitlich relevante Markt spielt meist – und so auch hier – keine Rolle.

### a) Räumlich relevanter Markt

Es geht darum, welche Unternehmen mit dem Unternehmen, dessen beherrschende Stel- **441**
lung zu prüfen ist, in dessen Hauptabsatz- (bzw. Hauptbezugs-)gebiet tatsächlich konkurrieren[6]. Für den **räumlich relevanten** Markt findet sich in Art. 9 VII EG-FKVO folgende Definition: Er „besteht aus einem Gebiet, auf dem die beteiligten Unternehmen als Anbieter oder Nachfrager von Waren oder Dienstleistungen auftreten, in dem die Wettbewerbsbedingungen hinreichend homogen sind und das sich von den benachbarten Gebieten unterscheidet …“. Für die Zwecke des Verbots des Missbrauches einer beherrschenden Stellung lässt sich diese Definition wegen der unterschiedlichen Zwecksetzung von Funktionskontrolle und Missbrauchsverbot wohl nur beschränkt nutzen. Hier muss es daher genügen, wenn für einen bestimmten Markt – hier den Markt der Bundesrepublik Deutschland – einschlägige Informationen über Marktbeherrschung verfügbar sind; dass über die Marktverhältnisse im Ausland und insbesondere in den

4 Vgl. EuG, Urt. v. 1.4.1993, Slg. 1993 S. II-389 Rn. 9 und 34 – BPB Industries; Leitlinien aaO. Rn. 26.
5 EuGH, Slg. 1979, 461, Rn. 38 – Hoffmann-LaRoche.
6 Vgl. *Emmerich*, KartellR § 9 Rn. 14.

sonstigen Ländern der EU für den vorliegenden Sachverhalt nicht Näheres bekannt ist, ist irrelevant.

### b) Sachlich relevanter Markt

442 Als **sachlich relevanter Markt** denkbar sind die Märkte für Fertiggetränke, für trinkfertige Mineralwässer, für den Vertrieb von Besprudelungsgeräte mit Nachfüllzylinder oder Märkte für die Befüllung von Zylindern mit Kohlensäure oder speziell von Zylindern für Besprudelungsgeräte. Allgemein spricht man von der Marktabgrenzung nach der funktionellen Austauschbarkeit aus der Sicht der Marktgegenseite[7]. Es sind alle Waren und Dienstleistungen zusammen zu fassen, die sich aufgrund ihrer Merkmale zur Befriedigung eines gleich bleibenden Bedarfs besonders eignen und mit anderen Waren oder Dienstleistungen nur in geringem Maße austauschbar sind, wobei aber auch die Wettbewerbsbedingungen und die Struktur von Angebot und Nachfrage im Hinblick auf die Möglichkeiten einer eventuellen Behinderung von Wettbewerbern in Betracht zu ziehen sind[8]. Der Bedarf ist aus der Sicht der Marktgegenseite, hier der Verbraucher, zu ermitteln. Hiernach sind trinkfertige Mineralwässer nur in geringem Maße mit **Fertiggetränken** allgemein austauschbar, so dass der letztgenannte Markt **nicht** in Betracht kommt.

### c) Bedarf: Mineralwasser

443 Hinsichtlich des Bedarfes geht es letztlich um **Mineralwasser**, wobei dieser Bedarf **entweder** über trinkfertiges Mineralwasser **oder** über die Benutzung von Besprudelungsgeräten befriedigt werden kann. Insoweit herrschen allerdings recht unterschiedliche Marktverhältnisse, wie sich darin zeigt, dass A Marktführer beim Vertrieb von Besprudelungsgeräten ist, während S.-C. den größten Marktanteil an der Befüllung derartiger Geräte hat und beide auf dem Markt für trinkfertiges Mineralwasser überhaupt nicht tätig sind. Im Hinblick auf einen eventuellen Missbrauch von Marktmacht spricht dies dafür, von **getrennten Märkten** auszugehen, zumal eine Angebotsumstellung in der einen oder anderen Richtung faktisch ausscheidet.

### d) Unterschiedliche Systeme

444 Letztlich stehen den Verbrauchern unterschiedliche Systeme für die Bedarfsbefriedigung zur Verfügung, wie das etwa auch auf dem Markt für Haushaltswärme im Hinblick auf die Systeme Elektrizität und Wasser der Fall ist[9]. Und insoweit ergeben sich **Besonderheiten**, wenn ein auf längere Nutzung angelegtes Systems – hier das System der Besprudelungsgeräte – eine **Investition und laufende Betriebsmittel** erfordert[10]. Hier ergibt sich aus der Sicht der Haushalte, die ein solches System besitzen, ein spezifischer

7 Vgl. *Emmerich*, KartellR, § 4 Rn. 66; *Möschel*, in: *Immenga/Mestmäcker*, § 19 Rn. 24 ff.

8 Vgl. EuGH, Slg. 1983, 3461 Rn. 37 – Michelin; umfassende Nachweise aus der Praxis bei *Möschel*, a.a.O. Rn. 34 ff.

9 Vgl. hierzu *Jäger*, RdE 2008, 275.

10 Vgl. den Ausgangsfall BGHZ 176, 1- KVR 21/07 = BB 2008, 970 Rn. 15 – Soda-Club II – unter Hinweis auf BGHZ 151, 274, 282 – Fernwärme für Börnsen.

Bedarf an diesen Betriebsmitteln, die dann einen eigenständigen **sachlich relevanten Markt für die Befüllung** der Zylinder strukturieren[11].

### e) Reaktionsverbundenheit und SSNIP-Test

Andererseits besteht möglicherweise eine **Reaktionsverbundenheit** zwischen den Kosten der Befüllung der Besprudelungsgeräte einerseits und der Nachfrage nach trinkfertigem Mineralwasser andererseits, wie sich aus den Angaben der S.-C. ergibt, wonach Preiserhöhungen für die Befüllung der Zylinder zu einem Rückgang auf dem Markt für Befüllleistungen und einem Anstieg der Nachfrage bei trinkfertigem Mineralwasser geführt haben sollen. Dies könnte doch dafür sprechen, den Markt für trinkfertiges Mineralwasser zumindest teilweise (im Hinblick auf die „dual-user") dem Markt für die Befüllung der Besprudelungsgeräte hinzuzufügen (mit der möglichen Folge, dass es dann einer beherrschenden Stellung fehlt). Die diesbezügliche Reaktionsverbundenheit versucht man unter dem Gesichtspunkt der **Kreuzpreiselastizitäten**[12] bzw. des **SSNIP-Testes** (**S**mall but **S**ignificant **N**on-transistory **I**ncrease in **P**rice) zu erfassen; es geht dabei um ein gedankliches Experiment zu der Frage, ob die Kunden als Reaktion auf eine angenommene kleine bleibende Erhöhung der relativen Preise zwischen 5 % und 10 % auf leicht verfügbare Substitute ausweichen würden; Substitute, bei denen dies letztlich nicht ohne Gewinneinbuße möglich wäre, sollen dann zum selben Markt gehören[13]. Nach diesem SSNIP-Test könnte also der Befüllmarkt durch den Mineralwassermarkt zu ergänzen sein. 445

### f) Voraussetzungen des SSNIP-Tests

Allerdings setzt der SSNIP-Test stillschweigend voraus, dass hinreichende **Transparenz** hinsichtlich der Preise besteht und dass es sich bei dem **Ausgangspreis** für die Preiserhöhung um einen **Wettbewerbspreis** handelt[14]. Schon das Bestehen hinreichender Preistransparenz im Hinblick auf Besprudelung/fertiges Mineralwasser ist fraglich. Hinzu kommt, dass es angesichts der starken Stellung von S.-C. auf dem Befüllmarkt zweifelhaft ist, ob Wettbewerbspreise bestehen. War aber der Ausgangspreis überhöht, dann würde der SSNIP-Test zu unangemessen weiten Märkten führen. Daher ist der SSNIPP-Test hier ohne Aussagekraft. Es bleibt auch insoweit beim Befüllmarkt als sachlich relevantem Markt. 446

### g) Ausweichmöglichkeiten

Wichtig für die Bestimmung des sachlich relevanten Marktes sind überdies die **Ausweichmöglichkeiten der Wettbewerber** von S.-C. Für diese spielt der Markt für trinkfertige Mineralwässer höchstens in dem Sinne eine Rolle, dass die Nachfrage auf dem Markt für die Befüllung von Besprudelungsgeräten insgesamt steigt oder sinkt; hinge- 447

11 Soweit es dagegen um die Frage geht, ob beim Vertrieb von Besprudelungsgeräten im Hinblick auf die Alternative trinkfertiges Mineralwasser Marktbeherrschung besteht, handelt es sich um die Frage, ob Substitutionswettbewerb die Marktbeherrschung ausschließt; so BGH aaO. Rn. 15 f.

12 *Emmerich*, KartellR, § 4 Rn. 66.

13 Kommission, Bekanntmachung vom 9.12.1997 über die Definition des relevanten Marktes, Rn. 15 ff.

14 So BGH BB 2008, 970 Rn. 19 unter Hinweis auf die Bekanntmachung der Kommission aaO. Rn. 19.

gen ist er irrelevant für die auf diesem Markt tätigen Unternehmen untereinander. Wohl aber ist das Verhalten von S.-C. für den Markterfolg der anderen Befüllunternehmen wichtig[15].

### h) Befüllmarkt als sachlich relevanter Markt

448 Sachlich relevanter Markt ist mithin alles in allem der **Markt für Befüllleistungen**.

### i) Befüllmarkt als beherrschter Markt

449 Und nunmehr lässt sich über das Vorliegen einer beherrschenden Stellung befinden. Schon angesichts des **hohen Marktanteils** von S.-C. über mehrere Jahre hinweg ergibt sich das Vorliegen einer marktbeherrschenden Stellung, da keine Umstände vorliegen, die darauf hinweisen, dass das Unternehmen trotz des hohen Marktanteils nicht über einen überragenden, nicht mehr hinreichend kontrollierten Verhaltensspielraum verfügt.

### j) Auf einem wesentlichen Teil des Gemeinsamen Marktes

450 S.-C. hat eine beherrschende Stellung auf dem deutschen Markt und damit auf einem wesentlichen Teil des Gemeinsamen Marktes. **Insoweit** sind mithin die Voraussetzungen des Art. 102 AEUV gegeben.

## 3. Missbräuchliche Ausnutzung durch Behinderung von Wettbewerbern

451 Das Verhalten eines Unternehmens stellt dann eine **missbräuchliche Ausnutzung** einer beherrschenden Stellung dar, wenn es die Struktur des Marktes negativ beeinflussen kann, auf dem der Wettbewerb gerade wegen der Anwesenheit des Unternehmens bereits geschwächt ist, und es die Aufrechterhaltung des auf dem Markt noch bestehenden Wettbewerbs oder dessen Entwicklung durch die Verwendung von Mitteln behindert, welche von den Mitteln eines normalen Produkt- oder Dienstleistungswettbewerbs auf der Grundlage der **Leistungen** der Wirtschaftbeteiligten abweicht[16].

Im konkreten Fall liegt ein Missbrauch darin, dass das System der S.-C. deren Wettbewerber **systematisch verdrängt**. S.-C. hindert durch ein System von Ausschließlichkeitsbindung und Geltendmachung von Eigentumsrechten konkurrierende Unternehmen daran, die von S.-C. mietweise ausgegebenen Zylinder zu befüllen. Und es behindert durch die vorgesehenen Mietvorauszahlungen die Vertriebshändler und Verbraucher an einem Wechsel von der Nutzung von S.-C.-Zylindern zu Zylindern konkurrierender Unternehmen. Dieses Verhalten widerspricht einem normalen leistungsorientierten Produkt- und Dienstleistungswettbewerb und zielt auf eine weitere Schwächung des Wettbewerbs auf dem relevanten Markt für Befüllung[17]. Dass A auf dem Markt für den Verkauf von Besprudelungsgeräten erfolgreich ist, steht einer Behinderung der Wettbewerber auf dem Markt für Befüllung nicht entgegen, zumal konkurrierende Geräte ja ebenfalls durch S.-C. befüllt und gegen Zylinder des S.-C. umgetauscht werden. Mithin wäre das von S.-C. verwendete System an sich nach Art. 102 AEUV **verboten**.

15 BGH BB 2008, 970 Rn. 19.
16 EuGH, Urt. v. 9.11.1983, Slg. 1993 S. 3461 Rn. 54 – Michelin.
17 Näher dazu OLG Düsseldorf WuW/E DE-R 1935 Rn. 49 im Ausgangsfall.

### 4. Eigentum als Rechtfertigung?

Es fragt sich aber, ob sich S.-C. für den Ausschluss der Fremdbefüllung seiner Zylinder auf sein Eigentumsrecht berufen kann, das dem Verbot aus Art. 102 AEUV dann entgegenstände.

#### a) Eigentumsverletzung durch Fremdbefüllung

452 Die an sich bestimmungsgemäße, aber unbefugte Befüllung eines in fremdem Eigentum stehenden Tanks kann eine Eigentumsverletzung darstellen[18]. Zwar lässt sich fragen, ob nicht zumindest die Verbraucher beim Erwerb der gefüllten Zylinder kraft guten Glaubens Eigentümer werden[19], so dass deshalb die Argumentation nicht trägt. Auf diese Frage kommt es aber dann nicht an, wenn die Berufung auf Eigentum ohnehin dem Verbot aus Art. 102 AEUV nicht entgegensteht.

#### b) Kartellrechtslegitime Einschränkung des Eigentums

453 Insoweit ist es anerkannt, dass das **Eigentum Beschränkungen durch das Kartellrecht** unterworfen werden kann, sofern diese nicht unangemessen sind und das Eigentum nicht in seinem Wesensgehalt antasten[20]. Eine Einschränkung der aus dem Eigentumsrecht an sich folgenden Befugnis, Fremdbefüllungen zu unterbinden, ist aber schon deshalb keine unangemessene Einschränkung des Eigentums, weil das Eigentum im konkreten Fall nur dazu verwendet werden soll, ein an sich bestehendes kartellrechtliches Verbot aus Art. 102 AEUV zu unterlaufen. Im Übrigen könnte S.-C. sein Vertriebssystem auf Mietbasis bzw. dem Erhalt des Eigentums an den Zylindern durchaus fortsetzen, solange er nicht durch das Verbot der Fremdbefüllung gegen Kartellrecht verstößt; insofern wird das Eigentum nicht in seinem Wesensgehalt angetastet.

#### c) EG-rechtliche Parallele

454 Auf europäischer Ebene haben sich EuGH und EuG in den letzten Jahren mehrfach mit der Frage befasst, inwieweit bei Marktstärke aufgrund von Immaterialgüterrechten Wettbewerbsinteressen einem aus Art. 102 AEUV folgenden Verbot bzw. Gebot der Eröffnung des **Zugangs zu einem weiteren Markt** entgegen stehen. Sie nehmen dabei im Falle der Verweigerung des Marktzugangs seitens des Berechtigten aus einem Immaterialgüterrecht bei außergewöhnlichen Umständen Missbrauch an[21].

#### d) Zwischenergebnis

Mithin ergibt sich auch aus Eigentum der S.-C. an den Zylindern kein Einwand gegen das Verbot. S.-C. **verstößt daher gegen Art. 102 AEUV**.

---

18 BGH NJW 2003, 3702 – Flüssiggastank I; BGH NJW-RR 2006, 270 – Flüssigtank II.
19 BGH BB 2008, 970 Rn. 40.
20 BGH BB 2008, 970 Rn. 39 m.N.; BGHZ 128, 17, 37 Rn. 66 – Gasdurchleitung.
21 Vgl. EuGH Slg.1995, S. I-00743 Rn. 49 f. – Magill; 1998, S. I-07791 Rn. 39 – Bronner; 2004, S. I-05039 Rn. 35 – IMS Health (jeweils zitiert bei BGH aaO. Rn. 41); EuG Slg. 2007, S. II-03601 – Microsoft/Kommission.

### II. §§ 19 I, II Nr. 1 GWB

455 S.-C. verstößt zugleich gegen das Verbot der unbilligen Behinderung gemäß **§ 19 I, II Nr. 1 GWB**, ohne dass dies hier einer weiteren Begründung bedarf. Nach § 22 III GWB und Art. 3 I 2 EG-KartVerfVO können die genannten Vorschriften nebeneinander angewandt werden. Allerdings ergibt sich ein Vorrang des Inhalts, dass Art. 102 AEUV primär anzuwenden ist.

### III. Verfahrensfragen

456 Einschreiten könnte zwecks Anwendung des Art. 102 AEUV einmal die **Kommission** nach Art. 4 EG-KartVerfVO[22]. (Im Ausgangsfall ist nicht die EU-Kommission, sondern das BKartA eingeschritten.)

Falls die Kommission nicht einschreitet (vgl. insoweit Art. 11 VI EG-KartVerfVO), können die nationalen deutschen Kartellbehörden wegen des Verstoßes gegen Art. 102 AEUV eingreifen (§ 50 I GWB, Art. 5 EG-KartVerfVO), wobei hier wegen der länderübergreifenden Auswirkung das **BKartA** gemäß § 48 II GWB zuständig ist, das im Ausgangsfall auch tätig war. Das BKartA ist zugleich zur Anwendung des § 19 GWB befugt.

Das BKartA wird S.-C. zunächst verpflichten, die Rechtsverstöße abzustellen (§§ 32–32b GWB). Daneben kommt auch die Verhängung von Bußgeld nach § 81 GWB in Betracht.

## Frage 2:

457 Vorgeschlagen sind **Rabattsysteme**. Unter Rabatten versteht man eine Ermäßigung des vom Unternehmer allgemein festgesetzten Preises, also insbesondere von den Preisen der Preisliste. Die Anlässe für Rabatte wie auch ihre Bezeichnung sind vielfältig. Unter dem Blickwinkel des Anlasses gibt es vor allem Mengenrabatte, Funktionsrabatte, Eröffnungsrabatte, Jubiläumsrabatte, Treuerabatte oder Gesamtumsatzrabatte. Neben dem Begriff Rabatt sind Bezeichnungen wie Preisnachlass, Bonus, Rückvergütung oder Prämie gebräuchlich. Der Zahlungszeitpunkt kann bei Rechnungsstellung oder am Jahresende sein. Entscheidend für die Beurteilung ist aber natürlich der Inhalt der Regelung (das frühere *RabattG*, das für das Verhältnis zwischen Unternehmer und Verbraucher spezielle Beschränkungen vorsah, war 2001 aufgehoben worden). Und insoweit können Rabattsysteme sowohl Ausdruck von Leistungswettbewerb sein als auch wie Ausschließlichkeitsbindungen wirken, indem sie praktisch zur weitgehend alleinigen Beauftragung des Rabattgebers führen; und darin kann eine unzulässige Behinderung von Wettbewerbern oder eine Verschließung eines Marktes liegen[23].

22 Hierzu Kommission, Erläuterungen zu den Prioritäten der Kommission bei der Anwendung von Art. 82 EGV auf Fälle von Behinderungsmissbrauch durch marktbeherrschende Unternehmen, ABl. C 45/7 vom 24.2.2009.

23 Vgl. *Emmerich*, KartellR, § 10 Rn. 30; *Kleinmann*, EWS 2002, 466 ff.

## I. Kumulierter Mengenrabatt

Kartellrechtlich unproblematisch ist grundsätzlich der **Mengenrabatt**, der als erste Alternative vorgeschlagen wird. Er beruht typischerweise auf der Weitergabe von Rationalisierungsvorteilen, stellt sich als Leistungswettbewerb dar und darf auch von einem Unternehmen in beherrschender Stellung praktiziert werden. Dies gilt gleichermaßen für Art. 102 AEUV wie auch für § 19 GWB. Auch dass hier der Rabatt mit zunehmendem Umfang des Gesamtumfangs der Aufträge im Jahr ansteigt, dass also nicht auf den Umfang der Einzellieferung, sondern auf die kumulierte Gesamtabnahme abgestellt wird, ist unbedenklich. Die Grenze des Zulässigen liegt aber zumindest für ein marktbeherrschendes Unternehmen dort, wo Marktpartner diskriminiert werden (vgl. Art. 102 II lit. c AEUV bzw. § 19 II Nr. 1 GWB) oder wo unter Inkaufnahme eigener Verluste eine gezielte Behinderung von Wettbewerbern erfolgt (vgl. § 19 II Nr. 1 GWB). 458

## II. Treuerabatt

Ein Rabatt, der nur dann gewährt wird, wenn Befüllungsaufträge mindestens im Umfang des Vorjahres erteilt werden, stellt sich als **Treuerabatt** dar, der im Gegensatz zum Mengen- oder Funktionsrabatt nur für eine besondere Bindung an den Rabattierenden gewährt wird. Er erweckt insoweit erhebliche Bedenken und könnte als Missbrauch einer beherrschenden Stellung zu beurteilen sein. Der Treuerabatt führt nämlich häufig dazu, dass für den Kunden ein Sog zur Beauftragung des Rabattierenden entsteht, weil der Geschäftspartner durch ihn gezielt davon abgehalten wird, Wettbewerber zu beauftragen. Nicht der Vorteil des Marktpartners, sondern die Behinderung des Wettbewerbers steht im Vordergrund. Derartige Treuerabatte gelten grundsätzlich als Missbrauch einer beherrschenden bzw. marktbeherrschenden Stellung[24]. Letztlich kommt es aber auf die Umstände des Einzelfalles an. 459

In ihrer Mitteilung von **2009** zu ihren **Prioritäten** bei der Anwendung von **Art. 82 EGV** auf den **Behinderungsmissbrauch** marktbeherrschender Unternehmen [25] hat **die Kommission** im Zuge des **„more economic approach"** versucht, auf der Grundlage der Rspr. der europäischen Gerichte die diesbezüglichen Kriterien zusammen zu stellen. Missbrauchsverdächtig sind danach besonders bedingte Rabatte, die nur dann gewährt werden, wenn die Abnahmemenge in einem bestimmten Zeitraum eine bestimmte Schwelle überschreitet[26]; der Anreiz, diese Schwelle zu erreichen und zu überschreiten, nimmt mit dem Umfang der erfolgten (und zunächst noch rabatt-offenen) Käufe des Kunden beim Marktbeherrscher zu und beeinträchtigt die Chancen der Wettbewerber, die letztlich diesen Anreiz durch eigene noch günstigere Angebote überbieten müssten, um zum Zug zu kommen. Die Kommission will insbesondere dann einen Missbrauch bejahen, wenn ein ebenso effizient wie der Marktbeherrscher arbeitender Wettbewerber 460

24 EuGH Slg. 1983, 3461 LS 13 – Michelin; Slg. 2007, S. I-2331 LS 1 – British Airways, wonach es allerdings zusätzlich darauf ankommen soll, dass es für derartige Rabatte keine objektive Rechtfertigung gibt; vgl. dazu näher unten im Text und III; WuW/E OLG/E 2403 – Fertigfutter; vgl. auch *Emmerich*, KartellR, § 10 Rn. 30, § 27 Rn. 79.

25 ABl. C 45/7 vom 24.2.2009; diese Mittelung hat keine Rechtsqualität, bedeutet aber natürlich für die Kommission eine gewisse Selbstbindung und entfaltet darüber hinaus auch eine gewisse faktische Bindung.

26 A.a.O. Rn. 37 ff.

zu einem solchen Überbieten ohne eigene Verluste nicht in der Lage ist. Diese Berechnungen sind natürlich außerordentlich kompliziert. Im Ergebnis schützen sie letztlich nur den Wettbewerber vor Missbrauch, der ebenso effizient arbeitet wie der Marktbeherrscher, und sie gewähren Schutz nur vor Rabatten, die von diesem mit eigenen Verlusten erkauft werden. Dabei stützt sich die Kommission auf eine Bemerkung des EuGH in der *British Airways*-Entscheidung[27], wonach es einem Unternehmen gestattet sei nachzuweisen, dass seine Prämienregelung wirtschaftlich gerechtfertigt ist.

**461** Zu den Überlegungen der Vertriebsabteilung ist mithin vorläufig zu sagen, dass die vorgeschlagenen Treuerabatte möglicherweise als Missbrauch einer beherrschenden Stellung anzusehen wären. Eine denkbare Rechtfertigung läge aus europarechtlicher Sicht in dem Nachweis, dass die Treuerabatte seriös finanziert sind, dass also bei ihrer Gewährung keine Verluste durch S.-C. in Kauf genommen werden.

### III. Verbrauchervorteil

**462** Höchst umstritten ist die Frage, ob darüber hinaus der von der Vertriebsabteilung vorgebrachte **Effizienzeinwand** (Verbrauchernutzen) zur Rechtfertigung der Treuerabatte in Betracht käme. In der Mitteilung 2009 der Kommission (s. oben Rn. 460) wird dies letztlich für möglich gehalten[28], wobei die Kommission der Sache nach *Art. 81 III EGV* (Art. 101 III AEUV) auf einen Missbrauch gemäß *Art. 82 EGV* (Art. 102 AEUV) anwendet, was unzulässig ist. Eine solche Rechtfertigung würde überdies eventuelle kurzfristige Verbraucherinteressen zu Lasten einer langfristig wichtigen Sicherung der Märkte, die langfristig den Verbrauchern mehr nützt, unzulässig fördern und den Wettbewerbsschutz der Märkte zugunsten kurzfristiger suggestibler Verbraucherinteressen opfern[29]. Für eine Rechtfertigung eines an sich missbräuchlichen Verhaltens wegen Verbrauchervorteilen in diesem Sinn könnte sich die Kommission auch nicht auf die EuGH-Entscheidung in Sachen *British-Airways* berufen, die für diese Art des efficiency-defense keine schlüssige Aussage enthält[30].

### IV. Ergebnis

**463** Die Frage eines eventuellen Einschreitens der EU-Kommission wäre also im Ergebnis nach deren o.a. Prioritäten 2009 zu beurteilen; unbeschadet dessen wäre deren Tätigwerden angesichts der nur beschränkten Bedeutung von S.-C. für den Gemeinsamen Markt wohl eher unwahrscheinlich. Ein mögliches Einschreiten des BKartA auf der Grundlage von Art. 102 AEUV oder nach den § 19 GWB ließe sich aber nicht ausschließen; Effizienz als Rechtfertigung würde man hier jedenfalls nicht akzeptieren[31]. Privatklagen von Wettbewerbern wären wohl nicht zu erwarten.

27 Slg. 2007, S, I-2331 Rn. 69.
28 Vgl. a.a.O. Rn. 30, 46.
29 Vgl. *Hönn*, Examens-Repetitorium, Rn. 46.
30 Vgl. Slg. 2007, S. I-2331 Rn. 86, 106, wo der Missbrauch durch einen Rabatt bejaht wird, weil er nur unter Inkaufnahme von Verlusten zustande kam, die Frage der Effizienz aus dem Blickwinkel der Verbraucher aber gerade ungeprüft blieb; vgl. hierzu auch *Hönn*, FS Kreutz, 2009, S. 673, 679.
31 Vgl. *Moch*, WuW 2008, 44 ff.; das BKartA ist im vorliegenden Fall eingeschritten, und OLG und BGH haben ihm Recht gegeben.

# Wiederholung und Vertiefung

1. Auch bei der Zwischenstaatlichkeitsklausel kommt es auf eine spürbare Beeinträchtigung an; das schließt die Berücksichtigung erst potentieller Auswirkungen aber nicht aus. **464**

2. Für die Anwendung des Missbrauchsverbots muss eine beherrschende Stellung ursächlich für den Missbrauch sein, was voraussetzt, dass vorab der für den potentiellen Missbrauch sachlich und örtlich relevante Markt festgestellt und die Position des Unternehmens auf diesem geklärt sein muss. **465**

3. Bei unterschiedlichen Systemen für eine Bedarfsbefriedigung (z.B. Raumheizung) hat sich die Marktgegenseite unter Umständen auf ein bestimmtes System festgelegt, was zur Einschränkung des Marktes bei der Missbrauchsaufsicht im Hinblick auf Betriebsmittel führen kann; bei der Fusionskontrolle mag hier etwas anderes gelten. **466**

4. Auch Ausweichmöglichkeiten der Wettbewerber können für den relevanten Markt bedeutsam sein. **467**

5. Eigentum rechtfertigt keinen Kartellverstoß und insbesondere keinen Missbrauch einer beherrschenden Stellung; doch ist die Bedeutung des Eigentumsrechts bei der Abwägung zu berücksichtigen. **468**

6. Treuerabatte bzw. bedingte Rabatte stellen meist einen Missbrauch von Marktbeherrschung dar. **469**

7. Rabatte, die gewährt werden, ohne dass dadurch dem Rabattgeber ein Verlust entsteht, sind in der Regel kein Missbrauch. **470**

8. Missbräuchliches Verhalten lässt sich nicht mit dem Hinweis auf Effizienz des Verhaltens aus Verbrauchersicht rechtfertigen (str.). **471**

**Ausgangsfall**

BGH, B. v. 4.3.2008 (KVR 21/07), BGHZ 176, 1 – Soda-Club II = BB 2008, 970; Vorinstanz OLG Düsseldorf, B. v. 14.3.2007 (VI-Kart 5/06 (V)), WuW/E DE-R 1935; der Sachverhalt von Frage 2 ist konstruiert und befasst sich mit der Problematik von EuGH Slg. 2007, S, I-2331 – *British Airways* sowie mit der Mitteilung der Kommission von 2009 über ihre Prioritäten bei der Anwendung des Art. 82 EGV auf Behinderungsmissbräuche, ABl. C 45 vom 24.2.2009, S. 7; Kommission, Leitlinien über den zwischenstaatlichen Handel, ABl. C 101 vom 27.4.2004, S. 81

Fall 14

# adidas-Sportschuhe und Jogginghosen-Imitat

*Klausur 5 Std.*

**472** Die A stellt Sportschuhe und Sportbekleidung unter der Marke adidas her, die sie mit drei parallelen Streifen versieht. Sie ist Inhaberin mehrerer Marken. Die Bildmarke Nr. 944.623, eingetragen für Sport- und Freizeitschuhe, zeigt die Anordnung der drei Streifen auf einem Sportschuh. Die von der A hergestellten Sportschuhe haben wegen der besonders starken Werbung und der guten Qualität einen sehr hohen Bekanntheitsgrad. Die Marke adidas ist eine der bekanntesten deutschen Sportartikelmarken. Auf dem deutschen und europäischen Markt für Sportschuhe besitzt die A einen Anteil zwischen 13 % und 20 %. Die B, ein im Verhältnis zu den Kaufhauskonzernen mittelgroßes Unternehmen, betreibt mehrere große SB-Warenhäuser, in denen zum Teil Selbstbedienung und zum Teil Bedienung durch Verkaufspersonal stattfindet.

Seit Februar 1999 verkaufte die B in ihren Warenhäusern u.a. nicht von der A hergestellte Jogginghosen, die drei gleich angeordnete Streifen aufwiesen und in Breite und Abstand den von A benutzten Streifen vergleichbar waren. Im April 1999 bat die B die A um Belieferung mit Sportschuhen, wobei sie sich erbot, für Sportartikel besondere Abteilungen mit geschultem Verkaufspersonal einzurichten. Als die A bei dieser Gelegenheit erfuhr, dass die von B bisher verkauften Jogginghosen in der geschilderten Weise gekennzeichnet waren, lehnte sie die Belieferung ab. Dass B versprach, die Jogginghosen stets klar getrennt von den Schuhen der A anzubieten, nutzte nichts. Die A verlangte von B, den Verkauf dieser Jogginghosen sofort einzustellen. Dieser Forderung kam B erst im Oktober 1999 nach. Im Dezember 1999 verlangte sie erneut, von der A mit Sportschuhen beliefert zu werden, weil dies für die Wettbewerbsfähigkeit der Sportabteilung unverzichtbar sei. B betonte im Übrigen, dass die A nicht nur an den Fachhandel verkaufe, sondern zuweilen auch an den Versandhandel liefere, so dass jedenfalls kein konsequenter selektiver Vertrieb praktiziert werde. Schließlich wies sie darauf hin, dass sie im Oktober 1999 den Verkauf der Jogginghosen eingestellt habe und dass sie diese auch in Zukunft nicht mehr verkaufen werde; gleichzeitig übergab sie der A insoweit eine strafbewehrte Unterlassungsverpflichtung.

Die A lehnt trotzdem eine Belieferung ab. Sie begründet dies damit, dass sie im Grunde nur an den Fachhandel liefern wolle und dass sie B wegen deren früheren „gesetzwidrigen Verhaltens" nicht mehr vertrauen könne. Zudem sei zu erwarten, dass B ihre Schuhe zu Niedrigstpreisen anbiete, und jedermann wisse, dass dadurch, wie überhaupt durch die Belieferung von SB-Verbrauchermärkten, der Fachhandel abwandere und dass letztlich sie als Herstellerin in ihrer Existenz gefährdet sei.

Daraufhin erhebt B noch im Dezember 1999 Klage. Sie beantragt:

1. festzustellen, dass die Beklagte jetzt und künftig verpflichtet ist, sie mit Sportschuhen aus der eigenen Fertigung in handelsüblichen Mengen zu ihren bei gleicher Mengenabnahme üblichen Preisen und Konditionen zu beliefern;

2. festzustellen, dass die Beklagte wegen der Nichtbelieferung der Klägerin mit Schuhen seit April, jedenfalls aber ab Dezember 1999 zum Schadenersatz verpflichtet ist.

A bestreitet nach wie vor eine Lieferpflicht. Ihr Verhalten sei weder nach Art. 81 noch nach Art. 82 EGV verboten, und schon deshalb komme auch § 20 GWB nicht als Grundlage einer Lieferpflicht in Frage. A macht darüber hinaus auch Bedenken gegen die Zulässigkeit der gestellten Anträge geltend und meint überdies, die Feststellung einer künftigen Lieferpflicht komme keinesfalls in Betracht. Demgegenüber meint B, europäisches Recht stehe ihrem Anspruch nicht entgegen.

**Frage:**

Wie wären die Erfolgsaussichten der eingereichten Klage nach heutiger Rechtslage einzuschätzen?

# Gliederung

473 **I. Zulässigkeit der Klage**

1. Antrag auf Feststellung der Lieferpflicht
   a) Bestimmtheit des Antrags
   b) Feststellungsinteresse
   c) Künftige Lieferverpflichtung
2. Antrag auf Feststellung der Schadensersatzpflicht
3. Zwischenergebnis

**II. Begründetheit des ersten Feststellungsantrags**

1. Art. 102 AEUV greift nicht ein
2. §§ 33, 20 GWB als Grundlage der Lieferpflicht
   a) Anwendbarkeit des § 20 GWB bei möglicher Beeinträchtigung des zwischenstaatlichen Handels
   b) Sortimentsbedingte Abhängigkeit der B
   c) Diskriminierung bzw. Behinderung
   d) Fehlen eines sachlich gerechtfertigten Grundes
   e) Lieferpflicht als Pflicht zur Unterlassung der Nichtbelieferung
3. Ergebnis

**III. Begründetheit des zweiten Feststellungsantrags**

1. Schadenersatz ab April
2. Schadenersatz ab Dezember
3. Ergebnis

# Lösungsvorschlag

## I. Zulässigkeit der Klage

Im Rahmen der Prüfung der Zulässigkeit der erhobenen Klage werfen die gestellten **Anträge** besondere Fragen auf. 474

### 1. Antrag auf Feststellung der Lieferpflicht

#### a) Bestimmtheit des Antrags

Bedenken gegen die Zulässigkeit des Antrags zu (1) könnten sich aus § 253 II Nr. 2 ZPO hinsichtlich der erforderlichen **Bestimmtheit** des Antrags ergeben. Zweck dieser Regelung ist die Festlegung des Streitgegenstandes und die Gewährleistung der für die Durchführung der Zwangsvollstreckung aus dem Titel erforderlichen Spezifizierung. § 253 II Nr. 2 ZPO gilt nicht nur für die Leistungsklage, sondern auch für die **Feststellungsklage**[1]. Der Antrag zu (1), nämlich festzustellen, dass die A verpflichtet ist, die B mit Sportschuhen aus der eigenen Fertigung in handelsüblichen Mengen zu ihren bei gleicher Mengenabnahme üblichen Preisen und Konditionen zu liefern, ist danach zulässig, da er den Streitgegenstand hinreichend genau kennzeichnet und der Feststellungsantrag im Gegensatz zur Leistungsklage auf Belieferung nicht Grundlage einer Zwangsvollstreckungsmaßnahme zu sein braucht[2]. Unschädlich ist daher, dass die begehrten Waren nicht nach Gegenstand und Menge genau bestimmt sind. 475

#### b) Feststellungsinteresse

Die Zulässigkeit der Klage im Übrigen beurteilt sich nach § 256 I ZPO. Nach dieser Bestimmung sind ein zwischen den Parteien **streitiges Rechtsverhältnis** sowie ein **rechtliches Interesse des Klägers an alsbaldiger Feststellung** des Bestehens oder Nichtbestehens erforderlich. Im konkreten Fall geht es um eine von B behauptete Lieferpflicht der A, somit ohne weiteres um ein Rechtsverhältnis i.S. des § 256 I ZPO. Ein rechtliches Interesse an alsbaldiger richterlicher Feststellung besteht, weil angesichts der fehlenden Lieferbereitschaft der A die Feststellungsklage geeignet ist, diese Gefahr zu beseitigen[3]. Die B kann ihr Begehren auch nicht sinnvoll mit der **grundsätzlich vorrangigen Leistungsklage** verfolgen[4], da sie Gegenstand und Zahl der zu liefernden Waren im Rahmen der von ihr gewünschten dauerhaften Belieferung praktisch nicht genau bestimmen kann, ein entsprechender Leistungsantrag somit nicht vollstreckbar wäre und den Anforderungen des § 253 II Nr. 2 ZPO nicht genügen würde[5]. Der Feststellungsantrag ist daher insoweit zulässig. 476

---

1 *Hartmann*, in: *Baumbach/Lauterbach/Albers/Hartmann*, ZPO, 2009[67], § 253 Rz. 40.
2 Vgl. *Hartmann* aaO.
3 Vgl. BGHZ 69, 144, 147.
4 Zum grundsätzlichen Vorrang der Leistungsklage s. *Greger*, in: *Zöller*, ZPO, 2009[27], § 256 Rz. 7a.
5 Vgl. BGH WuW/E BGH 1885, 1886 – adidas Ausgangsfall 1; WuW/E BGH 2125, 2126 – Technics; KG WuW/E OLG 5875, 5876 – U-Bahn-Buchhandlungen; *Schockenhoff*, NJW 1990, 152, zweifelnd OLG Hamburg WuW/E OLG 5861, 5862 – Programmvorschau; kritisch zu der damit aus prozessualen Gründen weitgehend erfolgten Versagung von Belieferungsansprüchen *Weber*, WuW 1986, S. 26, 31 und *Bumiller*, in:

### c) Künftige Lieferverpflichtung

**477** Die begehrte Feststellung der auch künftigen Lieferverpflichtung hat zum Inhalt, dass es nicht nur um die Lieferpflicht der A zur Zeit der letzten mündlichen Verhandlung, sondern auch um die Annahme von nach diesem Zeitpunkt von B erteilten Aufträgen gehen soll[6]. Da § 256 I ZPO sich grundsätzlich auf die Feststellung eines gegenwärtigen Rechtsverhältnisses bezieht[7], bestehen Bedenken gegen die Zulässigkeit des Feststellungsantrags, soweit er sich auf die Zeit nach der letzten mündlichen Verhandlung bezieht; man könnte einwenden, dass es insoweit um ein der Feststellungsklage nicht zugängliches künftiges hypothetisches Schuldverhältnis geht[8]. Demgegenüber ist zu betonen, dass dabei nicht schlechthin eine in der Zukunft liegende eventuelle Rechtsbeziehung geklärt werden soll. Vielmehr soll die für die Zeit der letzten mündlichen Verhandlung konkret festzustellende Rechtsbeziehung, die Lieferpflicht der A gegenüber der B, als grundsätzlich auch in der Zukunft fortbestehend festgestellt werden[9], wobei einer nachträglichen Änderung des Sachverhalts mit einer entsprechenden Anwendung des § 323 ZPO zu begegnen wäre[10]. An der Zulässigkeit der Feststellung der Lieferpflicht in diesem Sinne besteht um so mehr ein Interesse, als das Feststellungsurteil bei der Beschränkung der Feststellungswirkung auf den Stand der letzten mündlichen Verhandlung stets ins Leere ginge, weil einer Durchsetzung der Lieferpflicht unter Berufung auf das Feststellungsurteil immer entgegengehalten werden könnte, die nunmehr erfolgte Geltendmachung sei vom Streitgegenstand nicht erfasst[11]. Es ist daher von der Zulässigkeit des Antrags auf Feststellung der Lieferpflicht auch für die Zeit nach der letzten mündlichen Verhandlung auszugehen[12].

### 2. Antrag auf Feststellung der Schadenersatzpflicht

**478** Hinsichtlich des zu (2) gestellten Feststellungsantrags liegt in der behaupteten Schadenersatzpflicht der A die Geltendmachung eines zwischen A und B bestehenden **Rechtsverhältnisses** i.S. von § 256 I ZPO[13]. Ein **Interesse an alsbaldiger richterlicher Feststellung** ist im Hinblick auf den grundsätzlichen Vorrang der Leistungsklage[14] problematisch.

---

*Wiedemann*, Hdb. KartR, 1999, § 59 Rz. 54 f., der stattdessen einen Antrag auf „Unterlassung der Lieferverweigerung“ und einen daraus folgenden Belieferungsanspruch für zulässig hält; vgl. auch *Markert*, in: *Immenga/Mestmäcker*, GWB, 2007[4], § 20 Rn. 234.

6 Vgl. insoweit WuW/E BGH 1391, 1395 – Rossignol, Ausgangsfall 3; 1814, 1816 – Allkauf-Saba; anders freilich WuW/E BGH 1567 – Nordmende.

7 Vgl. *Hartmann*, in: *Baumbach/Lauterbach/Albers/Hartmann*, ZPO, 2008[66], § 256 Rz. 16 ff.

8 Für Unzulässigkeit insoweit WuW/E BGH 1391, 1396 f. – Rossignol (Ausgangsfall 3) für die negative Feststellungsklage; ebenso *Steeger*, GRUR 1980, S. 97.

9 Vgl. WuW/E BGH 1814, 1816 – Allkauf-Saba; vgl. auch BGH NJW 1992, 436, 437, wonach bedingte oder betagte Ansprüche genügen.

10 OLG Karlsruhe WuW/E OLG 2217, 2223 V; 3508 – Allkauf-Saba II; *Markert*, in: *Immenga/Mestmäcker*, GWB, § 20 Rz. 234.

11 Vgl. OLG Karlsruhe und *Markert*, vorige Fn., jeweils aaO.

12 Ebenso BGH WuW/E BGH 1814, 1816 – Allkauf-Saba; OLG Karlsruhe WuW/E OLG 2217, 2222 f.; *Markert*, in: *Immenga/Mestmäcker*, GWB, § 20 Rz. 234.

13 Ein Antrag, wonach die A seit April 1999 zur Lieferung verpflichtet „gewesen sei“, würde hingegen kein gegenwärtiges Rechtsverhältnis betreffen und wäre daher im obigen Sinne auszulegen bzw. nach § 264 Nr. 1 ZPO umzustellen; vgl. *Hartmann*, in: *Baumbach/Lauterbach/Albers/Hartmann*, § 256 Rz. 16, 19.

14 Vgl. *Greger*, in: *Zöller*, ZPO, 2009[27], § 256 Rz. 7a.

Zumindest hinsichtlich der Nichtbelieferung bis zur Klageerhebung im Dezember 1999 war die etwaige zum Schadenersatz verpflichtende Handlung (das Unterlassen der Belieferung) bei Antragstellung bereits begangen, so dass die Annahme nahe liegt, insoweit könne und müsse die B Leistungsklage auf Schadenersatz erheben. Entsprechendes gilt für die Zeit bis zur letzten mündlichen Verhandlung angesichts möglicher Klageerweiterung. Die insoweit nach § 253 II Nr. 2 ZPO erforderliche Bezifferung des Antrags dürfte aber dabei jeweils große Schwierigkeiten bereiten, weil der aus einer zum Schadenersatz verpflichtenden Handlung resultierende Schadensumfang insgesamt bei Klageerhebung bzw. zur letzten mündlichen Verhandlung noch nicht hinreichend überschaubar ist. Aus Gründen der Prozessökonomie ist daher in solchen Fällen trotz des grundsätzlichen Vorrangs der Leistungsklage die Klage auf umfassende Feststellung der Schadenersatzpflicht zulässig[15].

### 3. Zwischenergebnis

Der zu (2) gestellte Feststellungsantrag ist daher ebenfalls zulässig.

## II. Begründetheit des ersten Feststellungsantrags

### 1. Art. 102 AEUV

Mit einem Marktanteil zwischen 13 % und 20 % dürfte A kein Unternehmen in beherr- **479**
schender Stellung auf dem gemeinsamen Markt oder einem wesentlichen Teil desselben i.S. von Art. 102 AEUV sein, so dass eine Lieferpflicht auf der Grundlage des § 33 I GWB in Verbindung mit dieser Vorschrift von vorn herein nicht in Betracht kommt[16]. Entsprechendes gilt für das Verbot des Missbrauchs einer marktbeherrschenden Stellung nach § 19 GWB.

### 2. §§ 33, 20 GWB

Rechtsgrundlage für eine Lieferpflicht der A könnte aber die **§ 20 I i.V. mit den §§ 19 I,** **480**
**II Nr. 1, 33 GWB** sein, wenn für die Zeit der letzten mündlichen Verhandlung eine Schadenersatzpflicht der A wegen der Verletzung des kartellrechtlichen Diskriminierungsverbotes zu bejahen wäre und daraus oder aus sonstigen Gründen eine Lieferpflicht für die Zukunft folgte. Auf den bislang bejahten Schutzgesetzcharakter des § 20 GWB kommt es nach § 33 GWB nicht mehr an[17]. A könnte, selbst wenn sie auch nicht im Geltungsbereich des GWB marktbeherrschend ist, ein Unternehmen mit „relativer Marktmacht“ und insoweit Normadressat sein.

---

15 Vgl. BGH WuW/E BGH 1567 – Nordmende = JuS 1979, 820; WuW/E BGH 1814, 1816 – Allkauf-Saba = NJW 1981, 2357, 2358; *Markert*, in: *Immenga/Mestmäcker*, GWB, § 20 Rz. 234; jeweils zum Diskriminierungsverbot; die neuere Judikatur betrifft insoweit den Bereich des gewerblichen Rechtsschutzes (zu dem wohl das Diskriminierungsverbot nicht gehört), hat sich aber von der früheren Judikatur nicht distanziert; vgl. BGH NJW 2003, 3274 – Feststellungsinteresse III; BGH WRP 2001, 1164 – Feststellungsinteresse II.

16 Im Ausgangsfall adidas ließ der BGH die Frage der Marktbeherrschung dahinstehen.

17 Zur früheren Rechtslage vgl. BGHZ 36, 91, 100 – Gummistrümpfe.

### a) Anwendbarkeit des § 20 GWB bei möglicher Beeinträchtigung des zwischenstaatlichen Handels

481 **Ob** das Verbot des § 20 GWB aber **angewandt** werden kann, ist vorab zu klären. Nach Art. 3 II 1 der seit dem 1.5.2004 geltenden EG-KartVerfVO Nr. 1/2003[18] darf die Anwendung einzelstaatlichen Wettbewerbsrechts nicht zum Verbot von Vereinbarungen, Beschlüssen und Verhaltensweisen von Unternehmen führen, die den Handel zwischen Mitgliedstaaten zu beeinträchtigen geeignet sind, aber nicht vom Verbot des *Art. 81 EGV* (nunmehr Art. 101 AEUV) erfasst werden. Soweit also die Vertriebspraxis der A den zwischenstaatlichen Handel tangiert, ohne von diesem Kartellverbot erfasst zu werden, könnten sich hier Bedenken ergeben. Ob diese Vertriebspraxis den zwischenstaatlichen Handel tangiert, ist trotz der weitgehend extensiven Interpretation dieses Tatbestandsmerkmals[19] aus dem Sachverhalt nicht klar erkennbar. Freilich ist es nach Art. 3 II 2 der EG-KartVerfVO den Mitgliedstaaten nicht verwehrt, zur Unterbindung oder Ahndung einseitiger Handlungen von Unternehmen strengere Vorschriften anzuwenden. Nach Erwägungsgrund 8 der EG-KartVerfVO gilt dies insbesondere für ein Verbot missbräuchlichen Verhaltens gegenüber wirtschaftlich abhängigen Unternehmen. Mithin kann § 20 GWB selbst dann angewandt werden, wenn die Vertriebspraxis der B den zwischenstaatlichen Handel tangiert, ohne einen Verstoß gegen Art. 101 AEUV zu beinhalten. Ein nach europäischem Recht erlaubtes selektives Vertriebssystem, das auch insoweit nicht durch nationale Verbote unterlaufen werden dürfte[20], liegt hier nicht vor. Demzufolge ergeben sich aus europäischem Recht keine Einwände gegen eine Heranziehung des in § 20 GWB normierten Behinderungs- und Diskriminierungsverbotes.

### b) Sortimentsbedingte Abhängigkeit der B

482 Nach § 20 I GWB gilt das kartellrechtliche Behinderungs- und Diskriminierungsverbot des § 19 I, II Nr. 1 GWB auch für nicht marktbeherrschende Unternehmen, soweit von ihnen kleine oder mittlere Unternehmen als Anbieter oder Nachfrager einer bestimmten Art von Waren oder gewerblichen Leistungen in der Weise abhängig sind, dass ausreichende und zumutbare Möglichkeiten, auf andere Unternehmen auszuweichen, nicht bestehen. Nach dem Sachverhalt ist B ein mittelgroßes Unternehmen. Hinsichtlich der Art einer solchen Abhängigkeit (bzw. relativen Marktmacht) unterscheidet man zwischen sortimentsbedingter, nachfragebedingter, mangelbedingter und unternehmensbedingter Abhängigkeit[21]. Im vorliegenden Fall kommt angesichts von Bekanntheitsgrad und Marktanteil der Sportschuhe der A eine sog. **sortimentsbedingte Abhängigkeit** der B in Betracht.

483 Insoweit können für B ausreichende und zumutbare Möglichkeiten, auf andere Unternehmen (bzw. andere Sportschuhe) auszuweichen, auch dann fehlen, wenn A, wie anzunehmen, einem lebhaften Wettbewerb ausgesetzt ist[22]. Ob die B in diesem Sinne *aus-*

---

18 VO (EG) Nr. 1/2003 des Rates vom 16.12.2002 zur Durchführung der in den Art. 81 und 82 EGV niedergelegten Wettbewerbsregeln.

19 Vgl. *Emmerich*, KartR, § 3 Rz. 18 ff., m.w.N.; die amtl. Begr. zur 7. GWB-Novelle, BR-Drucks. 441/04, S. 37, spricht von fehlender begrifflicher Schärfe.

20 Vgl. insoweit **Fall 9**.

21 Vgl. *Neef*, Rn. 250 ff.; *Emmerich*, KartellR, § 29 Rz. 18 ff.

22 Vgl. *Emmerich*, KartellR, § 29 Rz. 19.

*reichende* Ausweichmöglichkeiten hat, ist durch eine primär objektiv-generalisierende Betrachtungsweise festzustellen[23]. Es kommt vor allem auf die Stellung und das Ansehen der vertriebenen Waren auf dem Markt an[24]. Mit Blickwinkel auf die vom Betroffenen praktizierte oder beabsichtigte gewerbliche Tätigkeit ist zu prüfen, ob er auf den Bezug der betreffenden Ware verzichten kann, ohne dass sich daraus für ihn wesentliche Nachteile im Wettbewerb ergeben. Sind im Hinblick auf andere, im o.g. Sinne gleichwertige Waren ausreichende Ausweichmöglichkeiten gegeben, so können diese gleichwohl aus anderen Gründen *unzumutbar* sein[25].

Im konkreten Fall kommt es somit vorrangig auf das Vorliegen ausreichender Ausweich- **484**
möglichkeiten an, d.h. ob die B ohne wesentlichen Wettbewerbsnachteil darauf verzichten könnte, die Schuhe der A im Sortiment zu führen. Insoweit ist es angesichts des besonderen Bekanntheitsgrades der Sportschuhe der A für die Wettbewerbsfähigkeit eines Sportgeschäfts und damit auch eines Warenhauses mit Sportabteilung unerlässlich, die Sportschuhe der A zu führen. Andernfalls würde das Geschäft seinen Anspruch, von seinen Abnehmern als leistungsfähiges Unternehmen angesehen zu werden, aufs Spiel setzen. Demgegenüber ist der nicht allzu hohe Marktanteil der A nicht von entscheidender Bedeutung[26]. Es ist weiter irrelevant, ob die B einen wesentlichen Teil ihres Umsatzes mit den betreffenden Waren erzielt[27]. Schließlich spielt es keine Rolle, dass die B besondere Sportabteilungen bisher offenbar nicht hat, sondern erst einrichten will; denn das Diskriminierungsverbot soll auch die sog. Newcomer bzw. Unternehmen, die ihr Sortiment erweitern wollen, schützen[28]. Daher ist die A gegenüber B ein Unternehmen mit sog. relativer Marktmacht i.S. von § 20 I GWB[29].

### c) Behinderungs- und Diskriminierungsverbot

Soweit das Behinderungs- und Diskriminierungsverbot nach *§ 20 I GWB a.F.* nur unter **485**
der weiteren Voraussetzung eingriff, dass es sich um einen gleichartigen Unternehmen üblicherweise zugänglichen Geschäftsverkehr handelt, ist dieses Tatbestandsmerkmal in der Neufassung des § 19 II Nr. 1 GWB entfallen; Grund war ein durch die Rechtsprechung verursachter kontinuierlicher Bedeutungsverlust[30].

23 *Markert*, in: *Immenga/Mestmäcker*, GWB, § 20 Rz. 51; *Bechtold*, GWB, § 20 Rz. 18.

24 BGH WuW/E BGH 1391, 1393 – Rossignol; *Emmerich*, KartR, § 29 Rz. 18; *Bechtold*, GWB,§ 20 Rz. 19 f.

25 WuW/E BGH 1620, 1623 – Revell Plastics; vgl. auch *Lübbert*, in: *Wiedemann*, Hdb. KartR, § 25 Rz. 7 ff.; in WuW/E BGH 1885, 1886 – adidas, wird freilich die Zumutbarkeit praktisch nicht von der ausreichenden Ausweichmöglichkeit unterschieden.

26 Vgl. WuW/E BGH 1391, 1393 – Rossignol, wo Marktstärke trotz eines Marktanteils von bundesweit nur 8 % bejaht wurde.

27 Vgl. WuW/E BGH 1391, 1394 – Rossignol.

28 Vgl. WuW/E BGH 1885, 1886 – adidas; WuW/E BGH 1567, 1569 – Nordmende; *Lübbert*, in: *Wiedemann*, Hdb. KartR, § 25 Rz. 9.

29 Hinsichtlich der reichhaltigen Rechtsprechung zu *§ 20 II GWB a.F.* (*§ 26 II GWB* Fassung bis 1998) s. *Emmerich*, KartellR, 2001[9], § 20, 4; allerdings betont der BGH, dass besondere Qualität und aufwendige Qualitätswerbung nicht genügen, sofern die Marke nicht im Verhältnis zu Konkurrenzprodukten eine Sonderstellung einnimmt; so BGH NJW 1985 2135, 2136 – Technics; zur sog. Spitzengruppenabhängigkeit vgl. WuW/E BGH 1567 – Nordmende und BGH NJW-RR 1987, 929 – Belieferungsunwürdige Verkaufstätten II.

30 BT-Drucks. 17/9852 S. 23.

### d) Diskriminierung bzw. Behinderung

486 Eine **Diskriminierung** der B seitens der A liegt ohne weiteres darin, dass B nicht beliefert wird, während andere Sportgeschäfte die Schuhe bei der A erwerben können. Zugleich liegt darin auch eine **Behinderung**, nämlich eine Beeinträchtigung der Betätigungsmöglichkeiten der B im Wettbewerb[31].

### e) Fehlen eines sachlich gerechtfertigten Grundes

487 Verboten ist die Diskriminierung nur dann, wenn sie ohne sachlich gerechtfertigten Grund erfolgt. Insoweit geht es, wie übrigens auch hinsichtlich der Unbilligkeit bei der Behinderung, um eine **Abwägung der Interessen der Beteiligten unter Berücksichtigung der auf die Freiheit des Wettbewerbs gerichteten Zielsetzung des GWB**[32].

488 Hinsichtlich der gegen eine Lieferpflicht gerichteten Interessen der A ist, wie erwähnt, auf den Zeitpunkt der letzten mündlichen Verhandlung abzustellen, d.h. jedenfalls auf die Zeit nach Dezember 1999. Für diese Zeit dürfte der im Oktober 1999 eingestellte, die Interessen der A tangierende Verkauf der Jogginghosen nicht mehr relevant sein, zumal B insoweit eine strafbewehrte Unterlassungsverpflichtung abgegeben hatte. Das früher eventuell verletzte Vertrauen kann nicht auf Dauer als Hindernis einer normalen Geschäftstätigkeit angesehen werden.

Das Interesse der B, die außerordentlich bekannten Schuhe der A in ihrem Geschäft zu führen, ist in einer Wettbewerbsordnung grundsätzlich schutzwürdig.

489 Wenn die A demgegenüber im Grunde nur an den Fachhandel liefern will, so ist zwar der diesbezügliche Wunsch nach der Freiheit der Gestaltung der Vertriebsform zur Gewährleistung fachkundiger Beratung der Abnehmer an sich durchaus schutzwürdig[33]. Die A muss dann aber in geeigneter Form durch vertragliche Bindungen ein Vertriebssystem installieren und dieses konsequent handhaben[34]; weil es hieran fehlt, ist das diesbezügliche Interesse der A nicht schutzwürdig[35]. Da die A zuweilen an den Versandhandel liefert, lässt sie selbst erkennen, dass sie der Notwendigkeit fachkundiger Beratung der Abnehmer nur einen beschränkten Stellenwert einräumt[36].

490 Die Befürchtung, B werde die Schuhe zu Niedrigstpreisen anbieten, ist angesichts der Wertung des § 1 GWB (mit dem Verbot auch der vertikalen Preisbindung) grundsätzlich kein kartellrechtlich legitimer Grund zur Lieferverweigerung[37]. Etwas anderes mag gelten, wenn B unter dem Einstandspreis verkaufen sollte oder wenn Anlass zu der An-

---

31 Vgl. oben **Fall 9**.

32 St. Rspr. seit BGHZ 38, 90, 102 – Treuhandbüro; WuW/E BGH 1391, 1395 – Rossignol; s.a. *Emmerich*, KartellR, § 29 Rz. 45, 53; *Lübbert*, in: *Wiedemann*, Hdb. KartR, § 29 Rz. 2.

33 Vgl. BGHZ 81, 322, 336 – Original-VW-Ersatzteile II.

34 Zur geänderten Rspr. hinsichtlich der praktischen Lückenlosigkeit von Vertriebsbindungssystemen siehe im Einzelnen **Fall 5** Kontrollnummer statt praktischer Lückenlosigkeit.

35 So WuW/E BGH 1885, 1887 – adidas.

36 Vgl. BGHZ 81, 322, 336 – Original-VW-Ersatzteile II.

37 Vgl. BGH NJW-RR 1987, 929, 932 – Belieferungsunwürdige Verkaufsstätten II; BGH GRUR 1984, 204, 206 – Verkauf unter Einstandspreis II = NJW 1984, 1618, 1619 zu § 1 UWG; *Bechtold*, GWB, § 20 Rz. 55.

nahme bestände, dass B die von A gekauften Waren in Schädigungsabsicht verschleudern will[38]. Doch gibt der Sachverhalt hierfür keine Anhaltspunkte.

Entsprechendes gilt für die Befürchtung der Abwanderung des Fachhandels und einer sich daraus ergebenden Existenzgefährdung der A. Das diesbezügliche Interesse der A ist unter sehr strengen Voraussetzungen an sich schutzwürdig und würde eine Lieferverweigerung rechtfertigen[39]. Nur fehlt auch hier der konkrete Nachweis einer derartigen Gefahr. **491**

Aus dem Gesagten folgt, dass die Interessen der B klar überwiegen, so dass ihre Diskriminierung ohne sachlich gerechtfertigten Grund erfolgt ist. A hat gegen das Verbot der § 20 I, 19 I, II Nr. 1 GWB verstoßen.

#### f) Lieferpflicht als Pflicht zur Unterlassung der Nichtbelieferung

Inwieweit sich aus einem solchen Verstoß über § 33 GWB eine **Lieferpflicht** ergibt, ist streitig. Teilweise wird abgestellt auf einen Schadenersatzanspruch (§ 33 III, I GWB), der über den Grundsatz der Naturalrestitution (§ 249 BGB) einen Anspruch auf Vertragsschluss rechtfertigen soll[40]. Voraussetzung ist bei dieser Sicht konsequenterweise ein schuldhafter Verstoß. **492**

Demgegenüber ist einzuwenden, dass eine künftige Belieferung gerade nicht den durch den Verstoß bereits eingetretenen, zeitlich zurückliegenden Schaden beseitigt. Es ist auch nicht einzusehen, warum es für die Feststellung einer ja in die Zukunft wirkenden Lieferpflicht darauf ankommen soll, dass die rechtswidrige Nichtbelieferung in der Vergangenheit schuldhaft war. Demgemäß ist es überzeugender anzunehmen, dass der in § 33 I GWB normierte Unterlassungsanspruch bereits Grundlage der Lieferpflicht ist[41]. Auf ein Verschulden kommt es nicht an. **493**

### 3. Ergebnis

Der Antrag auf Feststellung der Lieferpflicht ist damit materiell aus den §§ 20 I, 19 I, II Nr. 1, 33 I GWB begründet. Den daneben eventuell bestehenden Ansprüchen aus den §§ 3, 8 UWG, 826 BGB kommt hier keine praktische Bedeutung zu[42].

## III. Begründetheit des zweiten Feststellungsantrags

Eine **Schadenersatzverpflichtung** der A wegen Nichtbelieferung der B könnte wiederum ihre Grundlage gleichfalls in den **§§ 20 I, 19 I, II Nr. 1, nunmehr i.V. mit § 33 III, I GWB** haben.

---

38 Vgl. WuW/E BGH 1391, 1396 – Rossignol.

39 WuW/E BGH 1885, 1888 – adidas; BGH NJW-RR 1987, 929, 932; *Bechtold*, GWB, § 20 Rn. 55.

40 Vgl. BGHZ 36, 91, 100 – Gummistrümpfe; WuW/E BGH 1391 – Rossignol: „Schadenersatz"; weitere Nachweise bei *Markert*, in: *Immenga/Mestmäcker*, GWB, § 20 Rz. 231.

41 Vgl. OLG Karlsruhe WuW/E OLG 2085, 2091 f. – Multiplex; offengelassen von BGH WuW/E BGH 2491, 2494 – Opel-Blitz u. WuW/E BGH 2451, 2457 – Cartier-Uhren; *Markert*, in: *Immenga/Mestmäcker*, GWB, § 20 Rz. 231.

42 Vgl. insoweit *Emmerich*, in: *Immenga/Mestmäcker*, GWB, § 33 Rz. 114.

### 1. Schadenersatz ab April

494 Betrachtet man zunächst die Situation ab **April 1999**, so spielt für die im Rahmen des § 19 II Nr. 1 GWB relevante Interessenabwägung der Umstand eine Rolle, dass die B zu dieser Zeit in ihren Warenhäusern die nicht von A hergestellten Jogginghosen verkaufte, die ähnlich wie die Schuhe der A gekennzeichnet waren. Wenn B insoweit ein **Markenrecht** der A verletzte, so musste es für A legitim sein, die Belieferung der B mit eigenen Waren zu verweigern, schon um den Ruf ihrer Waren nicht durch das Zusammentreffen mit rechtswidrig gekennzeichneter Drittware zu gefährden.

495 Nach **§ 14 II Nr. 2, V MarkenG** hätte A die B auf Unterlassung in Anspruch nehmen können, wenn diese ohne die Zustimmung der Markeninhaberin A im geschäftlichen Verkehr ein Zeichen benutzt hätte und wegen der Identität oder Ähnlichkeit des Zeichens mit der für A geschützten Marke und der Identität oder Ähnlichkeit der durch die Marke und das Zeichen erfassten Waren für das Publikum die Gefahr von Verwechslungen oder einer gedanklichen In-Verbindung-Bringens besteht. Selbst wenn die B die Jogginghosen nicht selbst hergestellt hat, liegt gemäß § 14 III Nr. 2 MarkenG eine Markenverletzung vor, weil B als Dritter unter dem Zeichen Waren anbietet. A war als Inhaberin der Marke Nr. 944.623 in die Markenrolle eingetragen (§ 4 Nr. 1 MarkenG), mit der Konsequenz, dass ihr gemäß § 14 I MarkenG ein ausschließliches Recht an der Marke zustand und allein A berechtigt war, Schuhe mit den diesbezüglichen Streifen zu versehen und in Verkehr zu bringen.

496 Zwar betraf die Verwendung der drei Streifen Jogginghosen, während die Marke selbst für Sport- und Freizeitschuhe eingetragen war. Für den nach § 14 II Nr. 2 MarkenG maßgeblichen Begriff der Warenähnlichkeit kommt es nicht auf die sog. Waren- oder Dienstklasseneinteilung an, die primär für die Gebührenerhebung von Bedeutung ist[43]. Entscheidend ist vielmehr, ob ein erheblicher Teil der potentiellen Nachfrager zu der Annahme verleitet wird, Sportschuhe und Jogginghosen stammten bei Kennzeichnung mit demselben Zeichen aus demselben Geschäftsbetrieb; dies dürfte wegen der Zugehörigkeit beider Artikel zur Gattung „Sportartikel" der Fall sein. Damit ist die Warenähnlichkeit zu bejahen.

497 Wenn die von B vertriebenen Jogginghosen die drei gleich angeordneten Streifen aufwiesen, die in Breite und Abstand den von A benutzten Streifen vergleichbar sind, so liegt zumindest ein der Marke ähnliches Zeichen vor. Angesichts des hohen Bekanntheitsgrades der Marke der A ist auch die nach § 14 II Nr. 2 MarkenG erforderliche Verwechslungsgefahr ohne weiteres zu bejahen[44].

498 Die A hatte gegen B folglich nach den § 14 II Nr. 2, III Nr. 2, V MarkenG einen Anspruch auf Unterlassung des Vertriebs der rechtswidrig gekennzeichneten Jogginghosen. Dementsprechend war A auch befugt, zumindest während der Dauer des Rechtsverstoßes der B, dieser gegenüber die Belieferung mit Schuhen zu verweigern. Insoweit war die Diskriminierung der B sachlich gerechtfertigt, so dass es schon an dem Verstoß

---

43 *Fezer*, Markenrecht, 2009[4], § 14 Rz. 677; *Berlit*, Markenrecht, 2008[7], Rz. 133.

44 So auch der BGH NJW 1987, 127, 128 – Sporthosen; allerdings entschieden nach der damals geltenden Rechtsgrundlage des *WZG*.

gegen das Diskriminierungsverbot fehlt[45]. Ein Schadenersatzanspruch kommt insoweit nicht in Betracht.

### 2. Schadenersatz ab Dezember

Im **Dezember 1999** war die Situation insofern verändert, als B die Jogginghosen seit Oktober 1999 nicht mehr verkaufte und der A überdies eine strafbewehrte Unterlassungsverpflichtung übergeben hatte. Hinsichtlich des Verstoßes gegen das Diskriminierungsverbot, der oben zu II. 2. festgestellt wurde, unterscheidet sich die für die Interessenabwägung nunmehr relevante Situation nur noch durch eine zeitliche Nähe zur früheren Markenverletzung. Da die Verletzung der Marke aber nicht mehr fortgesetzt wurde und angesichts der Unterlassungsverpflichtung auch keine diesbezügliche Gefahr mehr bestand[46], dürfte die Interessenabwägung aus den zu II. 2. geschilderten Gründen für die Lieferpflicht der A sprechen. Ein Verstoß der A gegen § 20 I GWB ist mithin für Dezember 1999 zu bejahen. **499**

Für die Schadenersatzpflicht kommt es gem. § 33 III GWB weiter auf einen zumindest fahrlässigen Verstoß der A gegen § 20 GWB an. Fahrlässigkeit der A ist zu bejahen, weil sie bei der gebotenen Prüfung hätte erkennen können, dass im Dezember 1999 keine Gründe mehr zur Lieferverweigerung vorlagen[47]. **500**

### 3. Ergebnis

Der zu (2) erhobenen Feststellungsantrag ist mithin nur hinsichtlich der Lieferverweigerung im Dezember 1999 aus den §§ 20 I, 33 III GWB, 249 BGB begründet. Weiterreichende Ansprüche ließen sich auch nicht aus den §§ 3, 9 UWG, 826 BGB ableiten.

## Wiederholung und Vertiefung

1. Bitte wiederholen Sie zunächst die Leitsätze zu **Fall 9**. **501**

2. Bei Schadenersatzansprüchen wegen Verletzung von gewerblichen Schutzrechten oder Urheberrechten, aber auch wegen Verletzung des Behinderungs- und Diskriminierungsverbots aus den §§ 19, 20 GWB besteht trotz des grundsätzlichen Vorrangs der Leistungsklage auch für die Klage auf Feststellung der *Schadenersatzpflicht* ein Rechtschutzinteresse. Dies gilt trotz der Möglichkeit der Stufenklage, weil wegen des in solchen Fällen schwer feststellbaren Schadensumfangs die Feststellungsklage den ökonomischeren Weg zur Beilegung des Rechtsstreits bietet. **502**

3. Soweit es für Behinderung bzw. Diskriminierung gemäß § 19 I, II Nr. 1 GWB auf Unbilligkeit bzw. das Fehlen eines sachlich gerechtfertigten Grundes ankommt, kann **503**

45 Vgl. dazu auch BGH DB 1987, 1345 – Handtuchhalter, für den Fall der Behinderung eines Mitbewerbers.

46 Wegen der von B abgegebenen strafbewehrten Unterlassungsverpflichtung hätte A einen Unterlassungsanspruch aus § 14 MarkenG mangels Rechtsschutzbedürfnis auch nicht mehr klageweise durchsetzen können.

47 Vgl. WuW/E BGH 1391, 1395 – Rossignol.

der Verbotsadressat sich weder darauf berufen, dass das behinderte bzw. diskriminierte Unternehmen die üblichen Preise unterbietet, noch dass der Fachhandel sich beschwert.

Eine Verschleuderung von Waren durch den Abnehmer in Schädigungsabsicht berechtigt aber zur Lieferverweigerung. Entsprechendes gilt, wenn infolge der Abwanderung des Fachhandels eine Existenzgefährdung des Verbotsadressaten droht.

Wer das Markenrecht eines Verbotsadressaten i.S. des § 20 GWB verletzt, kann sich nicht auf das Behinderungs- oder Diskriminierungsverbot berufen. Doch gilt dies nicht mehr für die Zeit nach Beendigung der Markenrechtsverletzung.

**Ausgangsfälle**

BGH, U. v. 30.6.1981 (KZR 19/80), WuW/E BGH 1885 – adidas = GRUR 1981, 917

BGH, U. v. 26.9.1985 (I ZR 86/83), NJW 1987, 127 – Sporthosen = GRUR 1986, 248 = LM § 4 WZG Nr. 39 = MDR 1986, 382 = DB 1986, 373

BGH, U. v. 20.11.1975 (KZR 1/75), WuW/E BGH 1391 – Rossignol = GRUR 1976, 206 = LM § 26 GWB Nr. 27 = BB 1976, 198 = DB 1976, 378 = WRP 1976, 156 = NJW 1976, 801

Fall 15

# Auslandszusammenschluss im Bereich der Medizintechnik

*Klausur 5 Std. (eventuell häusliche Arbeit)*

Die Synthes-Stratec Inc. mit Sitz in Paoli/Pennsylvania (USA) (S) ist die Obergesell- 504
schaft einer Unternehmensgruppe von Medizintechnikanbietern im Bereich operativer Knochenbruchbehandlung mit einem weltweiten Umsatz von 1,01 Mrd. €. Sie vertreibt aufgrund einer Exklusivlizenz von längerer Dauer seitens der Schweizer Synthese-AG an der Marke „Synthes" für den Süden Deutschlands Osteosynthese-Produkte dieses Namens und erzielte 2002 insoweit Umsatzerlöse von weit über 44 Mio. €. In Deutschland hat sie Tochtergesellschaften, freilich keine Produktionsstätte.

Die Mathys Medizinaltechnik AG, ein Familienunternehmen mit Sitz in Bettlach, Schweiz (M), vertreibt ebenfalls Osteosynthese-Produkte sowie weitere Medizinaltechnik-Produkte mit weltweiten Umsätzen von unter 1 Mrd. €. Aufgrund einer noch länger bestehenden Exklusivlizenz mit der Schweizer Synthese-AG an der Marke „Synthes" vertreibt auch sie, und zwar beschränkt auf den Norden und Osten Deutschlands, Osteosynthese-Produkte dieses Namens, und erzielte insoweit 2002 Umsatzerlöse weit über 25 Mio. €. Eine Tochtergesellschaft der M mit Sitz in Bochum war nicht an der Marke „Synthes" berechtigt. Eine Produktion in Deutschland findet nicht statt.

Die besondere Bedeutung der Marke „Synthes" folgt daraus, dass der Lizenzgeber, die Synthese-AG, der weltweit tätigen Stiftung Arbeitsgemeinschaft für Osteosynthese angehört, deren Netzwerk Tausende von Ärzten in Fachkursen und Workshops schult, und zwar fast nur anhand von Produkten der Marke „Synthes".

Im September 2003 meldete die S durch Rechtsanwalt F beim BKartA in Bonn das Vorhaben an, den Geschäftszweig Osteosynthese-Produkte der M zu erwerben. Zu diesem Zweck sollte der diesbezügliche Geschäftszweig mit der Exklusivlizenz in eine unter der schweizer Firma Mathys-AG (AG) neu zu gründende alleinige Tochtergesellschaft der M eingebracht werden, deren sämtliche Anteile die S übernehmen wollte. Mit Schreiben vom 6. 2. 2004 informierte die S das BKartA über den Vollzug des Zusammenschlusses.

Das BKartA, das den Unternehmen rechtzeitig mitgeteilt hatte, dass es in die Prüfung des Zusammenschlusses eingetreten sei (vgl. § 40 I GWB), kam im Rahmen seiner Untersuchung, für die seitens der Beteiligten einer Fristverlängerung (vgl. § 40 II GWB) zugestimmt wurde, zu folgenden Erkenntnissen:

Betroffen seien die drei Produktmärkte für Trauma (= Verletzungs)-Behandlungen, für die Behandlung von Schädel, Kiefer und Gesicht und für die Behandlung der Wirbelsäule. Wegen der jeweils öffentlichen Gesundheitssysteme seien die an sich weltweiten Märkte in Europa noch wechselseitig abgeschottet. Der kumulierte Marktanteil der künftigen S liege auf dem Trauma-Markt in Deutschland über 45 %, der Vorsprung vor den nächsten Wettbewerbern von 30 % bzw. 40 % sei deutlich. Auf den benachbarten

Produktmärkten für Schädel-, Kiefer- und Gesichtsbehandlungen und für Wirbelsäulenbehandlungen bestehe deutschland-, europa- und weltweit eine vergleichbar starke Marktposition. Nehme man insoweit einen Gesamtmarkt an, so würde sich durch den Zusammenschluss auch auf diesem die Position der S wesentlich verstärken. Die Marktposition werde gegenüber Newcomern weiter abgesichert.

**Aufgaben:**

1. Prüfen Sie nach heute geltendem Recht, ob das BKartA den Zusammenschluss verbieten kann oder muss. Gehen Sie dabei ein auf Fragen der Zuständigkeit, der materiell-rechtlichen Voraussetzungen, des Völkerrechts sowie des Arguments der Beteiligten, man sei bereit, die Tochtergesellschaft der M mit Sitz in Bochum zu verkaufen.
2. Was sind die Konsequenzen eines Verbots?
3. Wie könnten die Beteiligten gegen ein Verbot vorgehen?

**Hinweis:** Von der Wirksamkeit des Exklusivvertriebs als solchem ist auszugehen.

# Gliederung

**Aufgabe 1: Kann oder muss das BKartA den Zusammenschluss verbieten?** 505

**I. Anwendbarkeit deutschen Rechts und Zuständigkeit des BKartA**
1. Abgrenzung zur europäischen Fusionskontrolle
2. § 130 II GWB
3. Zuständigkeit BKartA

**II. Materiell-rechtliche Voraussetzung des Verbots**
1. Aufgreifkriterien gemäß § 35 GWB
   a) Zusammenschlusstatbestand
   b) Berechnung der Umsatzzahlen
   c) Maßgebliche Umsatzziffer
2. Eingreifkriterien gemäß § 36 I GWB
   a) Behinderung wirksamen Wettbewerbs bzw. Marktbeherrschung
   b) Sachlich relevanter Markt
   c) Räumlich relevanter Markt
   d) Wirksamer Wettbewerb erheblich behindert bzw. Begründung einer marktbeherrschenden Stellung
   e) Abwägungsklausel
   f) Alternativen zum Verbot
   g) Zwischenergebnis: Verbot
3. Bedenken aus höherrangigem Recht
   a) Rechtsstaatsprinzip und Verhältnismäßigkeit
   b) Grundrechtsverletzung?
   c) Völkerrecht
      aa) Auswirkungsprinzip
      bb) Teilbarkeit des Zusammenschlusses?
      cc) Konsequenzen mangelnder Teilbarkeit
      dd) Ergebnis: Verbot zulässig

**Aufgabe 2: Was sind die Konsequenzen eines Verbots des Zusammenschlusses?**

1. Unwirksamkeit des Anteilserwerbs?
2. Verwaltungszwang weithin ausgeschlossen
3. Bußgeld und dessen Durchsetzung

**Aufgabe 3: Mögliches Vorgehen gegen Verbot**

1. Gegen Verbotsverfügung
2. Gegen Beschluss des Beschwerdegerichts
3. Antrag auf Ministererlaubnis
4. Einspruch gegen Bußgeldbescheid

# Lösungsvorschlag

## Aufgabe 1:

### I. Anwendbarkeit deutschen Rechts und Zuständigkeit des BKartA

### 1. Abgrenzung zur europäischen Fusionskontrolle

506 Da gemäß § 35 III GWB die nationale Fusionskontrolle ausscheidet, falls die europäische Kommission für den Unternehmenszusammenschluss ausschließlich zuständig ist, muss deren eventuelle Zuständigkeit vorab geprüft werden. Mit Wirkung vom 1.5.2004 gilt insoweit die Verordnung (EG) Nr. 139/2004 des Rates vom 20.1.2004 über die Kontrolle von Unternehmenszusammenschlüssen **(EG-FKVO Nr. 139/2004)**[1], nach deren Art. 21 die Mitgliedstaaten innerstaatliches Wettbewerbsrecht nicht auf Zusammenschlüsse von gemeinschaftsweiter Bedeutung anwenden und für die Untersagung von Unternehmenszusammenschlüssen insoweit die Kommission ausschließlich zuständig ist. Zusammenschlüsse von gemeinschaftsweiter Bedeutung setzen gemäß Art. 1 II EG-FKVO Nr. 139/2004 u.a. einen weltweiten[2] Gesamtumsatz aller beteiligten Unternehmen zusammen von mehr als 5 Mrd. €, gemäß Art. 1 III EG-FKVO aber u.a. zumindest von mehr als 2,5 Mrd. €, voraus. Hieran fehlt es im vorliegenden Fall. Demzufolge kommt nationales Recht der Fusionskontrolle in Betracht[3].

### 2. § 130 II GWB

507 Da es hier um den Erwerb von Aktien an einer schweizer AG durch S, ebenfalls ein ausländisches Unternehmen, und zwar von M, wiederum einem ausländischen Unternehmen, geht, stellt sich zunächst die kollisionsrechtliche[4] Frage nach der Anwendbarkeit deutschen Rechts auf diesen internationalen Sachverhalt. Aufgrund des in § 130 II GWB normierten **Auswirkungsprinzips** findet das GWB auf alle Wettbewerbsbeschränkungen Anwendung, die sich im Geltungsbereich dieses Gesetzes auswirken, auch wenn sie außerhalb des Geltungsbereichs dieses Gesetzes veranlasst werden[5]. Im vorliegenden Fall wäre eine unmittelbare und spürbare Auswirkung des Zusammenschlusses auf den deutschen Markt zu bejahen, weil hier der jeweils für Teile Deutschlands durch die Markenlizenz durchgeführte Exklusivvertrieb[6] in eine Hand käme und damit der trotz des

1 Die Verordnung hat gemäß ihrem Art. 26 die bis dahin geltende *VO (EWG) Nr. 4064/89* des Rates über die Kontrolle von Unternehmenszusammenschlüssen vom 21.12.1989, ABl. Nr. L 395/1, mit späteren Änderungen, abgelöst.

2 Im Beschluss des BKartA WuW/E DE-V 931, 933 im Ausgangsfall ist insoweit irreführend von „EU-weiten" Umsätzen die Rede; doch ergibt sich aus dem nur zum Teil in WuW abgedruckten Beschluss, dass der Weltumsatz unterhalb der Schwelle blieb.

3 Nach Art. 22 EG-FKVO kann ein Mitgliedstaat auch bei Zusammenschlüssen von nicht gemeinschaftsweiter Bedeutung, falls diese den Handel zwischen Mitgliedstaaten beeinträchtigen, die Kommission um Prüfung bitten; insoweit ergeben sich freilich im konkreten Fall keinerlei Anhaltspunkte.

4 Vgl. *Rehbinder*, in: *Immenga/Mestmäcker*, GWB, § 130 Abs. 2 Rz. 7, 125.

5 Vgl. hierzu *Emmerich*, KartellR, § 3 Rz. 15 ff., § 20 Rz. 22 ff.; *Rehbinder* aaO. Rz. 126 ff.; das Auswirkungsprinzip ist auch im europäischen Recht anerkannt; hierzu etwa EuG, Slg. 1999, S. II-753, 782 – Gencor; *Schröter*, in: *Schröter/Jakob/Mederer*, Vorbemerkung zu den Art. 81–85 Rz. 85 ff.

6 Zur kartellrechtlichen Problematik s. *Sucker* u.a., in: *Schröter/Jakob/Mederer*, Art. 81 FG 6 Rz. 131 ff.; eine rechtliche Prüfung der Exklusivlizenzen hätte durchaus nicht fern gelegen!

Exklusivvertriebs noch verbliebene potentielle markeninterne Wettbewerb beseitigt würde. Denn die Abnehmer stehen jetzt einem Anbieter gegenüber, wo sie zuvor zwischen zwei Anbietern wählen konnten. Deutsches Kartellrecht ist mithin anwendbar.

### 3. Zuständigkeit BKartA

Nach den §§ 39, 40 GWB ist das **BKartA** für die Anmeldung und Anzeige von Unternehmenszusammenschlüssen sowie für die Untersagung von Unternehmenszusammenschlüssen zuständig; die Landeskartellbehörden besitzen insoweit keine Zuständigkeit. **508**

## II. Materiellrechtliche Voraussetzungen des Verbots

### 1. Aufgreifkriterien gemäß § 35 GWB

Der Geltungsbereich der Fusionskontrolle setzt nach § 35 GWB voraus, dass der Unternehmenszusammenschluss eine bestimmte Größenordnung erreicht, die sich nach Umsatzzahlen bestimmt. Man spricht von „Aufgreifkriterien". **509**

#### a) Zusammenschlusstatbestand

Der hier erfolgte Erwerb von 100 % der Anteile an der schweizer AG, die sich im Besitz der M befanden, durch die S, bildete einen **Zusammenschlusstatbestand** i.S. von § 37 I Nr. 2 und 3a GWB. **510**

#### b) Berechnung der Umsatzzahlen

Für die **Berechnung** der Umsatzzahlen ist u.a. für den Handel mit Waren, um den es hier geht, nur ¾ der Umsatzerlöse in Ansatz zu bringen (§ 38 II GWB). **511**

#### c) Maßgebliche Umsatzziffer

Für den Zusammenschlusstatbestand ist mithin hier für die S, die im Inland im Handel mit Synthes-Produkten im Jahre 2002 44 Mio. € umsetzte, von einer Umsatzziffer von 33 Mio. € auszugehen. Für die erworbenen Aktien der schweizer AG, die den Handel mit Synthes-Produkten auf dem deutschen Markt repräsentierte, ist bei ihrem diesbezüglichen Jahresumsatz 2002 von 25 Mio. € von einem im Hinblick auf § 38 II GWB relevanten Umsatz von weniger als 19 Mio. € auszugehen. Die weltweiten Umsätze beider beteiligten Unternehmen zusammen lagen über 500 Mio. €. Die Voraussetzungen des **§ 35 I GWB**, nämlich insgesamt Umsätze von weltweit über 500 Mio. € und mindestens ein Unternehmen mit Inlandsumsatzerlösen über 25 Mio. € und ein anderes beteiligtes Unternehmen mit Inlandsumsatzerlösen von mehr als 5 Mio. €[7], sind daher gegeben. **512**

Da Anhaltspunkte für eine Ausnahme nicht erkennbar sind, fällt der Zusammenschluss in den Geltungsbereich der GWB-Fusionskontrolle, weil er sich auf den Inlandsmarkt entsprechend auswirkt (§ 130 II GWB).

7 § 35 I Nr. 2 i.d.F. vom 17.3.2009, BGBl. I S. 550.

## 2. Eingreifkriterien gemäß § 36 I GWB

513 Nach **§ 36 I GWB** ist ein Zusammenschluss, durch den wirksamer Wettbewerb erheblich behindert würde[8] oder von dem zu erwarten ist, dass er eine marktbeherrschende Stellung begründet oder verstärkt, vom BKartA zu untersagen, wenn nicht besondere Umstände ihn im Einzelnen rechtfertigen.

### a) Behinderung wirksamen Wettbewerbs bzw. Marktbeherrschung

514 Für diese nunmehr zu prüfenden sog. **Eingreifkriterien**[9] kommt es zunächst auf den Begriff der **erheblichen Behinderung wirksamen Wettbewerbs** an. Das diesbezügliche Kriterium wurde durch die 8. GWB-Novelle von Art. 2 III EG-FKVO ins deutsche Recht übernommen. Es kommt darauf an, ob ein vom Wettbewerb nicht hinreichend kontrollierter Verhaltensspielraum eröffnet wird. Insoweit werden zur Beurteilung insbesondere ökonometrische Kriterien herangezogen. Man spricht insoweit vom **SIEC-Test** (**S**ignificant **I**mpediment to **E**ffective **C**ompetition)[10]. Als **Beispiel** für eine derartige Behinderung führt § 36 I GWB dann das Entstehen oder die Verstärkung der **Marktbeherrschung** an. Diese ist definiert in § 18 I GWB, wobei § 18 IV–VI GWB gewisse Beweiserleichterungen mit sich bringt: Fehlen wesentlichen Wettbewerbs oder eine überragende Marktstellung auf dem sachlich und räumlich relevanten Markt für Waren oder gewerbliche Leistungen sind erforderlich. Bestand schon eine marktbeherrschende Stellung, so kommt es auf die Prognose[11] ihrer Verstärkung an; bestand noch keine marktbeherrschende Stellung, so ist eine Prognose hinsichtlich ihrer Entstehung erforderlich.

### b) Sachlich relevanter Markt

515 Ausgangspunkt ist insoweit der **relevante Markt**, der zunächst **sachlich** zu bestimmen ist. Die sachliche Marktabgrenzung entsprechend dem Bedarfsmarktkonzept[12] hat das BKartA in dem Sinne vorgenommen, dass drei Produktmärkte, und zwar für Traumabehandlungen, für Schädel-, Kiefer- und Gesichtsbehandlungen und für Wirbelsäulebehandlungen zu unterscheiden sind.

### c) Räumlich relevanter Markt

516 Hinsichtlich des **räumlich**-relevanten Marktes[13] bestimmt zwar § 18 II GWB, dass dieser weiter sein kann als der Geltungsbereich des GWB. Wie sich aber aus den Feststellungen des BKartA ergibt, ist hier der räumlich relevante Markt wegen der wechselseitigen Abschottung der Nachfrage auf den deutschen Markt beschränkt. Dass M und S nur in den ihnen qua Exklusivlizenz zugewiesen Gebieten tätig sein durften, führt noch

8 § 36 I GWB i.d.F. der 8. GWB-Novelle.
9 Hinsichtlich der bislang geprüften formalen Kriterien spricht man von Aufgreifkriterien, weil sie das BKartA zur Prüfung im Einzelnen veranlassen sollen.
10 Vgl. hierzu etwa *Emmerich*, KartellR § 16 Rn. 20 ff.
11 Vgl. hierzu *Emmerich*, KartellR, § 34 Rz. 2 ff.
12 Vgl. *Emmerich* aaO. § 16 Rz. 8.
13 Vgl. hierzu WuW/E BGH 3026, 3030 – Backofenmarkt; WuW DE-R 1355 – Staubsaugerbeutelmarkt; *Beninca*, WuW 2005, 43.

nicht zu diesbezüglich regional relevanten Märkten. Daher ist der räumlich relevante Markt der Geltungsbereich des GWB[14].

### d) Begründung einer marktbeherrschenden Stellung

Ob bereits vor dem Zusammenschluss eine marktbeherrschende Stellung bestand, ist **517**
aufgrund der Feststellung des BKartA nicht ohne weiteres erkennbar. Denn Abnehmer von Osteosynthese-Produkten in Deutschland konnten ja eventuell bisher sowohl bei S als auch bei M diese Produkte beziehen. Es könnte aber die **Begründung** einer **marktbeherrschenden Stellung** durch den Zusammenschluss zu erwarten sein. Der kumulative Marktanteil läge mit 45 % auf dem Traumamarkt in Deutschland oberhalb der 40 %-Vermutung des § 18 IV GWB, wobei der große Abstand zu den Konkurrenten mit 15 % bzw. 5 % Marktanteil bedeutsam ist. Die weiteren Ausführungen des BKartA über die Marktstärke auf den Nachbarmärkten stellen zusätzliche Argumente für die Marktbeherrschung i.S. der Absicherung der überragenden Marktstellung gegenüber Newcomern dar. Es dürfte auch zu erwarten sein, dass sich der kumulierte Marktanteil in Folge des Zusammenschlusses als künftiger Marktanteil der S realisieren ließe, da ein Anteilsrückgang durch Zusammenlegung der regionalen Exklusivlizenzen wohl kaum zu befürchten ist; die Prognose geht mithin ebenfalls in Richtung der Begründung einer marktbeherrschenden Stellung. Die erhebliche Behinderung wirksamen Wettbewerbs dürfte damit verbunden sein, da es keine Anhaltspunkte dafür gibt, dass trotz der Begründung der Marktbeherrschung eine solche nicht eintritt.

### e) Abwägungsklausel

Anhaltspunkte für ein Eingreifen der Abwägungsklausel des § 36 I Nr. 1 GWB[15] sind **518**
nicht zu erkennen.

### f) Alternativen zum Verbot

Zu klären bleibt, ob die Bereitschaft, die Tochtergesellschaft der M mit Sitz in Bochum **519**
zu verkaufen, relevant ist. Immerhin könnte das BKartA erwägen, auf eine Verbotsentscheidung zu verzichten und den Zusammenschluss unter entsprechenden **Bedingungen oder Auflagen freizugeben**[16]. Das setzt freilich voraus, dass die erhebliche Behinderung wirksamen Wettbewerbs bzw. das Entstehen der marktbeherrschenden Stellung durch den Verkauf dieser Tochtergesellschaft vermieden werden könnte. Da aber die Tochtergesellschaft nicht berechtigt war, die Markte Synthes zu benutzen und da dieses Recht auch nicht auf den potentiellen Erwerber dieses Unternehmens übergehen sollte, hätte ein Erwerber nicht die für den Markterfolg entscheidende Möglichkeit, Produkte zur Traumabehandlung unter dem Namen Synthes auf den deutschen Markt zu bringen. Und demzufolge würde der Verkauf dieser Tochtergesellschaft an den zu erwartenden negativen Folgen für den Wettbewerb auf dem deutschen Markt nichts ändern.

14 So auch BKartA WuW/E DE-V 931, 935 im Ausgangsfall.
15 Vgl. dazu *Emmerich*, KartellR, § 34 Rz. 55 ff., zu *§ 36 I Hlbs. 2 GWB a.F.*
16 Vgl. § 40 III 1 GWB.

### g) Zwischenergebnis

Der Zusammenschluss wäre vom BKartA gemäß § 36 I GWB zu verbieten.

## 3. Bedenken aus höherrangigem Recht

520 Unbeschadet des in § 130 II GWB normierten Auswirkungsprinzips ist zu prüfen, ob höherrangiges Recht den Ausspruch eines Verbotes durch das BKartA hindert, das darauf hinaus läuft, den Erwerb von Aktien an einem ausländischen Unternehmen von einem anderen ausländischen Unternehmen durch ein drittes ausländischen Unternehmen zu verbieten. Das gilt umso mehr, als dadurch der Erwerb des Osteosynthese-Geschäftszweigs durch S auch insoweit unterbunden würde, als es nicht um Synthese-Produkte für den deutschen Markt geht. Das Verbot hat insoweit überschießende Wirkungen.

### a) Rechtsstaatsprinzip und Verhältnismäßigkeit

521 Unter dem Blickwinkel des Rechtsstaatsprinzips (Art. 20 III GG) wäre zu überlegen, ob das Verbot geeignet, erforderlich und angemessen ist[17]. Da die inländische Tochtergesellschaft der M mit Sitz in Bochum nicht produziert und auch nicht berechtigt ist, die Marke Synthes zu benutzten, gab es nicht die Möglichkeit, über ein Verbot des Erwerbs nur dieser Tochter in Bochum den gemeinsamen ausschließlichen Vertrieb der Synthes-Erzeugnisse von S und M in ganz Deutschland durch S allein zu verhindern. Und ein denkbarer Verkauf der Tochter in Bochum änderte nichts, so lange ein potentieller Erwerber nicht die Rechte zur Nutzung der Marke Synthes erhielt. **Erforderlich** war daher ein an die ausländischen Gesellschaften gerichtetes Verbot, ihre Exklusivrechte zu vereinen, und da diese Exklusivrechte, soweit sie M zustanden, über die neu gegründete AG in der Schweiz auf die S übergingen, war das Verbot des Anteilserwerbs **geeignet** zur Verhinderung der Vereinigung der Exklusivrechte, durch die eine marktbeherrschende Stellung entstand. An der Verhältnismäßigkeit i.e.S., der **Angemessenheit**, bestehen ebenfalls keine Zweifel, wenn man davon ausgeht, dass der Hauptzweck des Anteilserwerbs der Erwerb der Rechte am Vertrieb der Synthes-Produkte in Deutschland war[18].

### b) Grundrechtsverletzung?

522 **Grundrechte** stehen nach Art. 19 III GG grundsätzlich auch inländischen juristischen Personen zu; beide beteiligten Gesellschaften haben freilich ihren Sitz im Ausland und sind ausländische juristische Personen. Wollte man sie zwecks Grundrechtsschutzes den inländischen juristischen Personen gleichstellen, so wäre eine Verletzung ihrer Grundrechte aber schon deshalb zu verneinen, weil die Fusionskontrolle nicht die Grundrechte der beteiligten Unternehmen verletzt[19].

### c) Völkerrecht

523 Der gewichtigste Einwand gegen ein Verbot könnte aber aus dem **Völkerrecht** kommen. Die exterritoriale Anwendung der Fusionskontrolle mit der Folge des Verbots eines Un-

17 So BKartA WuW/E DE-V 931, 934 im Ausgangsfall.
18 Was das BKartA im Ausgangsfall wohl zugrunde legte.
19 So BKartA aaO.

ternehmens- bzw. Anteilserwerbs gegenüber ausländischen Unternehmen stellt eine hoheitliche Maßnahme deutscher Staatlichkeit dar, die (wegen ihrer Inlandsauswirkungen) in ihren direkten Folgen gezielt ins Ausland greift. Art. 25 GG verlangt dem gegenüber die Beachtung der allgemeinen Grundsätze des Völkerrechts[20].

**aa) Auswirkungsprinzip**

Insoweit lässt sich zunächst feststellen, dass das **Auswirkungsprinzip im Grundsatz** **524**
als eine völkerrechtlich sinnvolle Anknüpfung für kartellrechtliche Normen angesehen werden kann[21]; es ist u.a. in der EU[22], in den USA[23] anerkannt. Allerdings bestehen Unsicherheiten über die Reichweite.

**bb) Teilbarkeit des Zusammenschlusses?**

Soweit es um die Untersagung des Zusammenschlusses von Unternehmen geht, darf **525**
der Eingriff in den exterritorialen Bereich nicht weitergehen, als im Hinblick auf das Schutzobjekt des § 36 I GWB erforderlich[24]. Daher stellt sich die Frage nach einer diesbezüglichen **Teilbarkeit** des Zusammenschlusses – hier des Aktienerwerbs an der AG – im Hinblick auf das Entstehen einer marktbeherrschenden Stellung auf dem deutschen Markt[25].

Würde man der übernommenen AG bzw. ihrem Alleingesellschafter S lediglich vor- **526**
schreiben, sich hinsichtlich ihrer Exklusivlizenz für den Norden und Osten Deutschlands weiterhin als Wettbewerber auch der S gegenüber zu verhalten, so würde dies auf eine laufende Verhaltensvorgabe hinauslaufen, die kartellrechtlich unzulässig wäre (§ 40 III 2 GWB). Insofern ist der Zusammenschluss unteilbar. Möglich wäre es freilich für die beteiligten Unternehmen, aus dem Zusammenschlusstatbestand die Exklusivlizenz der M für den Norden und Osten Deutschlands sozusagen herauszunehmen. Doch kann eine solche Aufteilung vom BKartA nicht vorgenommen werden; dass die Beteiligten nach einem umfassenden Verbot dazu weiter befugt wären, dürfte freilich unproblematisch sein. Würde die M in Deutschland in nennenswertem Umfang produzieren, hätte man vielleicht die Produktion in Deutschland bei Aufrechterhaltung des Zusammenschlusses im Übrigen verbieten könnten; freilich existiert insoweit keine Produktion in Deutschland und auch keine diesbezügliche Berechtigung. Aus dem Blickwinkel des BKartA ist mithin davon auszugehen, dass der Zusammenschlusstatbestand im konkreten Fall unteilbar ist[26].

20 So auch BKartA aaO.

21 *Rehbinder*, in: *Immenga/Mestmäcker*, GWB, § 130 Abs. 2 Rz. 137; BKartA WuW/E DE-V 931, 934; vgl. auch BGHZ 74, 322 ff. – organische Pigmente, zur kartellrechtlichen Anzeigepflicht.

22 Vgl. EuG Slg. 1999, S. II-753 – Gencor; *Löffler*, FKVO 4064/89 Art. 1 Rz. 30 f.; *Bunte*, in: *Langen/Bunte*, Bd. 2 Einführung Rz. 61.

23 Ausgangspunkt der Praxis exterritorialer Anwendung; zu einer gewissen Zurückhaltung in jüngster Zeit vgl. *Graf Lambsdorff*, WuW 2004, 877.

24 *Rehbinder* aaO. Rz. 138, 160 ff.

25 *Rehbinder* aaO. Rz. 275 ff. m.N. zum Meinungsstand.

26 Ebenso BKartA aaO. S. 933.

### cc) Konsequenzen mangelnder Teilbarkeit

527 Die Konsequenzen der Unteilbarkeit für die Fusionskontrolle sind **sehr streitig**. Teilweise wird angenommen, eine Untersagung sei dann unzulässig[27]. Hier muss es auf eine Abwägung zwischen dem Rechtsgut des § 36 I GWB einerseits und den Interessen des ausländischen Staates andererseits ankommen[28].

### dd) Ergebnis:

528 Wenn der Hauptzweck des Zusammenschlusses in der Verstärkung der Marktposition in Deutschland lag[29], so dürfte dies für die Zulässigkeit der Verbotsentscheidung auch unter völkerrechtlichem Aspekt sprechen.

## Aufgabe 2:

### 1. Unwirksamkeit des Anteilserwerbs

529 Nach § 41 I 2 GWB ist der Vollzug eines vom BKartA nicht freigegebenen Zusammenschlusses unter bestimmten Voraussetzungen zivilrechtlich unwirksam; so lange noch eine rückwirkende Freigabe des Zusammenschlusses möglich ist, handelt es sich um schwebende Unwirksamkeit[30]. Insofern kommt es darauf an, ob ein Zusammenschlussverbot mit Erfolg gerichtlich oder qua Ministererlaubnis angegriffen wird. Ob § 41 I 2 GWB auch bei ausländischen Zusammenschlüssen gilt, ist str.[31].

530 Der Anteilserwerb der S ist hiernach zumindest schwebend unwirksam.

### 2. Verwaltungszwang weithin ausgeschlossen

531 Gemäß § 41 III GWB erfolgt ggf. Entflechtung, wobei als Besonderheiten die Auslandsbezüge zu berücksichtigen sind[32]. Verwaltungsrechtliche Eingriffe des BKartA würden im Ausland wohl nicht akzeptiert. § 50b i.V. mit § 50a GWB über die Zusammenarbeit mit ausländischen Wettbewerbsbehörden betreffen den Austausch von Informationen und gelten vor allem nicht für die USA. Eine Anordnung der „Entflechtung" im Ausland erscheint mithin mehr als problematisch[33].

### 3. Bußgeld und dessen Durchsetzung

532 Praktisch hängt die Durchsetzung des Verbots davon ab, ob das BKartA gegen S oder M Bußgeld nach § 81 GWB festsetzen und beitreiben kann, falls das Zusammenschlussver-

27 Nachw. bei *Rehbinder* aaO.; vgl. auch *Emmerich*, KartR, § 20 Rz. 22 ff., der auf eine besondere Voraussetzung der Spürbarkeit hinweist.

28 *Rehbinder* aaO. Rz. 280.

29 Das BKartA scheint davon auszugehen.

30 WuW/E BGH 1556, 1559 – Weichschaum III; *Mestmäcker/Veelken*, in: *Immenga/Mestmäcker*, GWB, § 41 Rz. 12; *Bechtold*, GWB, § 41 Rz. 5.

31 Vgl. etwa *Wiedemann*, Hdb. KartR, § 5 Rn. 43.

32 *Rehbinder* aaO. Rn. 281.

33 Die Möglichkeit zur Festsetzung von Zwangsgeld nach *§ 41 IV Nr. 1 GWB a.F.* ist im Übrigen seit 2005 entfallen.

bot nicht beachtet wurde. Insoweit geht es um Ordnungswidrigkeiten nach § 81 II Nr. 1 GWB (**Verstoß gegen das Vollzugsverbot**). § 130 II GWB rechtfertigt insoweit i.S. einer Kollisionsnorm des Rechts der Kartellordnungswidrigkeiten auch die Anwendung dieses Bußgeldtatbestandes durch das BKartA[34]. Insoweit wäre zu prüfen, inwieweit sich S und/oder M über das Vollzugsverbot hinweggesetzt haben. Eine Vollstreckung ist allenfalls dann möglich, wenn die Unternehmen Vermögen im Inland besitzen[35]. Da sowohl S als auch M Tochtergesellschaften im Inland haben, ist dies der Fall.

## Aufgabe 3:

### 1. Gegen Verbotsverfügung

Beschwerde gegen die Verbotsverfügung des BKartA an das OLG Düsseldorf nach § 63 GWB. **533**

### 2. Gegen Beschluss des Beschwerdegerichts

Gegen den Beschluss des Beschwerdegerichts ggf. Rechtsbeschwerde oder Nichtzulassungsbeschwerde an den BGH nach §§ 74, 75 GWB. Die Einschaltung des EuGH kommt hier nicht in Betracht, weil die Abgrenzung zum europäischen Recht keine Probleme bereitet. **534**

### 3. Antrag auf Ministererlaubnis

Eventuell Antrag auf Ministererlaubnis nach § 42 GWB. Dies erscheint im konkreten Fall wenig erfolgversprechend. **535**

### 4. Einspruch gegen Bußgeldbescheid

Sollte das BKartA einen Bußgeldbescheid erlassen, entscheidet im Falle eines Einspruchs gegen diesen das OLG Düsseldorf nach § 83 GWB; die Rechtsbeschwerde ginge wiederum an den BGH gemäß § 84 GWB. **536**

## Wiederholung und Vertiefung

1. Für die europäische Zusammenschlusskontrolle (= Fusionskontrolle) gilt die EG-FKVO Nr. 139/2004. Die EG-KartVerfVO Nr. 1/2003 ist auf Unternehmenszusammenschlüsse nicht anwendbar; nur für sog. kooperative Gemeinschaftsunternehmen gilt etwas anderes (Art. 21 EG-FKVO). **537**

34 *Rehbinder*, in: *Immenga/Mestmäcker*, GWB, § 130 Abs. 2 Rz. 313 ff.
35 *Rehbinder* aaO. Rz. 395.

Innerhalb des Anwendungsbereichs der europäischen Zusammenschlusskontrolle (Art. 1–3 EG-FKVO) ist die Zusammenschlusskontrolle nach GWB unzulässig. Das einschlägige Kriterium des Zusammenschlusses (Art. 2 EG-FKVO) von gemeinschaftsweiter Bedeutung (Art. 1 EG-FKVO) orientiert sich an Umsatzziffern: weltweit 5 Mrd. Euro, evtl. 2,5 Mrd. Euro Umsatz sowie ein gewisser Umsatz in der EU in mehr als einem Mitgliedstaat. Zuständig ist allein die europäische Kommission.

Unter bestimmten Voraussetzungen kann eine Verlagerung der Zuständigkeit für das Verbot von Unternehmenszusammenschlüssen zwischen europäischen und nationalen Kartellbehörden erfolgen; wichtig ist insoweit die sog. deutsche Klausel (Art. 9 EG-FKVO). Entsprechendes gilt für die dann anzuwendenden europäischen bzw. nationalen Rechtsvorschriften.

Materielles Verbotskriterium für die europäische Zusammenschlusskontrolle ist die erhebliche Behinderung wirksamen Wettbewerbs auf dem gemeinsamen Markt oder einem wesentlichen Teil desselben, insbesondere durch Begründung oder Verstärkung einer beherrschenden Stellung (Art. 2 III EG-FKVO). Neben dem Aspekt der Marktbeherrschung sollen damit auch Effizienzgesichtspunkte verstärkt relevant sein.

Das materielle Verbotskriterium des Art. 2 III EG-FKVO unterscheidet sich von dem nach § 35 I GWB relevanten Kriterium seit der 8. GWB-Novelle nicht mehr.

**538** 2. Für das nationale wie für das europäische Kartellrecht einschließlich der Zusammenschlusskontrolle gilt das sog. Auswirkungsprinzip, das in § 130 II GWB für das deutsche Recht normiert ist. Es ist international weitgehend anerkannt.

Danach ist das jeweilige Kartellrecht auf alle Wettbewerbsbeschränkungen anwendbar, die sich in seinem Geltungsbereich auswirken, auch wenn sie außerhalb des Geltungsbereichs veranlasst werden; der Sache nach entspricht dies Art. 40 I 2 EGBGB.

§ 130 II GWB ist nicht nur Kollisionsnorm, sondern auch Sachnorm, soweit diese Vorschrift das Vorliegen einer Wettbewerbsbeschränkung auf dem Inlandsmarkt voraussetzt.

Das Auswirkungsprinzip ist völkerrechtlich nicht unproblematisch (s.u. 6.).

**539** 3. Für die Zusammenschlusskontrolle nach dem GWB ist allein das BKartA zuständig (§§ 36, 48 II GWB).

Der Geltungsbereich der Zusammenschlusskontrolle nach dem GWB ist auf Unternehmenszusammenschlüsse bestimmter Größenordnung beschränkt. Voraussetzung sind insoweit ein Zusammenschlusstatbestand (§ 37 GWB) und eine nach Umsatzziffern festgelegte Mindestgrößenordnung von u.a. 500 Mio. Euro der beteiligten Unternehmen zusammen (§ 35 GWB). Die Umsatzgrößenziffern werden zum Teil nach dem Unternehmensgegenstand modifiziert. Man spricht hinsichtlich des Geltungsbereichs von Aufgreifkriterien.

Zu untersagen ist ein Zusammenschluss nach dem GWB gemäß dessen § 36 I GWB erst dann, wenn eine erhebliche Behinderung wirksamen Wettbewerbs aus ihm folgt bzw. wenn zu erwarten ist, dass durch ihn eine marktbeherrschende Stellung entsteht oder verstärkt wird (Marktmachtkonzept); eine Abwägungsklausel gestattet nur die Berücksichtigung von Vorteilen für den Wettbewerb (kein Sozialschutz!). Man spricht von Eingreifkriterien.

Bei konzernangehörigen Unternehmen wird im Rahmen der Regelung der Zusammenschlusskontrolle weitgehend auf den Gesamtkonzern abgestellt.

4. Marktbeherrschung ist in § 18 I GWB zunächst definiert für ein Einzelunternehmen, **540**
wobei zwischen Fehlen wesentlichen Wettbewerbs und überragender Marktstellung unterschieden wird. Beides ist Marktbeherrschung; die in § 20 I GWB beschriebene relative Marktmacht ist keine Marktbeherrschung.

Marktbeherrschung mehrerer Unternehmen liegt nach § 18 V GWB dann vor, wenn im Außenverhältnis der Tatbestand von § 18 I GWB gegeben ist und im Innenverhältnis wesentlicher Wettbewerb fehlt.

Beweiserleichterungen für die Annahme von Marktbeherrschung bestehen für ein Einzelunternehmen bei einem Marktanteil von 40 %, bei mehreren Unternehmen (Oligopol) ab 50 %.

Die Feststellung der Marktbeherrschung setzt die Bestimmung vor allem des sachlich (gegenständlich) und örtlich relevanten Marktes voraus. Letzterer kann größer sein als der Geltungsbereich des GWB. Für ersteren gilt das sog. Bedarfsmarktkonzept (Abstellen auf Marktgegenseite).

5. Bei Vorliegen des Verbotstatbestandes kann das BKartA den Zusammenschluss unter **541**
Bedingungen und Auflagen gleichwohl freigeben (§ 40 III GWB). Eine laufende Verhaltenskontrolle ist keine zulässige Auflage.

Unter dem Blickwinkel des Rechtsstaatsprinzips und der auch für Unternehmen geltenden Grundrechte sind die Vorschriften über die Zusammenschlusskontrolle unbedenklich. Besondere Probleme bereitet die Pressefusionskontrolle wegen des hier tangierten Grundrechts der Meinungsfreiheit; insoweit bestehen gewisse Sonderregelungen (u.a. § 36 I Nr. 3 GWB).

6. Das Auswirkungsprinzip stellt eine auch aus dem Blickwinkel des Völkerrechts sinn- **542**
volle Anknüpfungsregel dar. Wegen der exterritorialen Auswirkungen ist das Verbot eines Auslandszusammenschlusses nur eingeschränkt zulässig. Die Konsequenzen des Verbots für das In- und Ausland sind abzuwägen.

§ 130 II GWB ist im Hinblick auf privatrechtliche Folgen des GWB eine Vorschrift des deutschen internationalen Privatrechts.

Die Anwendung verwaltungsrechtlicher Regeln des GWB im Hinblick auf ein Auslandsverhalten ist problematisch und allenfalls durchsetzbar bei Vorhandensein von Inlandsvermögen.

Auch ein Bußgeldbescheid im Hinblick auf einen Kartellverstoß bzw. Verstoß gegen das Vollzugsverbot im Ausland ist nur bei Vorhandensein von Inlandsvermögen durchsetzbar.

7. Zum möglichen Vorgehen gegen ein Verbot s. oben Lösungsvorschlag zu **Fall 15** **543**
Aufgabe 3.

**Ausgangsfall**

BKartA, B. v. 24.3.2004 (B4 -167/03), WuW/E DE-V 931 – Synthes-Stratec/Mathys; Beschwerde eingelegt; nach Veräußerung des deutschen Geschäftsbereichs durch Mathys wurde die Beschwerde zurückgenommen (so *Langen/Bunte*, Bd. 1, S. 1861)

Fall 16

# Rotationstiefdruck von Bertelsmann und Springer

*Klausur 5 Std.*

Die deutschen Unternehmensgruppen Bertelsmann (B) und Axel Springer (S) beabsichtigten, drei Rotationsdruckunternehmen von B und zwei Rotationsdruckunternehmen von S, die alle in Deutschland tätig waren, und eine demnächst von B in England zu errichtende Rotationsdruckerei zu einem Gemeinschaftsunternehmen zusammen zu fassen, und meldeten dieses Vorhaben bei der Kommission in Brüssel an. Der weltweite Gesamtumsatz von B und S lag über 5 Mrd. Euro, der gemeinschaftsweite Umsatz von B und S jeweils über 250 Mio. Euro; der gemeinschaftsweite Umsatz fand etwa zur Hälfte in Deutschland statt. Nachdem das BKartA eine Kopie der Anmeldung erhalten hatte, teilte dieses der Kommission mit, das Vorhaben drohe, den Wettbewerb auf dem deutschen Markt entweder für Rotationstiefdruck oder für zeitkritische Druckerzeugnisse, insbesondere Zeitschriften ernsthaft zu beeinträchtigen. Die Kommission entschied daraufhin ausdrücklich nach Art. 9 III lit. a EG-FKVO, den Fall selbst zu behandeln und leitete ein Verfahren ein. **544**

B ist ein international tätiges Medienunternehmen mit bedeutenden Tochtergesellschaften, das auf dem Druckereisektor und im Verlagsbereich arbeitet.

S ist im Verlags-und Druckereigeschäft tätig, gibt Zeitungen und Zeitschriften heraus und hält Anteile an Fernseh- und Rundfunkgesellschaften.

Mit dem beabsichtigten Zusammenschluss werden die Rotationsdruckereien in dem neuen Unternehmen U zusammengelegt. B wird insgesamt 74,9 %, S wird 25,1 % der Anteile von U mit Vetorechten für strategische Entscheidungen erhalten. Eigenständige Rotationsdruckereien wollen B und S dann nicht mehr betreiben.

Auf dem Markt für *Rotationstiefdruck von Katalogen und Werbebeilagen* hätte das neue Unternehmen U unter Hinzufügung der B-eigenen Drucktätigkeit in Deutschland und den Nachbarländern einen Marktanteil von 25 % bis 30 %. Die nächsten drei Wettbewerber kämen insoweit auf jeweils 10 % bis 15% Marktanteil. Auf dem deutschen Markt für *Rotationsdruck von Zeitschriften* hat derzeit B einen Marktanteil von 35 %, S von 15 % und hätte das Gemeinschaftsunternehmen mutmaßlich einen Anteil von fast 50 %, während die nächsten Wettbewerber auf 25 % bzw. 5 % kommen. Andere nationale Märkte innerhalb der EU sind aus wettbewerbsrechtlicher Sicht unproblematisch.

Für die Marktverhältnisse sind weiter folgende Umstände relevant: Der für Zeitschriften wie auch für Werbebeilagen und Kataloge wichtige *Rotationstiefdruck* kann praktisch nicht durch einen *Offsetdruck* (ein Flachdruckverfahren) ersetzt werden, so dass die diesbezüglichen Marktverhältnisse keine Rolle spielen. Beim Druck von Zeitschriften einerseits und Werbebeilagen bzw. Katalogen andererseits bestehen wegen besonderer Anforderungen hinsichtlich Schnelligkeit, Standort und Vertrieb speziell bei Zeitschriften völlig unterschiedliche Verhältnisse. In *räumlicher* Hinsicht findet der Zeitschriftendruck für den deutschen Bedarf daher praktisch nur in Deutschland statt; beim Druck von Katalogen hingegen gehen Aufträge für den deutschen Bedarf außer an deutsche noch an Unternehmen in Nachbarländern. Werbebeilagen für deutsche Kunden werden zwar bislang überwiegend in Deutschland gedruckt; doch ist insoweit ein Druck auch in den Nachbarländern praktisch möglich.

Beim Rotationsdruck von Zeitschriften haben die Auftraggeber gewisse Ausweichmöglichkeiten, sollte U die Preise erhöhen; denn es sind gewisse freie Kapazitäten der Wettbewerber vorhanden. An sich sind diese zwar zu 95 % ausgelastet. Aber von den derzeit von B und S produzierten etwa 100–150 Kilotonnen Zeitschriften könnten bei Wettbewerbern durch Produktionsumstellung und Erweiterung von Kapazitäten knapp 200 Kilotonnen zusätzliche Kapazität bereit gestellt werden, was für die Wettbewerber ein lukratives Geschäft wäre. Schließlich kommen auch noch drei grenznahe ausländische Anbieter als potentielle Anbieter in Betracht.

Das *Zeitschriftenverlagsgeschäft*, das auf einem nachgeordneten Markt stattfindet und bei dem sich B und S vor allem auf dem deutschen Markt gegenüber stehen, hat für diese Unternehmen überragende Bedeutung. Die Druckkosten für Zeitschriften machen von den Gesamtkosten einer Zeitschrift aber nur einen geringen Anteil (5 %–15 %) aus.

**Frage 1:**

Welche verfahrensmäßige Bedeutung hat die Äußerung des BKartA? (bitte nur kurze Antwort!)

**Frage 2:**

Überlegen Sie, welche Entscheidung die EU-Kommission mit welcher Begründung in der Sache selbst treffen wird.

**Frage 3:**

Angenommen, das BKartA hätte über den Antrag zu entscheiden gehabt; wie sähe insoweit die Entscheidung mutmaßlich aus?

**Frage 4:**

Unterstellt, die Kommission hätte das Zusammenschlussvorhaben gebilligt; hätte ein Wettbewerber dagegen vorgehen können? (bitte nur kurze Antwort)

# Gliederung

**Frage 1: Verfahrensmäßige Bedeutung der Äußerung des BKartA; Art. 9 EG-FKVO** 545

**Frage 2: Entscheidung der Kommission und ihre Begründung**

**I. Aufgreiftatbestand**
1. Zusammenschluss
2. Gemeinschaftsweite Bedeutung
(3. Verfahrensverlauf)

**II. Eingreiftatbestand**
1. Relevanter Markt
2. Sachlich
3. Regional
4. Marktstellung von U
   a) Und Beeinträchtigung wirksamen Wettbewerbs
   b) Verfügbare Kapazitäten der Wettbewerber
5. Art. 101 AEUV *(Art. 81 EGV)*

**III. Ergebnis**

**Frage 3: Wie sähe eine Entscheidung des BKartA vor der 8. GWB-Novelle und nach heute geltendem Recht mutmaßlich aus?**

**I. Aufgreiftatbestand**
1. Zusammenschluss
2. Sonstige Voraussetzungen von § 35 GWB

**II. Eingreiftatbestand**

**III. Kartellverstoß?**
1. § 1 GWB bei Gemeinschaftsunternehmen
2. Vorrang für EU-Recht?

**Frage 4: Eventuelle Handlungsmöglichkeiten eines Wettbewerbers; Art. 263 IV AEUV *(Art. 230 IV EGV)***

# Lösungsvorschlag

## Frage 1:

546 Art. 9 EG-FKVO dient der Feinsteuerung bei der Abgrenzung der Zuständigkeiten zwischen Kommission und nationalen Kartellbehörden und nationalem Fusionskontrollrecht, wenn ein Zusammenschlusstatbestand an sich den europäischen Aufgreiftatbestand erfüllt, aber der Sache nach eher vor die nationalen Kartellbehörden gehört. Anknüpfungspunkt ist der Begriff des **gesonderten Marktes** in einem Mitgliedstaat, der nach Maßgabe von Art. 9 II, VII EG-FKVO abzugrenzen ist[1]. Betrifft dieser keinen wesentlichen Teil des Gemeinsamen Marktes, wird der Zusammenschluss an die nationalen Kartellbehörden verwiesen, die nach nationalem Recht urteilen. Betrifft dieser einen wesentlichen Teil des Gemeinsamen Marktes, kann die Kommission über den Zusammenschluss selbst befinden oder die Sache an die nationalen Kartellbehörden verweisen. Art. 9 II EG-FKVO gibt den von der Kommission von der Anmeldung eines Zusammenschlusses unterrichteten Mitgliedstaaten ausdrücklich das Recht zur Stellungnahme in dieser Hinsicht[2]. Die Kommission hat insoweit die Äußerung des BKartA zum Anlass genommen, im Sinne von Art. 9 III lit. a EG-FKVO den Zusammenschluss selbst zu behandeln und **leitete ein Verfahren nach Art. 6 I lit. c EG-FKVO ein**.

## Frage 2:

### I. Aufgreiftatbestand

547 Ohne Vorliegen eines Aufgreiftatbestandes dürfte die Kommission keine Sachentscheidung treffen. Es ergibt sich bereits aus dem Sachverhalt, dass die Kommission den Aufgreiftatbestand bejaht hat. Insoweit bedarf es eines Zusammenschlusses von gemeinschaftsweiter Bedeutung i.S. von Art. 1 EG-FKVO. Dieser wäre wie folgt zu begründen:

#### 1. Zusammenschluss

548 Da B und S beabsichtigen, Teile ihres Geschäftsbetriebes in einem Gemeinschaftsunternehmen zusammen zu fassen, liegt ein Zusammenschluss im Sinne von Art. 3 IV, I lit. b EG-FKVO vor. Freilich gilt das nur dann, wenn das Gemeinschaftsunternehmen **auf Dauer alle Funktionen einer selbständigen wirtschaftlichen Einheit** erfüllt und von B und S **gemeinsam kontrolliert** wird[3]. Nur ein solches Vollfunktionsgemeinschaftsunternehmen ist ein Zusammenschluss in diesem Sinne, auf das nach Art. 21 I EG-FKVO allein die Bestimmungen dieser EG-FKVO (und nicht die EG-KartellVerfVO Nr. 1/2003) anzuwenden sind[4]. Wie dem Sachverhalt zu entnehmen ist, ist die Grün-

1 Vgl. hierzu näher *Baron*, in: *Langen/Bunte*, Bd. 2 FKVO Nr. 139/2004 Art. 9 Rn. 12.

2 Sog. deutsche Klausel; vor der Anmeldung können nach Art. 4 IV EG-FKVO die betroffenen Unternehmen einen entsprechenden Antrag stellen.

3 Hierzu *Emmerich*, KartellR, 17 Rn. 11 ff.

4 Fehlt es an einem Vollfunktionsgemeinschaftsunternehmen, so greift nach europäischem Recht allein Art. 101 AEUV ein.

dung des Gemeinschaftsunternehmens U auf Dauer angelegt, und es erfüllt auch die Funktionen einer selbständigen wirtschaftlichen Einheit. Dass diese Einheit in einen Konzerntatbestand eingebettet ist, ist unproblematisch für den Begriff der Selbständigkeit in diesem Sinne. U wird von B und S gemeinsam kontrolliert, weil weder B noch S allein, sondern nur beide zusammen strategische Entscheidungen für U fällen können.

### 2. Gemeinschaftsweite Bedeutung

Dass die Voraussetzungen der gemeinschaftsweiten Bedeutung im Sinne von Art. 1 II **549** EG-FKVO hinsichtlich der **Umsätze** gegeben sind, ergibt sich unmittelbar aus dem Sachverhalt.

### 3. Verfahrensverlauf

Die erfolgte Einleitung eines Verfahrens setzte gemäß Art. 6 I lit. c EG-FKVO weiter **550** voraus, dass Anlass zu ernsthaften Bedenken hinsichtlich der Vereinbarkeit mit dem Binnenmarkt bestehen. Man spricht vom **Hauptprüfverfahren**, das die Kommission dann grundsätzlich binnen 90 Arbeitstagen zu einem Abschluss bringen muss[5].

## II. Eingreiftatbestand

Nach **Art. 2 II und III EG-FKVO** sind Zusammenschlüsse, durch die wirksamer Wett- **551** bewerb im Gemeinsamen Markt (heute: auf dem Binnenmarkt) oder einem wesentlichen Teil desselben nicht erheblich behindert würde, insbesondere durch Begründung oder Verstärkung einer beherrschenden Stellung, für vereinbar mit dem Gemeinsamen Markt zu erklären; wird hingegen insoweit wirksamer Wettbewerb erheblich behindert, ist der Zusammenschluss für mit dem Gemeinsamen Markt unvereinbar zu erklären und zu verbieten. Entsprechendes gilt, falls bei dem Zusammenschluss durch den Gruppeneffekt ein Verstoß gegen Art. 101 AEUV erfolgt (vgl. Art. 2 IV EG-FKVO).

### 1. Relevanter Markt

Die Fragen des Bestehens wirksamen Wettbewerbs wie auch einer beherrschenden Stel- **552** lung setzen zunächst gleichermaßen eine Klärung voraus, auf welchen **sachlichen und regionalen Märkte** wirksamer Wettbewerb behindert wird bzw. eine beherrschende Stellung existiert bzw. wo eine derartige Störung der Markverhältnisse vermutet werden muss. Für die entscheidende Frage, inwieweit U einen **durch den Wettbewerb nicht hinreichend kontrollierte Spielraum** erlangen kann, die es ihm ermöglicht, sich seinen Wettbewerbern, seinen Abnehmern und letztlich den Verbrauchern gegenüber unabhängig zu verhalten[6], weil die Marktpartner dieses Unternehmens nicht auf andere Anbieter ausweichen können, gilt es also zunächst, den relevanten Markt zu bestimmen. Insoweit gilt das Bedarfsmarktkonzept. Es kommt insbesondere auf Art und Eigenschaften der betreffenden Waren bzw. Dienstleistungen, Zutrittsschranken, Verbrauchergewohn-

5 Art. 10 III EG-FKVO; vgl. näher *Emmerich*, KartellR, § 18 Rn. 15.

6 Vgl. EuGH Slg. 1978, S. 207 Rn. 65 – United Brands/Kommission, zum Missbrauch einer beherrschenden Stellung; es besteht im Grundsatz Konsens, dass der Begriff der beherrschenden Stellung einheitlich zu verstehen ist.

heiten und Marktanteile an (vgl. Art. 9 VII EG-FKVO). Insoweit ergibt sich zum relevanten Markt folgendes[7]:

### 2. Sachlich

553 Es existieren **getrennte sachliche Märkte für den Rotationsdruck** von Zeitschriften einerseits und für Werbebeilagen und Kataloge andererseits. Für den sachlichen Markt für den Rotationsdruck von **Zeitschriften** besteht regional ein eigenständiger **deutscher Markt**. Für den sachlichen Markt für den Rotationsdruck von **Katalogen und Werbebeilagen** hingegen besteht ein regionaler Markt, der neben Deutschland **auch** dessen **Nachbarländer** erfasst. – Hinsichtlich des Marktes für die **Herausgabe** von Zeitschriften sind Marktanteile nicht bekannt, und es ist auch nicht erkennbar, dass insoweit durch die Gründung von U eine beherrschende Stellung auf diesem Markt entstände bzw. wirksamer Wettbewerb auf diesem Markt strukturell wesentlich behindert würde; die Frage, ob durch die Gründung des Gemeinschaftsunternehmens U zugleich eine nach Art. 101 AEUV verbotene Verhaltensabstimmung erfolgt, ist daher unten gesondert anzusprechen.

### 3. Regional

554 Auf dem regional weiteren Markt betreffend **Kataloge und Werbebeilagen** hatte U mit 25 %–30 % Marktanteil eine Stellung, die vor allem vor dem Hintergrund der nächsten drei Wettbewerber mit je 10 %–15 % Marktanteil als nicht problematisch anzusehen wäre[8]. Hier droht keine erhebliche Behinderung wirksamen Wettbewerbs.

### 4. Marktstellung von U

555 Auf dem Markt für den Rotationsdruck von **Zeitschriften** in Deutschland besaßen B 35 % und S 15 % Marktanteil und besäße U folglich fast 50 % Marktanteile, und außer einem etwa halb so großen Wettbewerber fehlen Konkurrenten vergleichbarer Größe. Dies deutet zunächst auf eine Beeinträchtigung wirksamen Wettbewerbs bzw. auf das Erlangen einer beherrschenden Stellung durch den Zusammenschluss hin[9]. Allerdings ist nicht allein auf die Marktanteile abzustellen, sondern es kommt letztlich darauf an, ob ein vom Wettbewerb nicht hinreichend kontrollierter Verhaltensspielraum eröffnet wird, worauf schon der Wortlaut des Art. 2 III EG-FKVO hindeutet. Man spricht vom SIEC-Test (**S**ignificant **I**mpediment to **E**ffective **C**ompetition = Art. 2 III EG-FKVO), bei dem von der Kommission zunehmend ökonometrische Maßstäbe herangezogen werden[10].

Wie im Sachverhalt geschildert, können **freie Kapazitäten der Wettbewerber** von diesen nutzbringend verfügbar gemacht werden, wobei primär Anbieter in Deutschland,

7 Vgl. zum sog. SSNIP-Test Bekanntmachung der Kommission über die Definition des relevanten Marktes, ABl C 372 vom 9.12.1997, S. 5 Rn. 15 ff. sowie bereits oben Fall 13.

8 Vgl. auch *Kommission*, Mitteilung 2009 zu den Prioritäten Art. 82, ABl. C 45 vom 24.2.2009, S. 7 Rn. 14, wonach weniger als 40 % Marktanteil in der Regel unbedenklich sind.

9 Vgl. insbesondere die Leitlinien zur Bewertung horizontaler Zusammenschlüsse, ABl. C 31. vom 5.2.2004, S. 5 Rn. 17.

10 Zum sog. Hirschmann-Index vgl. Leitlinien a.a.O. Rn. 16.

aber auch grenznahe Anbieter in Betracht gezogen werden könnten. Dies spricht nach Auffassung der Kommission entscheidend gegen das Entstehen oder die Verstärkung einer beherrschenden Stellung bzw. die erhebliche Behinderung wirksamen Wettbewerbs[11]. Im Ergebnis folgt aus den vorhandenen Kapazitäten der Wettbewerber, dass die Kunden von U auch bei versuchten Preiserhöhungen von U nicht geschädigt werden könnten. Weil überdies auch noch potentieller Wettbewerb besteht, ist der Tatbestand des Art. 2 III EG-FKVO letztlich nicht gegeben[12].

### 5. Art. 101 AEUV

Auch bei einem Vollfunktionsgemeinschaftsunternehmen, das einen Unternehmenszusammenschluss im Sinne von Art. 3 EG-FKVO Nr. 139/2004 darstellt, kann sich aus der Zusammenarbeit der Mütter des Gemeinschaftsunternehmens ein **Gruppeneffekt** im Sinne einer nach Art. 101 AEUV verbotenen Verhaltensabstimmung zeigen. Art. 101 AEUV ist dann insoweit anwendbar (Art. 2 IV EG-FKVO). Doch ergeben sich **verfahrensmäßige Besonderheiten** in dem Sinne, dass in diesem Fall nicht die EG-KartVerfVO Nr. 1/2003, sondern umfassend die EG-FKVO Nr. 139/2004 angewandt wird[13]. Im konkreten Fall ist für einen derartigen Gruppeneffekt schon wegen des geringen Druckkostenanteils an den Gesamtkosten der Zeitschrift nichts dargetan[14]. 556

### III. Ergebnis

Die Kommission wird das Zusammenschlussvorhaben nach Art. 8 I EGFKVO für mit dem Gemeinsamen Markt vereinbar erklären (so auch Ausgangsfall).

## Frage 3:

### I. Aufgreiftatbestand

Unter der Voraussetzung der Verweisung der Kommission an das BKartA gemäß Art. 9 III lit. b EG-FKVO:

### 1. Zusammenschluss

Die Gründung des Gemeinschaftsunternehmens U stellt einen Zusammenschlusstatbestand im Sinne eines **gemeinsamen Kontrollerwerbs** gemäß § 37 I Nr. 2 GWB und als Anteilserwerbs gemäß Nr. 3 lit. a (zwischen B und U) bzw. Nr. 3 lit. b (zwischen S und U) GWB dar. Nach § 37 I Nr. 3 S. 3 GWB gilt dies zugleich hinsichtlich der Märkte, auf denen U tätig ist, also auf dem Markt für Rotationstiefdruckarbeiten für Zeitschriften, Kataloge und Werbebeilagen, als Zusammenschluss von B und S; die diesbezügliche **Fiktion einer Teilfusion der Mütter B und S** ist hier ohne eigenständige Bedeutung, 557

11 Leitlinien a.a.O. Rn. 33.
12 Ebenso Ausgangsfall Rn. 20 ff.
13 So deren Art. 2 IV, V, 21 I; näher dazu *Emmerich*, KartellR § 17, Rn. 17 ff.
14 So auch Ausgangsfall Rn. 28.

weil B und S auf diesem Markt für Rotationstiefdruckarbeiten künftig nicht mehr tätig sind.

### 2. Sonstige Voraussetzungen von § 35 GWB

Hinsichtlich der Voraussetzungen des § 35 GWB im Übrigen bestehen keine Zweifel.

## II. Eingreiftatbestand § 36 I GWB

Vor der 8. GWB-Novelle war nach deutschem Recht ein Zusammenschluss grundsätzlich zu untersagen, wenn von ihm zu erwarten war, dass er eine **marktbeherrschende Stellung begründet oder verstärkt**. Das Kriterium der wesentlichen Beeinträchtigung wirksamen Wettbewerbs war entgegen der Regelung der EG-FKVO nach dem GWB nicht maßgebend. Letztlich ist heute beides verändert.

558 **Marktbeherrschung** ist heute nach § 18 I GWB dadurch definiert, dass ein Unternehmen auf einem bestimmten Markt entweder ohne Wettbewerber ist bzw. keinem wesentlichen Wettbewerb ausgesetzt ist oder dass es eine gegenüber seinen Wettbewerbern überragende Marktstellung besitzt. Wichtig sind insoweit – wie auch nach EG-FKVO – Marktanteil und relativer Abstand zu den nächsten Wettbewerbern. Nach § 18 IV GWB wird vermutet, dass ein Unternehmen mit mindestens 40 % Marktanteil marktbeherrschend ist. Gleichwohl führt das noch nicht ohne weiteres zur Bejahung einer Marktbeherrschung bei U; denn diese **„Vermutung"** greift nur dann ein, wenn das BKartA weder das Vorhandensein noch das Fehlen von Marktbeherrschung beweisen kann[15]. Gleichwohl könnte B mit seinem Marktanteil von 35 % beim Rotationsdruck von Zeitschriften schon eine marktbeherrschende Stellung hatte, die verstärkt werden konnte. Durch die Gründung des Gemeinschaftsunternehmens U könnte aber aufgrund der Vermutung vor allem der Nachweis der drohenden **Begründung** einer marktbeherrschenden Stellung erleichtert werden. Es kommt auch hier wieder darauf an, ob die vorhandenen Kapazitäten der Wettbewerber die beherrschende Stellung ausschließen; doch sind die Leitlinien der Kommission für das BKartA nicht verbindlich. Vor dem Hintergrund der bisher eher strengen Praxis des BKartA und der Judikatur[16] wäre es denkbar, dass das BKartA hier die Kapazitätsreserven der Konkurrenz geringer gewichtet und die Begründung einer marktbeherrschenden Stellung durch das Gemeinschaftsunternehmen U bejaht.

Vor der 8. GWB-Novelle reichte nach *§ 19 III 1 GWB a.F.* für die Vermutung der Marktbeherrschung durch U bereits ein Marktanteil von einem Drittel. Insofern lag damals die Bejahung der Marktbeherrschung seitens des BKartA noch näher als nach dem heute geltenden Recht.

559 Freilich hat die 8. GWB-Novelle mit **§ 36 I 1 GWB** nunmehr auch das materiell-rechtliche Kriterium für das Verbot des Zusammenschlusses dem europäischen Recht **(Art. 2 III FKVO Nr. 139/2004) angepasst.** Insofern ist eher davon auszugehen, dass das BKartA

15 Vgl. *Emmerich*, KartellR § 34 Rn. 14.
16 Hierzu *Emmerich*, KartellR § 34 Rn. 15–36.

nach dem heute geltenden Recht zum selben Ergebnis kommen würde wie die Europäische Kommission und das Gemeinschaftsunternehmen U akzeptieren würde.

### III. Kartellverstoß?

#### 1. § 1 GWB bei Gemeinschaftsunternehmen

Die Gründung eines Gemeinschaftsunternehmens kann auch nach § 1 GWB unzulässig 560
sein, und zwar dann, wenn es mit einer Beschränkung des Wettbewerbs verbunden ist, die über die strukturelle Veränderung der Marktverhältnisse durch das neue Unternehmen hinaus reicht. Das kann bei kooperativen Gemeinschaftsunternehmen der Fall sein, etwa bei bloßen Verkaufssyndikaten, die ein Gemeinschaftsunternehmen nur zur Durchführung von Kartellabsprachen einsetzen. Aber auch konzentrative Gemeinschaftsunternehmen, selbst **Vollfunktionsgemeinschaftsunternehmen** können betroffen sein, falls sich die **Mütter** nicht von dem Markt, auf dem das Gemeinschaftsunternehmen tätig ist, vollständig zurück ziehen, sondern weiterhin auf dem gleichen sachlichen und räumlichen Markt wie das Gemeinschaftsunternehmen **tätig bleiben**[17]; dann wäre § 1 GWB näher zu prüfen (bei Anwendung der EG-FKVO käme deren Art. 2 IV zum Zuge). Im vorliegenden Fall wollen B und S nach der Gründung von U eigenständige Rotationsdruckereien nicht mehr betreiben, so dass sie auf dem entsprechenden Markt nicht mehr präsent sind. § 1 GWB greift daher nicht ein. Anhaltspunkte für einen sonstigen Verstoß gegen § 1 GWB sind nicht vorhanden.

#### 2. Vorrang für EU-Recht

An Art. 3 II 1 EG-KartVerfVO würde die Anwendung des § 1 GWB hier hingegen nicht 561
scheitern. Wenn die Kommission das Verfahren an das BKartA abgegeben hätte, hätte sie auch nicht über Art. 101 AEUV entscheiden können, da für den hier vorliegenden Unternehmenszusammenschluss nach Art. 21 I EG-FKVO die **EG-KartVerfVO Nr. 1/2003 unanwendbar** ist und aufgrund der Verweisung nationales Recht anzuwenden wäre.

## Frage 4:

Nach Art. 263 IV AEUV kann Klage gegen Entscheidungen der Kommission auch von 562
Dritten erhoben werden, an die die Entscheidungen nicht gerichtet sind, falls diese Entscheidungen sie „unmittelbar und individuell betreffen". Darauf kann sich gegebenenfalls auch ein Wettbewerber berufen, der von der **Freigabe** eines Zusammenschlusses **betroffen** ist[18]. Der EuGH weist u.a. darauf hin, dass Dritte Beweise rechtzeitig einbringen müssen. Im konkreten Fall hätte der Wettbewerber wohl kaum Chancen gehabt, gegen die Kommission erfolgreich vorzugehen.

17 BGHZ 147, 325 Rn. 34 – Ost-Fleisch.

18 EuG Slg. 2006, S. II-2289 – Impala; allerdings aufgehoben durch EuGH vom 10.7.2008, WuW/E EU-R 1498 – Sony/BMG; dazu *Hirsbrunner/Köckritz*, EuZW 2008, 591.

## Wiederholung und Vertiefung

563 1. Im Falle nationaler „gesonderter Märkte" kann trotz Bejahung des Aufgreiftatbestandes der EG-FKVO Nr. 139/2004 die nationale Fusionskontrolle in Betracht kommen.

564 2. Vollfunktionsgemeinschaftsunternehmen, die den Aufgreiftatbestand der EG-FKVO erfüllen, sind auch hinsichtlich eines eventuellen Kartellverstoßes allein nach der EG-FKVO zu beurteilen, in deren Rahmen Art. 101 AEUV anwendbar ist. Andere Gemeinschaftsunternehmen unterliegen nur dem Kartellverbot.

565 3. Für ein eventuelles Fusionsverbot ist stets zunächst der relevante Markt in sachlicher und räumlicher Hinsicht zu bestimmen. Grundsätzlich gilt das Bedarfsmarktkonzept aus der Sicht der Marktgegenseite; der sog. SSNIP-Test erlaubt die Heranziehung ökonometrischer Methoden zur Bestimmung des relevanten Marktes.

566 4. Für das Verbotskriterium des Art. 2 III EG-FKVO kommt es auf die erhebliche Behinderung wirksamen Wettbewerbs mindestens auf einem wesentlichen Teil des Gemeinsamen Marktes an. Ein Marktanteil über 40 % und insbesondere nahe 50 % ist ein Indiz für Marktbeherrschung, aber nicht allein maßgebend. Die Relation zu anderen Wettbewerbern, der Zugang zum Markt sowie freie Kapazitäten spielen im Rahmen des zunehmend von ökonometrischen Kriterien geprägten sog. SIEC-Tests eine wichtige Rolle.

567 5. Das Verbotskriterium des § 36 I GWB unterscheidet sich seit der 8. GWB-Novelle nicht mehr von dem des Art. 2 III EGFKVO. Demzufolge gelten heute grundsätzlich gleiche Maßstäbe. Die Leitlinien der Kommission sind zwar nicht direkt anwendbar. Grundsätzlich wird man aber künftig bei der Fusionskontrolle nach GWB die gleichen Maßstäbe anzuwenden haben wie nach dem europäischen Recht.

568 6. Neben der Fusionskontrolle ist nach deutschem Recht die Anwendung des § 1 GWB stets möglich. Die Rspr. sieht einen Kartellverstoß vor allem dort, wo nach Gründung eines Gemeinschaftsunternehmens die Mütter auf dem Markt der Tochter tätig bleiben.

569 7. Ein von der EU-Kommission frei gegebener Zusammenschluss kann von betroffenen Wettbewerbern unter bestimmten Umständen gerichtlich angegriffen werden.

**Ausgangsfall**

Kommission, Entscheidung v. 3.5.2005, ABl. L 61 vom 2.3.2006 S. 17 – Bertelsmann/Springer/GU

vgl. weiter: Kommission, Leitlinien für horizontale Zusammenschlüsse, ABl. C 31 vom 5.2.2004, S. 5

Kommission, Bekanntmachung über die Definition des relevanten Marktes, ABl. C 372 vom 9.12.1997

vgl. neuerdings auch Handbuch der Kommission: EU Competition law, Rules applicable to Merger Control, Stand 14 July 2009; abrufbar im Netz

Fall 17

# Software-Beschaffung durch Landkreis

*Klausur 5 Std. (eventuell häusliche Arbeit)*

Landkreis **G**, eine Gebietskörperschaft in Niedersachsen, möchte 2013 wegen neuer Aufgaben eine verbesserte Software im Rahmen seines Datenverarbeitungssystems einsetzen. G ist Gesellschafter der **KDS**-BGBG, einer aus 49 kommunalen Gebietskörperschaften bestehenden Gesellschaft zum Betrieb einer kommunalen Datenverarbeitungszentrale, deren Tätigkeit den Betrieb von Rechenzentren, die Softwareeinführung, die Planung, Installation und Administration lokaler Netzwerke sowie die Beschaffung, den Verkauf und die Vermietung von IT-Produkten umfasst. G ließ sich Software der Fa. **P** vorführen und informierte dann die KDS, dass sie diese Software einführen möchte. Die KDS, die ihrerseits wegen des gleichzeitigen Interesses eines anderen Landkreises Nutzungsrechte an dieser Software von P erwerben wollte (geschätzter Gesamtpreis 250 000 Euro), unterbreitete der G daraufhin ein Angebot über die Nutzung der Software der P, die Softwarepflege, Bereitstellung der technischen Infrastruktur, Installation, systemtechnische Administration und Betreuung für die Dauer von 4 Jahren zum Preis von 480 000 Euro. **570**

Da die dynamische und generell preisaktive Fa. **A** in jüngerer Zeit mehrfach G und der KDS gegenüber ihr Interesse an einer Lieferung und Betreuung von Software der von G gewünschten Art geäußert hatte, wird der in der Kreisverwaltung G tätige M gebeten, vorsorglich zu überlegen, ob man das als günstig eingeschätzte Angebot der KDS annehmen könne oder ob es insoweit Bedenken aus dem Blickwinkel des Vergaberechts gibt. Dabei meinte der Landrat, aus seiner Sicht sei das Geschäft mit der KDS nach Sinn und Zweck der gesetzlichen Regelung und im Einklang mit den Grundsätzen der sog. *Teckal*-Entscheidung des EuGH von 1999 als In-House-Geschäft von der Beachtung der Vorschriften des Vergaberechts befreit.

M werden Unterlagen darüber zugänglich gemacht, dass die Gebietskörperschaften als Gesellschafter die vollständige Kontrolle über die KDS haben und dass der Gesellschaftsvertrag der KDS eine Gewinnerzielungsabsicht ausschließt, allerdings eine Tätigkeit für Nichtgesellschafter ausdrücklich zulässt; der letztgenannte Tätigkeitsbereich deckt etwa 25 % des Gesamtumsatzes der KDS und damit etwa 1 Mio. Euro jährlich ab[1].

**Fragen:**

I. Ist G nach heute geltendem Recht zur Beachtung des Kartell-Vergaberechts verpflichtet?
II. Ist die KDS bei ihrem Vertrag mit P zur Beachtung des Kartell-Vergaberechts verpflichtet?
III. Welche Konsequenzen drohen G, falls durch G gegen das Kartell-Vergaberecht verstoßen wird?

1 Insbesondere die genannten Zahlen weichen bewusst von denen der Ausgangsfälle ab.

IV. Unterstellen Sie, dass das Kartell-Vergaberecht anzuwenden ist. In welcher Art sollte die Vergabe durch **G** durchgeführt werden? Sollte die Vergabe in Teil- oder Fachlosen erfolgen? Ergeben sich Besonderheiten bei der Bekanntmachung?

**Hinweise:**

1. Der Schwellenwert nach § 100 I GWB liegt für Liefer und Dienstleistungsaufträge derzeit bei 200 000 Euro (§ 2 Nr. 2 Vergabeverordnung – VgV).
2. Leitsatz 2 Abs. 1 der oben genannten *Teckal*-Entscheidung des EuGH (C-107/98) lautet wie folgt:

   *Die Richtlinie 93/36 über die Koordinierung der Verfahren zur Vergabe öffentlicher Lieferaufträge ist anwendbar, wenn ein öffentlicher Auftraggeber wie etwa eine Gebietskörperschaft beabsichtigt, einen schriftlichen entgeltlichen Vertrag über die Lieferung von Waren mit einer Einrichtung zu schließen, die sich formal von ihm unterscheidet und die ihm gegenüber eigene Entscheidungsgewalt besitzt. Dies ist nicht der Fall, wenn die Gebietskörperschaft über die rechtlich von ihr verschiedene Person eine Kontrolle ausübt wie über ihre eigenen Dienststellen und wenn diese Person ihre Tätigkeit im wesentlichen für die Gebietskörperschaft oder die Gebietskörperschaften verrichtet, die ihre Anteile innehaben. Ob die fragliche Einrichtung selbst ein öffentlicher Auftraggeber ist, ist für die Anwendung der Richtlinie 93/36 unerheblich.*
3. Anstelle der *Richtlinie 93/36* gilt heute die Vergabekoordinationsrichtlinie Nr. 2004/18/EG, für die die *Teckal*-Entscheidung nach wie vor Gültigkeit besitzt. Diese Richtlinie ist u.a. Grundlage der heutigen Fassung der §§ 97 ff. GWB.

# Gliederung

**I. Ist G nach heute geltendem Recht zur Beachtung des Kartell-Vergaberechts verpflichtet?** 571

1. Öffentliche Auftraggeber und öffentlicher Auftrag
2. Schwellenwert und Ausnahmen
3. In-House-Vergabe?
   a) *Teckal*-Entscheidung
   b) Kontrolle wie über eine eigene Dienststelle und Wesentlichkeit
   c) Insbesondere Fremdumsatz
4. Ergebnis

**II. Ist die KDS bei ihrem Vertrag mit P zur Beachtung des Kartell-Vergaberechts verpflichtet?**

1. Öffentlicher Auftraggeber
   a) Juristische Person?
   b) Gründungszweck
2. Öffentlicher Auftrag und Ergebnis

**III. Welche Konsequenzen drohen G, falls durch G gegen das Kartell-Vergaberecht verstoßen wird?**

1. Ein erster Blick
2. Wirksam erteilter Zuschlag bei de-facto-Vergabe?
3. Antrag A
4. Vergabeverfahren und Ergebnis

**IV. Unterstellen Sie, dass das Kartell-Vergaberecht anzuwenden ist. In welcher Art sollte die Vergabe durch G durchgeführt werden? Sollte die Vergabe in Teil- oder Fachlosen erfolgen? Ergeben sich Besonderheiten bei der Bekanntmachung?**

1. Vergabeart
2. Teil- oder Fachlose
3. Bekanntmachung

# Lösungsvorschlag

## I. Ist G nach heute geltendem Recht zur Beachtung des Kartell-Vergaberechts verpflichtet?

572 Nach den §§ 97, 101 I, II, VII GWB ist die Vergabe öffentlicher Aufträge grundsätzlich im Wege des sog. offenen Verfahrens auszuschreiben. Gegebenenfalls könnte G nicht einfach die KDS beauftragen, sondern müsste hinsichtlich des diesbezüglichen Auftrags eine öffentliche Ausschreibung vornehmen und von deren Ergebnis die Auftragsvergabe abhängig machen.

### 1. Öffentliche Auftraggeber und öffentlicher Auftrag

Voraussetzung für die Anwendung dieser Bestimmungen im konkreten Fall ist zunächst, dass der Landkreis G zu den **öffentlichen Auftraggebern** gehört. Dieser Punkt ist nach § 98 Nr. 1 GWB ohne weiteres zu bejahen. Weitere Voraussetzung ist ein öffentlicher Auftrag. **Öffentlicher Aufträge** sind nach § 99 I GWB entgeltliche Verträge von öffentlichen Auftraggebern mit Unternehmen über die Beschaffung von Leistungen, die u.a. Liefer- und/oder Dienstleistungen zum Gegenstand haben. Die KDS-BGBG müsste mithin als Unternehmen anzusehen sein. Nach dem im Kartellrecht allgemein geltenden funktionalen Unternehmensbegriff ist dies für die KDS-BGBG, die Leistungen für ihre Gesellschafter, aber auch für Dritte erbringt, ebenfalls ohne weiteres anzunehmen. Es geht um einen Vertragsschluss der G mit der KDS hinsichtlich des Erwerbs von Nutzungsrechten an Software und diverse damit verbundenen Dienstleistungen. Auch dem Erfordernis der Entgeltlichkeit ist Rechnung getragen. Für die Installation und die 4-jährige Betreuung soll der G 480 000 Euro zahlen. Dass die KDS ihrerseits sich das Nutzungsrecht erst noch beschaffen muss, ist insoweit irrelevant. Ob es sich insgesamt um einen Lieferauftrag oder einen Dienstleistungsauftrag handelt (vgl. § 99 VII GWB) handelt, kann hier offen bleiben.

### 2. Schwellenwert und Ausnahmen

573 Der Anwendungsbereich der §§ 97 ff. GWB gilt nach § 100 I GWB nur für solche Aufträge, die die Auftragswerte **(Schwellenwerte)** erreichen oder überschreiten, die durch Rechtsverordnung nach § 127 GWB festgelegt sind. Da der Auftragswert hier mit 480 000 Euro klar über dem Schwellenwert von 200 000 Euro liegt, der sich aus der der auf Grund von § 127 GWB erlassenen Vergabeverordnung (VgV) nach deren § 2 ergibt[2], ist dieser Anwendungsbereich eröffnet.

Ausnahmen nach § 100 II GWB sind nicht zu erkennen.

### 3. In-House-Vergabe?

574 Im konkreten Fall will G den Auftrag an ein Unternehmen (KDS) vergeben, dessen Gesellschafter er ist und über das vor allem er mit weiteren 48 Gebietskörperschaften ins-

2 Die Schwellenwerte ergeben sich letztlich aus Art. 7, 78 der RL 2004/18/EG, die von der EU-Kommission alle 2 Jahre überprüft und gegebenenfalls neu festgesetzt werden.

gesamt als Gesellschafter die vollständige Kontrolle hat. Es fragt sich, ob nicht nach Sinn und Zweck des Vergaberechts deshalb die Anwendung der Vergaberechtsvorschriften bei einer derartigen **In-House-Vergabe** überflüssig ist, weil ein Güter- und Leistungsaustausch allein zwischen staatlichen Akteuren stattfindet, der sich außerhalb der Marktverhältnisse abspielt und auf diese keinen Einfluss hat. Es gilt dabei freilich zu bedenken, dass der Gesellschaftsvertrag der KDS ausdrücklich eine Tätigkeit für Nicht-Gesellschafter zulässt und dass dieser Tätigkeitsbereich immerhin etwa 25 % des Gesamtumsatzes der KDS und damit etwa 1 Mio. Euro jährlich abdeckt.

### a) *Teckal*-Entscheidung

Nach der ***Teckal*-Entscheidung** des EuGH (C-107/98) bleibt das Vergaberecht anwendbar, wenn sich der Auftragnehmer zwar formal vom öffentlichen Auftraggeber unterscheidet, aber ihm gegenüber eigene Entscheidungsgewalt besitzt. Dagegen soll die unmittelbare Vergabe ohne Ausschreibung dann zulässig sein, wenn die Gebietskörperschaft als Auftraggeber über die rechtlich von ihr verschiedene Person des Auftragnehmers eine Kontrolle ausübt wie über ihre eigenen Dienststellen und wenn der Auftragnehmer seine Tätigkeit im Wesentlichen für die Gebietskörperschaft oder die Gebietskörperschaften verrichtet, die ihre Anteile innehaben. Das Vergaberecht soll sich nämlich nicht in die innerstaatliche Organisation einmischen, so dass es darauf ankommt, ob der Auftragnehmer bei wertender Betrachtung noch dem öffentlichen Auftraggeber zuzurechnen ist[3]. In erstgenannter Hinsicht spricht man von einem **Kontrollkriterium**, in letztgenannter Hinsicht von einem **Wesentlichkeitskriterium**[4]. 575

### b) Kontrolle wie über eine eigene Dienststelle und Wesentlichkeit

Geht man davon aus, dass es nicht schadet, wenn die Kontrolle nicht durch einen Landkreis, sondern eine Mehrzahl von Landkreisen erfolgt[5], so sind die Voraussetzungen der **Kontrolle wie über eine eigene Dienststelle** gegeben; denn insbesondere sind privatrechtlich organisierte Unternehmen[6] an der KDS nicht beteiligt. Zweifel bestehen an der Erfüllung der Voraussetzungen des **Wesentlichkeitskriteriums**. Dieses Kriterium nach der *Teckal*-Rechtsprechung soll sicherstellen, dass ein von der Ausschreibungspflicht befreites öffentliches Unternehmen nicht in wesentlichem Umfang am Markt tätig ist, dort mit anderen Unternehmen in Wettbewerb treten kann und ohne Ausschreibung Aufträge erhält, die an sich ausschreibungspflichtig wären. Die hierdurch drohende Verfälschung des Wettbewerbs soll unterbunden bleiben[7]. Es fragt sich, wie es in dieser Hinsicht zu werten ist, dass der KDS eine Tätigkeit für Nichtgesellschafter ausdrücklich erlaubt ist und diese etwa 25 % des Gesamtumsatzes und jährlich etwa 1 Mio. Euro ausmacht. 576

---

3 *Zeiss*, in: jurisPK-VergR, 4. Aufl. 2013, § 99 GWB Rn. 176, 177.

4 *Summa*, in: jurisPK-VergR, 4. Aufl. 2013, § 97 GWB Rn. 17; vgl. zum Stand der Judikatur beim In-House-Geschäft weiter *Bungenberg*, in: Loewenheim (Hrsg.), 2. Aufl. 2009, § 99 GWB Rn. 42 ff.; *Otting*, in: Bechtold, GWB, 6. Aufl. 2010, § 99 Rn. 27 ff.

5 Vgl. EuGH v. 19.4.2007 – C-295/05 – Slg 2007, I-2999-3065 – Empresas; auch LS 2 Abs. 1 der *Teckal*-Entscheidung deutet darauf bereits hin; wichtig ist dies vor allem für die kommunale Zusammenarbeit.

6 Wenn derartige Unternehmen wiederum von öffentlichen Auftraggebern kontrolliert würden, würde dies aber auch ein In-House-Geschäft noch nicht ausschließen; so *Summa* aaO. § 97 GWB Rn. 21, m.N.

7 OLG Celle im Ausgangsfall Az. 13 Verg 2/06 Rn. 14.

### c) Insbesondere Fremdumsatz

577 Während der EuGH einen **Fremdumsatz** von 10 % insoweit noch für In-House-unschädlich hielt[8], sahen deutsche Gerichte in einen Anteil von 7,5 % bereits eine wesentliche Tätigkeit für Dritte.[9] Nach der neueren Entwicklung sind möglicherweise noch höhere Anteile mit einer In-House-Vergabe vereinbar[10]. 25 % sind freilich nochmals weitaus höher und lassen bereits eine gewisse Marktausrichtung der KDS erkennen, die mehr darstellt als eine Art Nebenzweck; ihre marktbezogene Tätigkeit geht weit über das hinaus, was die gemeinsame[11] Erfüllung öffentlicher Aufgaben durch die Gemeindeverbände erfordert. Hiernach ist letztlich davon auszugehen, dass der geplante Vertragsschluss für den von G an die KDS zu vergebenden Auftrag nicht als In-House-Geschäft von der Einhaltung der Vergabevorschriften befreit ist.

### 4. Ergebnis

Die G ist daher zur Beachtung des Kartell-Vergaberechts verpflichtet.

## II. Ist die KDS bei ihrem Vertrag mit P zur Beachtung des Kartell-Vergaberechts verpflichtet?

### 1. Öffentlicher Auftraggeber

578 Wiederum geht es zunächst um die Eigenschaft als **öffentlicher Auftraggeber**, nunmehr für die KDS, die mit der Fa. P einen Vertrag über die Nutzung einer bestimmten Software schließen will. Die KDS ist weder Gebietskörperschaft noch Sondervermögen einer solchen gemäß § 98 Nr. 1 GWB. Vielmehr handelt es sich um eine von 49 kommunalen Gebietskörperschaften gegründete Gesellschaft bürgerlichen Rechts im Sinne der §§ 705 ff. BGB.

### a) Juristische Person?

579 Öffentlicher Auftraggeber könnte die KDS nur gemäß § 98 Nr. 2 GWB sein. Freilich spricht diese Vorschrift nur von **juristischen Personen** des öffentlichen und privaten Rechts. Die BGBG wird freilich bis heute vom BGH nicht als juristische Person angesehen, wenngleich die Rechtsfähigkeit zumindest der sog. Außen-BGBG anerkannt ist[12]. Nach Zweck und Funktion der Gesetzesnorm muss allerdings die Rechtsfähigkeit einer

---

8 EuGH v. 19.4.2007 - C-295/0 5 – VergabeR 2007, 487 Rn. 55, 63; *Summa* aaO Rn. 26.

9 OLG Celle im Ausgangsfall Az. 13 Verg 2/06 Rn. 15 (wie bereits erwähnt, sind die Umsatzzahlen im Sachverhalt gegenüber dem Ausgangsfall verändert); strenger noch das OLG Düsseldorf WuW/E Verg 1005 in einem Beschluss von 2004, wonach eine nahezu ausschließliche Tätigkeit für den öffentlichen Auftraggeber für die Annahme eines In-House-Geschäfts erforderlich ist.

10 Näher hierzu *Zeiss* aaO § 99 GWB Rn. 213 f.

11 EuGH v. 13.6.2013 (C-386/11) – *Piepenbrock/Düren* – macht dies zur entscheidenden Voraussetzung für die vergaberechtsfreie In-House –Vergabe im Rahmen der kommunalen Zusammenarbeit und lässt die Zulässigkeit der In-House-Vergabe folglich daran scheitern, wenn etwa eine Kommune die andere lediglich mit der Durchführung von Aufgaben beauftragt,

12 Grundlegend BGHZ 146, 341, aaO Rn. 5 zur juristischen Person, freilich ohne jede Begründung; eingehende Nachweise bei *Bergmann*, in: jurisPK-BGB, 6. Auf. 2013, § 705 Rn. 43, zur Kritik hinsichtlich der Verneinung der juristischen Person aaO. Rn. 47.

BGBG für die Anerkennung als öffentlicher Auftraggeber trotz des entgegen stehenden Wortlautes von § 98 Nr. 2 GWB genügen. Als rechtsfähige BGB-Gesellschaft kann sie im eigenen Namen Verträge schließen und wird insoweit berechtigt und verpflichtet und kann demzufolge auch als öffentlicher Auftraggeber fungieren. Soweit die weiteren Voraussetzungen von § 98 Nr. 2 GWB gegeben sind, gibt es keinerlei Sinn, sie vergaberechtlich sozusagen zu privilegieren. Es entspricht daher auch einhelliger Meinung, dass die Eigenschaft als öffentlicher Auftraggeber an der fehlenden Eigenschaft als juristische Person nicht scheitern kann[13].

### b) Gründungszweck

Folglich ist gemäß § 98 Nr. 2 GWB weiter zu prüfen, ob die KDS zu dem besonderen **580**
Zweck gegründet wurde, im Allgemeininteresse liegende Aufgaben nichtgewerblicher Art zu erfüllen. Da die KDS zum Betrieb einer kommunalen Datenverarbeitungsanlage gegründet wurde und den Kommunen entsprechenden Service leisten soll, ist dies wohl grundsätzlich zu bejahen. Zweifel ergeben sich allerdings wegen der gemäß Gesellschaftsvertrag erlaubten und in nicht unbeträchtlichem Umfang stattfindenden Tätigkeit der KDS für Nichtgesellschafter. Handelt es sich bei der Tätigkeit der KDS noch um Aufgaben nichtgewerblicher Art? Nach dem **Zweck des Vergaberechts** soll dieses die **fehlende Abhängigkeit von den Bedingungen des Wettbewerbs substituieren**. Demzufolge kommt es darauf an, ob die Tätigkeit der KDS auch für Nichtgesellschafter die KDS unabhängig von den Bedingungen des Marktes bleiben lässt[14]. Diese Frage dürfte zu bejahen sein. Die KDS ist angesichts ihrer von ihren Gesellschaftern finanzierten Haupttätigkeit und des **Fehlens einer Gewinnerzielungsabsicht**[15] den Zwängen des Marktes nicht ausgeliefert. Und folgerichtig muss ihr diesbezüglicher vom Wettbewerb nicht kontrollierter Handlungsspielraum durch das Vergaberecht eingeschränkt werden. Da auch die weiteren Voraussetzungen von § 98 Nr. 2 GWB vorliegen, ist die **KDS öffentlicher Auftraggeber**[16].

## 2. Öffentlicher Auftrag und Ergebnis

Die Voraussetzungen eines öffentlichen Auftrags gemäß § 99 I, II GWB sind ohne wei- **581**
teres gegeben. Der Umfang des Auftrags liegt wiederum oberhalb des Schwellenwertes von 200 000 Euro. Eine Ausnahme von der Pflicht zur Anwendung des Vergaberechts ist nicht erkennbar. Die oben angesprochene In-House-Problematik spielt hier keine Rolle.

Folglich ist auch die KDS zur Beachtung des Kartell-Vergaberechts verpflichtet.

13 So im Ausgangsfall OLG Celle, Az.: 13 Verg 3/06, Rn. 11 m.N.

14 *Zeiss* in: jurisPK-VergR, 4. Aufl. 2013 § 98 GWB Rn. 115 unter Hinweis auf EuGH v. 22.5.2003 – C 18/01.

15 Vgl. insoweit wiederum *Zeiss*, in: jurisPK-VergR, 4. Aufl. 2013 § 98 GWB Rn. 115 unter Hinweis auf EuGH v. 22.5.2003 – C 18/01.

16 So auch OLG Celle im Ausgangsfall Az. 13 Verg 3/06, wobei allerdings von7, 5 % Drittumsatz ausgegangen wird.

## III. Welche Konsequenzen drohen G, falls durch G gegen das Kartell-Vergaberecht verstoßen wird?

### 1. Ein erster Blick

582 **Auf den ersten Blick** erscheinen die Konsequenzen einer Nichtbeachtung des Kartell-Vergaberechts nicht gravierend. Straf- oder ordnungsrechtliche Folgen drohen offenbar nicht.[17] Zwar sieht das Gesetz bei Mängeln des Vergabeverfahrens grundsätzlich nach den §§ 102 ff. GWB ein Nachprüfungsverfahren vor einer Vergabekammer vor; doch sagt § 114 II 1 GWB insoweit, dass ein wirksam erteilter Zuschlag nicht (durch die Vergabekammer) aufgehoben werden kann. Scheinbar lassen sich insoweit durch alsbaldigen Vertragsschluss durch G vollendete Tatsachen schaffen. Zwar sieht das Gesetz des Weiteren in § 126 GWB Ansprüche auf Ersatz eines Vertrauensschadens[18] vor. Ein Vertrauensschaden auf Seiten des A ist aber nicht erkennbar. Und für einen Anspruch des A auf Ersatz des positiven Interesses nach allgemeinen Vorschriften, etwa nach § 826 BGB, gibt es erst recht keine Anhaltspunkte, weil A kaum wird beweisen können, dass er bei einem korrekten Verfahren zum Zuge gekommen wäre.

### 2. Wirksam erteilter Zuschlag bei de-facto-Vergabe?

583 Bei genauerem Hinsehen stellt sich die Situation für G jedoch wesentlich schwieriger dar. Denn nach § 114 II 1 GWB kann nur ein **wirksam** erteilter Zuschlag nicht mehr aufgehoben werden. Nach § 101b I Nr. 2 GWB ist aber ein Vertrag, und damit auch ein erteilter Zuschlag, von Anfang an unwirksam[19], wenn der öffentliche Auftraggeber einen öffentlichen Auftrag unmittelbar an ein Unternehmen erteilt, ohne andere Unternehmen am Vergabeverfahren zu beteiligen (sog. **de facto-Vergabe**) und ohne dass dies aufgrund des Gesetzes gestattet ist. Vorausgesetzt wird freilich, dass der Verstoß gegen das Vergaberecht in einem Nachprüfungsverfahren nach § 101b II GWB festgestellt wird, wobei dies binnen 30 Kalendertagen ab Kenntnis des Verstoßes, jedoch spätestens 6 Monate nach Vertragsschluss geltend gemacht werden muss[20].

### 3. Antrag

584 A wäre insoweit nach § 107 II GWB antragsberechtigt, da er die Verletzung seiner Rechte aus § 97 VII GWB geltend machen kann. Nach § 107 III S. 2 GWB bedarf es in einem solchen Fall keiner vorherigen Rüge ab Kenntnis des Vergaberechtsmangels. G muss befürchten, dass A einen derartigen Antrag stellen würde, wenn er von dem Vertragsschluss mit G erfährt.

17 Zwar sieht § 298 StGB Freiheitsstrafen bei für wettbewerbsbeschränkende Absprachen bei Ausschreibungen vor; doch hierum geht es im vorliegenden Fall nicht; allgemein kommt auch Untreue (§ 266 StGB) in Betracht.

18 Vgl. weiter § 823 II BGB in Verbindung mit § 97 VII GWB; §§ 280, 311 II, 241 II BGB.

19 Es handelt sich um eine relative Unwirksamkeit, die nur im Rahmen des Vergabeverfahrens Bedeutung hat; vgl. *Zeiss*, in: jurisPK-VergR, 4. Aufl. 2013 § 101b GWB Rn. 36.

20 Zur früheren Rechtslage (Analogie zu *§ 13 S. 6 VgV a.F.*) vgl. *Otting*, in: Bechtold, GWB, 6. Aufl. 2010, § 101b Rn. 4.

### 4. Vergabeverfahren und Ergebnis

Im Rahmen des sich anschließenden Vergabeverfahrens gegen G vor der Vergabekammer (§§ 102 ff., 107 ff. GWB) dürfte die Vergabekammer feststellen, dass A in seinen Rechten nach § 97 VII GWB verletzt wurde (§ 114 I GWB); sie trifft nach dieser Vorschrift dann die geeigneten Maßnahmen, um die Rechtsverletzung zu beseitigen und eine Schädigung des A zu verhinder, und zwar durch Verwaltungsakt (§ 114 III GWB). **585**

Im Ausgangsfall des OLG Celle[21], in dem der Vertrag abgeschlossen worden war, wurde der Antragsgegner (G) verpflichtet, von ihm benötigte Softwarelösung nur auf der Grundlage eines rechtmäßigen europaweiten Vergabeverfahrens zu beschaffen; diesbezüglich bereits abgeschlossene Beschaffungsverträge wurden für nichtig erklärt.

## IV. Unterstellen Sie, dass das Kartell-Vergaberecht anzuwenden ist. In welcher Art sollte die Vergabe durch G durchgeführt werden? Sollte die Vergabe in Teil- oder Fachlosen erfolgen? Ergeben sich Besonderheiten bei der Bekanntmachung?

### 1. Vergabeart

Hinsichtlich der Vergabeart folgt aus § 101 I, II, VII GWB, dass die Vergabe öffentlicher Aufträge **grundsätzlich im offenen Verfahren auszuschreiben** sind, sofern nicht etwas anderes gesetzlich gestattet ist. **586**

Das sog. nicht offene Verfahren nach § 101 III GWB ist nur in begründeten Ausnahmefällen möglich, insbesondere wenn eine außergewöhnliche Eignung des Unternehmens erforderlich ist oder wenn das offene Verfahren einen unzumutbaren Aufwand verursachen würde (§ 3 EG VOL/A; s. unten Rn. 589). Beides ist hier nicht der Fall.

Eine Vergabe im sog. wettbewerblichen Dialog (§ 101 IV) scheidet aus, weil sie nur für besonders komplexe Aufträge in Betracht kommt (§ 101 IV GWB); um einen solchen handelt es sich hier nicht. Vielmehr geht es um eine routinemäßige angemessene Ausstattung und Einrichtung bzw. Verbesserung des Datenverarbeitungssystems eines Landkreises.

Das sog. Verhandlungsverfahren (§ 101 V GWB) kommt in Betracht, wenn Leistungsgegenstand und Leistungsbeschreibung noch nicht vollständig festgelegt sind, so dass beides erst im Zuge von sonst nicht zulässigen Nachverhandlungen bestimmt werden kann[22]. Die diesbezüglichen Voraussetzungen könnten hier eventuell vorliegen. In der Regel muss aber hier ein Teilnehmerwettbewerb vorausgehen[23], der letztlich nur eine besondere Art der Ausschreibung darstellt.

Angesichts des allgemeinen Vorrangs des offenen Verfahrens sollte G die Vergabe in diesem Verfahren mittels öffentlicher Ausschreibung vornehmen.

---

21 Az. 13 Verg 2/06.
22 So *Horn*, in: jurisPK-VergR, 4. Aufl. 2013, § 101 GWB Rn. 62.
23 *Horn* aaO. Rn. 66 ff.

### 2. Teil- oder Fachlose

587 Nach § 97 III 2 GWB sind zwecks Berücksichtigung mittelständischer Interessen Leistungen grundsätzlich in der Menge aufgeteilt **(Teilllose)** und getrennt nach Art oder Fachgebiet **(Fachlose)** zu vergeben. Eine Aufteilung nach Teillosen scheidet für die Vergabe durch G erkennbar aus[24]. Es stellt sich aber die Frage, ob die von G gewünschten Leistungen getrennt nach Art oder Fachgebiet als Fachlose auszuschreiben sind, weil hinsichtlich Erwerb der Nutzungsrechte einerseits und der sonstigen Leistungen (Softwarepflege, Bereitstellung der technischen Infrastruktur, Installation, systemtechnische Administration und Betreuung) andererseits durchaus verschiedenen Anbieter in Betracht kommen können. Letzteres zeigt sich gerade im vorliegenden Fall, in dem der Erwerb der Nutzungsrechte an der Software durch die KDS erst noch erfolgen muss. Nach dem Zweck des Gesetzes ist eine Vergabe in Fachlosen die Regel, während eine Gesamtvergabe nur ausnahmsweise in Betracht kommt[25]. Natürlich ist aber vor dem Hintergrund des Regel-Ausnahme Verhältnisses zunächst zu überlegen, welche Kriterien hinsichtlich der Vergabe in Fachlosen relevant sind. Da es letztlich um die Beschaffung von Leistungen durch den öffentlichen Auftraggeber geht und diese Leistungen am Markt beschafft werden, muss es zur Abgrenzung darauf ankommen, ob und inwieweit am Markt die spezifischen Leistungen angeboten werden, ob und inwieweit der öffentliche Auftraggeber die diesbezüglichen Marktverhältnisse mit vertretbarem Aufwand erkennen kann[26] und ob eine getrennte Vergabe im Hinblick auf zu erwartende Komplikationen wegen Systemzusammenhängen von Hard- und Software zumutbar ist[27].

Der vorliegende Fall ist dadurch gekennzeichnet, dass die KDS für ihr Angebot gegenüber G sich die dazu gehörenden Nutzungsrechte an der Software bei P erst noch beschaffen musste. Dies zeigt, dass die Aufteilung der Auftragsvergabe nach Softwareerwerb einerseits und den sonstigen Leistungen (insbesondere Dienstleistungen) andererseits durchaus in Betracht kam.

Demzufolge sollte die **Ausschreibung in Teillosen** erfolgen. Gegebenenfalls könnte dies im Ergebnis zum einem Vertragsschluss zwischen G und P einerseits und G und der KDS andererseits führen.

### 3. Bekanntmachung

588 § 14 II VgV besagt, dass bei **Bekanntmachungen** im Amtsblatt der EU die Auftraggeber zur Beschreibung des Auftragsgegenstandes ein bestimmtes einheitliches Vokabular zu verwenden haben. Dass eine Pflicht zur Bekanntmachung der Ausschreibung im Amtsblatt der EU besteht, wird hier nicht ausdrücklich angesprochen. Freilich bestimmt § 4 I, II Nr. 1 VgV, dass u.a. bei der Vergabe von Liefer- und Dienstleistungsaufträgen durch öffentliche Auftraggeber nach § 98 Nr. 1 GWB der zweite Abschnitt der VOL/A

---

24 Grundsätzlich ist die Alternative zur Ausschreibung in Teillosen aus dem Blickwinkel kleinerer Unternehmen die Bildung von Bietergemeinschaften, die, da sie Wettbewerb erst ermöglichen, kartellrechtlich zulässig sind.

25 OLG Düsseldorf VergabeR 2011, 718 ff. Rn. 20; *Summa*, in: jurisPK-VergR § 97 GWB Rn. 80 ff.

26 OLG Düsseldorf aaO Rn. 24.

27 OLG Düsseldorf ZfBR 2012, 608-610, juris Rn. 17.

gilt, und insoweit besagt § 15 II EG VOL/A[28], dass die Bekanntmachung unverzüglich dem Amt für amtliche Veröffentlichungen der EU zu übermitteln ist; damit ist die europaweite Bekanntmachung gewährleistet[29].

## Wiederholung und Vertiefung

1. Das in den §§ 97 ff. GWB geregelte Kartell-Vergaberecht gilt nur für die Vergabe öffentlicher Aufträge durch öffentliche Auftraggeber, wenn das Auftragsvolumen oberhalb der sog. Schwellenwerte liegt. Diese betragen derzeit für Liefer- und Dienstleistungsaufträge grundsätzlich 200 000 Euro, für Bauaufträge 5 Mio. Euro. **589**

2. Das Kartell-Vergaberecht hat heute seine allgemeinen Wurzeln in der europäischen Vergabekoordinationsrichtlinie Nr. 2004/18/EG; für einige Wirtschaftsbereiche gibt es aber Sonderregelungen.

3. Für das allgemeine deutsche Kartellvergaberecht gelten in den Bereichen Lieferungen und Dienstleistungen a. die Vergabekoordinationsrichtlinie, b. die §§ 97 ff. GWB, c. die deutsche Vergabeverordnung (VgV) und (über § 4 VgV) d. der zweite Abschnitt der VOL/A (§§ 1 ff. EG VOL/A 2009, wiedergegeben bei juris unter „weitere Vorschriften“ unter „VOLA2 2009“).

4. Das Kartell-Vergaberecht will wettbewerbliche Defizite bei der Vergabe öffentlicher Aufträge durch ein formalisiertes Vergabeverfahren kompensieren; auch Unternehmen in privatrechtlicher Rechtsform können öffentliche Auftraggeber sein. **590**

5. Das Kartell-Vergaberecht will bei der Vergabe öffentlicher Aufträge die Grundsätze der Nichtdiskriminierung, der Transparenz und der europaweiten wettbewerblichen Vergabe gewährleisten.

6. Die sog. In-House-Vergabe kann außerhalb des Vergaberechts erfolgen, wenn die Auftragsvergabe nach Kontrolle und Wesentlichkeit sozusagen innerhalb des Bereiches der öffentlichen Auftraggeber bleibt, weil und soweit der Wettbewerb dadurch nicht betroffen ist.

7. Verstöße gegen Rechtsnormen des Vergaberechts führen auf Antrag eines betroffenen Unternehmens zu einem Nachprüfungsverfahren vor der Vergabestelle, die durch Verwaltungsakt entscheiden kann; dies gilt auch, wenn ein Vergabeverfahren zu Unrecht unterblieben war.

8. Die Unternehmen haben nach § 97 VII GWB Anspruch darauf, dass die Rechtsnormen des Kartell-Vergaberechts eingehalten werden. Bei Rechtsverstößen können sie vor allem einen Vertrauensschaden geltend machen. **591**

---

28 Bei juris abrufbar unter „weitere Vorschriften“ unter „VOLA2 2009“.

29 Durch die Verweisung in § 4 VgV haben die Bestimmungen der VOL/A insoweit oberhalb der Schwellenwerte Normqualität; für Anwendungsfälle unterhalb dieser Schwelle bleiben sie eine besondere Form der AGB.

9. Zwecks Mittelstandsschutz hat die Vergabe möglichst getrennt nach Teil- oder Fachlosen zu erfolgen; auf den Schwellenwert hat dies keinen Einfluss.

10. Die Vergabe erfolgt nach § 101 II, VII GWB grundsätzlich im sog. offenen Verfahren mit europaweiter Ausschreibung.

11. Aufträge werden nach § 97 IV GWB nur an fachkundige, leistungsfähige sowie gesetzestreue und zuverlässige Unternehmen vergeben. Der Zuschlag wird nach § 97 V GWB dann auf das wirtschaftlichste Angebot erteilt; das billigste Angebot ist nicht das Ziel.

12. Unterhalb der Schwellenwerte gibt es ebenfalls ein Vergaberecht. Dieses findet sich aber primär im Haushaltsrecht. Europäisches Recht, insbesondere das Diskriminierungsverbot des AEUV, kann auch hier eine Rolle spielen.

**Ausgangsfälle**

OLG Celle v. 14.9.2006 – 13 Verg 2/06 – NZBau 2007, 126 und 13 Verg 3/06 – VergabeR 2007, 86

*Teckal*-Entscheidung des EuGH v. 18.11.1999 (C-107/98)

**Aktuelle Probleme der Praxis im Vergaberechts:** Berücksichtigung sozialer und umweltbezogener Aspekte bei der Vergabe (§ 97 IV 2 GWB), u.a. Bindung an Mindestlohn

# Zusammenstellung von Anspruchs- und „Einstiegs"-Grundlagen

| Frage nach der Nichtigkeit oder Unwirksamkeit einer Vereinbarung | |
|---|---|
| **Kartellrecht** | **Wettbewerbsrecht** |
| Art. 101 II AEUV<br>§ 134 BGB in Verbindung mit gesetzlichem Verbot | Keine entsprechenden Rechtsfolgen |

| Frage nach Schadensersatz | |
|---|---|
| **Kartellrecht** | **Wettbewerbsrecht** |
| § 33 III GWB | § 9 UWG |
| jeweils in Verbindung mit gesetzlichem Verbot | |

| Frage nach Beseitigungs- oder Unterlassunganspruch | |
|---|---|
| **Kartellrecht** | **Wettbewerbsrecht** |
| § 33 I GWB | § 8 I, III UWG |
| jeweils in Verbindung mit gesetzlichem Verbot | |

| Frage nach Bußgeld/Geldbuße | |
|---|---|
| **Kartellrecht** | **Wettbewerbsrecht** |
| § 81 GWB<br>Art. 23 EG-KartVerfVO 1/2003<br>jeweils in Verbindung mit gesetzlichem Verbot bzw. Verhaltenspflicht | *grundsätzlich nicht*[1] *nach UWG!* |

1 Ausnahmen: §§ 16–20 UWG, darunter seit August 2009 Bußgeldtatbestand für unerlaubte Telefonwerbung.

| **Gesetzliche Verbote** | |
|---|---|
| **Kartellrecht** | **Wettbewerbsrecht** |
| §§ 1, 19–21 GWB Art. 101, 102 AEUV i.V.m. Art. 1 EG-KartVerfVO 1/2003 | § 3 UWG (und § 7 UWG) i.V.m. RL über unlautere Geschäftspraktiken 2009/29/EG |

| **Behördliche Befugnisse und Verfahren** | |
|---|---|
| **Kartellrecht** | **Wettbewerbsrecht** |
| Nat. **Kartellbehörden** (§§ 32 ff. GWB) für §§ 1, 19 ff. GWB und Art. 101/102 AEUV<br>§ 36 GWB: Bundeskartellamt für nationale Fusionskontrolle<br>**EU-Kommission** für Art. 101, 102 AEUV (insoweit Verfahren nach EG-KartVerfVO)<br>(Nur) **EU-Kommission** für europäische Fusionskontrolle (einschließlich Verfahren) | Keine behördliche Durchsetzung |

| **Nationale Gerichtsverfahren** | |
|---|---|
| **Kartellrecht** | **Wettbewerbsrecht** |
| Klage vor dem Landgericht auf **Schadenersatz**, auf **Beseitigung**, auf **Unterlassung**, auf **Feststellung**: Zivilprozessordnung (ZPO) mit Ergänzungen UWG, GWB, Art. 267 AEUV (Vorlagepflicht) | |
| Klage vor dem Oberlandesgericht gegen Kartellbehörde: GWB, Art. 267 AEUV | Besonderheiten der einstweiligen Verfügung auf Unterlassung in UWG-Sachen: § 12 II UWG |

| **Europäisches Gerichtsverfahren** | |
|---|---|
| **Kartellrecht** | **Wettbewerbsrecht** |
| Klage gegen Entscheidung der EU-Kommission gemäß Art. 256, 263 AEUV vor dem Gericht Erster Instanz (EuG)<br>Rechtsmittel an den EuGH nach Art. 263 AEUV | Eventuell Vorlage an EuGH nach Art. 267 AEUV |

# Sachregister

Die Angaben verweisen auf die entsprechenden Randnummern der Teile C und D; W steht für Wiederholung und Vertiefung.